大是文化

LeBron

勒布朗傳

《紐約時報》暢銷書
《老虎伍茲》作者 傑夫・班尼迪克——著
（Jeff Benedict）

暢銷書《曼巴精神》
《麥可喬丹傳》譯者 蔡世偉——譯

CONTENTS

第四部 王朝降臨 403

譯者序

我們都是見證者

本書譯者／蔡世偉

我跟勒布朗同歲，都是一九八四年生。那一年，麥可．喬丹披上公牛隊戰袍。

二〇〇三年，勒布朗進入NBA，我上大學。二十年後，勒布朗幾乎累積了籃球場上所有可以累積的成就，而我為他翻譯了繁體中文版的傳記。

不管喜不喜歡他，全球的NBA球迷都在看他打球，這是無可迴避的事，因為他是勒布朗，他在籃球世界裡無所不在。

我也一樣，一直看著。

勒布朗初進聯盟時，我驚嘆於他那超出規格的身體素質與運動能力，明白我們這一代人正在見證王者的誕生。

King James，詹皇，詹姆斯大帝。

當他轉投邁阿密，在熱火隊組成破天荒的三巨頭，我很失望。我跟大家一起謾罵，批評他「組團」，全力為他的對手加油。

然而，當他重返克里夫蘭，以不可思議的絕地大逆轉為家鄉帶來第一座總冠軍，我不禁為他喝采。

同時我也知道，從此之後，史上最偉大籃球員的GOAT（Greatest Of All Time）辯論上，勒布朗將與麥可．喬丹正面對決，雙方的擁護者會端出無盡的論點與評析，無盡的說詞與數據，各執一詞，互不相讓。

而我不是喬丹球迷。

我是喬丹信徒。

在翻譯這本書之前，我翻譯了《麥可喬丹傳》（*Michael Jordan*）。

在當年的譯者後記中，我曾用八個字描述麥可．喬丹：

「風華絕代，天威莫犯。」

勒布朗的強，是草菅人命的碾壓。

但喬丹的強，是人神之別的分野。

然後，勒布朗再次轉隊，去了洛杉磯湖人。

而我心中永恆的紫金身影，沒有勒布朗那種逆天的體魄，取而代之的是，更強的求勝執念與殺手本能。

他不會組團，更不會在絕殺時刻把球傳給隊友。

他是柯比，江湖上人人聞風喪膽的黑曼巴（Black Mamba）。

在翻譯這本書之前，我也翻譯了《曼巴精神》（*The Mamba Mentality*）。論述喬丹為何比勒布朗更偉大，柯比為何比勒布朗更不朽，說著說著，勒布朗竟也走到職業生涯末段。

霸王遲暮，仍在殺進殺出。

驀然驚覺，籃壇應該珍惜有他的日子。

跟勒布朗一起年歲漸長，我默默成了他的擁護者。

這麼多年，媒體報導鋪天蓋地，寫手文章千千萬萬，關於地表上最知名的人物之一，傳記還能述說什麼我們不知道的嗎？

我想這本書做到了。

鉅細靡遺，考證歷歷，從童年開始梳理，深入而全面，涵蓋場上場下，酣暢淋漓。

讀者得以從不同角度窺看籃球史上的著名場景，甚至透過諸多軼事一探勒布朗人格特質的成因。

當初 Nike 在勒布朗剛進聯盟時為他設計的廣告標語是：

We Are All Witnesses.

我們都是見證者。

二十年後，我們都見證了，而且還在持續見證著。而這本書，會讓我們的見證更加完整。

勒布朗生平大事記

年分	事件
一九八四年	出生於俄亥俄州阿克倫。
一九九三年	初次接觸籃球。
一九九九年	進入聖文森—聖瑪莉高中就讀。初識同校學長也是日後夥伴——馬維里克・卡特。
二〇〇〇年	聖文森—聖瑪莉高中籃球隊拿下州冠軍。
二〇〇一年	聖文森—聖瑪莉高中州冠軍二連霸。
二〇〇二年	登上《運動畫刊》封面，被稱為「天選之人」。
	成為史上首位被評為全美最佳球員的十一年級生。
	結識日後夥伴——里奇・保羅、藍迪・米姆斯。
	與未來妻子莎凡娜・布林森開始約會。
二〇〇三年	母親與民間的禮物引起風波，使勒布朗短暫喪失業餘球員資格。
	聖文森—聖瑪莉高中籃球隊再次拿下州冠軍，並成為全國冠軍。
	與耐吉簽下九千萬美元代言合約。
	成為NBA選秀狀元，加盟克里夫蘭騎士隊。

（續下頁）

二〇〇四年	參加雅典奧運，成為美國國家隊史上最年輕的正選球員。
	大兒子勒布朗・詹姆斯二世（布朗尼）誕生。
二〇〇五年	首次入選 NBA 全明星賽先發，此後連續十九年入選全明星賽。
	與好友卡特、保羅、米姆斯共同創立 LRMR 管理公司。
二〇〇六年	勒布朗帶領的騎士隊，首次進軍 NBA 季後賽。
	結識股神巴菲特，並成為好友與尋求理財建議的私交。
二〇〇七年	因奧運將至，身陷達佛人權爭議，引發公關危機。
	登上《時尚》、《財星》雜誌封面，《君子》雜誌特刊報導。
	成立春山娛樂公司，製作高中時期紀錄片、出版回憶錄。
	次子布萊斯・詹姆斯誕生。
二〇〇八年	參加北京奧運，奪得金牌，並為競選總統的歐巴馬助選。
二〇一〇年	在「決定日」，宣布加盟邁阿密熱火隊，引起各界抨擊。
二〇一二年	熱火隊贏得 NBA 總冠軍。並參加倫敦奧運，再次奪得金牌。
二〇一三年	熱火隊贏得 NBA 總冠軍，完成二連霸。
二〇一四年	熱火隊三連霸失利，隨即離開熱火，返回克里夫蘭騎士隊。
	女兒祖莉誕生。
二〇一六年	帶領騎士隊贏得 NBA 總冠軍，結束克里夫蘭五十二年的冠軍荒。
二〇一八年	再次離開克里夫蘭，加盟洛杉磯湖人隊。
二〇二〇年	帶領湖人隊贏得 NBA 總冠軍。
二〇二三年	達成三萬八千三百八十八分里程碑，成為 NBA 歷史總得分王。

第一部

只是孩子

地表上最富有、最成功的運動員之一，沒有忘記自己的根。在理解勒布朗．詹姆斯其人的時候，每一條路都通往葛洛莉雅．詹姆斯與俄亥俄州的阿克倫。

1 剛剛發生了什麼事？

閃亮的黑色休旅車隊伍，從威斯特徹斯特郡機場出發、穿越康乃狄克州、縱橫於林蔭小路，然後轉進一條平整的私人車道，車道兩旁矗立著石牆，並被櫻樹和楓樹的濃蔭籠罩。

二十五歲的勒布朗．詹姆斯（LeBron James）坐在其中一輛車的後座，在他身旁的是自高中時期就認識的靈魂伴侶，也是他兩個孩子的母親——莎凡娜．布林森（Savannah Brinson）。在他的眼裡，她比車窗外的田園風光更為迷人。

車隊速度漸緩，最終在格林威治（Greenwich）的一棟屋子前停下。戴著黑色墨鏡、身著白色T恤與黑色工作短褲的勒布朗下車，環顧四周。傍晚的金色陽光透過白色柵欄，照亮了翠綠色的草坪、粉紫色的凋零花卉和巧克力色的護根木屑，地上的石子路一直通向寬敞的新英格蘭殖民風格房屋。那天是二〇一〇年七月八日，勒布朗來此彩排、用晚餐，還有放鬆。

幾小時後，他將在娛樂與體育節目電視網（ESPN）的黃金時段特別節目露面，揭示他究竟會續留克里夫蘭騎士隊（Cleveland Cavaliers），還是投靠已追求他超過一年的其他五支球隊之一。這個世上最知名的籃球員無法預見的是，他將在當晚成為體育世界最受仇視的運動員。

七、八個人從其他車輛下來，包括勒布朗最好的兩個朋友：二十九歲的馬維里克．卡特（Maverick Carter）和二十八歲的里奇．保羅（Rich Paul），只有少數人知曉勒布朗的真正計畫，而他們正是其中之一。

勒布朗在俄亥俄州的阿克倫（Akron）**就讀高三時就邀請卡特、保羅，以及三十一歲的首席助理藍迪・米姆斯（Randy Mims）與他共事，進入他個人的小圈子**。他們有著智慧與野心，對彼此絕對忠誠，並與勒布朗一起自稱「四騎士」（the Four Horsemen）。

這趟旅程沒有米姆斯，但卡特與保羅跟著勒布朗，沿石子路昂首闊步的走向房子。尤其是卡特，他是勒布朗的生意夥伴、有抱負的商業巨頭，就是他建議勒布朗以如此大膽的方式宣布自己的決定。全美的運動員之中，只有勒布朗有力量讓ESPN為他個人空出一個小時，而卡特樂見勒布朗運用這份力量去做更有革命性的事，而非僅僅行使自由球員選擇球隊的權力。

勒布朗接下來即將發表的，簡直形同一份「獨立宣言」，宣告自己獨立於球隊老闆的經濟掌控，獨立於文字記者與傳統媒體加諸在他身上的濾鏡，獨立於歷史一貫迫使運動員——尤其是黑人運動員——恪守本分的權力生態。

精明幹練的保羅很有企業家精神，正準備成為體育經紀人的他，對勒布朗宣告決定的方式有些不安，但他跟卡特在一件事情上看法一致：勒布朗將會粉碎現狀。

球場內外，都身處金字塔頂端

自信滿溢的勒布朗跟朋友們一起感受這一刻，他明白自己手上握有多少籌碼。在克里夫蘭的七個球季中，勒布朗完成了任何一位籃球員——甚至連麥可・喬丹（Michael Jordan）——都未曾完成的壯舉：高二那年就被《運動畫刊》（*Sports Ilustarted*）雜誌封為「天選之人」（the Chosen One）的勒布朗，在畢業前就跟耐吉（Nike）簽下九千萬美元的球鞋合約，並在十八歲如閃耀彗星般進入NBA，成為聯盟史上最年輕達成一萬分、兩千五百個籃板、兩千五百次助攻、七百次抄截和三百次阻攻里程碑的球員，籃球場上從未出現過數據如此全面的得分手兼組織者。

二〇〇四年，十九歲的他成為美國隊史上最年輕的正選球員。二〇〇八年，二十三歲的他贏得奧運金牌。同年，他透過自己新成立的製作公司拍攝第一部電影、簽下第一本書的合約、跟饒舌巨星德瑞博士（Dr. Dre）以及Beats電子公司的吉米．洛維恩（Jimmy Iovine）做生意。

他也和全世界最富有的兩個人——華倫．巴菲特（Warren Buffett）與比爾．蓋茲（Bill Gates）——建立了友誼，兩人皆對勒布朗，及為其團隊提供建言的老練銀行家和律師印象深刻。巴菲特曾這樣評價勒布朗：「**如果他是一間上市公司，我會買進。**」

到了二〇一〇年七月，勒布朗每年約五千萬美元的球員薪資和代言收入，只不過是他蓬勃發展投資組合中的一部分，他的身價預計在未來十年內超過十億美元[1]，美國職業運動員中從未出現身價十億美元的富豪，而勒布朗決心成為第一人。

在耐吉，他的光芒已經蓋過職業高爾夫選手老虎伍茲（Tiger Woods），成為這間鞋業大廠最有價值的品牌大使。當伍茲於二〇〇九年秋天駕駛休旅車撞上鄰居的樹，並在一起轟動的通姦醜聞中聲名狼藉後，許多企業都放棄了這位高爾夫球手，越來越傾向尋求勒布朗代言。美國運通（American Express）、麥當勞（McDonald's）、可口可樂（Coca-Cola）和沃爾瑪（Walmart）都珍視勒布朗對家庭的忠誠，以及對故鄉阿克倫的奉獻。

同時，他在全球的名聲已超越體育的範疇。不僅與饒舌歌手傑斯（Jay-Z）登臺演出、在巴拉克・歐巴馬（Barack Obama）競選美國總統時為其造勢、與《時尚》（*Vogue*）雜誌總監安娜・溫圖（Anna Wintour）共進晚餐、在攝影師安妮・萊柏維茲（Annie Leibovitz）的鏡頭下和超級名模吉賽兒・邦臣（Gisele Bundchen）同框，還成立了自己的基金會。

勒布朗在二十五歲生日之前，已涉足政治、時尚、傳媒，以及慈善等領域，在這近一年內（二〇〇八年－二〇〇九年），他接受了《六十分鐘》（*60 Minutes*）節目專訪，並登上《時尚》、《時代》（*Time*）、《君子》（*Esquire*）、《財星》（*Fortune*）、《GQ》等雜誌的封面。一項具公信力的指標表示，勒布朗的受歡迎程度已正式超越饒舌歌手傑斯。耐吉透過好萊塢級別的廣告，將勒布朗打造成全球偶像，讓他展現演戲與喜劇的才華，從中國到全歐洲的各大城市，勒布朗已是家喻戶曉的名字。

勒布朗此時唯一還沒做到的，大概是贏得NBA總冠軍。而他決定要改變這件事。在過去一年多的時間裡，他很清楚的是，當他與騎士隊的合約於二〇〇九－一〇賽季到期後，他將會檢視所有選擇，然後投靠最能組建具奪冠實力隊伍的球團。

那時，每個人都想來參一腳，紐約市長麥克・彭博（Michael Bloomberg）甚至祭出名為「勒布朗來吧」（C'mon LeBron）的活動，在時報廣場（Times Square）和計程車螢幕上投放廣告，希望勒布朗加盟紐約尼克隊（New York Knicks）。擁有布魯克林籃網隊（Brooklyn Nets）的俄

1 編按：勒布朗的身價於二〇二二年正式突破十億美元。

羅斯億萬富翁招攬勒布朗的套路，則是聲稱自己能教他怎麼成為億萬富豪。就連時任總統歐巴馬也沒有袖手旁觀，當時他在白宮西廂辦公室，向勒布朗推薦了自己家鄉的芝加哥公牛隊（Chicago Bulls）。克里夫蘭的看板懇求他留下，邁阿密的看板則拜託他加入。

把籃球當作一門生意

跟所有大娛樂家一樣，勒布朗想要被想要，被所有人想要。有時他也會執著於別人對他的看法，尤其是他的同儕。就在勒布朗前往格林威治前一天，身為自由球員的凱文·杜蘭特（Kevin Durant）在推特（Twitter）上用短短幾個字，宣布自己續留奧克拉荷馬雷霆隊（Oklahoma City Thunder）的決定。他說：「我不是那種愛出風頭，或拿自己的事大張旗鼓的人。」

論及籃球天賦，杜蘭特與勒布朗是難分伯仲的對手，但前者的低調作風明顯廣受體育記者讚許，許多人藉此抨擊勒布朗跟他的ESPN特別節目，一位福斯體育（Fox Sports）的球評便寫道：「一小時的節目？什麼鬼啊？」某些球員也在不具名的狀況下群起而攻之。

「對勒布朗來說，世界總是繞著他轉。」一位匿名的球員如此告訴體育記者：「他（勒布朗）說自己想要像喬丹跟柯比（Kobe Bryant）一樣，躋身史上最偉大球員之列。但是，喬丹跟柯比絕對不會這麼做，他想把自己弄得比籃球本身還重要。」

勒布朗讀了所有關於他的報導。不斷拿喬丹和柯比與自身比較，他已司空見慣，但聽到別人說他自私，真的讓他痛心。**在他心中，自己只是用球隊老闆的方法來對待籃球——把籃球當**

成一門生意。既然眾多球隊願意為他的效勞而競爭，為什麼不與他們碰面，聽聽他們的推銷？為什麼不找其他球員討論組隊奪冠的可能性，藉此規畫最理想的大局？這不叫自私，這叫精明。

似乎沒有人比邁阿密熱火隊（Miami Heat）總裁派特・萊里（Pat Riley），更欣賞勒布朗的做法。在ESPN特別節目前一週，勒布朗會晤了十幾位高層，全都來自企圖招攬他的球團。萊里帶著個人的幾枚冠軍戒指現身，表明自己知道贏得冠軍需要付出什麼，而他也不因勒布朗自行招募其他優秀球員而感到威脅。

從生涯的角度看，勒布朗明白投靠邁阿密是明智之舉。然而，離開克里夫蘭卻讓他掙扎不已。俄亥俄州是他的家。他從未在別的地方定居，他在這裡感到很自在。而除了母親之外，很少有人真正理解，勒布朗對故鄉阿克倫有一種發自肺腑的連結，讓他感覺對這個成就自己的地方有所虧欠。他的大腦叫他前往邁阿密，心卻被阿克倫綁著。

決心不讓母親失望的勒布朗，在飛往格林威治幾個小時前打了電話給她，說了自己的想法。母親告訴勒布朗，無論如何，所有結果都得自己承擔，她鼓勵勒布朗做出對自己最好的決定。

急著搞定這一切的勒布朗走進馬克・道利（Mark Dowley）位於格林威治的家時，鬆了一口氣。道利穿著褪色的牛仔褲、沒有紮好的Polo衫，看起來完全不像好萊塢最有影響力的人才仲介——奮進娛樂公司（William Morris Endeavor）的資深合夥人。身為行銷策略專家的道利安排了ESPN特別節目的細節，勒布朗跟道利並不熟，但卡特跟他有交情，對勒布朗來說這就夠了。他感謝道利打開家門歡迎他。

道利的公司位於洛杉磯（Los Angeles），但他住在格林威治，這是他想把活動辦在此地的主要原因。ＥＳＰＮ特別節目將在格林威治男孩女孩俱樂部（Greenwich Boys & Girls Club）舉行，所有收益則會捐給各個追求勒布朗加盟的球隊城市之男孩女孩俱樂部。

道利把勒布朗介紹給自己藏不住敬畏之情的兒子，以及幾個朋友認識。ＥＳＰＮ、耐吉和其他企業贊助商的代表也在場。勒布朗禮貌的跟他們打招呼，然後躲進房間，套上一條設計師牛仔褲和一件紫色格紋襯衫，他的手機因為一直跳出的訊息而響個不停。

勒布朗在兩天前加入推特，首次發文的內容是：「哈囉，全世界的人們，詹皇本人『終於』來了。」他即將發表的決定，也在這個新興的社交平臺上成為熱門話題。他本人同時也被大量訊息淹沒，其中一條來自饒舌歌手肯伊．威斯特（Kanye West）：「你人在哪？」

肯伊在葛萊美（Grammy Award）頒獎典禮上，因搶奪泰勒斯（Taylor Swift）的麥克風而大出洋相之後，他原本在夏威夷銷聲匿跡，專心製作第五張專輯《我的奇特幻想》（*My Beautiful Dark Twisted Fantasy*）。因為亟欲親自見證勒布朗的決定，他來到格林威治，試圖找到道利的房子。勒布朗沒有事先知會道利，逕自把地址發給威斯特，然後跟卡特與體育主播吉姆．格雷（Jim Gray）一起檢視節目企劃。不久後，前門傳來敲門聲，道利的十二歲兒子被嚇傻了，脫口而出：「肯伊來了！」低調的彩排儼然成了一場派對。

勒布朗透過傑斯結識了肯伊，他們是好朋友，就如同勒布朗與許多饒舌歌手和嘻哈藝人一樣。他們喜歡與勒布朗往來，並給他後臺通行證、邀請他參加派對、坐在場邊看他比賽、甚至在歌詞中向他致敬。在許多方面，他們不僅想認識勒布朗，他們也想成為勒布朗。身為籃球巨星，勒布朗的名聲超過他們所有人。當黃昏轉為黑夜，勒布朗佇立於一扇通往全新可能的大門前，隨後和隨行人員一同離開房子，坐進警車護送的廂型車前往男孩女孩俱樂部，此時勒布朗不禁暗想：一個來自阿克倫的孩子，究竟怎麼走到這裡的？

我會把我的才能，帶到南灘

發電機發出轟鳴聲，衛星轉播卡車擠爆了俱樂部外的停車場。數千名身穿NBA球衣、舉著標語——加盟籃網隊——的人沿街排著隊。站著的球迷約有二十多排，齊聲呼喊「尼克隊加油」，手持警棍的交通警察試圖叫眾人後退，卻徒勞無功。在員警騎著摩托車開路之下，勒布朗的座車就像夜間的遊行花車，從一個街角轉彎駛來。在警笛聲響之中，手機的閃光燈、街燈、黃色車頭燈、藍紅相間的警車燈以及俱樂部外的白色聚光燈，混合成色彩繽紛的萬花筒。

車裡的勒布朗心情忐忑，思考著離開克里夫蘭的決定，並低聲跟卡特說：「讓他們知道吧。」

ESPN布里斯托（Bristol）攝影排的主持人說著：「我們在康乃狄克州的格林威治，為您帶來現場直播。」電視畫面播出場外的混亂景象。

音響播放傑斯的《帝國之心》（*Empire State of Mind*），震耳欲聾，當勒布朗跟肯伊從車裡走出來，現場的孩子們放聲尖叫，手舞足蹈。創業投資人和華爾街銀行家的青少年子女，因為這個城鎮在今晚成為籃球宇宙的中心狂歡不已。

小四學生吉吉．巴特（Gigi Barter）和哥哥們一起來到俱樂部，有點不知所措。她在嘈雜聲中呼喊：「發生什麼事了？」哥哥們帶她來這個俱樂部已經好幾年了，但他們不曾在這裡遇過如此洶湧的人潮。哥哥們興奮的解釋，勒布朗來這裡宣布他要加盟尼克隊，實在棒呆了。

一走進俱樂部，吉吉就看見一張友善的臉孔。俱樂部管理員確保吉吉在俱樂部孩童專屬區有位子坐，他把吉吉安置在前排，好讓她可以清楚看見勒布朗。

接近晚上九點時，勒布朗跟莎凡娜一起站在體育館門外。肯伊待在一旁，臉戴深色墨鏡，身著黑色西裝外套，腳踩色彩繽紛的拖鞋。道利在裡面忙來忙去，確保一切準備就緒。里奇・保羅致電騎士隊，讓球團知道勒布朗要離隊的消息。對保羅來說，這根本就像是離婚。跟伴侶分手沒有簡單的方式，為了盡量減低衝擊，他跟球隊總管說這是商業決策，並不涉及私人恩怨。

但這沒有效果，騎士隊老闆丹・吉伯特（Dan Gilbert）還是火冒三丈。他曾在四年前試圖用一份為期五年的合約把勒布朗綁住，這樣一來就能避免如今這一切，但當時勒布朗堅持只簽三年。「當他說『我只願意簽三年』時，我們應該要有膽子回他『見鬼去吧』。」吉伯特告訴一位記者：「我們當時應該嗆聲說：『去你的。要滾就滾，走著瞧啊。』」

當保羅處理騎士隊的時候，勒布朗把心思都放在陪伴莎凡娜上，直到一位戴著耳機的ESPN製作人告知他時候到了。「祝我好運吧。」勒布朗跟妻子說，然後給了她擁抱與親吻。轉身離開之前，他咧嘴露出牙齒，問她自己的牙縫有沒有菜渣。莎凡娜喜歡勒布朗逗她笑的方式，一如往常。她給了勒布朗一個OK的手勢，然後推他進體育館。

在體育館中央臨時搭建的舞臺上，吉姆・格雷坐在一張導演椅上。他的對面有一張相同的椅子，勒布朗坐在上面。籃框下有大約六十五個孩子坐在童軍椅上。在另一個籃框下，則有一百多個穿著商務正裝的成年人坐著。儘管經驗老到，格雷卻看起來忐忑不安。勒布朗似乎也不太自在。白色的燈光下，兩人都在出汗，一名化妝師前來為他們的額頭補妝。沒有任何指示，現場觀眾靜默得宛若參加喪禮。

ＥＳＰＮ的史都華·史考特（Stuart Scott）從布里斯托告知電視機前的觀眾，再過幾分鐘勒布朗就要宣布他的決定。格雷開場的幾個問題問得生硬，勒布朗的回答也含糊不清，感覺時間走得很慢。終於，在節目開播將近三十分鐘時，格雷切入正題：「該揭曉萬眾期待的答案了……勒布朗，你的決定是？」

「嗯，今年秋天……天啊，這真不容易。嗯，今年秋天，我會把我的才能帶到南灘，加盟邁阿密熱火隊。」體育館裡傳來眾人倒抽一口氣的聲音。格雷似乎不確定接著該說些什麼。彷彿有人為現場直播按下了暫停鍵。體育館外爆出一陣噓聲。

從紐約到洛杉磯，運動酒吧迴盪著人們喝倒彩的聲音。克里夫蘭的人們流下不敢置信的眼淚，勒布朗口中說出的這幾個字——**我會把我的才能帶到南灘**——撼動了ＮＢＡ與球迷。

格雷問：「你要怎麼跟克里夫蘭的人解釋？」

「啊，我的情緒很強烈。」勒布朗試圖解釋：「我從來不想離開克里夫蘭……我的心會永遠與那個地方同在。」

幾分鐘之內，克里夫蘭球迷走上街頭，一邊罵著髒話，一邊點火焚燒勒布朗的球衣。

勒布朗不知道家鄉正在發生的事情。他站起身，走下臨時搭建的舞臺。他同意與孩子們合照，示意要他們過來。孩子們把他團團圍住。

年紀比較大的男孩們衝過吉吉，但吉吉忽然被人從後面抱起。俱樂部管理員把吉吉抱給勒布朗，勒布朗把她扛到肩上。吉吉握著勒布朗的拇指，眉開眼笑，她不敢相信自己正坐在勒布朗·詹姆斯的肩膀上。「我明明是全場最小的人。」她後來回憶道：「但我那時覺得自己是全世界最高的人，真的感覺到自己摸得到天空。」

被孩童簇擁的勒布朗對著鏡頭微笑。

從眾望所歸，到眾矢之的

孩子們散去之後，勒布朗坐下來接受ESPN攝影棚內的體育記者麥可·威爾本（Michael Wilbon）的訪問。威爾本說：「我必須問一下，現在克里夫蘭某些地方，有人正在燒你的球衣，我們手邊有一些畫面。」

勒布朗看著螢幕，火焰吞噬了印有他名字和背號的球衣。勒布朗的耳機裡傳來威爾本的聲音：「看到這些畫面……你有什麼感覺？」

「我最不想要的，就是做出情緒性的決定。」他說：「我想做的是對勒布朗·詹姆斯最好的事，以及讓勒布朗·詹姆斯開心的事。換個角度想，騎士隊大有可能在任何時候把我交易掉。但我的家人會去球團放火嗎？當然不會。」

在電視和社交媒體上，勒布朗受到猛烈抨擊。

一位知名的籃球專欄作家在ESPN上說：「他看起來像個自戀的蠢蛋。」另一位籃球作家痛批那個特別節目「不知羞恥」。一位知名記者稱勒布朗為「自我中心的自我哄抬者」。

大衛．萊特曼（David Letterman）的一位製作人在推特上發表了評論：「我刻意讓兩歲的女兒熬夜收看勒布朗．詹姆斯特別節目，就是想讓她見證，這個社會跌落谷底的那一刻。」就連吉姆．格雷也受到嘲諷。喜劇演員賽斯．麥耶斯（Seth Meyers）在推特上發文說道：「吉姆．格雷的前戲，跟我一直以來想像的，一樣讓人舒服。」《運動畫刊》的媒體評論家，把格雷的訪問比喻為「最好只在農場出現的擠奶動作」。

道利回到家，奮進娛樂的總裁從洛杉磯來電，恭賀他的節目大獲成功。那是ＥＳＰＮ史上收視率最高的棚內節目。當勒布朗說出「把我的才能帶到南灘」時，有一千三百萬人正在收看。同時，六個城市的男孩女孩俱樂部收到破紀錄的捐款，將被用於改善俱樂部設施。然而沒有人談論這些。反之，勒布朗在一夕之間，成了沒心沒肺的反派角色。《紐約時報》（*The New York Times*）已在網站上發布文稿，宣稱邁阿密是「最新的邪惡帝國」，並批評勒布朗「為了冠軍戒指成了一個傭兵」。

「我們的立意良善。」道利在多年後解釋：「但是沒有人記得，我們為男孩女孩俱樂部帶來了五百萬美元。我們在這方面的宣傳做得很差，這件事就這樣被蓋過了。」

勒布朗在深夜登上私人飛機前往邁阿密，而盛怒無比的騎士隊老闆丹．吉伯特在球隊網站上發表了一封以漫畫手寫字體寫成的公開信，開頭寫道：

親愛的克里夫蘭：

如你們所知，我們曾經的英雄在今晚拋棄了他成長的地方，他已不再是騎士隊的一員。

延續多日自戀的自我哄抬後，他在一場全國轉播的電視節目上宣布他的「決定」，這在體育史上前所未見，很可能也是娛樂史上頭一遭……。

你們不應該承受這種懦弱的背叛。

吉伯特接著在信中痛斥勒布朗「用可恥的方式示範何謂自私和背叛」，而且他「沒心沒肺的冷酷行徑」所傳達的「完全和我們希望孩子們學到的相違背」。為了防止有人破壞騎士隊球場外懸掛的勒布朗橫幅，球場部署了警力。吉伯特在文末感性的結尾：「好好睡吧，克里夫蘭。」

然而在克里夫蘭，沒有人比卡特感覺更糟。他自認是這場宏大宣告的籌劃者與領導者，卻大大錯估了結果。深受打擊的他希望挖個地洞躲起來，什麼都不要看、什麼都不要聽。

勒布朗沒有這份餘裕，一上飛機他就問：「媽的，到底發生了什麼事？」大家都沒有回答。里奇．保羅陪勒布朗跟卡特搭過很多趟飛機，沒有一次像今天這樣安靜得令人尷尬。多年後，卡特回憶此事時說：「我們真的搞砸了。」但當時的他已經呆掉了，什麼評語都說不出來。

被圍攻的勒布朗躲進自己的內心。身為電影和電視上黑手黨角色的忠實粉絲，他會背誦一些經典場景的對白，比如《黑道家族》（*The Sopranos*）主角東尼．索波諾（Tony Soprano）某次感到脆弱無助時，飆罵他軍師的話：

「你他媽根本不知道當老大是什麼感覺。你做的每個決定都會影響到他媽的每件事的每個方面。這幾乎讓人無法承受。而到了最後，你還是完完全全孤單一個人。」

勒布朗非常喜歡《黑道家族》影集，尤其是主角東尼。但勒布朗一點都不像這個虛構的黑幫老大。首先，他並不好鬥。他沒有責備卡特，反而選擇沉默。他知道卡特也很受傷，沒必要落井下石。此外，**勒布朗把人與人之間的關係看得比什麼都重要**。他跟卡特從高一開始就是最好的朋友，當時他們是隊友，他把卡特看作兄弟，而不只是生意上的合夥人。他不打算做或說些什麼——無論私下還是公開——來切割自己與ESPN特別節目之間的關連，那樣只會讓卡特顯得不堪。反之，勒布朗打算自己承擔卡特的失算。

丹・吉伯特又是另一回事了。他蓄意攻擊勒布朗的人格並嘲諷他的動機。離開俄亥俄州，是進入NBA以來最讓勒布朗肝腸寸斷的決定，阿克倫是他到那時為止唯一住過的地方，他愛上了這片土地、他的孩子在這裡出生、他跟莎凡娜在這裡建立了夢想家園。他們對那棟房子很有感情，甚至計畫在勒布朗跟熱火隊簽約之後繼續住在那裡。奇怪的是，閱讀吉伯特的信件麻木了勒布朗擇熱火而棄騎士的痛楚，讓他更確信自己做出了正確的決定。勒布朗告訴自己：「**我不認為他真的在乎過我**。」

飛機降落在邁阿密時，將近凌晨三點。派特・萊里在停機坪恭候勒布朗。勒布朗身心俱疲，走下飛機投入萊里的懷抱，把頭靠在他的肩膀上。接著，勒布朗和莎凡娜坐進一輛休旅車，牽手凝視窗外佛羅里達州的黑夜。勒布朗即將發現，自己在邁阿密以外的每一座NBA城市都成了頭號公敵。

車子駛離機場的同時，莎凡娜用一句簡單的提醒，讓勒布朗用不同的角度看待這些事：你經歷過更糟糕的，比這糟糕多了。

2 葛洛與布朗

在俄亥俄州阿克倫的低收入戶住宅區，此時早已過了該上床睡覺的時間。其中一戶，住著一個有著特別名字的害羞男孩。他醒了，飢腸轆轆而且孤單一人。他沒有父親，和母親相依為命，只有他們兩個。但她此時不在家，整晚都不在，也許她會在早上回家，也許她不會。有時媽媽會一連好幾個晚上都不見人影。

一邊祈禱媽媽快點回家，小男孩終於進入夢鄉，結果又被熟悉的聲響吵醒。男人的吼叫、女人的哭求、槍響、人群四散奔逃、警笛、甩門、更多叫喊、更多警笛。

不需要什麼想像力，小男孩也能明瞭周遭的危險。曾有太多次，他親眼見識過那些不該進到孩童眼裡的人事物：暴力、毒品、可怕的黑道、嚇人的警察。但是最令他不安的仍是深夜的噪音。他總感覺壞事正在發生。

在這些處境之下，他知道自己別無選擇，只能躺在那裡等待騷亂平息。但平息之後，他還是很難入睡。有些夜裡，焦慮讓他難以成眠。年幼的勒布朗已學會阻絕外界發生的一切，只有一件事他看得比什麼都重——醒來的時候看到母親平安活著回來。已經沒有父親的他不敢想像如果連母親都失去，會是什麼情況。

在那些黑暗的童年歲月，勒布朗早早學會自立自強。他說：「無論喜不喜歡，這就是母親對待我的方式。」然而勒布朗從未質疑母親的愛，他只質疑母親的去向。勒布朗說：「身處那樣的環境，知道媽媽不在家，你永遠都不知道那些警笛是不是因她而響，或者那些發出槍聲的槍管是不是對著她。所以有些夜晚，幾乎每一晚，聽到那些聲響的我，會祈禱媽媽沒有牽涉其中。」

勒布朗終究漸漸愛上了出生地阿克倫。這個地方塑造了他的性格，發掘並且形塑了他的運動天賦，而他作為表演者的才華，也反映了那個地方的痕跡。但身為一個孩子，渴望安全和陪伴的時候，他常常告訴自己：**「倘若有幸找到出路，我會飛也似的逃走。」**

二〇〇九年，勒布朗出版了一本關於高中歲月，以及三年級那年全國冠軍之旅的回憶錄。這本書出版時，他是該球季NBA最有價值球員（MVP）。然而，他卻把高中隊友作為敘事的重點，甚至把他們放在封面。從很多方面看，他處理這本書的方式就跟他打球的方式一樣，出於本能分享球權——他的批評者有時堅稱這是個缺點——**並且把團隊的成功置於個人的成就之上。**無論是有意還是無意，透過聚焦於朋友和他們各自的背景，勒布朗淡化了自己故事的某些關鍵元素。從這個角度看，那本回憶錄裡最引人入勝的一段，可能就藏在扉頁：

獻給我的母親，沒有她，就沒有今天的我。

讀者往往會跳過開頭的這一頁，而且在沒有上下文的情況下，勒布朗這短短一行致敬似乎無法揭示什麼。然而，這段話其實暗示了艱苦而美好的真相。一方面，它提供線索，讓我們知道勒布朗為什麼會成為一個如此親力親為的父親和忠實的丈夫。同理，它也讓我們一窺勒布朗為何投入這麼多個人資產，為貧困的孩童提供食物、衣服與教育，尤其針對阿克倫地區。甚至，勒布朗緊密的小圈子能夠維持這麼久的原因，也源自這一行文字。另一方面，這段對母親的簡短致敬表明，**地表上最富有、最成功的運動員之一，並沒有忘記自己的根**。他帶著感恩與驕傲回首前塵，而非憎恨與羞恥。

然而，勒布朗的出身故事仍有許多有待闡明的部分。他明明以驚人的記憶力出名，能夠詳細回顧比賽的種種細節，也能像拿著小抄一樣，對各種冷門數據信手拈來，談起童年卻常發生選擇性遺忘。這不是自欺欺人。相反的，這顯示作為一個兒子，他傾向保護母親與母親的過往，免受無所不在的無情聚光燈照射。有一點是顯而易見的：在理解勒布朗．詹姆斯的時候，每一條路都通往葛洛莉雅．詹姆斯（Gloria James）與俄亥俄州的阿克倫。

身為母親，葛洛莉雅還沒準備好

狄昂．沃威克（Dionne Warwick）是美國首席女聲，她的熱門單曲《我的小小祈禱》（*I Say a Little Prayer*）在佛芮達．M．詹姆斯（Freda M. James）於一九六八年二月四日生下葛洛莉雅．瑪麗．詹姆斯（Gloria Marie James）時已經賣出了超過一百萬張。那段歌詞——在我醒來之時／在我化妝之前／我為你禱告——原意描寫忠誠的女子為自己的男人祈禱，這是一首情歌。但對佛芮達來說，這首歌更反映了她看待小女兒的方式。

佛芮達的婚姻不是童話故事，葛洛莉雅出生不到一年，佛芮達就與丈夫分手了。法庭的離婚紀錄中，列出了嚴重的疏忽和殘忍行為。佛芮達年方二十出頭，除了葛洛莉雅之外，還有兩個兒子要養。為了維持生計，佛芮達在西儲大學（Western Reserve University）精神疾病治療中心找了一份藍領工作，並和她的母親同住在位於阿克倫市邊緣，鐵軌環繞的泥土路上，一棟殘破的維多利亞式房屋，地址是山胡桃街四百三十九號。那一帶被稱作「偏荒區」。

剛滿十六歲沒多久，葛洛莉雅就懷孕了。她在懷孕期間暫時從高中休學。一九八四年十二月三十日，葛洛莉雅在阿克倫市醫院，生下了一個六磅十盎司[2]重的男嬰，取名為勒布朗・雷蒙・詹姆斯（LeBron Raymone James）。這孩子的生父身分，至今仍是體育界最大的謎團之一。

葛洛莉雅絕口不提勒布朗的生父，甚至對勒布朗也三緘其口。勒布朗曾在孩提時期向母親詢問生父的下落。勒布朗回憶道：「她很早就把那扇門給關了。」葛洛莉雅沒有談及兒子生父的身分，只是叫兒子不要煩惱。她告訴兒子：「就只有我跟你了。」勒布朗後來再也沒問起父親。

葛洛莉雅不跟兒子談論其生父，自有考量。同時，勒布朗被切斷了家族樹中的主要根源之一。父親的無影無蹤，加上其身分與下落的資訊匱乏，導致勒布朗的怨恨。

「我在成長的過程中總憎恨我的父親。」勒布朗說：「反正我就想『去他的老爸』。你懂吧，他拋下我。他為什麼要這樣對我媽？她懷我的時候才高二耶。」

當葛洛莉雅離開醫院，帶著新生兒回到偏荒區居住時，誰都不可能想到，這個男嬰長大

2 編按：約重三公斤。

後，會成為美國史上最成功的非裔美國人之一，同時躋身世上最廣為人知的名人之列。葛洛莉雅是個窮困的青少女單親媽媽，還要依靠自己三十九歲的單親媽媽和外婆，幫她適應和學習如何照顧新生兒。而且，眼前的道路幾乎立刻變得更為險峻。

勒布朗出生後不久，葛洛莉雅的外婆就去世了。這重重打擊了佛芮達，她現在必須隻身擔起整個家庭的責任，並且成為穩定葛洛莉雅和勒布朗生活的唯一力量。當葛洛莉雅回到高中就讀，佛芮達只盼望自己唯一的女兒能夠畢業，而自己唯一的孫子能夠**存活。就眼前處境而論，這是非常高的期待**。

在勒布朗滿一歲之前，葛洛莉雅開始跟艾迪．傑克森（Eddie Jackson）約會，二十歲的他曾在她的高中練田徑。跟很多一九八〇年代的阿克倫年輕黑人一樣，傑克森找不到工作。更糟的是，他遇到了麻煩。不久之後，他需要住所，並想搬進葛洛莉雅家。佛芮達以收留遭遇困境的孩子們著稱，其中包括一些因為錯誤選擇而惹上麻煩的人，傑克森恰巧就是這種。佛芮達也沒什麼資格多加批評，就允許他住進自己的屋簷之下。

「認識葛洛莉雅的母親，就等於認識了這個世界上最棒的人。」傑克森曾說：「如果她信任你，她就會愛你。如果她不信任你，她就會叫你滾一邊去。葛洛莉雅也是這樣。」

與葛洛莉雅建立親密關係的過程中，傑克森也開始喜歡勒布朗。在勒布朗三歲生日前幾天，葛洛莉雅和傑克森為他買了一組小泰克（Little Tikes）籃球架和一顆迷你橡膠籃球。原定在聖誕節早上給勒布朗一個驚喜，那將會是個值得拍照留念的瞬間，兩人將見證葛洛莉雅口中的「小布朗布朗」（Bron Bron）人生首次進球得分。但在聖誕節清晨受到驚嚇的，卻是葛洛莉雅與傑克森——佛芮達在前一晚午夜後不久心臟病發。葛洛莉雅跟傑克森從深夜的聖誕派對回到家後，發現她躺在地上，四十二歲的佛芮達在聖湯瑪斯醫院（St. Thomas Hospital）被宣告死亡。

葛洛莉雅面臨絕望。在三年的時間裡，她懷孕、輟學、生子、失去外婆、一邊照顧新生兒一邊重返校園、找了一個新男友同居、畢業，而如今她失去了母親。原本就搖搖欲墜的生活突然變得令人恐懼。沒了母親，她要怎麼撐得下去？

為了確保孩子能過個快樂的聖誕節，葛洛莉雅決定在勒布朗拆禮物之前，先不告知他外婆已經走了。烤箱裡沒有火腿，音響也沒有播放音樂，沒有納金高（Nat King Cole）唱著營火上烤開的栗子和眼睛閃爍的孩童。透著寒風的客廳窗臺油漆斑駁、褪色的窗簾上印著汙漬，但仍有一株帶著紅色和銀色花環的小小聖誕樹。

同一天早晨稍晚，勒布朗發現了一座有橙色邊框和紅白藍色籃網的塑膠籃框，聳立於其他禮物上方。打開所有禮物之後，他用雙手拿起橘色的迷你小球，雙臂高舉過頭，踮起腳尖，成功讓球穿過籃框進網。勒布朗露出微笑，相機快門隨之按下。在勒布朗的童年歲月裡，這是葛洛莉雅最後一次立起聖誕樹。「聖誕對我來說不是什麼快樂的時光。」葛洛莉雅說：「我不得不振作起來照料一切，而我根本毫無準備。」

葛洛與布朗，努力生存的母子

一九八七年十二月三十日，就在勒布朗的三歲生日當天，佛芮達．M．詹姆斯葬於阿克倫。訃聞上寫著：「她身後留下了女兒葛洛莉雅、兒子泰瑞（Terry）與柯蒂斯．詹姆斯（Curtis James），以及孫子勒布朗。」葛洛莉雅的安全網隨著佛芮達過世而消失。沒有人幫她顧小孩，身無分文的她，也沒能力管理母親留下的老舊大房子。水管出了問題，電路也有毛病。她的兄弟們還住在那裡，但沒有能力幫上忙。傑克森也無能為力，他不只失業，還有個人問題要處理。他雖然與葛洛莉雅保持聯繫，卻也搬到別的地方住了。

葛洛莉雅甚至無法負擔食品、雜貨，跟暖氣。有個鄰居在冬天時走進她家，發現這個房子根本不適合幼兒居住——廚房堆滿髒碗盤、客廳地板有個越來越大的洞、室溫冷得看得見呼出的白氣。「這裡不安全。」鄰居這樣告訴葛洛莉雅，同時懇求她帶著勒布朗搬去跟她住。當天，葛洛莉雅收拾了能夠塞進一只行李箱裡的東西，告別母親的家。

勒布朗帶著小背包和一隻絨毛玩偶，跟著母親搬進鄰居家。那裡沒有多的臥房，但有一張沙發。接下來幾個月，葛洛莉雅跟勒布朗就睡在那張沙發上。接著，他們搬到一個表親的家；再搬到葛洛莉雅認識的男人的家；還有葛洛莉雅哥哥的家。

後來，市政府剷平了她母親在山胡桃街的房子，母子倆在這段時間過著游牧民族般的生活。認識的人們稱他們「葛洛與布朗」（Glo and Bron），一對努力生存下去的母子檔。「我記得我跟兒子好幾次沒飯吃，餓著肚子。」葛洛莉雅說：「我們之所以能撐下去，靠的是朋友、家人和社區的幫助。」當母親依賴社會福利和食品券勉強糊口的同時，勒布朗也難以和同學培養友誼，無法與老師建立關係。沒有固定地址的他經常轉學，逐漸成了一個很少開口的安靜小孩。勒布朗說：「當時的我，是個膽怯的孤單小男孩。」

儘管沒有父親，母親也無法獨力養活兩人，勒布朗也從不發牢騷，從不透過不當行為宣洩。他是個敏感的孩子，他明白母親的困境，所以盡量不增加她的壓力。「如此年幼就無依無靠，這種生活可沒辦法過。」勒布朗說：「但抱怨無濟於事，只會給我已深感內疚的媽媽更多壓力。」

勒布朗在多年後回憶，兒時的他跟許多非裔美國人小孩一樣，在艱苦的生活中迷途。「我不喜歡找麻煩。」他說：「因為我不喜歡麻煩，但當時我差一步，就要落入永遠無法逃脫的深淵。」

一九九三年夏季的一次偶遇，改變了勒布朗的人生軌跡。一條道路首度浮現他眼前，可能引領他脫離包圍自己的絕望。

加入美式足球隊，告別母親

當勒布朗和其他幾個同齡男孩在公寓大樓外玩耍，一個叫布魯斯・凱爾克（Bruce Kelker）的男子走近。他是葛洛莉雅的熟人，也是兒童美式足球聯盟的教練。

凱爾克問這群孩子：「你們喜歡美式足球嗎？」

勒布朗說：「那是我最喜歡的運動。」

此時勒布朗還沒加入任何球隊，也沒接受過基礎訓練，例如如何正確的傳球、接球或擒抱。不過，他曾在電視上觀看國家美式足球聯盟（ＮＦＬ）比賽。職業美式足球員帶著魔幻的氣息，身著繽紛球衣、巨大墊肩、閃亮頭盔和神話般的隊名，像鋼人、牛仔、巨人，以及雄獅。勒布朗喜歡畫畫，他經常在背包裡放一本素描本，在上面畫自己喜歡的ＮＦＬ球隊隊徽。

凱爾克此時正在為球隊尋找一名跑衛，這意味著需要速度。他讓男孩們比賽跑步，而其他小孩根本看不見勒布朗的車尾燈。凱爾克問他：「你以前常打美式足球嗎？」

勒布朗回答：「沒有。」

凱爾克決心改變這個狀況，將勒布朗拉進球隊練球。但首先，他要先過葛洛莉雅那一關。她清楚表示自己無法負擔註冊跟球衣的費用，也沒有車子可以載勒布朗去訓練。更重要的是，她不確定身體碰撞如此劇烈的運動是否適合兒子——畢竟他是個安靜內向的小孩，沒有攻擊性。她問：「我怎麼知道美式足球對我兒子有沒有好處呢？」

凱爾克確信勒布朗的加入對他的球隊有利，他也說服葛洛莉雅，美式足球對她的兒子有益。他承諾支付註冊和球衣費用，也請她不用擔心交通問題。他說道：「我會負責接他。」

葛洛莉雅其實大可拒絕，但勒布朗明顯想加入球隊，所以她答應了。她也很快就意識到自己做了正確的決定。勒布朗第一次在比賽中接到球，就狂奔八十碼[3]達陣。大人們為他歡呼喝采，隊友們把他團團圍住，教練們大力拍著他的墊肩，一邊說著鼓勵的話。

勒布朗不習慣受到關注和讚揚，尤其來自男性，但得分讓他感到振奮。那年秋天，他反覆體會隨得分而來的感受，還有被接納的感覺。在他參加兒童美式足球聯盟的第一個球季，他有十七次達陣。防守球員根本抓不住他，更不用說擒抱了。

凱爾克跟其他教練輕易就看出，勒布朗的能力遠遠超過同年齡層的小孩，但他們也無法忽視他充滿風險的家庭生活。在候補社會出租住宅的過程中，葛洛莉雅跟勒布朗在三個月內搬了五次家。「我厭倦了到不同地址接他。」凱爾克說：「或者去到一個雜亂無章的地方，卻發現他們已經搬到了別處。」

但至少美式足球，為勒布朗的生活提供了一些條理，當球季結束，他就漂泊無依了。**四年級那年，他有近一百天沒去上學**。家庭的失能，讓兒童美式足球聯盟的教練們動了收留勒布朗的念頭，但他們大都是年輕的單身男子，不適合擔起照顧一個九歲孩子的責任。唯一的例外，是被大家稱作「大佛朗基」（Big Frankie）的法蘭克・沃克（Frank Walker）。法蘭克任職於阿克倫都市房屋管理局，他的妻子潘姆（Pam）為俄亥俄州的一位國會議員做事，他們擁有一棟房子，還有三個孩子。

比起勒布朗的運動天賦，沃克夫婦更在乎他的福祉。他知道勒布朗很難受，急需一條救命繩索。顯而易見的，勒布朗見識並經歷了一些難熬的事情，這些事消耗了生活的快樂，迫使他比同齡小孩早熟。

儘管難以啟齒，沃克夫婦還是聯繫了葛洛莉雅，提出讓勒布朗搬到他們家的想法。用不著對方提醒，葛洛莉雅也知道，自己無法提供兒子穩定的家庭生活，她很清楚這種處境會帶給勒布朗什麼負面影響。「他沒有正常的童年。」葛洛莉雅說：「我的意思是，拜託，他住過當

3 編按：一碼等於〇・九一四四公尺。

地某些最不堪的地方。」話雖如此，把自己的骨肉交給另一對夫婦——尤其是另一位母親——仍然讓她痛苦，畢竟，她幾乎不認識對方。

沃克夫婦並沒有批判這個捨不得兒子的母親，只是主動為勒布朗提供安全與穩定的家庭。他可以和他們的兒子小佛朗基（Frankie Jr.）共用房間，每天會有規律的三餐跟固定的睡覺時間，上學也會成為日常生活的例行公事。法蘭克清楚表明，他們只為勒布朗的最大利益著想。

葛洛莉雅知道自己需要幫助。「我痛恨用這樣的方式養他——搬家，搬家，又搬家。」葛洛莉雅說：「我真的恨透這一切。」她又補充：「我不希望任何人經歷我們經歷過的某些事，即使是我恨之入骨的敵人。」二十五年前，她的母親離婚，然後獨自擔起扶養她和兩個兄弟的責任。如今，葛洛莉雅只能祈禱勒布朗有一天會明白，在她出生當年推出的那首狄昂．沃威克老歌的歌詞，總結了她對兒子的情感：

沒有你的生活，只會讓我心碎
親愛的，相信我
我的心裡只有你，沒有別人

葛洛莉雅接受了沃克夫婦的提議。

3 傳球

聽到母親說，她需要先把自己的生活搞定時，勒布朗一頭霧水。她告訴兒子，他必須先搬去跟沃克一家住。她沒有清楚說明自己到底會去哪裡，但重點是母子兩人將會分開。這個消息令人不知所措。一直以來，他們總是相依為命的「葛洛跟布朗」，但忽然之間，就只剩布朗了。

她試著解釋道，這樣做對他最好。

最好？但對勒布朗來說，這聽來嚇人且難以想像。

她堅稱這個情況只是暫時的，試圖緩和對兒子的衝擊。

「我還能見妳嗎？」

她告訴兒子，她會盡可能多去看他。

然後她承諾，一旦生活步上軌道，母子兩人就會團圓。

對於一個九歲的小孩來說，這些訊息難以消化。

當勒布朗到達希爾伍德路（Hillwood Drive.）上，沃克家的三臥室殖民地風格房屋時，他不知道該抱持什麼期待。他見到他們的兩個女兒，然後把行李放在小佛朗基的房裡，那也是他以後要睡的地方。勒布朗比小佛朗基大了一歲半，也有更優越的運動能力。沃克太太會不會因此討厭他？那兩姐妹呢？她們會接納他嗎？勒布朗有很多疑問，但沒有開口。

這個家的規矩不少。勒布朗必須早上六點起床梳洗，然後準備上學，他也得準時到校。放學後，先做完功課才能做別的事。全家每晚都要一起用晚餐。吃完飯後，要分擔家事——倒垃圾、洗碗、掃地。如果勒布朗在睡前洗好澡的話，隔天就可以睡到六點四十五分。

規律作息、例行公事、家務分工，這一切對勒布朗來說都十分陌生。他從未清過垃圾桶或洗碗盤，也沒拿過掃把跟吸塵器。就連身為家庭的一員，對他來說都是全新的概念。沃克家的大女兒不想跟他有任何瓜葛，但勒布朗很快發現她對自己的弟弟也是這樣，這讓勒布朗跟小佛朗基馬上成了難兄難弟。而勒布朗也感覺到來自沃克家小女兒的尊敬，這讓他感覺像有了一個妹妹。

勒布朗的學校也是新的。沃克夫婦讓他進入波蒂奇帕斯小學（Portage Path Elementary）就讀五年級，那是阿克倫最古老的學校之一，裡面超過九成學生都是非裔美國人，大部分也都登記了免費的午餐。他的老師凱倫．格琳德爾（Karen Grindall）格外關注他。她曾在多年前教過葛洛莉雅，熟知她過往生活中的一些波折。起初，格琳德爾擔心悲劇會在勒布朗身上重演。然而，勒布朗很快證明了自己是最守紀律的學生之一——他從不翹課，總是準時，而且不惹麻煩；音樂、美術跟體育是他最喜歡的課。

在學校安頓下來之後，勒布朗作為強大美式足球員的名聲逐漸遠播，報紙上甚至開始出現他的名字。那年秋天，《阿克倫燈塔報》（*Akron Beacon Journal*）寫道：「東 B 1 隊在兒童美式足球協會上週的比賽中，只進行了十一次進攻，但是其中五次成功得分，最終以三四：

八擊敗了派特森公園隊（Patterson Park）。勒布朗・詹姆斯完成三次達陣，其中兩次分別跑了五十碼和十八碼，另一次則接到來自麥可・史密斯（Michael Smith）的二十八碼傳球。」

這樣的認可讓勒布朗信心大增。尤其最棒的是，在外有法蘭克擔任他的教練，在家有潘姆照料他的起居。他再也不用擔心要把球衣和護具借放在誰的車裡，或是怎麼往返球隊練習。按表操課的忙碌家庭生活節奏很適合他。「我終於得到一直渴望的穩定。」勒布朗說：「我喜歡成為家庭運轉的一分子……我看見了日子應該怎麼過。」

成為家庭的一分子

那年秋天某日，法蘭克帶著勒布朗跟小佛朗基在後院投籃。在見識到勒布朗輕鬆征服美式足球場後，法蘭克決定向他介紹籃球，並給他一些基本指導——如何運球、如何跳投、如何上籃。

勒布朗欣然接受從一個父親般的角色身上得到教導。他也立刻擁抱把球投進十呎高籃框的刺激，進球的感覺就像抱著美式足球達陣得分。法蘭克注意到，儘管勒布朗的運球尚不熟練，還很鬆散，但他似乎經常試著左右手並用，而多數小孩不會主動這麼做，他的臂展跟跳躍力也讓法蘭克印象深刻。於是，法蘭克讓勒布朗跟他的兒子打一場。

勒布朗從沒有一對一單挑過，但他馬上接受這項挑戰。

小佛朗基熱愛籃球，而且已經和父親一起打了幾年的時間，最終他打敗了勒布朗。然而，一個沒打過籃球的九歲小孩，竟能如此輕易掌握這項運動的竅門，這件事證實了法蘭克最初的直覺——他必須開始帶勒布朗進體育館打球。

勒布朗搬到沃克家那年，迪士尼推出了動畫電影《獅子王》（*The Lion King*），迅速成為影史票房最高的同類型作品。當勒布朗第一次看《獅子王》，看到刀疤（Scar）殺死木法沙（Mufasa）的時候，他簡直不敢相信。這個背叛場景令他震驚，也讓他留下眼淚。勒布朗很愛這部片，但這一幕每次都會對他產生同樣的影響。

勒布朗有著感性的一面，只是隱藏了起來。童年的顛沛流離讓他學會壓抑情感，並盡可能少開口說話。他不容易信任成年人，也不願意和孩子們交朋友，因為害怕朋友們會隨著他和母親搬遷而消失，而沃克家改變了這一切。那是個情感上安全的所在，也讓勒布朗看到自己一路以來錯過了多少。

勒布朗曾看過如《凡人瑣事》（*Family Matters*）和《天才老爹》（*The Cosby Show*）等影集，常常想像身處劇中的文斯洛一家（the Winslows）那種中產階級黑人家庭，或是休斯塔伯一家（the Huxtables）那種上流階層黑人家庭是什麼樣子。沃克家是勒布朗見過最接近電視裡那些家庭的東西，沃克夫婦對彼此忠誠，而且總是把孩子們的福祉放在第一位；家裡會有家常菜和摺好的衣服，家長對孩子有所期待，做錯事也得承擔後果，還有生日派對跟節日慶祝活動——家就像一個避難所。

對勒布朗來說，住在沃克家也讓他有機會看著一位父親，並讓他思索一直以來壓抑的感受。出於尊重母親的意願，勒布朗未曾問起父親的事。但父親的缺席難免讓一個孩子納悶：

「他為什麼不要我？」

在法蘭克照顧勒布朗的時候，影集《新鮮王子妙事多》（*The Fresh Prince of Bel-Air*）正好播出其中一集，劇名是〈老爸又有新藉口〉（*Papa's Got a Brand New Excuse*）。在這集中，威爾・史密斯（Will Smith）的無賴老爸盧（Lou）在消失十四年後終於現身。當時威爾很喜歡和他的菲爾叔叔（Phil）一家住在一起，就像勒布朗喜歡和沃克一家住在一起，但威爾的父親出現，並表示想帶走兒子。隨後，威爾收拾好行李準備與父親離開，但在他們本該一起出發那天，威爾的父親又一次拋棄了他。看著威爾臉上的痛楚，菲爾叔叔安慰他，告訴他就算生氣也沒關係，威爾則試著假裝自己沒有受到傷害。

「反正這樣我就不用每天睡不著，問我老媽『爸爸什麼時候要回家』了。」他說：「誰需要他啊？就連我第一次打籃球，也不是他教我怎麼投籃的。」

觀看這集時，劇情觸動了勒布朗。威爾・史密斯彷彿在代替自己說話。他第一次聽到有人說出他感受到的痛苦，就連那份憤怒也十分切身。

「菲爾叔叔，你知道嗎？」威爾大聲說道：「不用靠他，我也會找到一份很好的工作。我會娶一個漂亮的老婆，生一大堆小孩。我會成為遠比他更好的父親……因為在為人父母這方面，他什麼屁也教不了我！」

當威爾開始落淚，勒布朗也跟著哭了。

最後，威爾問菲爾叔叔：「他到底為什麼不要我？」菲爾一把將他抱住。

這集正好在勒布朗生活的分水嶺時播出。在很多方面，法蘭克成了勒布朗的菲爾叔叔。

多數的日子裡，他會接送勒布朗上下學、教勒布朗打籃球，他持續的讚美也給了勒布朗自信。法蘭克會指著勒布朗，驕傲的跟大家說：「只要這個年輕人想當美國總統，他就可以當上美國總統。」這正是自豪的父親會說的那種話，而法蘭克也是認真的。

「他沒有得到應有的認可。」勒布朗在多年後談起法蘭克時說：「他是第一個把籃球交到我手上的人，也是第一個真正對我展現興趣的人。」

除了讓勒布朗認識籃球這項運動，也許法蘭克對勒布朗最深遠的影響，是讓他看見阿克倫貧民區裡那些在乎孩子的辛勤父親。與沃克一家同住期間，勒布朗遇見其中一位這樣的男人，他名叫德魯．喬伊斯二世（Dru Joyce II）。他後來成為勒布朗這個籃球神童養成的過程中，影響他最深的教練。

告別沃克家

年輕時的德魯曾渴望以美式足球教練為生，但是當他於一九七八年自俄亥俄大學（Ohio University）畢業時，首要任務是支持妻子和養育孩子。於是他放棄了成為職業教練的夢想，接受一份在康亞格拉食品（ConAgra）旗下的亨特威森公司（Hunt-Wesson）的工作，並一路晉升為資深業務代表。

在成為區域經理後，德魯在阿克倫安家落戶，並和妻子卡羅琳（Carolyn）生下兩個女兒。然後在一九八五年一月——也就是勒布朗出生一個月後——喬伊斯夫婦迎來一個兒子。他們將他命名為德魯．喬伊斯三世，這孩子從小就被稱為「小德魯」（Little Dru）。比起美式足球，小德魯明顯更喜歡籃球，於是德魯開始在阿克倫的休閒聯盟中，擔任兒子的青年籃球隊教練。德魯也就是在這個時候，遇到了年少的勒布朗。

德魯熟知勒布朗作為傑出美式足球運動員的聲譽，於是帶著好奇心，觀察勒布朗在對抗同齡男孩的比賽中打控球後衛。喬伊斯心想，他的控球技巧有待加強，但勒布朗至少比其他男孩高了四吋[4]，而且他懂得利用體型優勢一路壓迫防守者，運球到相對可以輕鬆得分的位置。他的技術雖仍生疏，但本能非常突出。

不久之後，勒布朗開始和小德魯一起打籃球，兩人一拍即合。球場下的小德魯沉默寡言，但場上的他不會吝於指揮勒布朗。他是全場最矮的球員，表現卻像教練一樣，勒布朗也開始稱他為「將軍」。小德魯從四、五歲就開始打籃球，但勒布朗比他高大且強壯，所以他能一對一打敗小德魯。每一次打輸，小德魯總會要求再打一場，然後再一場，又一場……。

勒布朗說小德魯有「矮子情結」，其他孩子們也嘲笑他是卡通裡的「藍色小精靈」（The Smurfs）。這一切都讓小德魯耿耿於懷，迫使他比所有小孩都努力，激勵他證明自己的能耐。勒布朗欣賞他不顧身材劣勢，勇於挑戰任何對手的態度。這是第一次，勒布朗有了一個不用害怕對方消失的同齡朋友。

勒布朗在五年級時發現自己喜歡上學，他整學年全勤，完美的出席紀錄是值得引以為傲

4　編按：一吋為二．五四公分。

的事。當看到潘姆眼裡的讚許時，這份驕傲更加倍增，她整學期不斷敦促勒布朗保持好成績，並要他把目標放得更高。潘姆一再跟勒布朗說，他可以靠運動能力取得大學獎學金。在此之前，從來沒有人跟勒布朗提過大學，他認識的字彙甚至不包含獎學金一詞。潘姆向勒布朗保證，他想上哪一所大學都可以，只要繼續保持好成績，剩下的就交給他的運動天賦。

勒布朗漸漸明白，一開始擔心潘姆會因為自己的運動天分而懷恨在心，根本是杞人憂天。勒布朗在運動方面比她的兒子出色，並沒有讓潘姆產生嫉妒之情。相反的，她把勒布朗當成自己第四個孩子。這一年的時間裡，這位沃克太太幫他清洗耳背、為他拭去淚水，在他得水痘的時候，也在一旁照料。

潘姆對他視如己出，盼著他展翅翱翔。正因為這樣，當葛洛莉雅提出希望勒布朗在學年結束後搬回去跟她住時，潘姆的內心相當衝突。

勒布朗也很糾結，沃克一家已經成了他的家人，他在那裡感到安全、感到被需要。法蘭克曾跟他說：「我們為你做的一切，都是出於對你的愛。」

勒布朗了解能跟他們同住是多麼幸運的事。他說：「倘若沒有那段在沃克家度過的日子，說真的，我不知道自己會怎麼樣。」母親把他送去沃克家時帶來的痛苦與困惑也消退了。在勒布朗為人父之後回顧，他認為母親當時願意讓他去沃克家住，是「至高的犧牲」，將兒子的利益置於個人意願之上。勒布朗說：「我知道她非常不願意那麼做。」

儘管葛洛莉雅急著想讓勒布朗回到她的屋簷下，母子重聚卻一波三折。在六年級開始時，葛洛莉雅失去了原本打算要住的公寓，勒布朗只好暫時搬回沃克家，等候葛洛莉雅搞定下一步，她甚至有了搬到紐約的想法。

那時，勒布朗已成熟到足以理解母親養家的辛苦。儘管母親總能設法將食物端上桌，他實在不知道她是怎麼做到的，有太多事情發生在他的掌控範圍之外，他只知道母親的生活並不輕鬆，而他想讓她感到驕傲。

「有些事情，是我知道自己能看到的。」勒布朗後來回憶道：「有些事情我看不到，但我從不多問，我並不想知道。」

面對這麼多不確定性，潘姆決定插手。她說：「我曾有好幾次，都想再把他擁入懷中。」但情況很複雜。為了讓這對母子繼續待在阿克倫，潘姆聯繫一位朋友，他管理一處叫春山公寓（Spring Hill Apartments）的地方。那裡的建築物醜陋且陰暗，社區也絕對稱不上理想，但好處是葛洛莉雅有資格申請低收入補助。在潘姆的協助之下，葛洛莉雅租下一間雙臥室的住房，勒布朗生平第一次擁有自己的臥室，春山公寓也似乎是母子倆終於能稱之為家的地方。

到了六年級，勒布朗仍與沃克一家保持聯繫，但他也開始花時間待在喬伊斯家。這家人和沃克一家相似：父母都有工作、共有三個小孩、房子有三間臥室。不同的是，喬伊斯家還有個位於地下室的娛樂間，男孩們可以待在那裡聊體育或打電動，像是《勁爆美國職籃》（*NBA Live*）或《勁爆美式足球》（*Madden NFL*）等遊戲。喬伊斯太太管教嚴厲，她工作的地方是致力於讓中學生遠離性和毒品的非營利組織。喬伊斯一家依照她的理念行事，每個星期日全家還會一起上教堂。

德魯・喬伊斯和教友李・卡頓（Lee Cotton）一起教授主日學，卡頓是聯邦快遞（FedEx）

的司機，與妻小住在名為豐年高地（Goodyear Heights）的地區。卡頓有個叫西恩（Sian）的兒子，跟勒布朗與小德魯同歲。西恩的身形比勒布朗還高大，體重甚至超過該年齡美式足球聯盟的限制。雖然比勒布朗高，西恩的籃球打得並不好。然而，德魯知道卡頓是個傑出的球員，而為球隊添個高大的孩子總是沒壞處。德魯說服卡頓與他一起執教一支青少年籃球隊，陣中有小德魯跟西恩，再加上勒布朗。這支球隊，叫做「流星」（Shooting Stars）。

勒布朗正摩拳擦掌，但葛洛莉雅抱持懷疑。縱使勒布朗說，他跟德魯教練比跟其他教練更投緣，葛洛莉雅仍堅持要去旁觀一次練球，再決定是否讓兒子加入。德魯教練表示歡迎。他安排球隊在楓樹街（Maple Street）上的救世軍場地訓練，該場地比正規的籃球場小得多，球場和周圍的混凝土牆之間幾乎沒有間隙，地上還鋪著油氈板。但這些對葛洛莉雅來說都不重要，她只想看看兒子的教練是個什麼樣的男人。

德魯教練跟卡頓一起讓男孩們做些基本動作練習，場上充滿積極的能量和鼓勵，可以明顯看出孩子們相處得多麼融洽。小德魯是天生的領袖，而且非常專注；西恩．卡頓在籃下是個令對手生畏的存在；而勒布朗則是最全能的運動員。三個孩子在場上猶如手足，其他隊友也從他們身上沾染活力。

於是，葛洛莉雅同意讓勒布朗加入球隊。

傳球，你就會有隊友

德魯．喬伊斯知道勒布朗在運動方面極具天賦。他不只比同年齡多數男孩更高、更快，還具備不可思議的彈力和敏捷。同年齡層中，沒有任何人能在一對一守住他。即使面對更年長的男孩，勒布朗得分依舊如探囊取物。小德魯更為自律，基本功也較扎實，但勒布朗不用熟練基本功也能稱霸球場。這樣的情況讓小德魯不爽，所以他有時會對勒布朗指手畫腳。

但德魯教練沒有把勒布朗管得太嚴。他的教練經驗並不充足，他會當籃球教練，只因為他是一個慈愛的父親，對勒布朗與其他男孩的關懷，讓他願意花費週末時間教導他們一些道理，例如團隊合作的重要。

假設德魯擁有數十年挖掘與評鑑球員才能的經驗，並在高階聯賽中執教，他也許就能預見勒布朗有朝一日能成為職業球員，並看出他身上那些無形的特質——例如鋼琴家常有的雙手平均的靈巧度、球場上與生俱來的自信，以及那份難以解釋的、用之不竭的體力——潛藏的經濟價值。但是，就算德魯是一名大師級的教練，他也不太可能夢想到，更不用說預料到，這個休閒聯盟球隊裡的十歲男童、和他兒子一起在地下室打電動的孩子，會是一位貨真價實的籃球神童。

某次練完球後，德魯教練開車載勒布朗回家。勒布朗正聽取他對自己該如何成為更好球員的建議，由於沒有父親可以聊運動，每次教練談起籃球，勒布朗都會專心聆聽。這天，德魯鼓勵勒布朗讓隊友們融入進攻，他說：「**如果你把球傳出去，每個人都會想跟你打球。**」

勒布朗抓住整段談話的最後一句——每個人都會想跟你打球，這十個字即使從神明口中說出來，對他也不會產生更大的影響。德魯教練透過勒布朗對於友誼與接納的渴望，試圖傳授團隊運動的基本真理——**只要明星球員不自私，隊友們就會更加努力，獲取更大成就**。對一個獨自度過那麼長時間的孩子來說，沒有什麼比被需要的感覺更讓他渴望了。

勒布朗從此不需要再被提醒要多傳球。在最容易受影響的年紀，他把重點從得分轉向傳球。他觀察魔術強森（Magic Johnson）那樣的球員，並且自豪於聲東擊西的妙傳。不久後，他成為阿克倫青少年籃球聯賽中最善於傳導的球員。有時候勒布朗甚至過於執著為隊友創造機會，德魯教練不得不叫他多出手。

勒布朗在球場上無私的習慣便從這時開始，一直到他進入NBA都沒有改變，有時還會因為在關鍵時刻選擇傳球而受到批評。但在青少年時期，他的傳球意願感染隊友，讓德魯教練的球隊成了阿克倫業餘聯賽的標竿。

「我在青少年聯盟的教練，總是教我們打籃球的正確方式。」勒布朗多年後說：「我們鄙視『球霸』這個詞，從不會讓隊上出現球霸。」

NBA球員，NBA球員，NBA球員

當球隊打進在佛羅里達州可可亞海灘（Cocoa Beach）舉辦的全國業餘體育聯賽（AAU）時，勒布朗不知道會發生什麼。十一歲的他不曾跟家人一起出遠門度假。流星隊就像是他的家

庭，有機會跟他們同赴遠方打球，聽起來就像一場大冒險。

一九九六年夏天的一個下午，勒布朗跳上德魯教練的小廂型車，車裡還載著小德魯、西恩，以及其他幾個球員。喬伊斯太太帶著女兒，開著另一輛塞滿食物與裝備的車子緊跟其後。一行人踏上了一段將近九百英里[5]的旅程，從阿克倫前往卡納維爾角空軍基地（Cape Canaveral Air Force Station）附近的一間旅館。

對勒布朗跟他的隊友們來說，一起在車上待好幾個小時是段美好的時光，他們有聊不完的天，還有做不完的夢。費城的勞里梅里恩高中（Lower Merion）有位名叫柯比．布萊恩的十七歲高中生，在ＮＢＡ選秀會第一輪被夏洛特黃蜂隊（Charlotte Hornets）選走，然後馬上被交易到洛杉磯湖人隊（Los Angeles Lakers）。還有一位二十六歲的新銳饒舌歌手傑斯，最近發布了首張專輯《合理懷疑》（*Reasonable Doubt*）。勒布朗、小德魯跟西恩都想成為職業運動員，該專輯中〈該死的總統２[6]〉（*Dead Presidents II*）和〈無法停止奮鬥〉（*Can't Knock the Hustle*）等歌曲也激勵著他們的心。

開幕式在甘迺迪航太中心（Kennedy Space Center）舉行。當來自全國各地的隊伍列隊穿過會場，勒布朗感覺自己彷彿在參加奧運，但比賽只不過是整段經歷的一小部分而已。當勒布朗第一次看到大海時，他震懾於這樣的廣闊無邊，他沒去過海灘、沒感受過腳下的沙子，

5 編按：一英里約等於一．六一公里。
6 編按：該曲名直譯為「死掉的總統」，為美國俚語，指金錢（因美元鈔票上印有數位已故美國總統肖像）。

也不曾在鹹水中嬉戲。天氣炎熱，陽光明媚，女生們穿著比基尼，跟阿克倫相比，可可亞海灘充滿異國風情。

最終，流星隊的戰績在六十四隊中排名第九，畢竟許多球隊練球的時間都遠比他們多，但德魯教練還是感到驕傲。比賽結束後，他跟隊員們說：「你們以後一定會很有成就。」

勒布朗不太懂這句話的意思，但佛羅里達之旅鞏固了他心中的想法——小德魯跟西恩不只是隊友而已，他們是好兄弟，一起品嘗了離開阿克倫，與同齡最佳球員一較高下的滋味。既然已經證明自己可以在ＡＡＵ全國聯賽上跟對手一爭長短，他們也想回到那個賽場，體驗奪冠的感覺。

隔年，勒布朗越來越常待在德魯教練家，那裡成了他的第二個家。他發現，德魯教練開始閱讀他所崇拜的偉大教練——例如加州大學洛杉磯分校（University of California, Los Angeles）的約翰．伍登（John Wooden）——所寫的書。與此同時，勒布朗也知道，卡頓每週末必定會帶兒子去當地的基督教青年會（ＹＭＣＡ）體育館訓練，磨練技巧，並指導他如何在球場上運用自己的巨大身體。

在父親的幫助下，西恩在球場上的信心趕上了勒布朗和小德魯。那年夏天，這三個十二歲的孩子一起打了六十場夏季聯盟比賽，所有的努力都有了回報。在另外幾名優秀的球員加入後，流星隊晉級在鹽湖城（Salt Lake City）舉行的十二歲及以下ＡＡＵ全國冠軍聯賽。

到猶他州的旅程，跟之前到佛羅里達州的旅程大不相同。球隊籌募了足夠資金，足以支付從克里夫蘭到鹽湖城的機票。勒布朗沒有搭過飛機，這本該是一次令人興奮的冒險，但他在機上多數時間都在流淚。勒布朗在多年後的回憶錄裡寫道：「關於第一次搭飛機，我可以坦白的承認：我哭得像是沒有明天一樣。我怕爆了！耳朵也被高空弄得一團糟。」

害怕歸害怕，勒布朗的眼淚背後，其實不只是對飛行的恐懼。「他愛死他媽媽了。」德魯教練說：「母親不能隨行讓他很傷心。我記得他第一次搭飛機，一整路都在哭，他想找媽媽。我永遠記得在他的成長過程中，這些令人心碎的時刻。」

雖然勒布朗對此不願多談，小德魯跟西恩都很有同理心，即使他們的父母總是陪在身邊。而無論是旅行或是參加聯賽，德魯教練跟卡頓也總是可靠，可靠到一不小心，就會把他們的存在視為理所當然。但對勒布朗來說卻不是這樣，他的生命中有空缺，而他總能意識到是誰填補了這些空缺。不管在飛機上有多不安，勒布朗一進到球館就沒事了。無論身處何地，站上球場總能讓他感覺像是回家。

在十二歲及以下的ＡＡＵ錦標賽中，球員明顯比流星隊以往遇過的對手更高壯。他們曾遇到一支球隊，其陣中竟然有三個六呎五吋[7]的選手，而德魯教練手下最高的球員，只有六呎二吋[8]的西恩。但沒有關係，小德魯是無所畏懼的控球後衛，西恩能用力量壓制更高大的對手，而且沒有人能一對一守住勒布朗。其他球員們也都各司其職，流星隊得以贏下多數比賽，在七十二支球隊中排名第十。德魯教練很滿意，他們正在進步。

7 編按：一百九十五・五八公分。
8 編按：一百八十七・九六公分。

這些經驗擁有改變人生的效果，對勒布朗來說尤其如此。他發現搭飛機其實沒那麼可怕；在全國大賽中反覆接受群眾的歡呼，讓他更容易想像成為職業球員的生活；**籃球，成了一張通往他原本無從體驗生活的門票。**

阿克倫春山公寓裡的其他男孩不曾拿過登機證，也不曾看過汽車旅館裡的迷你香皂，更不曾在遙遠城市的溫水泳池中玩耍。籃球也以球隊的形式給了他一個家。很多勒布朗想要的，都來自他原本欠缺的。作家詹姆士·鮑德溫（James Baldwin）曾提出這樣的觀察：「歷史的巨大力量在於，我們隨身攜帶著歷史，無意間在各方面受歷史影響。我們的一切所作所為都有歷史的影子。歷史賦予我們參照的框架，定義我們的身分，並塑造我們的渴望。」這也適用於個人的歷史。無庸置疑，勒布朗的過去形塑了他看未來的方式。

回到校園，當老師在開學時發下一張空白卡片，要求學生寫下長大後想成為的三個身分，勒布朗寫下：

NBA球員，NBA球員，NBA球員

在收回卡片之後，老師說勒布朗誤會了，應該要寫三種，而不是一種。

但勒布朗並沒有誤會，他就只想成為NBA球員。

德魯教練相信，若要讓球隊贏得全國冠軍，需要再添一名新血加強實力。除了勒布朗之外，城裡最優秀的十三歲球員名叫威利·麥基（Willie McGee），所屬的球隊是阿克倫菁英隊

（Akron Elite）。流星隊在十三歲以下 ＡＡＵ 全國錦標賽資格賽，淘汰阿克倫菁英隊之後，德魯教練決定把麥基招攬至陣中。他跟哥哥伊利亞．麥基（Illya McGee）住在一起，伊利亞正靠著籃球獎學金就讀阿克倫大學（University of Akron）。德魯找到伊利亞，詢問能否讓威利加入他的球隊，而伊利亞喜歡這個提議。他弟弟經歷了不少事，能加入一支由正向男性典範執教的球隊，對他有好處。

來自芝加哥的威利．麥基，從小看著雙親在毒癮中掙扎。當父母最終被捲入刑事司法系統後，威利搬去跟姐姐住，但她自己也為了養育還在包尿布的兩個孩子而苦苦掙扎。她擔心弟弟會淪為街頭毒品和暴力的受害者，並意識到他需要正向的男性長輩引導，於是拿了一個塑膠垃圾袋打包威利的衣服，把他送去阿克倫和哥哥同住。

伊利亞確保威利吃飽穿暖、保持在校成績、舉止恭敬有禮，他還教會威利打籃球。伊利亞向德魯保證，他弟弟是個非常好的球員，更是一個好孩子。他不會給人添麻煩，只是沉默寡言——他真的很不愛說話。

德魯聽完便主動說，要載威利去參加球隊第一次練球。

那時是放學時間，勒布朗在德魯教練的家裡待著，等練球時間開始。小德魯在寫功課，威利．麥基隨時都有可能到來，勒布朗與小德魯不知道威利能否融入他們緊密的小圈子。當威利走進屋裡時，他們倆都不想說話，威利身高六呎二吋，比勒布朗還高上四吋。

小德魯繼續低頭寫作業，頭也不抬一下。

勒布朗嘟囔了一句：「嘿，你好。」

沉默令人尷尬。威利知道勒布朗在球場上的能耐，但對他或小德魯的性格一無所知。直到他們把籃球搬上德魯教練的車，小德魯才終於自我介紹。

前往訓練的途中，勒布朗和威利沉默無語，德魯教練為了某件學校發生的事，正在責罵小德魯。然而一進到球館，音樂催下去，大夥開始上籃熱身，氣氛就熱了起來。勒布朗、小德魯和西恩對籃球的熱愛，與彼此的同袍之情馬上吸引了威利。他雖然一句話也沒說，卻回應了他們的熱忱。他在場上拚搏，奮力撲球。他能運球、能搶籃板、能防守，還能得分。

看到這些，勒布朗很滿意。一起練了幾次球之後，勒布朗邀請威利到春山公寓過夜，西恩也一起。葛洛莉雅為他們煮了晚餐，然後他們就舒服的待著，整晚打電動。過程中，勒布朗突然轉頭對威利說：「你還不錯嘛。」

威利沒有回答，但他覺得勒布朗跟自己很投緣。小德魯和西恩各自擁有穩固的家庭，他們的父親勤勞工作，把下班時間都奉獻於養兒育女。勒布朗跟他的處境比較相似：他們沒有父親，活在社會邊緣。

隨著時間過去，勒布朗幫助威利理解到，他可以把德魯教練和卡頓先生當作家人。他們會在星期日帶威利和勒布朗上教堂，平時督促他們做功課，還固定在每週五晚上舉辦過夜派對。對勒布朗來說，加入球隊最棒的地方，就在於這些課外活動。

德魯教練說：「**這是勒布朗的特色之一，他從來就不喜歡獨處**。當他找到我們後，他找到了家，找到了父親般的角色。他也找到了人生中美好的事情——友情。」

隨著友情加深，勒布朗更懂得表達自己。眾人一起留宿的某個晚上，勒布朗看著威利說：

「我們是好朋友。」威利仍然不知道怎麼回應，他不習慣任何人這樣跟他說話，更不用說另一個男孩了。西恩跟小德魯也表達了自己的感受。「他們比我更願意付出。」威利解釋道：「他們也更樂於接納。氣氛就這樣變得越來越自在。」

威利很少開口，但他用自己的方式向新朋友展現忠誠。當他看到一名強壯的球員在賽後握手時推了小德魯一把，威利立刻衝上前，把那個球員推回去。德魯教練很重視運動家精神，但他喜歡威利捍衛隊友的方式。勒布朗也有同感，這讓他看見威利的忠誠。後來，勒布朗、威利、西恩和小德魯開始自稱「四人組」（the Fab Four）。

勒布朗在八年級時長到了六呎二吋。增加的高度讓他的視野更容易越過防守者，改變他縱觀全場的方式，在持球推進時傳出更好的球。勒布朗也越來越常用雙手扣籃。他的第一次灌籃發生在中學體育館，當時他七年級，朋友們起鬨讓他在比賽中嘗試扣籃。勒布朗平時已能輕鬆把球端到籃框上方，但他不太願意在比賽中灌籃。反之，他總是選擇上籃。

某一天，在克里夫蘭的AAU錦標賽場上，他高高躍起、將球灌入籃框。在球場上奔跑，創造足夠的動能，然後在沒有防守者的情況下扣籃是一回事；然而，很少有中學生能在比賽中持球進攻籃框，並且把球扣進去。

現在的勒布朗能夠運球、能夠切入，還能在防守者頭上扣籃，這讓流星隊幾乎無堅不摧。更有經驗的AAU球隊，開始在勒布朗持球時派出兩到三名球員包夾。在這些情況下，勒布朗越來越善於把球分出去給隊友，讓他們輕鬆上籃，或在空檔之下投籃。以十四歲球員的標準來看，他們運作流暢得就像上了油的機器。

球給勒布朗

那年的AAU全國聯賽賽，流星隊勢如破竹。在八強賽中，勒布朗拿到球後直奔籃框，前方沒有防守者，他在罰球線內停球，再跨一步起飛、雙手爆扣，籃板在衝擊之下晃個不停。他在全美最具競爭力的青少年籃球聯賽中，奠定了最佳球員的地位，流星隊也打進十四歲及以下組別的AAU全國冠軍決賽。他們在三年前設下的奪冠目標，已經觸手可及。

他們的對手，是所有人看好的南加州全明星隊（Southern California All-Stars），這群男孩已經連續三年拿下全國冠軍。這支球隊充滿能飛善扣的菁英運動員，其中一位甚至曾經登上《兒童版運動畫刊》（*Sports Illustrated Kids*）雜誌封面。

德魯教練感到某些球員壓力很大。南加州全明星隊是一群令人畏懼的人，態度也很傲慢。熱身時，他們背著耐吉球袋，穿著耐吉球鞋和紅白相間的耐吉球衣，趾高氣昂的走上球場。流星隊連贊助商都沒有，勒布朗和隊友們光是為了買球衣就焦頭爛額——透過洗車跟烤肉賺錢，還在阿克倫挨家挨戶求取捐款。在全明星隊旁邊，他們看起來就像一群貧民。

賽前，德魯教練在更衣室集合球隊，向他們保證他和球員一樣夢想著獲勝。但他希望孩子們知道，他們已經給了他作為教練想要的一切了。他告訴他們：「我只想要你們好好打一場，沒有贏球也沒關係。」

他說這番話是為了讓大家輕鬆一點。但是，當勒布朗和隊友們於一九九九年七月八日，在奧蘭多（Orlando）的迪士尼體育場（Disney sports complex）登場時，他們的心跳狂飆。一位全明星隊員用居高臨下的態度問：「你們是從阿克倫來的？」他的隊友們竊笑，另一位球員還補了一句：「你們是鄉下人哦？」

勒布朗感覺受到輕蔑，其他人也有同感。在AAU籃球地圖上，阿克倫確實曾是個默默無聞的地方。但是，流星隊以團隊取向的強硬球風闖出名號，連年晉級後段賽事，而且勒布朗也早已成為AAU圈內，教練和球員們耳熟能詳的人物。這些南加州的傢伙，竟然把他跟隊友們看成鄉下來的二流球員，這讓勒布朗非常不爽。

比賽開始，流星隊跟不上對手，上半場結束以三〇：四五落後。但他們在下半場吹起反攻號角，由勒布朗領軍，切入進攻籃框，聲東擊西傳球給隊友上籃得分，並在防守端頻頻送出火鍋。

比賽剩一分鐘，勒布朗左手運球從左邊推進，換手運球閃過一名防守者，然後轉身過掉另外兩名防守者上籃，打板得分，讓播報員忍不住驚呼：「哦！詹姆斯這個動作太漂亮了！」這個特技般的進球，讓全明星隊的領先優勢縮小到三分。接著，在比賽還剩四秒鐘，而球隊落後兩分的情況下，德魯教練喊了暫停。目標是成功把邊線球傳進場、用最短時間往前推進、在哨聲響起之前投籃。計畫很簡單——球給勒布朗。

長久以來，勒布朗一直夢想著，在終場哨聲響起時投進絕殺。數不清多少次，他獨自在球場演練這樣的場景，在幻想的防守者面前投進壓哨球。他可以在腦海中看到，自己即將做的事。

回到賽場，就在勒布朗轉頭觀察全場的時候，西恩把邊線球發過了勒布朗的頭頂。還好勒布朗來得及回頭發現，在空中把球接住。勒布朗只運了兩次球，就沿著邊線穿過兩名防守者。過了中線後，他再運一次球就起跳，第三名防守者高舉雙手撲了過來。衝刺的動能在空中把勒布朗的身體繼續往前推，他順勢從三十五呎外投出NBA距離的三分球。

人群噤聲，籃球在空中劃出一道完美的弧線，幾乎破網，卻又涮框而出，終場的鳴笛聲同時響起。鬆了一口氣的全明星隊跳起來歡慶。勒布朗呆立於落地之處，把頭埋進雙手。隊友們看著他，比數是六六：六八，他們輸了。

回到阿克倫的旅程漫長且寂靜。德魯教練知道，自己再也不會執教這些男孩了——他們都將在這一年上高中，感覺就像一段偉大征途的終點。但這些男孩有別的計畫。

同一年稍早，他們已開始認真討論就讀同一所高中，這樣就能繼續同隊打球。他們的家遍布全城各處，但阿克倫有多所高中，而升學體系給了他們上同一所學校的選項。輸給南加州全明星隊是一次痛苦的經歷，但這也鞏固了這些孩子繼續在高中同隊打球的決心。

他們還有未竟之業。

4 我們只有彼此

小德魯在房間裡裝了一組單槓。勒布朗看著他，為了伸展身體吊掛在上面。為了長高，為了成為更好的籃球員，小德魯什麼都願意做。

德魯教練知道兒子為了精進籃球如此勤奮，所以一直在找尋方法幫助兒子。當他得知阿克倫猶太社區中心，在週日晚上會舉行籃球訓練營時，他就帶小德魯去了。主持這個訓練營的，是三十八歲的股票經紀人基斯・丹布羅特（Keith Dambrot），他曾在中密西根大學（Central Michigan University）擔任籃球隊總教練。德魯教練對丹布羅特所知有限，但他認為三十出頭就能在一級大學籃球校隊擔任總教練的人，想必很出色。

矮小而火爆的丹布羅特，一見小德魯就覺得投緣。當時小德魯剛上七年級，身高還不滿四呎十吋[9]。丹布羅特在他身上看見自己的影子——用長距離投射跟運球能力，來彌補身材劣勢的訓練狂。丹布羅特將小德魯收歸麾下，對他的訓練態度與好勝心態讚譽有加。

小德魯也立刻喜歡上了丹布羅特，並開始定期參加他的訓練課程。其他教練總是不厭其煩的強調，想在高中打球，就必須變得高大。但對於小德魯的體型問題，丹布羅特一句話都

9 編按：約一百四十七・三公分。

沒提過——他著重的是運球和傳球的技術，以及腳步與投籃動作的重要。他把重點都放在基本功。小德魯也脫穎而出，成為訓練營裡基本動作最扎實的球員。不久之後，勒布朗也開始跟小德魯一起參加星期日晚上的訓練營。

首先引起他注意的是，他們是猶太社區中心唯二的黑人小孩。勒布朗很少接觸白人，他此時才七年級，對種族的看法才正開始成形。丹布羅特教練每次都叫小德魯出來，示範正確的動作給其他小孩看，勒布朗本來還在想，教練這樣刻意挑出唯二的黑人之一，算不算是種族主義。但他很快丟掉這個念頭，認定丹布羅特教練就只是偏好小德魯，而小德魯也樂於示範正確技巧。

小德魯和丹布羅特顯然處得很好，兩人之間有一種特殊的化學反應。勒布朗很快適應了這個新環境。不久之後，西恩和威利也開始一起參加訓練營。他們四人脫穎而出，成為全場最優秀的球員。

聖文森—聖瑪莉

一九九八年七月，在德魯教練第一次帶兒子到阿克倫市猶太社區中心，與丹布羅特訓練大約一年後，丹布羅特被聘為聖文森—聖瑪莉高中（St. Vincent-St. Mary）的新任總教練，那是位於阿克倫的一所私立天主教高中。這個消息，讓大家回顧了丹布羅特五年前離開大學球隊時的爭議報導。《阿克倫燈塔報》指出，丹布羅特在一九九三年，因為使用種族主義字眼而被解僱。

那一年，在敗給俄亥俄邁阿密大學（Miami University of Ohio）之後，據稱丹布羅特在更衣室對球員們說：「要是我們隊上有更多黑鬼就好了。」幾天後，他的評論被引述在一份學生報上，引發了校園裡的抗議活動。當時，丹布羅特並未否認使用這個種族歧視詞語，而是告訴媒體：「我並不是以冒犯黑人的方式使用那個詞語。我的球員明白我用詞的含義，所以沒有受到冒犯。」

在學校開除他之後，丹布羅特對大學發起聯邦訴訟，認為這次解僱違反了憲法第一修正案下的言論及學術自由。九名中密西根大學的黑人球員堅稱，自己沒有被教練的用詞冒犯，並加入了這起訴訟、支持丹布羅特。

「所有認為他應該被開除的人，在他使用那個詞時都不在場。」其中一名黑人球員表示：「他們不了解當下的狀況。那的確是不好的用詞，但你必須人在現場才能理解。」丹布羅特的訴訟終究被法官駁回，而他在接下來五年都找不到教練的工作。然後，聖文森—聖瑪莉高中決定給他一個機會。

「我顯然犯了錯，而我也為此道歉。」丹布羅特告訴《阿克倫燈塔報》：「我付了不小的代價，而我也接受。」丹布羅特感謝聖文森—聖瑪莉高中給了他這個機會。這所高中的體育主任吉姆．邁耶（Jim Meyer）支持學校的決定。「關於丹布羅特，我們做了調查，而我們喜歡我們聽到的。」邁耶說：「他與年輕運動員合作得很好，這對我們來說很重要。」聘請丹布羅特執教高中籃球隊的決定，被視為一個「贖罪的機會」。

在讓小德魯參加丹布羅特訓練營這件事上，德魯教練受到勸阻。一名同事叫他不要跟那個男人扯上關係。德魯教練不熟悉丹布羅特過往的具體情況，但他不會只隨著媒體報導起舞，他只能靠自己親眼目睹的情況做決定，那就是丹布羅特是一名出色的教練，懂得尊重他兒子與其他男孩。小德魯在丹布羅特的指導下持續成長，又報名了他的籃球夏令營。勒布朗和其他人也跟進。

起初勒布朗、小德魯、西恩和威利，並未直接受到丹布羅特前往聖文森—聖瑪莉高中的風波影響。他們即將進入中學八年級，畢業後四人將前往布赫特爾高中（Buchtel High）。這所所位於阿克倫的公立高中，擁有超強的籃球隊，勒布朗已經在心中盤算好一切。「我知道這所學校在體育方面的名聲，阿克倫每個黑人小孩都知道。」勒布朗說：「我已經開始幻想，我們四人成為風雲人物，在校園裡走路有風，帶領布赫特爾贏得州冠軍，然後是全國冠軍。」

在阿克倫的青少年籃球圈子裡，大家都知道德魯教練AAU球隊裡，最厲害的四個球員是好兄弟，且有望在高中繼續同隊打球。布赫特爾高中亟欲確保四人入校，於是籃球隊教練延攬德魯加入團隊，讓他擔任助理教練。布赫特爾高中這一步棋下得很妙，他在小德魯還在就讀八年級時便開始任職。布赫特爾高中認定德魯教練會把兒子帶來，他兒子又會帶上勒布朗跟其他人。

然而，就在八年級這一年，小德魯開始對布赫特爾高中有了疑慮。那裡的籃球校隊人才輩出，小德魯不認為教練會把他當一回事。小德魯最終大概會淪為第二陣容。他內心深處認為，在流星隊的四人組中，布赫特爾高中真正想要的只有勒布朗。小德魯讓勒布朗知道他開始猶豫了。「兄弟，我覺得這樣行不通。」他跟勒布朗說：「我覺得他們不會給我機會。」

勒布朗並沒有太在意他朋友的擔憂。對他來說很簡單：只要你是貧民窟的孩子，就去布赫特爾讀高中。那是一所全黑人學校，每個人都預期他們去那裡就學。而且，德魯教練是那裡的教練團成員。為什麼要去別的學校？但小德魯認真考慮拒絕布赫特爾。他曾和父親一起在那裡參加公開練球，球員們看他那麼矮小，都對他不屑一顧。心灰意冷的小德魯也曾與父親促膝長談。

小德魯說：「他們不會給我機會的。」

德魯教練試著讓他安心。但小德魯終於說了出口：「老爸，我不會去讀布赫特爾高中。」

「你在說什麼？」德魯教練說：「我是教練團的一員，一切都準備就緒了。」

小德魯告訴他：「我想去聖文森—聖瑪莉高中。」

德魯教練愣住了。

小德魯接著說：「我知道，丹布羅特教練會給我機會。」

一開始，德魯教練很生氣。不是氣兒子，也不是氣丹布羅特，而是氣這個狀況。他之所以獲聘成為布赫特爾高中的助理教練，是因為校方預期他會帶來勒布朗，以及AAU隊上的其他頂尖球員。如今，他必須跟總教練說，他連自己的兒子都帶不來？簡直丟人現眼。

然而，德魯教練理解到，兒子已經跟丹布羅特建立了深厚的情誼。冷靜下來之後，他決定不擋兒子的去路，並向布赫特爾高中的總教練提出辭呈。

卡特與丹布羅特

聽到小德魯要去聖文森—聖瑪莉高中，勒布朗、西恩和威利盯著他，以為他瘋了。那所學校主打的是學術，不是籃球。這所私立的天主教學校，每年學費超過五千美元，學生幾乎全是郊區的白人孩子，勒布朗完全不想跟這樣的學校扯上關係。

「我當時的想法就是『我才不跟白人打交道』，因為我是在貧民區土生土長的孩子。」勒布朗在多年後回憶道：「感覺起來就好像……那些白人不想要我們成功。」

勒布朗堅信，自己和朋友們應該堅守最初的計畫、去布赫特爾高中，他試圖說服小德魯改變主意。稱霸全國的盟約呢？不是說好大家要一直在一起嗎？

小德魯沒有讓步，也沒有試圖改變朋友們的想法，但他堅持要去聖文森—聖瑪莉高中。丹布羅特教練向他保證，他願意讓新生進入先發陣容。丹布羅特教練告訴他，如果新生的實力勝過高年級球員，他不會害怕讓新生上場比賽。小德魯覺得自己進入校隊先發的最好機會，就在丹布羅特教練手中。

接連幾週，勒布朗都認為四人組真的要分道揚鑣了。然而，威利和西恩逐漸開始理解小德魯的思維。首先，威利與丹布羅特教練會面，教練說他非常願意讓威利加入陣中，而且他有機會以新生之姿加入先發。然後西恩隱約了解到，布赫特爾的教練實際上只對勒布朗感興趣，西恩想為一個真正需要他的教練效力，但他也想要四人組待在一起，於是決定追隨小德魯和威利去聖文森—聖瑪莉高中。

勒布朗忍不住覺得，布赫特爾的教練們犯了錯，竟然小看小德魯，他可是四人組的領袖。布赫特爾的教練們認為，以籃球員的標準來說，他的身形過於矮小，卻沒有看見他的決心和背負的使命，正是這些特質讓小德魯成為如此有吸引力的隊友。勒布朗也覺得，布赫特爾高中的教練們連他也低估了。

當然，他們喜歡他在籃球場上的表現，但他們沒有認真理解他和朋友們之間的羈絆。他的印象是，布赫特爾高中的教練們，把他看作來自貧民窟的孩子，沒有膽量去就讀一所對學業與服儀有著高標準，而且幾乎全是白人的天主教學校。他不喜歡被低估的感覺。

勒布朗考慮跳脫舒適圈，加入一所可能把他當成局外人的學校。他合理的認為，聖文森—聖瑪莉高中的白人學生和教職員會看不起他，並且黑人社群也可能會因為他沒有選擇布赫特爾高中而攻擊他。單純迎合他人，容易得多，但他首要的忠誠必須獻給朋友。他們給了彼此承諾。這個決定終究不只關乎籃球，歸根究柢，這個決定的重點還是忠於彼此。

西恩總愛說：「我們只有彼此。」勒布朗同意，但他也了解，四個人一起去聖文森—聖瑪莉高中就讀，這件事充滿種族與階級的含義。這不僅僅是選擇一所學校這麼單純的事，對勒布朗來說，這是個決定性的時刻，將會戲劇性的改變他籃球生涯的軌跡。

在基斯．丹布羅特領軍聖文森—聖瑪莉高中的第一年，球隊取得了十六勝九負的戰績，晉級州錦標賽。他麾下最強的球員，是六呎四吋的前鋒馬維里克．卡特。十一年級的卡特是隊上最會得分的球員，也是個出色的全方位運動員，擁有天生的領袖特質。丹布羅特跟卡特相輔相成，很快改變了人們對聖文森—聖瑪莉高中籃球隊的看法。

勒布朗比卡特小四歲，但他們從小就認識。他們在卡特的八歲生日派對上相遇。當時，勒布朗住的地方就在卡特所住社區的旁邊。他們比鄰而居的時間不長，但經常在阿克倫碰在一起，漸漸發展出友誼。

這兩個男孩的名字都很特別，馬維里克這個名字的由來，是一九五〇年代末播出的電視劇《獨行俠》（*Maverick*），詹姆斯・迦納（James Garner）在劇中飾演的撲克牌手布雷特・馬維里克（Bret Maverick），靠一身賭博本領在舊西部的麻煩中遊走。卡特的祖母喜歡那部電視劇，她也喜歡賭博。下班後，她會開放地下室，給社區裡的人打牌和玩骰子。

卡特跟勒布朗一樣，幾乎由母親一手撫養長大，他的母親受僱於郡政府，擔任社工近三十年。卡特的父親，則曾因為持有並意圖販賣毒品而入獄。

希望打進NBA的卡特，決心要拿籃球獎學金上大學。讓他高興的是，丹布羅特來到聖文森—聖瑪莉高中，並且馬上帶來強烈的執教風格。卡特認為，這將讓他的抱負更加遠大。

一九九九年夏天，丹布羅特教練在猶太社區中心舉辦籃球訓練營。他邀請卡特和高中籃球隊的某些成員加入。勒布朗、小德魯、西恩和威利也來了。就是在那個夏天，他們在奧蘭多的AAU全國冠軍賽，以兩分之差輸給南加州全明星隊。而且他們也正在討論，四人要一起前往聖文森—聖瑪莉高中就讀。

由於年紀差了四歲，卡特和勒布朗沒有太多機會同場競技。但在訓練營裡，卡特看見了勒布朗的與眾不同，他往籃框切入，並把球精準傳到空檔隊友的手中。比起卡特遇到的對手，勒布朗更懂得用腦子打球，他不禁幻想起勒布朗穿上聖文森—聖瑪莉高中球衣的樣子。

丹布羅特教練也忍不住這樣想。擔任大學教練多年的他，評估過太多青少年球員了。他在勒布朗身上看到關鍵因子——極少數球員擁有的那種難以言喻的特質，稀有的天賦配上教練無法傳授的內在動機。那個夏天，勒布朗和兄弟們在一場比賽中，跟丹布羅特手下幾名校隊先發球員對上。丹布羅特的助理教練，一個名叫史蒂夫·卡爾普（Steve Culp）的三十多歲硬漢也加入比賽，與勒布朗對位。

在一次持球時，卡爾普有意挑釁勒布朗，以某種運球方式引誘勒布朗抄球。在勒布朗撲上去的瞬間，卡爾普迅速換手運球，朝籃框切入，導致勒布朗失去平衡，一屁股跌坐在地上。卡爾普輕鬆得分，大家都笑了。當卡爾普再次持球進攻，他預期勒布朗會退縮，但勒布朗步步緊逼、緊貼卡爾普，逼迫他再次嘗試剛剛那招。到了進攻端，勒布朗積極要球，打算單吃卡爾普，一次又一次。賽後，卡爾普告訴丹布羅特：「這孩子將來一定不得了。」

丹布羅特也有同感。勒布朗與其他孩子不同，不僅是為了贏球而打球，他是為了被認可而打球。他想要成為一號人物。**「要是能當他的教練該有多好？」**丹布羅特暗想，但他沒有試圖招攬勒布朗。和城裡其他人一樣，他也認為勒布朗一定會去巴赫特爾高中。

勒布朗沒有跟丹布羅特談起為他效力的可能。但卡特在聖文森—聖瑪莉高中的存在，有助於鞏固他的想法。在阿克倫所有青少年之中，勒布朗最尊敬的就是卡特。他擁有勒布朗想要的一切——自己的車、漂亮的女朋友，還有刺青。卡特太酷了，走路都有風。更重要的是，卡特出身貧民區，卻在白人為主的學校裡風生水起。

他的經歷給了勒布朗信心。勒布朗知道自己強到足以在校隊擔任先發，在卡特讀高中的最後一年與他並肩作戰，這件事對勒布朗來說很有吸引力。他在幾年後回憶道：「卡特是我去聖文森—聖瑪莉高中的主要原因。」

為猶太教練效力的四人組

葛洛莉雅無法支付勒布朗去聖文森—聖瑪莉高中的學費。丹布羅特知道這一點，學校為貧困學生設有獎學金制度。在五百五十個學生裡，約有四分之一能得到資金援助，學費問題並不會對勒布朗和他的兄弟們構成阻礙。

德魯教練 AAU 球隊裡四個球星要去聖文森—聖瑪莉高中的消息，在阿克倫青少年籃球圈子裡傳開後，馬上出現反彈。有人打電話到西恩家留言，暗示丹布羅特是個種族主義者，理由是數年前他在中密西根州大學時對球員們說的話。西恩的父親李．卡頓曾在高中時期的籃球比賽，與丹布羅特同場競技，關於丹布羅特的評論令他困擾，而且與他記憶中的丹布羅特並不一致。

他不想憑著含沙射影做出決定，於是直接去找丹布羅特，談論當年害他被解僱的事件。悔恨的丹布羅特承認當時自己太過愚蠢，但堅稱自己的用詞毫無貶低黑人的意思。他建議卡頓去查閱他控訴中密西根州大學一案的證言。卡頓的妻子黛布拉（Debra）找到法庭文件。裁決書的關鍵段落如下：

一九九三年一月，丹布羅特在更衣室裡，對球員們以及教練團使用了「黑鬼」一詞，時間是中場休息時間或賽後，球隊在那場比賽輸給俄亥俄邁阿密大學。根據丹布羅特的證言，他說球員們打得不夠賣力，然後問：「你們介意我用『黑鬼』這個詞嗎？」

在其中一個或是多個球員表示沒問題之後，丹布羅特說：「你們知道隊上需要更多黑鬼……麥克道爾教練（McDowell）是個黑鬼……桑德．史考特（Sander Scott）是入選全美學院陣容（academic All-American）的白人，但我會說桑德是個黑鬼。他是個硬漢，非常強悍。」

他表示自己借用這個詞彙的「正面意涵與強調效果」。球員們經常在賽場、校園與更衣室以「黑鬼」一詞互稱。丹布羅特表示，他使用這個詞的方式，與球員們對彼此使用這個詞的方式相同，用以「指稱無所畏懼、心理素質強大，而且強悍的人」。

卡頓夫婦也接到當年丹布羅特麾下一位黑人球員的電話，證實丹布羅特事先的確詢問過他們，是否同意他使用該詞。

李．卡頓接受了丹布羅特的解釋，覺得兒子為丹布羅特效力，不會讓他心裡過不去。德魯教練也接受了眼前的情況。但是他去找丹布羅特談，建議丹布羅特把他和卡頓加入教練團隊。這樣做的目的不是為了教練團的多元性——丹布羅特已有一名黑人助理教練，還有一名女性助理教練。德魯理解兒子和他的朋友們，將會在高中面臨什麼。他認為在關鍵的過渡時期，讓他和李．卡頓待在近旁支持孩子們會是個好主意。

丹布羅特同意，並歡迎他們加入。畢竟，他們執教流星隊四年，遠比他更了解勒布朗、小德魯、西恩和威利。

德魯教練立刻遭到砲轟。某天德魯走在阿克倫街上，一輛車在他旁邊停下，他認識這位在阿克倫公立學校任職的司機。那個人說道：「嘿，德魯，我知道你現在是聖文森—聖瑪莉高中的皮條客了！」卡頓則受到更多言語攻擊。「聖文森—聖瑪莉高中才不會鳥你。」一個男人告訴他：「白人不會鳥你啦！」

而最讓德魯和卡頓困擾的，是自己社群的人對孩子們說的話。「你們都是他媽的叛徒。」一個男人告訴西恩：「而且你們的教練是戀童癖。」（這當然是無憑無據的指控）

但現在，這些都不重要了。總之，四個來自貧民區的黑人男孩，將要去一所天主教學校，為一名猶太教練打球。

5 高中新鮮人

勒布朗為了打籃球才進入聖文森－聖瑪莉高中，但美式足球才是他的初戀。而且在這所學校，美式足球的名聲遠遠大於籃球，聖文森－聖瑪莉在過去十年內拿了三座州冠軍，兩名前NFL球員在美式足球校隊擔任教練。西恩有志爭取美式足球獎學金讀大學，參加了新生隊，威利也在打美式足球，急著加入朋友行列的勒布朗，便去找母親談這件事。

但葛洛莉雅不想聽。美式足球太暴力了，只要一個戴著安全帽的腦袋撞上勒布朗的膝蓋，他的籃球夢就會有危險。葛洛莉雅告訴勒布朗，不要再想這件事，專注於籃球和學業就好。

到了這時，勒布朗的夢想已然也是葛洛莉雅的夢想。**她開始將籃球視為一條合情合理的出路，能讓兒子脫離貧困、改變人生的職涯。**對於絕大多數高中運動員來說，成為職業運動員只是痴心妄想。但在勒布朗八年級時，葛洛莉雅已意識到兒子的表現不同於多數學生運動員。這個想法並不只是母親的自豪所致，勒布朗的兩個教練，就沒有給他們自己的兒子同樣高的評價。

同時，葛洛莉雅的多年老友艾迪．傑克森充滿熱情的強調，勒布朗有朝一日打進NBA的潛力。打從勒布朗還小的時候，傑克森就對他產生了興趣。然而，傑克森有相當長的一段時間不在勒布朗身邊。勒布朗還在讀小學的時候，傑克森因為在校園販售半盎司[10]古柯鹼給臥底警察而遭逮捕，最終被判入獄。

「我做了一個爛選擇。」傑克森在獲釋後告訴《誠懇家日報》（*Plain Dealer*）：「我向上帝承諾。不是向人，不是向我的孩子、朋友、姐妹、兄弟、母親，或任何人。我向上帝承諾，如果祂賜我自由，我將永遠不會再犯，永遠不以那樣的方式背離祂。沒有什麼比這樣的承諾更真實了。」

勒布朗上八年級的時候，傑克森開始涉足阿克倫與周邊地區的房地產業。他與葛洛莉雅重新搭上線，兩人開始一起去看勒布朗的 AAU 比賽。

傑克森曾是阿克倫的高中運動員，他理解隨著勒布朗進入聖文森－聖瑪莉而來的種族波瀾。聽聞丹布羅特過去對他的球員所說的話，傑克森和葛洛莉雅起初感覺不太自在。但傑克森設法找到丹布羅特，並與他面對面交談，事後他確信丹布羅特不是種族主義者。

再者，傑克森認為，丹布羅特情緒強烈且嚴肅務實的執教風格，非常適合幫助勒布朗為下個階段做準備。傑克森說：「有個一級大學籃球的教練來指導這些孩子。只要他一個眼神，這些孩子就不敢搗亂。」

勒布朗信任傑克森。在比賽時，他喜歡看見傑克森和葛洛莉雅在看臺上。傑克森認為他選擇為丹布羅特效力是正確的，他的母親也認可丹布羅特，這對勒布朗來說很重要。

我們來這裡就是為了打球，沒別的

然而，勒布朗對美式足球的渴望仍然存在。開學前幾週，勒布朗在美式足球隊開訓的第一天走進校園。在一個場地上，西恩和威利跟著新生隊一起做徒手體能訓練。另一個場地上，馬維里克・卡特跟先發在練傳接球，他是隊上最好的接球手。勒布朗看著他，希望自己也能秀一下接球能力。然而，在哨聲和教練們的咒罵聲中，他只能在場邊走來走去，像個旁觀者。勒布朗隔天又來了，再隔天也來了，球隊進行一天兩次的訓練時，他都在場邊閒晃。

葛洛莉雅知道兒子在打什麼主意。當勒布朗做出最後一搏的努力、試圖說服母親回心轉意後，她同意聽聽兒子的說法。

勒布朗說，他的朋友們都在那裡，他想跟朋友們在一起。教練們技術精湛，都是職業球員出身。馬克・墨菲（Mark Murphy）以前是綠灣包裝工隊（Green Bay Packers）的安全衛[11]，而傑・布洛菲（Jay Brophy）曾為邁阿密海豚隊（Miami Dolphins）效力。

布洛菲這個名字引起葛洛莉雅的注意，她認識他。布洛菲的年紀比她稍長，但他也在這個地區長大，曾就讀布赫特爾高中。葛洛莉雅同意和他談談。

10 編按：約十四公克。

11 編按：安全衛（Safety）為美式足球防守位置之一。

曾擔任線衛[12]的布洛菲滿身肌肉，有著寬大的肩膀跟粗壯的手臂，身高六呎三吋[13]。他認真聽葛洛莉雅解釋。勒布朗在籃球場上前途光明，身為母親的她，不太願意讓兒子打美式足球。但她說，勒布朗說服了她，她會讓他打。

葛洛莉雅說：「傑，拜託別讓我的寶寶受傷。」

布洛菲則笑著回答：「如果妳仔細觀察，就會發現他其實不太算是一個寶寶了。」

她微笑點頭。

布洛菲告訴她：「我們會把他照顧好。」

隔天，勒布朗穿著護具跟釘鞋從更衣室跑出來。身高六呎四吋、體重一百八十磅[14]的他馬上讓人留下深刻印象。新生隊的教練讓他擔任接球手，接著勒布朗單手接住傳球，用超凡的靈活速度閃過撲上來擒抱的防守者。但練習的走向很快不如他意，於是他自告奮勇擔任四分衛[15]。首次走進聚商[16]的他，看著隊友們說：「我現在是四分衛了。」

開始上高中已經夠令人害怕了，但在十四歲的年紀踏入如此不同的世界，讓勒布朗更加不安。聖文森—聖瑪莉高中有強制性的服裝規範：繫有皮帶的長褲、有領子的襯衫、正式的皮鞋，勒布朗甚至沒有這類的服飾。而學校也有儀容標準：刺青、耳環、辮子和鬍子都禁止。

但最讓他焦慮的是，身邊有這麼多白人。一直以為白人不想跟黑人有瓜葛的他，也用相同的態度對待白人，但他還是會被白人教師和學生包圍。他不知道該如何與他們相處，也不知道要對他們說些什麼。他決定縮小社交圈，只跟小德魯、西恩和威利往來。他對自己說：

我們來這裡就是為了打球，沒別的。

另一面，馬維里克・卡特對種族的看法也正在改變。在聖文森—聖瑪莉高中就讀期間，他結交了許多白人孩子，而且在校園裡廣受歡迎。卡特認為，體育會自然而然幫助人們打破藩籬並建立起團結感。天性樂觀的卡特毫不懷疑一旦勒布朗開始打球，他將被聖文森—聖瑪莉高中社群接納，而且他也將漸漸愛上這所學校。儘管如此，卡特也沒有天真到以為，每個人都會張開雙臂擁抱新進成員。無論是好是壞，在大家普遍的認知中，以勒布朗為首的四名黑人新生，進這所學校的主要目的就是為了打籃球。

勒布朗靠著卡特提供的資訊，知道哪些老師友善，而哪些老師可能會趁機找碴。他也相信卡特會提點他，哪些學生會歡迎自己，而哪些學生會把他當成局外人。九年級之初帶給勒布朗最大的震撼是，背著書包、穿著襯衫、走在鋪有地毯的走廊，同時有這麼多雙陌生的眼睛盯著他看。他的少數族裔身分從未如此鮮明。

那段期間，最好的建議仍來自德魯教練：想要聖文森—聖瑪莉高中的人怎麼對待你，你就要怎麼對待他們。這個男人當年曾告訴他，如果你把球傳出去，大家都會想跟你打球，也因此養出了勒布朗無私的球風。如今，他再次提出簡單卻深刻的道理。德魯教練依據自己的

12 編按：線衛（Linebacker）為美式足球防守位置之一。
13 編按：約一百九十・五公分。
14 編按：約八十一・六五公斤。
15 編按：四分衛（Quarterback）為美式足球進攻位置之一，通常為發起進攻的領導者。
16 編按：指數名進攻方球員未列陣在通常開球位置，為等待下一次進攻信號等原因聚集的行為。

信仰，引用耶穌（Jesus）在山上宣講時提出的「黃金律」——「己所不欲，勿施於人」——教導勒布朗在高中待人處事要以此為準。

派翠克．瓦塞爾（Patrick Vassel）在阿克倫長大，一到八年級都就讀天主教學校。到了選擇高中的時候，他跟當地的大多數天主教孩子一樣，參觀了該市三所男女合校的天主教高中：沃爾什耶穌會學院（Walsh Jesuit）、阿奇比什普．霍本學校（Archbishop Hoban），和聖文森—聖瑪莉高中。他的母親和姐姐曾在聖文森—聖瑪莉高中上過學，所以瓦塞爾申請了這所學校，並獲得幾項獎學金，以抵銷每年的學費支出。接著瓦塞爾計算了一下，看父母還需要支付多少才能彌補差額。雖然在聖文森—聖瑪莉高中不乏家境富裕的孩子，但瓦塞爾是那二五％接受學費援助的學生之一。

成績優異的瓦塞爾喜歡藝術，尤其是戲劇。他最愛的運動是籃球，目標是被選進學校的新生籃球隊。他曾參加阿克倫天主教青年組織聯盟的比賽，也報名了丹布羅特在猶太社區中心的籃球夏令營。他在那個夏令營結識了勒布朗、小德魯、西恩和威利。儘管瓦塞爾和勒布朗同歲，但在籃球實力上有著天壤之別。有時，丹布羅特會指派勒布朗，帶領瓦塞爾和其他孩子訓練。當得知勒布朗和他的三個朋友將會進入聖文森—聖瑪莉高中就讀時，瓦塞爾興奮得不得了。

開學第一週，勒布朗認出了瓦塞爾，並跟他打了招呼。他們上同一堂宗教課，還有一節自習課也被排在一起。瓦塞爾對勒布朗有正面的印象，但是一百一十五名新生大都不認識勒布朗或是他的三個朋友。當勒布朗和西恩、威利以及小德魯聚在走廊上時，瓦塞爾的某些朋友會對他們指指點點，瓦塞爾跟這些朋友說：「他們只是在談笑而已，又沒惹到你們。」

瓦塞爾暗自欽佩勒布朗，羨慕他的自信滿溢。勒布朗似乎已經有了人生目標，反觀，瓦塞爾還在試圖搞清楚未來方向，苦惱於不知道以後要做什麼。一部分的他希望自己在這方面，能更像勒布朗一點。

當新生籃球隊公布選拔開始，瓦塞爾現身了。勒布朗、小德魯、西恩和威利不需要參加選拔，但瓦塞爾對此並不介懷。教練已經決定把他們放在校隊先發，這代表新生隊多出了四個空缺，瓦塞爾如願入選。

高中體育的政治面

當籃球賽季在秋末到來，勒布朗仍在適應聖文森—聖瑪莉高中的生活。葛洛莉雅讓他打美式足球的決定加速了這個過程，也讓他有更多的時間，跟卡特及其他高年級學生在一起。

美式足球賽季之初的某個下午，布洛菲教練和墨菲教練離開一軍練球，去看新生隊的訓練。他們不禁讚嘆勒布朗與其他九年級學生的程度差距，看著他接球，布洛菲和墨菲覺得他應該晉升先發。布洛菲說：「只要看他打球、看他接球時的腳步，就能看出勒布朗有能力完成各種跑動路徑。」

布洛菲和墨菲找先發總教練吉姆．邁耶商量，請求讓勒布朗升到先發隊伍。邁耶反對讓新生參加先發，因為傳統上，大家認為九年級生的身體發育尚不完全，和十二年級生一起上場會有受傷風險。但勒布朗的身高幾乎比先發所有球員都高，作為接球手的天賦也更高。布洛菲說：「把他留在新生隊真的沒道理。」邁耶終於讓步。

但是，卡特是先發的頭號接球手，還有一批十二年級和十一年級的學生排在他後面，其中包括總教練的兒子。這是勒布朗第一次見識到高中體育的政治面。升上先發的勒布朗被冷凍在場外，根本沒機會上場。賽季一直進行，卡特鼓勵勒布朗抬頭挺胸、繼續在訓練中力求表現，勒布朗沒有抱怨。

在一九九九年十一月十三日，聖文森—聖瑪莉高中在州季後賽面對威克力夫中學（Wickliffe）。先發上場的卡特身體不適，最終退出了比賽。同時，聖文森—聖瑪莉高中在進攻上一籌莫展。三節過後，聖文森—聖瑪莉高中以〇：一五落後。勒布朗一直坐在板凳上，球隊的四分衛終於忍不住開口。他在練習中看過勒布朗的表現、知道他的能耐，四分衛告訴教練：「讓他上吧。」

邁耶猶豫不決。勒布朗整個賽季都沒有參加比賽，也不熟悉全部的戰術。

四分衛懇求道：「就算他只知道一套戰術也沒關係。」

布洛菲同意了。賽季倒數之際，邁耶終於喊出這位新生的球衣背碼。

腎上腺素炸裂的勒布朗扣緊下巴的綁帶，小跑上場。他越過防守者跳起，接住第一顆傳給他的球，布洛菲大喊：「那小子守不住他啦！」四分衛繼續傳球給勒布朗，一次又一次。勒布朗在第四節總共接到九次傳球，推進超過一百碼，並且完成兩次達陣。聖文森—聖瑪莉高中邊線的球員們歡呼，球迷尖叫。勒布朗的英勇表現扭轉了局勢，但是時間不站在聖文森—聖瑪莉高中這邊，他們最終以一四：一五輸掉了比賽。

全隊垂頭喪氣的走進更衣室。他們輸掉了原本該贏的比賽，賽季就這樣結束了。勒布朗一句話也沒說，但隊友們無法保持沉默，他們都認為勒布朗應該打滿一整個賽季。

跟美式足球教練不同，基斯．丹布羅特不需要任何人說服，毫不猶豫就讓勒布朗以新生身分擔任先發。丹布羅特唯一的疑慮，是自己。他深信勒布朗是一名千載難逢的球員，所以擔任他的教練令人害怕。在訓練營和夏令營指導勒布朗是一回事，但把勒布朗放在自己球隊陣中又是另一回事，城裡每所學校都會衝著他們來。

此外，還有讓丹布羅特放不下的另一個面向——他了解勒布朗成長的環境。籃球對勒布朗來說不僅是一項運動——籃球代表成就人生的機會，勒布朗的高中四年事關重大。讓丹布羅特止不住煩惱的是，自己未曾執教擁有如此巨大潛力的球員。萬一他沒教好勒布朗，怎麼辦？萬一他沒有盡己所能，幫助勒布朗發揮天賦，怎麼辦？

當勒布朗現身籃球隊開訓，他的態度跟參加美式足球隊開訓完全不同。他明白自己的籃球實力有多強，也知道自己就算身為新生，必定會成為先發球員。而且他認識丹布羅特，勒布朗覺得高中籃球應該是小菜一碟。

然後，丹布羅特讓球員進行第一組訓練。

丹布羅特對勒布朗怒吼：「**真他媽爛透了！**」

勒布朗嚇傻了。他不曾聽過丹布羅特這樣說話，德魯也沒這樣吼過勒布朗，誰都不曾。

但丹布羅特才剛要開始而已。

當勒布朗的動作再次沒有符合標準，丹布羅特衝著勒布朗大喊：「那他媽是怎樣啊？」

勒布朗從沒想過要對教練嗆聲，但這股衝動不斷累積。他告訴自己：**我就快忍不住了**。

「你根本在胡鬧。」丹布羅特又因為某件事吼他。

更多高分貝的髒話向場上的勒布朗襲來。同時，丹布羅特說西恩是個懦夫，也一直找小德魯麻煩，讓小德魯想跟他打一架。就連從不顯露情緒的威利，都惡狠狠的瞪著丹布羅特。練球像是兩小時的新兵訓練營。練完球後，更衣室裡幾乎發生了暴動。勒布朗搞不懂猶太社區中心那位溫和的男人到底怎麼了。他的結論是，丹布羅特教練是個發瘋的混蛋，其他新生也有同感。他們覺得自己犯了一個大錯——早知道就去布赫特爾高中了。

在勒布朗到來之前，卡特樂於擔任隊長與主將。他喜歡受到關注，尤其是來自丹布羅特的關注。他不介意丹布羅特挫挫勒布朗和其他新生的銳氣，他們本來就是一群氣焰囂張的傢伙。但卡特也意識到，勒布朗的實力在他之上。這個新生的光芒超越隊長，只是時間早晚的問題。卡特並沒有嫉妒，反而覺得作為十二年級生，他有責任引導勒布朗。

在調整勒布朗和朋友們的心態上，卡特扮演了關鍵角色。他發現勒布朗習慣了德魯教練的執教風格，一時間很難接受教練對球員怒吼和飆髒話。但德魯教練的執教經驗不如丹布羅特，這點卡特也心知肚明。丹布羅特的狂怒其實是一種手段，如果這些男孩想以新生身分登上先發，他們就要硬起來接受。而如果他們以州冠軍為目標，就得學會多努力、少抱怨。

在勒布朗心中，卡特有某種可信度。這位天生的領袖已經獲得西密西根大學（Western Michigan University）的全額籃球獎學金。學校的男生都想要變成他，女生都想當他女朋友。而勒布朗最想要的，莫過於跟他在場上並肩作戰，就算要為此忍受丹布羅特的咒罵。

卡特的成熟，讓丹布羅特得以更進一步鞭策勒布朗。「我一直在找他麻煩，沒有停過。」丹布羅特後來解釋道：「他大概不喜歡我這樣。但我從不覺得他不想要我這樣。我總覺得他明白我的意圖。」

十二月初，聖文森—聖瑪莉客場挑戰凱霍加福爾斯高中（Cuyahoga Falls），開啟了籃球賽季。勒布朗是先發球員裡唯一的新生，而卡特則是唯一的十二年級生。他們各自攻得十五分，率領球隊以七六：四〇血洗對手。其他三個新生從板凳出發，在寶貴的上場時間各有建樹，尤其是小德魯。初戰彷彿就像未來的預演。接下來一個月，聖文森—聖瑪莉高中保持連勝。勒布朗和卡特持續取分，新生們也一場比一場進步。

到了球隊取得十勝零負的戰績時，勒布朗的場均得分超過了卡特，報導球賽的記者也越來越常寫下勒布朗「率隊」獲勝。卡特表現出色，但勒布朗在場上做的事讓觀眾瘋狂：聲東擊西的傳球、爆扣籃框、蓋火鍋。卡特仍是隊長，但勒布朗很快成為全隊最亮眼的球星。

敏感的丹布羅特教練認為，這可能對卡特造成影響。畢竟，他努力了四年，終於成為隊上最優秀的球員與領袖。作為十二年級生，這本該是他的發光時刻，他的光芒卻被一個新生掩蓋了。丹布羅特很清楚，勒布朗是場上實力最強大的球員，每晚的比賽都是如此，但就連勒布朗也需要卡特的領導力。為了支持這個隊長，丹布羅特把卡特拉到一邊，說了些鼓舞的話。他提醒卡特，終極的目標是贏得冠軍，還留下一句智慧箴言：「水漲船高。」

卡特沒有多做回應，丹布羅特不知道他是否聽懂自己要傳達的訊息。

登頂州冠軍

當勒布朗不在課堂，也不在體育館時，他通常會去圖書館，主要是為了探望學校的圖書管理員芭芭拉．伍德（Barbara Wood）。伍德女士與聖文森－聖瑪莉高中淵源很深。她自一九六五年從這所學校畢業，六個子女也都在這裡就讀。伍德女士曾在學校書店工作、接掌後援會、組織賽前動員，開啟了應屆畢業生告別高中賽場的儀式。

對於造訪圖書館的學生運動員來說，她就像童軍的訓導，但她對勒布朗格外感興趣。在她看來，對才華如此出眾的孩子來說，勒布朗有著非比尋常的成熟和清新脫俗的謙遜。他們經常交談，她也從不輕易放過他的文法錯誤。「沒有人會說『五淑分錢』（fiddy cent）。」她微笑著告訴他：「而且『五十分錢』（fifty cents）是複數，不是單數。」

勒布朗很喜愛伍德，他會為了在她桌前聊天而特別去圖書館。有時候，他們會一起在新興的搜尋引擎谷歌（Google）上輸入勒布朗的名字，看看有多少文章提到他。隨著學年推進，尤其在接近籃球賽季尾聲時，勒布朗在谷歌上的提及率逐漸增加。

勒布朗也漸漸喜歡上了伍德的女兒蜜雅（Mia）。勒布朗知道，聖文森－聖瑪莉高中裡有不少女孩對他有好感，但他在蜜雅身上找到共同點。她不只跟勒布朗同齡，蜜雅也是新生女學生中最出色的運動員，在足球隊和籃球隊都是先發。最棒的是，蜜雅不是因為勒布朗日益走紅才對他有興趣，她喜歡勒布朗對她表現的尊重。

這樣的經歷，強化了卡特打從一開始就一直告訴勒布朗的——體育是最有凝聚力的東西。

二〇〇〇年二月底，聖文森—聖瑪莉高中挾著十九勝零負的戰績，校史首次登上《今日美國》（*USA Today*）全國排行榜，排名第二十三。幾天後，超過五千名球迷湧進詹姆斯．A．羅德斯體育館（James A. Rhodes Arena）觀看聖文森—聖瑪莉高中最後一場例行賽，與宿敵霍班大主教高中（Archbishop Hoban）一決雌雄。比賽一開始，勒布朗來了一記快攻灌籃，彷彿停留在空中，讓觀眾興奮到起立，也讓對手敬畏不已。他攻下二十七分，率領球隊以九〇：五八大勝，取得校史首次完美的例行賽全勝戰績。賽後，丹布羅特告訴記者：「他絕對會是你們見過最強的新生之一。」

勒布朗知道記者會把他團團包圍。決心把焦點導向卡特的他，對自己的表現輕描淡寫，指出他的朋友才是球隊的領袖。

「感覺很棒，因為沒有人真正知道我們能取得什麼成績。」卡特告訴媒體：「我們聚在一起、努力了一整年，而這就是我們的回報。」

接著，一名記者問起卡特，對於勒布朗得到二十七分的表現有何感想。

「我不在乎自己得到兩分還是二十七分。」卡特說：「我想要贏球，我想要球隊贏球。」丹布羅特在賽季稍早傳達的訊息，顯然進了卡特耳裡。卡特全心投入。勝利讓嫉妒無從在他和勒布朗之間形成芥蒂。

州冠軍賽前夕，聖文森—聖瑪莉高中的戰績是二十六勝零敗，開訓首日的慘況似乎已是久遠的歷史。丹布羅特教練把勒布朗拉到一旁，私下跟他說，他是全俄亥俄州最好的球員，勒布朗笑了。他不再痛恨丹布羅特的吆喝和咒罵——他欣然接受。丹布羅特的執教風格，讓他蛻變為一個更聰明、也更強悍的球員。他知道丹布羅特是他接觸過最有技巧的教練。他成功讓四名新生融入卡特麾下球隊的方法，簡直是大師之作。

當《誠懇家日報》把馬維里克．卡特評選為俄亥俄州年度最佳籃球員時，勒布朗是第一個祝賀他的人。這就像是看到自己的哥哥，終於得到應得的榮譽。那時距離一場十全十美的賽季，只剩最後一場球賽的勝利。

一萬三千名球迷聚集在俄亥俄州立大學（Ohio State University）校園，觀看聖文森—聖瑪莉高中，和詹姆士城格林維尤高中（Jamestown Greeneview）爭奪州冠軍。勒布朗包辦了開賽前八分，包括一記扣籃和一記長程三分球。他整場投十二中十，拿下了全隊最高的二十五分和九籃板，但從板凳出發的小德魯，才是這場比賽的焦點。

這位身高五呎三吋，體重九十五磅[17]的新生，連續投進七顆三分球。當群眾為了小德魯的第七記三分破網而瘋狂時，勒布朗一把將他抱起，在暫停時直接把他抱到板凳區。這兩人從十一歲開始，連同西恩與威利，一起打了超過三百場球賽。大約一年之前，他們做出不被看好的艱難決定，四人同赴聖文森—聖瑪莉高中。即將贏得州冠軍之際，他們終於證明當初的決定是對的。

比賽時間即將終了，勒布朗站在卡特旁邊。卡特只得了六分，但幾乎打滿全場的他，用領導能力定調了比賽。勒布朗笑著擁抱他，並告訴他：「不管你拿幾分，或做了什麼，我會永遠愛你。」

卡特說：「我也愛你。」

他們的戰績是二十七勝零敗。
他們是州冠軍。
他們是最好的朋友。
他們覺得，自己站在世界之巔。

17 編按：約一百六十一．五公分，四十三公斤。

6 全美最蜿蜒的街

二〇〇〇年四月，克里斯・丹尼斯（Chris Dennis）來到印第安納波利斯（Indianapolis）的國家大學體育協會（NCAA）籃球四強賽現場，他小心翼翼保護著一卷錄影帶，彷彿那是稀世珍寶。丹尼斯是加州奧克蘭（Oakland）人，一九九八年他住在阿克倫，並出席了弟弟的青少年籃球比賽。但丹尼斯的注意力，卻被一個比他弟弟更高大、更出色的孩子完全奪走。他在詢問後得知，這個孩子的名字叫做勒布朗・詹姆斯。

當時，丹尼斯與奧克蘭士兵隊（Oakland Soldiers）的共同創始人凱文・安德魯斯（Calvin Andrews）保持密切聯繫。士兵隊是全美國最頂尖的AAU籃球隊之一，在看過勒布朗的比賽後，丹尼斯致電給安德魯斯，告訴他：「我在這裡看到一個孩子，他以後會比傑森・奇德（Jason Kidd）還要厲害。」

安德魯斯沒有心情聽他誇飾。他覺得不可能有任何一個十三歲的小孩，可以被拿來與NBA最強大的控球後衛之一相提並論。

丹尼斯毫不氣餒，盡可能常去看勒布朗比賽。他結識了葛洛莉雅和艾迪・傑克森，並密切關注勒布朗在聖文森—聖瑪莉高中新生賽季的進展。在俄亥俄州高中籃球錦標賽期間，丹尼斯錄了一場勒布朗的比賽。他帶著這捲錄影帶前往印第安納波利斯，心裡只有一個目標——

把這段影片播給籃球鞋宇宙最有影響力的男人看。

簽下喬丹、柯比、麥格瑞迪的男人

六十歲的約翰·保羅·文森·瓦卡羅（John Paul Vincent Vaccaro），喜歡大家叫他桑尼（Sonny）。幾乎每一個籃球人，都把瓦卡羅看作球鞋產業的教父，他在一九六〇年代創辦了全國性的高中籃球全明星賽。在接下來的二十年裡，他設法與全美頂尖大學教練和高中菁英球員建立良好關係。他後來進入耐吉，並在一九八四年以史上最高額的代言合約，簽下年僅二十一歲的麥可·喬丹。當時球鞋產業的龍頭品牌是匡威（Converse）和愛迪達（Adidas）。

耐吉在喬丹的新秀賽季，就支付他二十五萬美元，這在業界被認為是魯莽的決定。但在喬丹打NBA第一年後，耐吉售出的飛人喬丹（Air Jordan）鞋款總值已超過一·二六億美元。耐吉在一瞬間超越所有競爭對手，世人也見識到瓦卡羅的遠見。

在簽下喬丹的同一年，瓦卡羅還說服耐吉贊助一年一度的菁英高中籃球營。瓦卡羅創造了ABCD籃球營的概念與名稱，這個縮寫原本代表了學術進步和職涯發展[18]。透過精明的商業操作，瓦卡羅保留這個名稱的所有權，而耐吉則負責支付籃球營所需的費用。

當時有不少菁英籃球營，但都要收取入場費。瓦卡羅不但取消了收費，相反的，他還邀

---

18 編按：學術進步和職涯發展（Academic Betterment and Career Development）的首字母縮寫即ABCD。

請頂尖大學教練參與，並讓他們都穿上耐吉的服飾與裝備。不僅如此，每個參加訓練營的菁英高中球員，都能帶走價值一千美元的耐吉球鞋和服裝。

過不了多久，瓦卡羅的夏季籃球營，成了全國高中籃球員展現實力的最佳舞臺，而耐吉也同時成為大學籃球圈的強力品牌，跟教練簽下一張又一張球鞋合約，並和一所又一所大學簽下服裝贊助。與此同時，瓦卡羅掌握了內部通路，方便他和剛從大學出來的NBA未來球星簽下代言合約。

通過與喬丹的淵源以及對籃球營的掌控，瓦卡羅成為球鞋產業裡的要角。最終，他離開耐吉，把ABCD籃球營帶到愛迪達，他在那裡簽下了一些高中球員，其中包括柯比·布萊恩和崔西·麥格瑞迪（Tracy McGrady）。為愛迪達工作的瓦卡羅，仰賴AAU教練和球探組成的網絡，他們幫忙發掘並招攬菁英高中球員進入愛迪達的大家庭。而瓦卡羅在AAU圈子裡的兩個長期合作夥伴，正是奧克蘭的凱文·安德魯斯和馬克·奧利維爾（Mark Olivier）。

在印第安納波利斯的美國大學籃球四強賽中，克里斯·丹尼斯進入愛迪達的包廂，找安德魯斯和奧利維爾。丹尼斯找到機會把勒布朗的比賽錄影帶放進錄影機，並按下播放鍵。安德魯斯和奧利維爾都喜歡他們看到的畫面，其中一人驚嘆：「這太扯了吧！」

瓦卡羅走進包廂，看到這些男人擠在電視機前面。他問他們在看什麼。

奧利維爾說：「這孩子名叫勒布朗·詹姆斯。」

瓦卡羅面無表情。

「他是來自阿克倫的高中新生。」奧利維爾說：「丹尼斯認為他會超越傑森·奇德。」

瓦卡羅翻了個白眼，朝著電視機走去，大家讓到一旁。瓦卡羅瞇起眼睛，花了一分鐘觀看丹尼斯從遠處拍攝的勒布朗影片。瓦卡羅說：「他看起來像一顆花生米。」

丹尼斯向瓦卡羅保證勒布朗有真本事，建議他邀請勒布朗參加愛迪達的ABCD籃球營。

「拜託一下，丹尼斯。」瓦卡羅一邊離開電視機一邊說：「我不能邀請他來訓練營。」

「為什麼不行？」

瓦卡羅受不了了：「別鬧了，**他才九年級耶！**」

丹尼斯意識到需要花時間說服瓦卡羅，於是把努力的方向轉到安德魯斯和奧利維爾身上，試圖遊說他們讓勒布朗進入他們在奧克蘭的AAU勁旅。他們擁有一支十七歲及以下的球隊，還有一支十六歲及以下的球隊，兩支隊伍都充滿未來有望進入NBA的孩子。

儘管勒布朗只有十五歲，但丹尼斯相信他不管進入這兩支球隊的哪一支，都能展現宰制力。丹尼斯已經跟丹布羅特教練談過，丹布羅特也同意，面對全美高中任何一個強者，勒布朗都不會落居下風。而且，丹布羅特認為加入士兵隊，對勒布朗的發展會有助益。

安德魯斯對於把勒布朗納入陣中的前景感到興趣，同意空出一個名額，讓他參加今年夏天的菁英八強錦標賽。但他說士兵隊沒有預算讓勒布朗搭機往返，也無法支付他的住宿費用。

奧利維爾跳出來，說他樂意讓勒布朗借住他家。同時，丹尼斯和丹布羅特同意想辦法搞定機票。還有一個問題：安德魯斯知道隊上的孩子們，可能不太會喜歡一個外來者占了名額。

大家一致認為勒布朗必須靠自己贏得隊友的心，但他們不會跟他說。

奧克蘭士兵隊

勒布朗喜歡去灣區（Bay Area）比賽的計畫，但他不想獨自前往。因此，雖然球隊沒有提供名額給小德魯，勒布朗希望他也能一起去。二〇〇〇年七月底，兩人降落在舊金山國際機場。他們在航廈外見到奧利維爾，坐上了他的車後座。車子離開機場，在高速公路上疾駛，離家千萬里的兩人不發一語。

不知道如何開啟話題的奧利維爾，總算從後照鏡看著他們說：「你們聽說過全美最蜿蜒的街嗎？」兩人都不知道奧利維爾在講什麼。

奧利維爾問：「想不想去看看？」

勒布朗聳了聳肩。沒過多久，他就透過車窗看見舊金山俄羅斯山區（Russian Hill）的莊嚴宅邸。他用心觀賞，奧利維爾則充當導遊。

奧利維爾說：「這就是倫巴底街（Lombard Street）。」

勒布朗未曾見過這種「之」字形的彎路，更別說這條全城最知名的街道，兩旁壯麗的維多利亞式豪宅。到處看看之後，奧利維爾帶兩人去他簡樸的家，介紹了他的兩個孩子和懷有身孕的妻子。妻子帶著他們去柏克萊（Berkeley）買披薩吃。漸漸感到自在的兩個男孩，晚上就在客廳的沙發上入睡。

奧利維爾一家熱情好客，但是奧利維爾的AAU球隊成員並非如此。十七歲及以下的士兵隊由查克・海耶斯（Chuck Hayes）領軍，他未來註定會在NBA展開生涯。十六歲及以下的領袖則是里昂・鮑維（Leon Powe），十六歲的他是奧克蘭理工高中（Oakland Tech High School）的十年級學生，被視為二〇〇三梯次中全國排名第一的球員。

全國高中球員排名的作家們沒聽說過勒布朗，阿克倫在高中籃球界是個邊緣地區，聖文森—聖瑪莉高中也算不上頂級預備學校。因此，勒布朗並沒有被列入二〇〇三梯次頂尖十年級球員的名單中。儘管如此，士兵隊的教練團，還是把他擺在海耶斯的十七歲及以下那隊。一個甚至不是來自灣區的十五歲毛頭小子突然進入隊裡，讓海耶斯感到不滿。鮑維更是吞不下去——竟然有個年紀比他小的傢伙，跳過他越級加入更年長的球隊。

然而，勒布朗在第一場比賽就令眾人驚豔。儘管對球員跟戰術都不熟悉，他很快掌握了大家在做什麼，順暢融入比賽——抄截搶斷，餵球給隊友，以各種跳投、上籃和灌籃取分。海耶斯印象深刻，鮑維卻憂心忡忡。他跟奧利維爾說想私下談談。

奧利維爾問：「大夥計，怎麼啦？」

鮑維問：「這小子該不會跟我同屆吧？」

「恐怕是耶，夥計。」

鮑維回答：「那我第一名的位置沒了。」

灣區之旅，本質上是為了測試勒布朗能否融入士兵隊的體系。他的表現讓教練團相信，球隊必須給他一席之地。勒布朗的無私球風也贏得隊友們的好感。就連鮑維也無法否認，勒布朗是個理想的隊友。

勒布朗也立刻喜歡上鮑維。他們有著同樣的打球態度，相似的生活經歷也讓他們一拍即合。鮑維是家中七個孩子長兄，由單親媽媽帶大。七歲時家裡失火，迫使全家流落街頭。無家可歸的他們，在接下來的六年裡搬遷了二十次，從收容所到汽車旅館，最終住進一輛廢棄汽車。鮑維十歲的時候，母親因為偷竊食品而被判處九十天的刑期，使得鮑維和兄弟姐妹們進入寄養家庭。

對鮑維來說，籃球是一條救生索。每次踏上球場，他都彷彿在為母親的生活福利而戰。勒布朗對此很有共鳴，相信自己會和鮑維處得很好。

奧利維爾和安德魯斯都很興奮，克里斯．丹尼斯也是。當他們把勒布朗送上飛往阿克倫的班機時，勒布朗在士兵隊的位置已經穩如泰山。計畫是等勒布朗在聖文森－聖瑪莉高中打完十年級球季後，再讓他回到西岸參加一系列全國比賽。

與此同時，丹尼斯向瓦卡羅彙報，並建議他親自去聖文森－聖瑪莉高中，看勒布朗打球。瓦卡羅告訴他：「我才不去阿克倫那種鳥不生蛋的地方。」

但瓦卡羅的做法是，為聖文森－聖瑪莉高中授權一張球鞋合約。在勒布朗十年級那年，全隊都穿上了愛迪達的球鞋。

對瓦卡羅來說，這樣的決定很簡單——假如這個來自阿克倫的孩子，強到足以在士兵隊稱霸，那麼就應該即早讓他跟他的高中隊友穿上愛迪達的鞋。從大局來看，為一所高中供應球鞋，對愛迪達來說幾乎不費成本，瓦卡羅卻可藉此取得未來優先簽下勒布朗的管道。

四人組的最後拼圖

二〇〇〇年夏季的某個晚上，西恩．卡頓在勒布朗的公寓過夜。隔天早上，兩人吃著冷麥片，勒布朗注意到西恩一臉困惑的盯著他。

西恩說：「你一晚長高了兩吋耶！」

勒布朗喜歡西恩的幽默。

但西恩不是在開玩笑。他真心覺得勒布朗在一夕之間長高了。事實上，勒布朗確實在那個夏天快速抽高。十年級開學時，他已經長到了六呎六吋，體重也有兩百磅[19]。這樣的體型，讓他更適合在高中美式足球隊中擔任接球手。儘管在賽季之初就弄斷了左手食指，勒布朗拒絕坐冷板凳，反而以四十二次接球、推進八百二十碼，以及七次達陣的成績傲視全隊。

不僅以外接手[20]的位置入選俄亥俄州最佳陣容，勒布朗還受到許多大學美式足球隊招募人員的關注。某天的下課時間，他的美式足球教練向他介紹厄本．邁耶（Urban Meyer），當時他在聖母大學（Notre Dame）擔任外接手教練。他為了招募球員走訪聖文森—聖瑪莉高中。勒布朗跟他握手，並且自我介紹。他的身高和手掌大小，都讓邁耶嘖嘖稱奇。

「何不來一趟聖母大學？」邁耶說：「我們很想和你談談。」

---

19 編按：約一百九十八公分，九十．七公斤。

20 編按：外接手（Wide Receiver）為美式足球進攻位置之一，

勒布朗說：「非常謝謝你。」

在勒布朗匆忙趕去上下一節課之後，他的美式足球教練叫邁耶不要抱太大希望。他告訴邁耶：「這傢伙是下一個麥可．喬丹。」邁耶不知道自己剛剛見到的，是個真正的籃球天才。

勒布朗沒有認真考慮去聖母大學。對於大學美式足球招募人員的任何提議，他也不是真正感興趣。儘管他熱愛美式足球，也因此得到許多溢美之辭，他仍把重心放在籃球，甚至在籃球上進行自己的招募活動。

有個名叫羅密歐．崔維斯（Romeo Travis）的孩子，他是阿克倫公立學校裡最厲害的籃球員之一。勒布朗在十年級開學時聽說他想要轉學。勒布朗本來就認識羅密歐，他們同歲，羅密歐曾經住在勒布朗所住的低收入住宅計畫區。羅密歐有著強悍的外表，以無時無刻充滿憤怒著稱，其中許多憤怒都來自他的成長過程，以及青少年時期的經歷——父親缺席他的生活，母親靠救濟過活。一直以來，羅密歐都被迫捍衛自己。

羅密歐不信任人，也很難親近，但勒布朗還是問他要不要轉學到聖文森—聖瑪莉高中。這所私立天主教學校裡的學生幾乎都是白人，還有各種限制性的規定。羅密歐比較想去城裡其他公立學校，但他知道勒布朗是城裡最優秀的球員，勒布朗想把他納入陣中，這件事很有分量。他同意轉學到聖文森—聖瑪莉高中。

對勒布朗來說，更難的是說服原本的隊友接納羅密歐，小德魯、西恩和威利都不喜歡他。在青年籃球比賽中，他們跟羅密歐曾多次發生衝突，他們一致認為羅密歐是個混球。但勒布朗認為，羅密歐是一頭猛獸——身高六呎六吋的他有著出色的運動能力，打起球來像個幫派打手。如今卡特不在陣中，他們需要在場上有存在感的人。不難想像，若有羅密歐和西恩坐鎮籃下，聖文森—聖瑪莉高中的威嚇力會有多強。

儘管不情願，四人組還是接受了讓外人入隊的想法。

丹布羅特教練決心再贏一次州冠軍，也歡迎羅密歐加入，但他完全沒有給羅密歐任何禮遇。在第一週的訓練裡，丹布羅特讓他累到幾乎站不起來。

羅密歐不習慣聖文森—聖瑪莉高中習以為常的體能訓練，也沒準備好面對丹布羅特那種直言不諱的執教風格。羅密歐很快明白，儘管自己身材高大且運動能力出眾，他將以替補球員的身分開啟賽季——丹布羅特希望羅密歐靠自己努力躋身先發，沒人會平白給他什麼好處。

反觀，小德魯被任命為先發控球後衛。他和羅密歐之間立刻出現摩擦，兩人在練球時一再爭吵，相互辱罵。小德魯覺得羅密歐很懶散，羅密歐認為小德魯自大又白目。有一次，兩人言語交鋒之後，羅密歐朝小德魯的臉揮了一拳。無法忍受羅密歐的西恩，總會馬上站出來捍衛小德魯，就連威利也對羅密歐的態度沒耐心，大家給他冠上了「鬥毆街霸」這個外號。勒布朗大概是整個隊上，唯一沒跟羅密歐起衝突的人。

說服羅密歐加入聖文森—聖瑪莉高中，是勒布朗首次嘗試組建球隊。起初，這件事不只讓球隊內部產生裂痕，羅密歐的存在甚至重燃阿克倫黑人社群，對聖文森—聖瑪莉高中籃球隊的不滿。不只球員受到指責，丹布羅特教練也因為再度從公立學校體系，挖走一個「強援」而面臨諸多批評。同時，聖文森—聖瑪莉高中內部也有怨懟之聲，因為又有一個球隊先發的名額，被家庭與學校毫無淵源的黑人孩子搶走。

火上添油的是，羅密歐有時會刻意嚷嚷自己多不喜歡聖文森—聖瑪莉高中。他曾大喊：「這裡白人太多了。」音量高到足以讓一些白人學生聽見。倘若有人膽敢問他不想回答的問題，羅密歐會馬上回嗆：「你他媽以為自己在跟誰說話？」儘管他的聰明才智足以達到學校的學術標準，他仍對服儀規範很有意見，而且經常曠課。直到面臨留校察看的警告，以及暫停參加球隊的威脅，羅密歐的出席率與成績才開始提升。

儘管如此，勒布朗認為自己已經摸透羅密歐。他覺得羅密歐只不過是一個孤獨孩子，不懂得怎麼交朋友。但他真的很會打籃球，可以幫助球隊取勝。勒布朗心想，大家同隊打球並累積勝利，敵意自然會緩解，一切只是時間問題。

分享獲勝的功勞，是很正常的事

聖文森—聖瑪莉高中開啟二〇〇〇—〇一賽季的方式，是痛宰來自維吉尼亞和威斯康辛的兩支強豪球隊。勒布朗、西恩和小德魯的成熟和進步顯而易見。有了羅密歐從板凳出發，球隊看起來甚至比前一年更加強大。

球季進行大約一個月後，聖文森—聖瑪莉高中取得九勝零敗的戰績，在全國排名第三。挾著新生賽季以來的三十六連勝，勒布朗和隊友們在二〇〇一年一月十三日，迎戰全美排名第一的橡樹山高中（Oak Hill Academy）。能與聲望這麼高的預備學校一戰，證明了丹布羅特教練的球隊，在這麼短的時間之內進步了多少。

位於維吉尼亞州威爾遜口的橡樹山高中，九到十二年級的學生加起來不滿兩百人。但這所學校儼然是一座籃球工廠，每年都為菁英大學的籃球隊，產出績優股型的新秀球員。兩名先發後衛都是十二年級生，之後將分別前往肯塔基大學（University of Kentucky）與雪城大學（Syracuse University）。第三位是來自塞內加爾（Senegal）的德薩蓋納・迪奧普（DeSagana Diop），他擁有七呎的身高與三百磅的體重[21]。不只是大學招募人員，甚至幾個ＮＢＡ球探也到場觀察迪奧普的表現。

雖然年紀較小，而且在體型上明顯處於劣勢，但聖文森─聖瑪莉高中一開賽，就力壓橡樹山高中，早早取得領先，並且一路保持。羅密歐和西恩在籃下奮力對抗迪奧普，小德魯投進了幾顆三分球，但扛起全隊的仍是勒布朗，他砍下全場最高的三十三分，技壓橡樹山高中那兩名即將上大學的後衛。萬夫莫敵的威勢，讓現場近六千名觀眾一度為勒布朗起立鼓掌。

橡樹山高中終究在第四節將比分超前。勒布朗對抗著脫水，雙腿嚴重抽筋，連站著都痛。倒數幾秒，聖文森─聖瑪莉高中仍以一分之差落後，勒布朗拿到球，在跑動中出手，眼看就要破網，球卻在籃框上滾了一圈，隨著終場哨聲彈出。最終比數七八：七九，聖文森─聖瑪莉高中輸了。

精疲力竭的勒布朗開始痛哭，其他人也是。連羅密歐也壓不住情緒，在一名助理教練抱住他時痛哭失聲。

21 編按：約兩百一十三・四公分，一百三十六公斤。

丹布羅特痛恨輸球，但他樂見眼前的景象。

賽後，他在情緒激昂的演說中，告訴球員：「會痛苦是正常的，輸球總是痛苦的。」

勒布朗很自責。比賽還剩兩分鐘，聖文森—聖瑪莉高中仍保有一分領先的時候，勒布朗錯失了兩顆關鍵罰球。他怪罪自己沒有把它們投進。

丹布羅特導正勒布朗的想法，告訴他那兩球並非球隊落敗的原因。事實上，勒布朗打出了至今為止的個人最佳比賽，而且對手還是全國最強的球隊。丹布羅特的驕傲無以復加。

聖文森—聖瑪莉高中敗給橡樹山高中幾天之後，紐澤西州卡姆登高中（Camden High）的達胡安．瓦格納（Dajuan Wagner）在一場比賽獨砍一百分，幫助球隊以一五七：六七大勝。卡姆登高中是全美排名前五的籃球隊，而瓦格納被公認為全美最優秀的高中籃球球員。這個十二年級生已經簽署承諾書，未來將進入曼斐斯大學（University of Memphis），為約翰．卡利帕里（John Calipari）教練效力。

在轟下一百分的比賽中，瓦格納出手超過六十次。賽後，《體育畫刊》把他封為「世紀最佳球員」。但在一個月前，瓦格納和另外兩個年輕人在學校走廊毆打了一名學生。受害者需要接受治療，包括眼部縫合手術。瓦格納以輕微攻擊與威脅獲罪，得以緩刑，還因此被稱為「下一個艾倫．艾佛森（Allen Iverson）」。這位天分超卓的控球後衛是NBA的壞小子。

當瓦格納因為單場一百分的表現和場外風波獲得全國關注時，丹布羅特教練提醒報導聖文森—聖瑪莉高中的當地媒體，勒布朗是與眾不同的。「勒布朗就是勒布朗。」他告訴媒體：**「他的球風非常無私。明明可以每場拿三十五分，但他拒絕那樣做。」**

對於勒布朗來說，一場比賽出手六十次的狀況是可憎的。他寧願選擇一百次助攻，也不要獨得一百分。這種以團隊為先的心態，很大程度上是個性的延展——勒布朗生性無私，喜歡取悅別人，尤其是他的朋友。**把球權跟獲勝的功勞分享出去，對他來說是很自然的事**。但他的球風也是青少年時期教練們，持續把團隊合作置於個人成就之上的結果。

丹布羅特教練發現，勒布朗的籃球智商超乎尋常的高。讓他驚訝的是，這位他見過最有天賦的球員竟然如此受教，而且願意接受鞭策。丹布羅特之所以能把聖文森－聖瑪莉高中當成一支大學球隊對待，主要就是因為勒布朗支持他的做法，並且常常抑制自己的得分，尤其在比賽前段，勒布朗以身作則，讓隊友們看見分享球權的重要。

下了球場後，勒布朗的所作所為都發自取悅母親的渴望。處境艱難的時刻，他告訴母親有朝一日她將再也不用擔心——他會為她買一棟很棒的房子、一輛很好的車子，以及任何能讓她生活更為愜意的東西。當母親允許他刺青後，他選擇在手臂刺上「葛洛莉雅」，這是個很好的提醒，讓他專注於優先事務。

上十年級的時候，他決心永遠不碰毒品。儘管有很多機會，他也絕不偷竊。即使身材遠比同齡人高大威猛，他卻喜歡當個和平主義者。運動才華為他吸引了很多目光，而他決定永遠不要因為錯誤的理由，讓自己登上新聞。他曾這樣談起自己的青春期：「我不會找麻煩，因為我不喜歡麻煩。」

面對橡樹山高中的戰役，是勒布朗破繭而出的時刻，迄今為止的最佳表現，剛好發生在NBA球探和大學教練眼前。他們本是來觀察橡樹山高中的球員，注意到的卻是勒布朗。接下來幾週，丹布羅特教練被關於勒布朗的詢問淹沒。

根據NCAA規定，在勒布朗升上十一年級之前，大學教練不得與之交談。儘管如此，仍有超過一百名教練寫信表示，想招募勒布朗到自家的大學籃球隊打球。一夕之間，勒布朗出現在全美每支頂尖大學球隊的雷達上。

與橡樹山高中的比賽，對聖文森—聖瑪莉高中來說也是一種認可。丹布羅特的隊伍證明，他們可以靠一群十年級學生，跟美國任何一支球隊一較高下。他們在接下來的賽事中保持不敗，以十九勝一負的戰績結束例行賽。這段期間，聖文森—聖瑪莉高中連外表看起來也更像一支菁英團隊，主要是因為對勒布朗感興趣的愛迪達提供了更多裝備——包括全套運動服、球袋，以及練習衫。

這讓克里斯．丹尼斯很得意。他一直試圖獲取勒布朗和葛洛莉雅的青睞。促成品牌為勒布朗的球隊提供衣著跟裝備，這是丹尼斯的一大成就。丹布羅特只能搖搖頭，以前擔任大學教練時，他總是得不到球鞋合約。現在有了勒布朗，聖文森—聖瑪莉高中搖身一變，穿得活像一支大學球隊。

十年級的勒布朗，平均每場比賽貢獻二十五分、七籃板、六助攻和四抄截。他在二〇〇一年三月初，成為第一位被《今日美國》選入全美第一隊的十年級球員，這分殊榮顯然代表勒布朗是全國最好的十年級球員。

即將迎接州錦標賽之時，丹布羅特教練總確保勒布朗不被這些認同沖昏了頭。「全國最好的十年級球員？放屁！」丹布羅特告訴他：「你連防守都不會。」

在勒布朗的帶領下，聖文森—聖瑪莉高中在季後賽勢如破竹。後來的冠軍賽現場，共有超過一萬七千名觀眾，創下俄亥俄州高中籃球賽的入場紀錄。全隊合作無間，聖文森—聖瑪莉高中輕鬆取得二連霸。就連羅密歐也受全隊的無私態度沾染，未曾先發上場的他，得分和籃板都是隊上的佼佼者。

雖然羅密歐嘴上還是止不住抱怨，但事實是，他很愛贏得州冠軍的滿足感。現在他已嘗到登上顛峰的滋味，他還想再來一次。全隊都想要。畢竟，他們有一位優秀的教練，還有全州最強大的球員。身為十年級生的勒布朗，也成為史上最年輕的俄亥俄州籃球先生。

但是，勒布朗沒有時間細細品味州冠軍和諸多個人榮譽。高中籃球賽季一結束，他就搭上飛往洛杉磯的班機，準備跟奧克蘭士兵隊，一起參加他的第一個AAU全國錦標賽。

繡上LBJ的球鞋

賽前上籃熱身時，勒布朗一隻手拿著冰淇淋，另一隻手運球。隊友里昂．鮑維忍不住笑了出來。勒布朗讓AAU籃球變得有趣。他跳起來彷彿可以衝破體育館屋頂，而且總是面帶微笑，做些搞笑的事來緩和氣氛，逗隊友們開心。

勒布朗實在太愛耍寶，導致士兵隊的教練們認為他的投入程度不如預期。有時候，需要一些外部因素來讓勒布朗大開殺戒，在洛杉磯的Pump N Run錦標賽初期，一名防守者故意在勒布朗投籃時用力將球打下去，想藉此造成威嚇效果。勒布朗的教練並不介意，因為這一次惡意犯規，彷彿打開了勒布朗體內的某個開關。勒布朗的神態變了，開始稱霸全場，他的宰制力強大到士兵隊的教練幾乎忍不住為對手抱屈。士兵隊拿下錦標賽冠軍，而里昂．鮑維從此甘於擔任勒布朗的副手。

勒布朗在洛杉磯的表現讓每個人——士兵隊教練團、克里斯．丹尼斯、丹布羅特教練和德魯教練——都認為，他們一定要把勒布朗送到桑尼．瓦卡羅眼前。他們一致同意，勒布朗的實力強大到足以從高中跳級進入NBA。

然而，進一步提高勒布朗的知名度至關重要，關鍵是讓他參加那年夏季在紐澤西舉行的愛迪達ABCD籃球營。全美所有頂尖球員都將現身。勒布朗太年輕了，所以最好獲得桑尼．瓦卡羅的背書。如果瓦卡羅支持勒布朗，他的世界將從此改變。

因為瓦卡羅不願意飛到阿克倫，這組人馬群策群力，為勒布朗在西岸辦了一場私人試鏡。這是一次大製作，每個人都盡心盡力。

奧利維爾和安德魯斯合力找到場地，還請了一些頂尖AAU球員來參加兩場表演賽。丹布羅特和德魯負責阿克倫的後勤，確保勒布朗不會缺課，並同意與他同行。克里斯．丹尼斯與愛迪達的行銷代表合作，為勒布朗設計在表演賽穿的客製球鞋。愛迪達則負責出錢——支付勒布朗、葛洛莉雅和艾迪．傑克森的機票、住宿與餐費。

勒布朗只需要收拾行囊、調整好心態，再次前往西岸度一個週末。此時沒有比他最愛的歌曲——吐帕克（Tupac）的《加州愛》（*California Love*）——更適合的背景音樂了：

讓我歡迎大家來到狂野的西部
這州就像艾略特・內斯[22]（Eliot Ness）一樣不可碰觸
這首歌打在你的耳膜就像子彈打在你的胸膛
在這性愛之城，為你的下面備好防彈衣

桑尼・瓦卡羅在南加州的家，往胸前噴了一點古龍水，打包了一個晚上的行李。家裡的音響播著巴比・達林（Bobby Darin）的音樂：

人行道上，嗯哼，陽光明媚的早晨，嗯哼
有一個人躺在那裡、生命流逝，嗯
還有個人從轉角悄悄溜走
他會是殺人魔麥克嗎？

瓦卡羅並不完全相信，勒布朗像克里斯・丹尼斯和他的夥伴們說的那麼出色。但倘若他真的那麼厲害，瓦卡羅比任何人都精通招攬青少年的心理遊戲。**最重要的不是贏得球員的心——而是贏得他們媽媽的心**。在這個領域，瓦卡羅擁有終極祕密武器：他的妻子潘姆。她不在意

22 編按：美國禁酒時期政府探員，率領一支外號為「鐵面無私」（Untouchables，直譯為不可碰觸）的特別小組。

招募活動、球鞋合約或是錢，她只在乎人與人間的關係，這也使她成為桑尼的理想伴侶。

二〇〇一年五月的一個星期五晚上，桑尼和潘姆從柏本客（Burbank）登機，飛往奧克蘭。

當天晚上稍晚，勒布朗和葛洛莉雅待在奧克蘭市中心萬豪酒店（Marriott）的房裡，克里斯・丹尼斯、凱文・安德魯斯和克里斯・李佛斯（Chris Rivers）來訪。為愛迪達工作的李佛斯，胳膊下夾著一個鞋盒，在互相寒暄之後，他打開盒蓋，拿出一隻客製的綠金色球鞋。

勒布朗瞪大了眼睛。

李佛斯把鞋扔給他。

勒布朗接住鞋，立刻注意到鞋跟上繡著他名字的縮寫「ＬＢＪ」，和他的球衣號碼「二十三」。

勒布朗說：「天啊！」他抱著那隻鞋子，像抱著一件精美的瓷器。

這是愛迪達第一次為高中球員打造個人鞋款。就連凱文・賈奈特（Kevin Garnett）、柯比・布萊恩或崔西・麥格瑞迪——這三個從高中跳級進入ＮＢＡ的最大咖球星——都未曾有過這樣的待遇。

葛洛莉雅點頭表示認同。

止不住笑意的勒布朗說：「我明天就想穿這雙鞋打球。」

李佛斯說：「如果我們都有共識，你會加入愛迪達家族，我就會給你另一隻鞋。」

「我加入。」勒布朗說：「我是這個家族的一員。」

李佛斯把另一隻鞋子丟給他。

雙方約在飯店共進早餐。勒布朗和葛洛莉雅在大廳等候，想像著分別為兩個品牌簽下麥可·喬丹和柯比·布萊恩的傳奇人物會是什麼樣子。不久之後，一個身穿黑色高領毛衣的男子，偕同一位迷人女性朝勒布朗走來。

瓦卡羅伸出手自我介紹，勒布朗也微笑著跟他握手，接著潘姆跟瓦卡羅分別擁抱了葛洛莉雅。

葛洛莉雅信賴的人不多，但當瓦卡羅和潘姆擁抱她時，她能感覺到兒子的夢想即將成真。就像有一隻手伸進她深陷的溝渠中，準備將她和兒子一起拉出來。

四人坐在包廂裡。勒布朗大口吃著豐盛的早餐，瓦卡羅啜飲咖啡。幾乎都是葛洛莉雅和潘姆在說話。她們討論的主要是勒布朗面對的壓力。葛洛莉雅解釋說，每個人都期望勒布朗表現得像是個三十歲的男人。

瓦卡羅並不驚訝。

葛洛莉雅說：「但他只是個孩子。」

潘姆說：「十五歲的孩子就只能是十五歲。」

勒布朗在瓦卡羅面前很快便感到自在。幾個小時後，他將在兩場表演賽登場，而瓦卡羅則會在場邊觀看。

勒布朗一點都不害怕，反而很輕鬆，甚至一度稱瓦卡羅為「桑尼叔叔」。

瓦卡羅露出微笑，心想：「我喜歡這個孩子。」

起身臨走之際，潘姆和葛洛莉雅再次擁抱。

有些事情，是教不來的

穿著愛迪達短褲和球衣的勒布朗，為他的客製球鞋繫上鞋帶。他和其他九名球員在體育館裡熱身，愛迪達的代表、他的AAU教練，以及他的高中教練都在一旁看著。體育館裡喧囂擾嚷，直到瓦卡羅走進來。瓦卡羅穿著硬底鞋的腳步聲在木地板上清晰可聞，全場靜了下來。他走向可伸縮看臺的最前排。葛洛莉雅坐在他們後面幾排，潘姆微笑著向她揮手。

丹布羅特比勒布朗更緊張。他知道一個青少年能在瓦卡羅眼前展現球技，是非常罕見的機會。就連柯比在高中時，也沒有機會在這位鞋界老大面前打表演賽。若要善用機會，勒布朗就必須做一件他不習慣的事——打得自私一點。就這麼一次，丹布羅特想要勒布朗展示得分能力。

勒布朗用平常的方式開始第一場比賽——讓隊友參與比賽的同時，試圖展現自己的傳球能力。每個人似乎都很緊張。第一場比賽結束，丹布羅特用手示意勒布朗離開球場，勒布朗跟著他走進場邊的廊道。

「勒布朗，聽好，我不會告訴你應該怎麼做。」丹布羅特說：「正在看你打球的那個人非常有權勢，而你卻在場上瞎胡鬧。**你得好好打**。」

「教練，這件短褲很煩。」他一邊說一邊拉扯著褲帶，有個繩結讓他沒辦法把褲帶綁緊，短褲因此一直滑落到腰下。

丹布羅特懶得聽這些。「你最好不要再玩你的短褲了，認真一點打。」他說：「他對你的看法，將會決定很多錢的去向。」

勒布朗抓著那個繩結，慢跑回到球場。第二場比賽一開始，他就命中一記跳投。然後，他預判對手要傳往哪裡，並衝進傳球路徑、抄到球，運了幾下之後飛身爆扣，力道猛到籃板都在震動。另一次持球，他運球推進全場，聲東擊西後把球甩給空檔隊友，讓他輕鬆上籃得分。接著他又馬上秀了一記灌籃。

有一瞬間，瓦卡羅以為勒布朗的頭會撞上籃框。第二場比賽約莫進行十分鐘，瓦卡羅忽然站起來往場外走。

潘姆說：「桑尼？」

瓦卡羅頭也不回的繼續走，逕自離開體育館。

比賽暫停了一下，沒人知道發生什麼事。

潘姆看著葛洛莉雅，揮手告別，也跟著離開體育館。

幾分鐘後，瓦卡羅攔了一輛計程車。

司機問：「去哪裡？」

瓦卡羅大聲回答：「機場。」

潘姆知道事情有些不尋常。坐在後座的她，看著瓦卡羅凝視窗外，又問道：「桑尼？」

自麥可．喬丹時代以來，只有三個球員從高中跳級進入ＮＢＡ並成為超級巨星──凱文．賈奈特、柯比．布萊恩和崔西．麥格瑞迪。而瓦卡羅相信，勒布朗的能力在這三人之上。

「我不知道怎麼解釋。」他說：「潘姆，他的天分之高令人難以置信。那是教不來的。」

瓦卡羅知道，為了爭奪勒布朗，球鞋公司間將展開廝殺，會有海量資金投入其中，而瓦卡羅的主要對手正是耐吉。瓦卡羅打算在耐吉開始認真追求勒布朗之前，先占好有利位置。

當晚，瓦卡羅打電話給同事，跟他們說勒布朗是他見過最強大的高中球員。事實上，勒布朗的實力之高，讓瓦卡羅相信他有能力在十年級結束後，直接進入NBA。無庸置疑，詹姆斯應該參加七月的ABCD籃球營，該讓每個人看看這個孩子有多麼出色了。

還有一件事。瓦卡羅想讓聖文森—聖瑪莉高中，成為由愛迪達全面贊助的學校。除了球鞋和裝備外，他希望勒布朗的高中籃球隊穿愛迪達訂製的球衣。在勒布朗十一年級時，聖文森—聖瑪莉高中將成為全美穿著最體面的高中籃球隊。

克里斯．丹尼斯簡直樂翻了。

心滿意足的瓦卡羅掛上電話，播放他最愛的巴比．達林唱片，為自己倒了一杯酒。

第二部

貨真價實

勒布朗多年後回憶起這段經歷：「我很傲慢，叫自己詹皇，真的有大頭症。回過頭看，當時應該保持沉默，但我就只是一個青少年。而且，全世界的記者似乎同時衝著我來。」

7 那個小伙子

在西密西根大學的新生年，馬維里克．卡特漸漸意識到，自己永遠進不了ＮＢＡ。那年，他在球隊的二十八場比賽中先發七場，對於一位新鮮人來說已經很不錯了。但是，當西密西根大學對上印第安納大學（Indiana University）、德州理工大學（Texas Tech University）以及密西根大學（University of Michigan）時，卡特遇上了擁有ＮＢＡ等級身材的對手——高大、強壯、運動能力超凡。

無論如何努力，他知道自己永遠不會像那些人一樣高大出色。他決定腳踏實地面對未來，於是在春季學期結束後退學回到阿克倫，打算進入阿克倫大學，把焦點放在學業上。

對卡特來說，阿克倫的另一個吸引力是勒布朗。卡特對於自己在職業籃球界的未來已經沒有幻想，但他確定勒布朗必將登上大舞臺。勒布朗已經比卡特對戰過的印第安納大學和密西根大學裡，任何球員都強。

隨著球鞋品牌和招募人員忙著追著他的朋友跑，卡特想待在勒布朗身邊，為他接下來的兩年高中生涯導航。他回到家鄉做的第一件事，就是找勒布朗談談，提議要執教他的ＡＡＵ球隊——俄亥俄東北流星隊（Northeast Ohio Shooting Stars）。勒布朗喜歡這個主意，隊裡其他人也是如此，他們都尊崇卡特，視他為導師與場外的榜樣。

對勒布朗來說，卡特回歸的好消息，正好碰上意料之外的壞消息——為了進入阿克倫大學擔任助理教練，丹布羅特辭去了聖文森—聖瑪莉高中總教練一職。勒布朗從一名記者那裡得知這個消息，小德魯和西恩也是從記者那裡聽到的，他們感覺自己被人從背後捅了一刀。

第一位黑人總教練

當初勒布朗和朋友們承受激烈砲火，只為了一起去聖文森—聖瑪莉高中為丹布羅特效力。他們完全認同他的執教風格，兩個賽季裡，球隊取得五十三勝一負的戰績，而且贏了兩座州冠軍。十一年級的他們，正要成為全美第一的勁旅，這傢伙卻要在此時拋棄他們？

丹布羅特的離開尤其令小德魯痛苦，他曾說自己會在那裡執教四年。以這份承諾為出發點，小德魯說服勒布朗、西恩和威利一起就讀聖文森—聖瑪莉高中。在小德魯的眼中，丹布羅特欺騙了他，也欺騙了他的朋友們。

西恩也這樣認為。「他利用我們。」西恩說：「他只是利用我們回到大學而已。」

對於羅密歐來說，丹布羅特是他終於開始信任的教練，本以為他能幫助自己發揮潛力。丹布羅特的離開，成了另一個大人食言並且消失的例子。

勒布朗覺得自己被蔑視，而且受欺騙。他曾信任丹布羅特，隊上的男孩們都是。他們對他忠誠，但忠誠竟然可以這麼輕易被拋棄，這讓勒布朗非常生氣，再也不想見到丹布羅特，也跟他無話可說。

丹布羅特最終還是與勒布朗聯繫上了，但為了表示恨意，勒布朗稱他為「丹布羅特先生」。此舉刺痛了丹布羅特。他生涯裡最崇高的榮譽，就是聽到他所教過最好的球員喊他「教練」，但那些日子已經過去了。

勒布朗和朋友們感覺受到鄙棄，準備轉到另一所學校。小德魯提議去布赫特爾高中，沒有人表示反對。

當丹布羅特致電說要離開時，德魯教練也一樣不知所措。無法置信的德魯聽著丹布羅特說，這是他人生做過最艱難的決定之一。他承認這些孩子讓他有機會東山再起，但他接著解釋，他的目標和夢想一直都是重返大學執教。

再說，如今有太多經紀人跟球鞋公司繞著勒布朗轉，恐怕終將爆發醜聞。勒布朗牽扯到太多金錢了，而丹布羅特已經歷過一次重大醜聞，他不能冒險涉及第二次。他對德魯教練說：「我必須明哲保身。」

德魯教練心裡不禁浮現一個顯而易見的問題——誰來填補丹布羅特的空缺？

丹布羅特說：「我希望由你來接手。」

德魯不感興趣。人們對下一個賽季的期望太高了——對勒布朗，對其他男孩，還有對學校，壓力將會非常大。他告訴丹布羅特：「不行，我不想把事情搞砸。」

但是丹布羅特非常肯定，德魯是接任總教練的理想人選。

「他們是你的孩子。」丹布羅特告訴他。「當初是你把他們帶到我隊上。他們一定會為你拚盡全力。」

丹布羅特的話語令德魯欣慰，但不好的預感揮之不去，他無法忽視這份責任之重大——接手一支全國前幾名的球隊，隊上還有個全國最強大的球員。再說，即便他有興趣，他也無法想像，聖文森—聖瑪莉高中會給他這個職位。

丹布羅特叫他不用擔心學校，他說：「我會在董事會面前支持你。」

當晚，德魯和妻子談論這件事，他告訴妻子就算有丹布羅特的支持，他仍會拒絕。

「德魯，你怎麼能說不？」她說：「這是上帝在榮耀你投注在那些孩子身上的歲月，你在高速公路開上開下的那些時間。」

德魯難以反駁妻子的觀點——沒有人像他一樣，為這些孩子投入那麼多時間，做出那麼多犧牲。從他們讀小學開始，德魯耗費了幾千個小時，帶流星隊到全國各地參賽，從沒拿過一分錢。在丹布羅特底下擔任助理教練的兩年也是無酬的，他全然以義工的身分做這些事。

他的妻子再次強調自己的看法：這是屬於你的時刻！

在妻子的支持下，德魯決定接下這個任務。丹布羅特在聖文森—聖瑪莉高中董事會成員面前為他背書，於是學校任命德魯為球隊總教練。

當勒布朗得知德魯教練將接手聖文森—聖瑪莉高中的球隊，他就打消了轉學的念頭，其他孩子也是。他們在聖文森—聖瑪莉高中的兩年裡成熟了很多，意識到自己即將成就比籃球更遠大的事。勒布朗解釋道：「當德魯教練被選為聖文森—聖瑪莉高中校史上第一位黑人總教練，我們就絕不可能去其他地方。」

甜瓜

勒布朗的夏季行程，塞滿了遍布全美的賽事。首要任務之一，是參加在芝加哥舉辦的AAU錦標賽。勒布朗所屬的球隊闖入冠軍決賽，最終飲恨敗北。賽事期間，一名男子走向卡特，自我介紹說他叫葛雷格·萊恩（Greg Ryan），在城裡一個叫「籃框」（Hoops）的地方與麥可·喬丹的健身教練共事。那是麥可·喬丹的私人健身房，許多職業球員都在那裡進行休賽期訓練。萊恩提議帶卡特和勒布朗去參觀那個地方。

勒布朗急於接受萊恩的邀請。趁著比賽空檔，他跟卡特一起去了一趟籃框，一踏進去就彷彿走進籃球天堂。那裡有兩個球場，還有一個配有最先進設備的小型重量訓練室。這就是麥可·喬丹訓練的地方。

萊恩介紹他們認識麥可·喬丹的健身教練，提姆·格羅弗（Tim Grover）。雖然喬丹已經退役，他仍會跟格羅弗一起鍛鍊。勒布朗沒有花太多時間做重量訓練，但格羅弗趁機向他解釋重訓為何重要，並向勒布朗講解一些技巧。

勒布朗心存敬畏。喬丹是他的偶像，他的臥室牆上掛著喬丹的海報，他在聖文森—聖瑪莉高中穿著喬丹的球衣號碼，他不敢相信自己正在和喬丹的訓練師談論如何增強體魄。

參觀結束，萊恩邀請勒布朗和卡特以後再來。那年夏季稍晚，有些NBA球員會在這裡出入，做重訓並且分隊打球。這是個好機會，勒布朗可以在這個體育館待上一週左右。萊恩告訴勒布朗和卡特，他們待在芝加哥期間可以和他同住。

這個邀請讓卡特難以置信，勒布朗也一樣。AAU錦標賽後，他們各自向自己的母親談起葛雷格的邀約，希望獲得許可，能去芝加哥和他一起待幾天。除了往返的汽油費之外，他們什麼錢都不用出。而且勒布朗還能跟職業球員一起訓練。最終，葛洛莉雅和卡特的母親都同意了。他們訂好了八月的一個日期。

在此之前，勒布朗必須先前往科羅拉多，參加美國青年男籃發展節，全美二十四名最優秀的高中球員都受邀參加。當勒布朗抵達，他遇到了室友卡梅羅・安東尼（Carmelo Anthony），一個來自巴爾的摩（Baltimore）的六呎七吋[1]前鋒，綽號叫「甜瓜」（Melo）。他本來在巴爾的摩郊區的一所天主教高中就讀，但即將在十二年級轉學到橡樹山高中，然後拿籃球獎學金進入雪城大學就讀。

勒布朗和卡梅羅一拍即合。球場上，他們是最具支配力的兩名球員。兩人場均得分都是賽事最高的二十四分，而且命中率都達到六六%。勒布朗的球隊贏得金牌，卡梅羅的球隊拿下銀牌。但讓兩人建立情誼的，是私下聊天交流的獨處時間。原來，卡梅羅對自己的母親也有相似的感受——他形容母親是「全天下最好的母親……無庸置疑」——正好也是勒布朗對葛洛莉雅的形容。

勒布朗得知，卡梅羅兩歲時父親就死於癌症。父親留給卡梅羅唯一的東西，是一條有耶穌墜飾的金項鍊，他到哪都戴著那條項鍊——直到他最好的朋友把項鍊偷走。

1 編按：約兩百公分。

兒時的卡梅羅住在布魯克林（Brooklyn），最美好的童年回憶就是和母親乘坐長途火車，從位於紅鉤（Red Hook）的公寓前往曼哈頓（Manhatan），去美國自然史博物館（American Museum of Natural History）看自然科學展覽，或到大都會藝術博物館（Metropolitan Museum of Art）欣賞畫作。那是他的母親把家搬到巴爾的摩之前，也是他意識到自己注定成為職業籃球員之前。

十一年級的他已經成為巴爾的摩年度最佳球員，並且普遍認為他是全國第二好的高中球員。然而，他在那年夏天，開始了解到籃球不僅僅是一項運動——它是一門生意。遇見勒布朗時，卡梅羅完全不想轉學到橡樹山高中，他想在巴爾的摩完成高中籃球生涯。但雪城大學的教練團覺得，讓學校未來的明星新秀繼續留在巴爾的摩太危險了——那年這座城市發生了兩百五十六起謀殺案——堅持要他轉往維吉尼亞的預備學校完成學業。

卡梅羅感覺勒布朗就像是他的兄弟。儘管勒布朗在決賽擊敗他，而且所有人都說勒布朗會是下一個喬丹，卡梅羅並不嫉妒。他在多年後憶起與勒布朗的初次邂逅。

「他看我打球時很興奮，就像我想要了解他，看看他有那些技巧那樣。」卡梅羅說：「我們一起打球時很開心，我感覺自己彷彿認識勒布朗一輩子了。」

勒布朗對卡梅羅也有相同感受。回到阿克倫後，他跟所有朋友說，自己遇見一個叫甜瓜的孩子，他是籃球節上最厲害的球員，並暗中希望有朝一日能和卡梅羅成為隊友。

十一年級的狀元？

在多數招募人員眼中，只有一個球員的全國排名優於卡梅羅，他是來自紐約市的蘭尼．庫克（Lenny Cooke）。十八歲的庫克是街頭球場的傳奇人物，預計高中畢業後就會以選秀前幾順位的身分進入 NBA。

勒布朗在二〇〇一年夏季最重要的行程，是參加桑尼．瓦卡羅在紐澤西舉辦的愛迪達 ABCD 訓練營。蘭尼．庫克也會去。每個頂尖大學籃球隊的教練都會在場，外加不少 NBA 球探，包括《運動畫刊》在內的諸多全國性籃球媒體都會出席。每個在場的人都引頸期盼一場對決，由去年 ABCD 籃球營最有價值球員庫克，對上來自阿克倫的新秀——籃球營的創辦人說，這個新來的孩子是他見過最優秀的球員。

「此時此刻，勒布朗是球場上最成熟、也最有天賦的球員。」在賽事展開之前，瓦卡羅對媒體說：「等到生涯結束，他可能會是史上最偉大的球員之一。」

勒布朗不知道瓦卡羅對他的評語。他對庫克也所知不多，只知道他顯然是個大人物，也是去年籃球營的最有價值球員。出發前往紐澤西之前，勒布朗正好開始寫日記。他在第一篇日記裡，描述自己參加 ABCD 籃球營的心態：

我要爭取這項賽事的最有價值球員獎。我不需要證明自己，但倘若有人對我抱有任何質疑，只需要來看我打球就好。

在紐澤西州提內克（Teaneck）的費爾里．狄金生大學（Fairleigh Dickinson University）展開籃球營的前一晚，柯比．布萊恩在其中一座體育館，與出賽的兩百二十名高中球員說話。柯比說：「我主要想跟你們說的是，不要把所有的雞蛋放在同一個籃子裡。」柯比此話是在鼓勵孩子們上大學，並跟他們說，留有退路是很重要的。

勒布朗專注聆聽。當柯比邀請觀眾提問，他也保持沉默。但庫克馬上挑戰柯比，強化自己的存在感。他對柯比說：「你什麼時候要和我單挑？」庫克的大膽行徑引起所有人注意。

柯比笑了，他跟庫克說：「等你進入聯盟，我會用各種方式電你。」

庫克身形高大、吵鬧、氣焰囂張。他大張旗鼓表示自己對大學沒興趣，甚至找了一支攝影隊伍跟隨他，準備用一部紀錄片記錄自己成為ＮＢＡ巨星的旅程。

然而，無論庫克怎麼用力搶占風頭，報導這項賽事的全國媒體都更為關注勒布朗，以及一個有趣的問題——他是否會嘗試讀完十一年級後，就參加ＮＢＡ選秀。瓦卡羅跟籃球記者們說，**勒布朗就是那麼強**。跟瓦卡羅交談的其中一位記者，是《紐約時報》專欄作家艾拉．伯考（Ira Berkow），也是美國最有影響力的體育記者之一。

賽事開始時，伯考與葛洛莉雅談起她對兒子的期望。

「我只想要勒布朗快樂。」葛洛莉雅告訴他：「他熱愛籃球，但我希望至少能看到他和同屆同學一起從高中畢業。等時機到了，我們會做出決定。他是個沉穩的孩子，從未帶給我一絲麻煩。他彬彬有禮而且懂得尊重。」伯考也與勒布朗交談，詢問他的計畫。

「大學很重要。」勒布朗告訴他：「總不能打籃球打一輩子。也該為其他事情做好準備。」

這是勒布朗和葛洛莉雅第一次與國家級的媒體人接觸，而且還是伯考這種等級。他剛剛因為自己的重要報導〈少數族裔四分衛〉（*The Minority Quarterback*）榮獲普立茲獎（The Pulitzer Prize），那是《紐約時報》「種族如何在美國體現」系列文章的一部分。

伯考非常清楚，有什麼樣的誘惑跟陷阱在等著勒布朗。他向勒布朗指出，華盛頓巫師隊（Washington Wizards）在一個月前，讓夸米·布朗（Kwame Brown）成為史上第一位高中跳級的NBA選秀狀元，而且布朗剛簽下一紙為期三年，價值一千兩百萬美元的合約。

「那確實是很大一筆錢。」勒布朗告訴伯考：「但我們已經掙扎了那麼久，再多幾年也不會造成太大差別。」

勒布朗在回答中使用了「我們」這個代名詞，這在這個眾多球員習慣從「我」的角度看待一切的籃球營中顯得格外突出。與勒布朗和葛洛莉雅交談後，伯考寫了一篇專欄文章，題名為〈十一年級的狀元？〉（*Hitting the Lottery as a Junior?*）。他在文中指出，聚集在愛迪達ABCD籃球營的兩百二十名頂尖高中球員之中，有一個人特別出眾：

> 他是來自俄亥俄州阿克倫市聖文森—聖瑪莉高中的十六歲少年，將在秋季就讀十一年級。許多聚集在現場的籃球行家，都認為這位叫做勒布朗·詹姆斯的小伙子——身高六呎七吋，體重兩百一十磅[2]的控球後衛兼得分後衛兼小前鋒，有時打起球似乎三者皆是，在球場上宛

2 編按：約九十五·二五公斤。

如一把瑞士刀——可能會在最近的NBA選秀第一輪被選中，甚至可能會是狀元。

這篇專欄文章是勒布朗首次登上被廣為閱讀的全國性刊物，葛洛莉雅相當滿意兒子以如此響亮而別緻的方式在體育世界亮相。伯考把勒布朗描述為一個「頭髮蓬鬆，褲子寬鬆」的孩子，他也引述了一些籃壇重量級名流的言論，其中一位表示勒布朗掌握球賽的能力，已經高過NBA超級巨星文斯・卡特（Vince Carter）和崔西・麥格瑞迪。

伯考的專欄文章發表幾個小時後，勒布朗的隊伍和蘭尼・庫克的隊伍在籃球營的重頭戲比賽中一決雌雄。數百名教練和球探手持寫字板和鉛筆，在最靠近球場的位子坐下，其中包括路易斯維爾大學（University of Louisville）的總教練瑞克・皮蒂諾（Rick Pitino），和密爾瓦基公鹿隊（Milwaukee Bucks）的總管厄尼・葛蘭菲爾德（Ernie Grunfeld）。記者們也拿著筆記本在場邊坐下。鄰近球場的頂尖高中球員都停下手邊的一切，前來觀看比賽。瓦卡羅則在場館周圍徘徊，彷彿他是一個先知，而信眾們將要見證他一直以來的預言。

貨真價實

賽前熱身期間，庫克那群來自紐約的朋友大聲嚷嚷，讓大家無法忽視。整個籃球營期間，人們一直告訴勒布朗，他絕對擋不住庫克。上籃熱身的時候，勒布朗轉頭輕聲向隊友鮑維說：「看看結果如何吧。等比賽開始就知道了。」

庫克的隊伍跳到球，球馬上傳到庫克手中。勒布朗屈膝蹲下，擺出防守姿態。庫克做了幾個試探步，完全沒有看隊友，運了二十九次球，然後在勒布朗面前跳投得分。庫克的支持者們全都沸騰了。

下一次進攻，庫克再次持球，勒布朗再次防守。然後，庫克又在不看隊友的情況下運了十六次球，命中另一記跳投。連中兩球之後，庫克一邊跑回後場，一邊對著場邊群眾大叫，讓他的朋友們情緒沸騰，他們都在嘲笑勒布朗。

球場另一端，勒布朗繞到弧頂，三分球出手，連籃框都沒碰到，直接破網。接著，他再次要球，然後在底角再次命中三分，這球一樣是空心破網。第二顆進球讓觀眾齊聲發出驚嘆。接著，他在快攻中灌籃得分。然後抓到一顆進攻籃板，反扣得分，用雙手把球猛力塞進籃框。一眨眼的時間內，勒布朗連取十分。

在防守端，他牢牢鎖住庫克，暴露這個高評價球員顯而易見的弱點——被身材和力量相等的對手嚴防時，他無法為自己或隊友創造得分機會。與此同時，勒布朗的進攻宰制力，也讓庫克露出更致命的缺陷——他就是守不住速度跟控球能力都更優越的對手。

跟勒布朗搭檔的鮑維攻下二十分以上，同時守住庫克隊的第二得分手。讓他心生敬畏的是，勒布朗毫不留情的一直單打庫克，不斷攻擊籃框，隨心所欲的得分，同時用聲東擊西的傳球為隊友送出助攻，讓大學教練和NBA球探們瞠目結舌。勒布朗砍下全場最高的二十四分，同時讓庫克整場只得九分。

比賽還剩六秒時，勒布朗的球隊仍以八二：八三落後，整個體育館的人都知道，邊線球會傳到勒布朗手上。庫克已經筋疲力盡，在被勒布朗虐了一整場之後，他完全不想再次一對一防守勒布朗。但庫克的隊友也不想，所以這顆燙手山芋還是丟到庫克手上。

飛快穿過庫克的防守後，勒布朗運球衝向前場，庫克在他身後苦苦追趕。然後，勒布朗在三分線外相當遠的距離起跳，舉起膝蓋、滯空踢腿。庫克跑過他身邊的同時，懸在空中的勒布朗投出一記遠達三十呎的大號三分，球連籃框都沒碰到，在比賽時間終了的同時破網而入，全場陷入瘋狂。比數八五：八三，勒布朗的球隊贏了。

庫克嚇得下巴都掉了：「他到底怎麼投進的？」那是一記令人嘆為觀止的投籃。站在場邊的瓦卡羅頓時無法動彈，對見證的一切驚嘆不已。他後來說：「簡直像上帝碰了那顆球。」

大學招募人員和職業球探都看見同樣的景象——當所有目光集中在身上的時候，勒布朗・詹姆斯就會拿出最佳表現。滿十六歲的他似乎專為承受壓力而生，沒有任何人心裡還存有一絲懷疑，他就是美國最好的高中球員。勒布朗不只擊敗庫克，勒布朗把他打垮了。

賽後，勒布朗看到庫克和一群朋友站在一起。勒布朗走向他們，庫克看到他過來，便從群體踏出一步。勒布朗恭賀他打了一場好比賽，然後和他握手。他想讓庫克知道，他尊重他和他的球技。庫克點了點頭。然後勒布朗走遠。

庫克回到朋友群，他說：「那小子真不是蓋的！」一個朋友問：「勒布朗・詹姆斯？」

「勒布朗・詹姆斯。」庫克說：「那傢伙貨真價實。」

在紐澤西的一個週末，勒布朗・詹姆斯一躍成為全美最優秀的高中籃球員，而蘭尼・庫克卻崩壞了，他從沒打進ＮＢＡ。

8 不同水準的殿堂

德魯教練有點承受不住，他可以感覺到接下來可能發生的事。

首先，勒布朗被西岸AAU強豪球隊徵召。然後，桑尼·瓦卡羅對勒布朗產生興趣，於是聖文森—聖瑪莉高中收到各種免費的球鞋和裝備。突然之間，麥可·喬丹的人馬邀請勒布朗一起健身。接著，勒布朗登上《紐約時報》，把全美最頂尖的高中球員從王座上擊落，並在全國最負盛名的籃球營裡奪得最有價值球員獎。

德魯難以想像，**一個還沒長鬍子、還沒考到駕照的十六歲小孩，竟然可以掏出手機打給瓦卡羅，或者安排去麥可·喬丹的私人健身房訓練。**德魯跟那樣的圈子不熟，但他知道勒布朗已是一個價值極高的商品，之後會有越來越多人想方設法接近他。

在丹布羅特當教練時，他會時不時會警告勒布朗，不要在讀高中的時候接受任何人的錢，丹布羅特也曾警告勒布朗，要格外留意那些想讓他上鉤的街頭經紀人。

德魯覺得自己有責任繼承丹布羅特的工作。當年他在阿克倫救世軍的簡樸球場開始擔任勒布朗的教練，如今他必須保護這個正嶄露頭角的超級巨星。他再三強調這件事有多重要，堅持要勒布朗迴避那些提供錢財給他的人。

勒布朗感謝這些建議，但他向德魯保證，沒有什麼需要擔心的。他沒拿過任何人一分錢，今後也不打算改變自己的做法。

但不是只有教練們，擔心勒布朗周圍的喧擾以及隨之而來的金錢。艾迪．傑克森也有強烈的看法，但他是從不同的觀點看待這個局面。到了這個時候，他知道勒布朗已把他當作父親般的人物看待，甚至開始稱呼他為老爹。這是最崇高的讚譽，傑克森把這個稱謂當作榮譽的勳章，但這是枚沉重的勳章，因為他不曾處理勒布朗眼前的這類機會、不曾接觸世界五百強公司、不曾應付媒體，也不曾承受成名的負擔。

儘管如此，葛洛莉雅仰賴傑克森的支持。而傑克森希望積極扮演他的角色——也就是父親的角色——比如支付勒布朗參加訓練營和錦標賽的旅費，還希望涉入與愛迪達和耐吉的討論，但傑克森並不寬裕。為了扮演他為自己設定的角色，他需要能夠支付旅費等開銷的金錢。考量到這點，在勒布朗參加愛迪達ＡＢＣＤ籃球營前幾天，傑克森去見了一位老朋友。

約瑟夫．貝瑞許（Joseph Berish）曾是「欲望舞團」（Chippendales）的舞者，那是個以男性脫衣表演聞名的團體。他於一九九〇年代初，在阿克倫的基督教青年會結識傑克森，當時他們一起打籃球。不久後，他們成為了朋友。在勒布朗開始上中學時，傑克森介紹貝瑞許給葛洛莉雅和勒布朗認識。往後幾年，貝瑞許多次拜訪葛洛莉雅，並把她當作朋友對待。

傑克森在二〇〇一年七月初找貝瑞許談，詢問貝瑞許或他認識的人，能否為他和葛洛莉雅提供財務援助，好讓他們幫忙推動勒布朗的籃球生涯。貝瑞許非常樂意幫忙，於是把傑克森介紹給他的摯友約瑟夫．馬許（Joseph Marsh），他曾為欲望舞團的舞者們行銷。住在阿克倫的馬許以俄亥俄州為據點，創建了一間名為魔藝娛樂（Magic Arts & Entertainment）的公司，同時他也是與魔術師大衛・考柏菲（David Copperfield）長期合作的製作人。傑克森深感佩服。

馬許並不熟知勒布朗。但是貝瑞許和傑克森向他解釋了一切，然後傑克森希望為此取得十萬美金的貸款。

用不了太久，馬許就理解勒布朗進入NBA的前景一片大好。因此，他同意借錢給傑克森。然而，不是一次給清。馬許提議，先給傑克森兩萬五千美元的頭期款，然後在秋季提供同等金額的第二筆付款。至於剩下的五萬美元，將以每月兩千五百美元分期支付，最後一筆付款訂在二〇〇三年六月，也就是勒布朗高中畢業的時候。馬許同時提出一〇%的利率。

傑克森承諾，將馬許包含在勒布朗未來的代言協議中。另外，傑克森還同意馬許製作勒布朗的紀錄片。傑克森簽了本票，然後在七月底收到兩萬五千美元。同時，傑克森在阿克倫的一家酒吧與某個人發生糾紛，被控以失序行為並且認罪。但他不打算被這個挫折打敗。

傑克森和馬許現在是生意夥伴了。

這個世界沒有男孩，只有男人

林恩・梅利特（Lynn Merritt）是耐吉籃球的高級總監，負責全球籃球員的代言合約。耐吉旗下約有七十五名代言產品的職業球員，作為耐吉最大部門的高階主管，梅利特要負責的事務不少，包括時時關注未來的籃球人才。從梅利特所處的制高點看來，眼前沒有任何人能與勒布朗匹敵。麥可・喬丹是耐吉有史以來最好的代言人，而梅利特認為勒布朗・詹姆斯，似乎會是下一個世代最好的接班人。

打從桑尼·瓦卡羅插手後不久，梅利特便開始追蹤勒布朗。梅利特知道，瓦卡羅和愛迪達將會是耐吉爭奪勒布朗的強大對手，但梅利特一向很有條理，永遠做足功課。他造訪阿克倫，但不會過於強勢，他也結識勒布朗圈子的人，而且真心關注他們。梅利特也對馬維里克·卡特格外有興趣。

卡特認識梅利特的時間點，大概是在意識到，自己不可能成為NBA球員的時候。對卡特來說，耐吉在地位和設計方面一直是球鞋世界的至尊。兒時的他總是夢想擁有一雙喬丹鞋，青少年時期的他只要穿著耐吉球鞋上場，就會感覺充滿力量，但在遇到梅利特之前，他從未想過那些在耐吉工作的人。卡特的好奇心立刻爆發，馬上用關於公司的問題轟炸梅利特：「耐吉是如何決定要讓誰代言球鞋？廣告是怎麼製作的？由誰設計鞋子？怎麼設計的？」

卡特的問題讓梅利特印象深刻，這些提問顯示了真心學習的渴望。他還注意到卡特是個絕佳的聆聽者，能像海綿一樣吸收資訊。互動幾次之後，梅利特向卡特提供一份實習工作。

卡特嚇到了。為梅利特這種地位的人實習，是一件令人生畏的事。但跟耐吉搭上線的機會有如美夢成真，這是身為勒布朗友人的附加福利。卡特這次沒讓自我懷疑占了上風，他決定抓住這個機會。

卡特將於二〇〇一年秋季開始在耐吉實習，而林恩·梅利特會是他的導師。

那年夏天，謠傳三十八歲的麥可·喬丹，可能第二度從退休狀態復出。這個消息盛傳之際，勒布朗和卡特回到芝加哥跟葛雷格·萊恩待一個星期，在籃框訓練。抵達時，他們遇到了十幾個頂級NBA球員——安費尼·「一分錢」·哈德威（Anfernee "Penny" Hardaway）、朗·阿泰斯特（Ron Artest）、保羅·皮爾斯（Paul Pierce）、傑瑞·史塔克豪斯（Jerry Stackhouse）、安東·沃克（Antoine Walker）、提姆·哈德威（Tim Hardawy）、麥可·芬利（Michael Finley）、朱旺·霍華德（Juwan Howard）、查理斯·歐克利（Charles Oakley）等人。這群人是聯盟裡最高大威猛的狠角色，以及一些最有進攻天賦的球員。他們每天都會來，先花一個小時與訓練團隊一起做重量訓練，然後開始分隊打球。

喬丹不在，管事的是他的私人健身教練提姆·格羅弗。對勒布朗來說，這是一個擠進喬丹內部圈子的機會，還能觀察一些世上最偉大的球員訓練。他馬上就看出來，**這個世界裡沒有男孩，這些傢伙都是男人**。被汗水浸溼的他們渾身肌肉線條分明，他們可不是在玩——他們奔跑、衝撞，用獨特的語彙互噴垃圾話。

NBA球員們並沒有太注意勒布朗。但在那個星期的某個時間點，格羅弗安排勒布朗跟他們一起分隊打一場。勒布朗繫好鞋帶，像個入侵者的他，一走進球場馬上意識到，這裡跟他以往踏上的任何球場都不一樣。儘管場地尺寸相同，但球員們都更高大，因此更難看見通往籃框的路徑；每個人的臂展都更長，於是傳球路徑也變窄，球場彷彿縮小了。

跟勒布朗對位的是傑瑞·史塔克豪斯，他刻意一直往籃框切入，讓勒布朗看清，自己還沒有能力防守這個層級的人。安東·沃克則滿口垃圾話，讓勒布朗嘗嘗進入NBA會遇到的情況。但勒布朗處之泰然。雖然他在防守上遇到一些困難，進攻時卻能跟上大家的腳步，完成幾次令人印象深刻的傳球，也成功投進幾球。從NBA球星手上接到傳球然後出手得分，讓他信心大增。

看到勒布朗造訪他即將棲居的世界，卡特不禁滿心驕傲。勒布朗和這些開著奢華名車、娶了嬌妻美眷、一手養家活口的百萬富豪們一起在場上奔馳。他們都是職業的。看見勒布朗和他們同場競技，更容易想像勒布朗的未來。

每天行程結束，當所有球員離開之後，勒布朗和卡特會留下來，幫助萊恩和格羅弗清理場地。那個星期尾聲的某個下午，他們走出門，看見一輛紅色法拉利（Ferrari）跑車駛近。車子停下來的時候，他們注意到開車的人是誰——麥可．喬丹。

卡特驚呼：「老天爺啊。」

勒布朗呆立原地，盯著喬丹，看他下車走向他們。勒布朗從未那麼近見到自己的偶像，感覺喬丹彷彿飄浮在空中。

那時的喬丹心頭有很多事，已離開球場三年的他，正在為復出做準備。他了解在這個年齡，可能無法達到人們習慣的、他在退休前的水平。他在職業生涯中學到的其中一課就是，永遠不可能達到他人的期望。唯一能做的就是設定自己的期望，並且努力實現。他學到的另外一課是沉默的力量，他仍然沒有跟任何人說起他的復出計畫，一切都保密到家。

喬丹往體育館走來，看著勒布朗，打了招呼，並邀請他和卡特回到裡面。

他們跟著喬丹進入重量訓練室，格羅弗和萊恩也加入。沒有其他人在場。

喬丹看著勒布朗，人們說這個孩子將成為他的接班人。

勒布朗跟他眼神交會。

被健身器材包圍的喬丹讓氣氛保持輕鬆，輕描淡寫談論NBA以及成為職業球員的意義。勒布朗邊聽邊點頭。這經驗太不真實了，難以消化。

談話大約持續了十五分鐘，喬丹沒有給勒布朗任何建議。但是，他給了勒布朗比言語更有價值的東西：他本人的電話號碼。

卡特簡直嚇傻了。

勒布朗不知道該說什麼。他腳上正穿著喬丹鞋，而現在，喬丹的電話號碼也落入他的口袋。年方十六歲的勒布朗加入了一個精挑細選的群體，成為世上少數幾個可以直接聯絡喬丹的人。

時候不早了，勒布朗和卡特從芝加哥出發，準備開五個多小時的車返回阿克倫。隔天是開學首日，勒布朗一早就要去聖文森—聖瑪莉高中，沒有多少時間可以睡覺。卡特開著車，坐在副駕駛座的勒布朗負責播音樂，車上的音響隨之震動。他們沿著九〇號州際公路飛馳，穿越南灣，進入俄亥俄州。在歌與歌之間，他們還在消化與喬丹見面的經驗。

卡特說：「我好像聽見上帝說話。」

勒布朗的心思飛在雲端。過去幾個月讓他彷彿過完了一輩子。他不想要夏天結束，他還想繼續翱翔。他在日記中概述了芝加哥的經歷：

我沒能和麥可一起打球，但我和很多NBA球員打了幾場，還和喬丹聊了一會兒。他沒有給我任何具體建議，只是叫我保持頭腦清醒。我們還一起去了他的餐廳吃晚餐——牛排和馬鈴薯泥超讚的。

千萬別讓他打美式足球

在瓦卡羅位於卡拉巴薩斯（Calabasas）的宅邸中，潘姆做的雞肉義大利麵散發著香氣。那是二〇〇一年八月二十五日星期六，瓦卡羅正坐在客廳裡翻著他龐大的唱片收藏，尋找適合這個場合的歌手。葛洛莉雅和艾迪・傑克森從阿克倫飛來共進午餐。這趟旅程是傑克森的主意，瓦卡羅決定用對待自己家人的方式，對待勒布朗的家人——打開自家大門接待他們、用家常義大利美食餵飽他們、以美妙的音樂包圍他們。瓦卡羅最終決定用雷・查爾斯（Ray Charles）的歌曲營造氣氛。

葛洛莉雅和傑克森抵達，瓦卡羅帶他們參觀了這個地方。他向他們展示原版的貓王（Elvis Presley）點唱機、戶外按摩浴缸、游泳池，以及菜園裡豐盈的紅色番茄。後院甚至有一架鞦韆，瓦卡羅邀他們坐坐看。從高科技音響系統傳出的爵士樂曲《得到的人》（*Them That Got*）環繞整個後院，讓一切看起來像一首田園詩：

有人開著長車、穿著好衣
所謂聰明的那群人
因為他們得到了

只有得到的人才能得到
而我還什麼都沒有得到

葛洛莉雅說，她從未見過這麼棒的住所，傑克森也不曾造訪有地下泳池和戶外按摩浴缸的房子。

他們在瓦卡羅家度過整個下午。吃完午餐，瓦卡羅和傑克森在後院聊天，葛洛莉雅幫潘姆洗碗。她們聊到勒布朗想繼續打高中美式足球的事，葛洛莉雅已經跟他說不行了。高中的第一年跟第二年，她曾允許勒布朗打美式足球，然而考量到他籃球生涯的軌跡，她覺得該是下令禁止的時候。

勒布朗接受了母親的決定。但在葛洛莉雅和傑克森拜訪瓦卡羅家的前一晚，勒布朗出席了聖文森—聖瑪莉高中本季第一場美式足球賽，看著西恩、威利和羅密歐率隊拿下勝利。他討厭做一個旁觀者。

葛洛莉雅知道勒布朗的感受，她想知道潘姆怎麼看。

潘姆說：「千萬別讓他打美式足球。」

葛洛莉雅接著說起自己多愛勒布朗，多麼不想讓他失望。她只是想為他做出最好的決定，她也承認，有時候很難知道應該怎麼做。

潘姆告訴她，如果她決定讓勒布朗打美式足球，就一定要幫他保險。

與瓦卡羅夫婦共度一天之後，傑克森和葛洛莉雅飛往俄勒岡州，會見耐吉的董事長菲爾．

奈特（Phil Knight），同時花時間與林恩．梅利特相處。到了公司的比弗頓（Beaverton）總部，他們參觀了耐吉園區，有許多需要吸收的資訊。然而，與梅利特共處的時間越長，他們越敬佩他的專業精神，和他對耐吉與勒布朗合作的願景。到了離去的時候，他們深信現在的勒布朗處在一個十分有利的位置。

等傑克森和葛洛莉雅回到阿克倫後，勒布朗跟母親談起美式足球。在葛洛莉雅飛往西岸期間，節奏藍調歌手阿莉亞（Aaliyah）搭乘的飛機，從巴哈馬（Bahamas）的島嶼起飛不久後遇難，她罹難時僅二十二歲。勒布朗告訴母親，這個消息對他的想法產生了影響。「人生苦短」也許是老生常談的說法，卻是千真萬確的道理。

葛洛莉雅告訴他：「沒有任何人保證會有明天。」

勒布朗也有同感，正是因為這樣，他更不想錯過那些能為他帶來巨大快樂，而且讓他的高中生活更完整的經驗——和朋友們一起打美式足球。

葛洛莉雅轉向傑克森。該是買那份保單的時候了。

傑克森在北卡羅來納州找到一位保險經紀人，他曾為獲得杜克大學（Duke University）籃球獎學金的未來 NBA 新秀提供保險。這名保險經紀人不曾聽過，為十一年級的高中生投保這種事，但他終究與傑克森合作，並為勒布朗提供一份數百萬美元保額的保單。

當得知勒布朗要回歸美式足球隊，而且來得及參加賽季第二場比賽，傑．布洛菲非常興奮。布洛菲接到葛洛莉雅的電話，她說：「傑，顧好我的寶貝。」為了把勒布朗受傷的風險降到最低，布洛菲確保球員們都知道，練球時不能衝撞勒布朗。布洛菲也表明，他不想讓勒布朗在球場中間跑接球路線，因為那個區域比較容易發生激烈碰撞。

勒布朗很喜歡為布洛菲打球，也很高興布洛菲在夏天被任命為美式足球隊的新任總教練。二〇〇一年賽季開始之時，布洛菲決定採用兩個四分衛，讓他們輪流上場。其中一個四分衛是威利．麥基。勒布朗一回歸球隊，布洛菲就告訴兩個四分衛，戰術本上多了一條新戰術：有疑慮的時候，就把球傳給勒布朗。

威利很熟悉這條戰術。他和勒布朗從波普沃納聯賽（Pop Warner）時代，就一直一起打美式足球。他們在二〇〇一賽季中配合完成了多次傳接，另一個四分衛和勒布朗的默契也很好。

賽季初期，球隊前往位於俄亥俄州鄉村地區的一所學校比賽，那裡接近阿米什人[3]（Amish）聚居區。勒布朗那晚的表現出色，完成六次接球，推進一百五十碼。其中一次接球尤其點燃觀眾的熱情，聖文森—聖瑪莉高中的四分衛投球失誤、球直接往界外飛去，當場邊的總教練布洛菲正要伸手接球時，勒布朗一躍而起、單手把球接住、雙腳穩穩落在場內。這種馬戲團式的接球，讓布洛菲想起NFL的偉大球員蘭迪．莫斯（Randy Moss）。

比賽結束後，阿米什人圍住了聖文森—聖瑪莉高中的巴士。他們人數眾多，司機沒辦法把車開出去。知道這群人為何不讓巴士離開之後，布洛菲教練走到巴士後方說：「勒布朗，不介意的話，請你下車簽幾個名好嗎？這樣我們才可以離開。」

---

3 編按：基督教門諾教派（Mennonite）中的一個信徒分支，以拒絕汽車及電力等現代設施，過著簡樸、離群索居的生活聞名。

勒布朗不曾接觸過阿米什人，羅密歐、西恩和威利也不曾。在隊友們的目光下，勒布朗起身下車。陌生人們立刻把他團團圍住。鶴立雞群的勒布朗，在每個拿到他眼前的東西上面簽名——比賽節目表、衣服、紙張、手掌。

羅密歐震懾於眼前的景象——以孤立著稱的族群接納了勒布朗，也連帶接納了聖文森－聖瑪莉高中的每個球員。「他們向我們展示了愛。」羅密歐在幾年後回憶道：「這代表當時的勒布朗已經是一位超凡的運動員，不斷跨越那些無論是誰都不允許跨越的藩籬。」

滿臉笑容的勒布朗回到巴士上，和滿身汗水的隊友們一起回家，他希望這樣的時光永遠不會結束。

儘管每一週都受到雙人包夾，勒布朗在出場的九場例行賽中仍完成十三次達陣，接球碼數超過一千兩百碼。勒布朗連續第二年入選俄亥俄州全明星美式足球隊，大學的招募人員爭相與他碰面。布洛菲教練接到了來自俄亥俄州立大學、阿拉巴馬州立大學（Alabama State University）、邁阿密大學（University of Miami）、佛羅里達州立大學（Florida State University）、聖母大學、南加州大學（University of Southern California）、南卡羅來納大學（University of South Carolina），以及許多其他學校的電話。

布洛菲一直認為，勒布朗不會打大學美式足球，但勒布朗作為美式足球員激起的興趣，是布洛菲前所未見的。他覺得至少應該確認一下，勒布朗是否真的對美式足球獎學金不感興趣。這樣一來，布洛菲就可以叫那群招募人員不要白忙一場了。

一天下午，布洛菲在圖書館找到勒布朗，他正在和伍德女士交談。

布洛菲問勒布朗，有沒有興趣打大學美式足球。他接到了一大堆招募人員的電話。

「教練，我九九％肯定我會進ＮＢＡ，但我不會排除大學美式足球的可能。」

不排除？布洛菲聽了很驚訝。

幾秒之後，勒布朗放下嚴肅的表情開始大笑。「沒有啦，教練。」他說：「開玩笑的，我會去打籃球。」

布洛菲也笑了。等美式足球賽季結束，他會想念勒布朗了。他總覺得勒布朗有個老靈魂，除了勒布朗之外，球隊裡沒有其他人，能與他深談一九七〇與一九八〇年代的ＮＦＬ球員。倘若聖文森—聖瑪莉高中有開ＮＦＬ歷史課，勒布朗的成績一定會是優等。有一次，勒布朗口沫橫飛的談論芝加哥熊隊（Chicago Bears）的名人堂跑衛沃爾特．佩頓（Walter Payton）。最後，布洛菲忍不住問他，為何會熟知一個在他三歲時就已退役的球員。

勒布朗帶著微笑回答：「教練，我有ＥＳＰＮ經典賽可以看啊。」

雙棲勒布朗

籃球賽季尚未開始，德魯教練已經被新職位的行政工作淹沒。首先，勒布朗比賽的門票需求飆高到幾近失控的程度，導致學校決定將二〇〇一－〇二賽季的十個主場比賽，移師到阿克倫大學的詹姆斯．Ａ．羅德斯體育館舉行，那個場館可以容納五千兩百名觀眾。聖文森—聖瑪莉高中甚至祭出要價一百二十美元的季票，結果售出超過一千七百套。同時，票務大師網站（Ticketmaster）也販賣起一些聖文森—聖瑪莉高中客場比賽的門票。

與此同時，德魯教練繼承了丹布羅特教練，為了鞏固聖文森—聖瑪莉高中全國強權地位而制定的賽程。預計要與來自賓夕凡尼亞、密蘇里、紐約和維吉尼亞的菁英球隊一決高下，還要參加一系列全國性的賽事，德魯和他的球員必定會累積數千英里的飛行里程。德魯得預訂飯店跟巴士，還要透過排課來確保孩子們能盡可能減少缺課。

但在德魯執掌兵符的第一個球季，最大的焦慮來源是眾人的期望。球隊在丹布羅特執教的兩個球季，取得五十三勝一負的戰績。況且，現在普遍認為勒布朗是全國最好的高中球員，德魯沒有任何犯錯的空間。倘若球隊沒能贏得全國冠軍，他將永遠擺脫不掉這個汙點。

更糟糕的是，聖文森—聖瑪莉高中的前三場比賽中，有兩場的對手是《今日美國》季前全國排名前十的球隊。德魯甚至不知道，勒布朗、西恩、羅密歐，以及威利在開季時能否出場比賽。因為美式足球校隊的成功，聖文森—聖瑪莉高中晉級州季後賽——這四人在美式足球賽季結束之前，不被允許參加籃球隊訓練，更不用說參加比賽了。

勒布朗知道，德魯教練不喜歡他打美式足球。帶領足球隊贏得州季後賽首輪比賽之後，勒布朗傳達了一個消息，讓德魯更擔心。勒布朗在日記中寫到這件事：

> 我在第一場季後賽中弄斷了左手食指——這是我第一次骨折。很多人都有點驚慌失措，但我還好。基本上我先保密，一直到籃球賽季開始前一週，才讓消息傳出去。我在手指上綁了一個小夾板，以防再次碰撞，現在沒事了。這不會真的影響我打籃球，因為傷的是我的左手，

不是我的慣用手，而且德魯教練知道，我還有一點時間可以養傷。

從春山公寓頂樓，勒布朗可以遠眺聖文森—聖瑪莉高中的美式足球場。他喜歡在那裡比賽，他喜歡美式足球，美式足球是他自然而然擅長的運動。但是，籃球對他來說不只是一項運動。每天晚上睡前最後一眼、早上醒來第一眼看見的，就是臥室牆上的麥可．喬丹。在勒布朗的眼中，喬丹是終極的運動員。

美式足球賽季期間，勒布朗聽到ＥＳＰＮ的新聞：「不用再猜了。謠言是真的！有史以來最偉大的球員回來了。這次他將穿上華盛頓巫師隊的球衣。」就在一個月前，喬丹正在籌備復出的時候，勒布朗曾跟他面對面相處。這件事讓勒布朗感覺，自己與喬丹之間有了一種歷史性的連結，這更加激勵勒布朗，希望自己有朝一日也能像喬丹一樣，出現在孩子們的臥室牆上。美式足球是他的樂趣，而籃球是他的生命。

再過幾天就是俄亥俄州的美式足球準決賽，勒布朗加入西恩、羅密歐，和威利的行列，與隊友們一起練球。他們穿著美式足球的球衣球褲、釘鞋和頭盔，在場上把戰術統統跑一遍。勒布朗和美式足球隊員在戶外訓練，而聖文森—聖瑪莉高中籃球隊在體育館裡。距離新賽季的第一場比賽只剩不到一週，德魯教練安排了一場非正式的練習賽。然而，由於隊上有四個最佳球員缺席，體育館裡的氣氛十分沉悶。

突然，勒布朗推開體育館大門，羅密歐跟在後面進來。勒布朗脫去美式足球的服裝，踏上籃球場，示意防守小德魯的球員下來。美式足球練習一結束，勒布朗馬上丟下釘鞋跟頭盔，往體育館跑。

小德魯一邊引誘勒布朗抄球，一邊說著垃圾話，嗆他是否能應付自己。

勒布朗往前一躍把球抄掉，往另一個半場衝，起跳升空，手臂向後延展，把球猛力砸進籃框。所有人都尖叫呼喊。整座體育館在一瞬間被注入了活力。

勒布朗走到小德魯面前嗆聲：「沒錯，我可以搞定你，小廢物。」

小德魯拿起球，立刻設法反擊勒布朗。

羅密歐也加入戰局，開始在低位碰撞對手。

球員們奮力爭搶籃板，飛撲救球，為隊友設下穩固的掩護。這正是德魯教練和他的工作人員，一直期望在球隊身上看見的能量。

終於，大家停下來喘口氣，其中一名球員詢問勒布朗，剛剛比賽中沒打成的一次進攻。

勒布朗清楚知道他說的是哪一次進攻。

他的隊友問：「那個戰術為什麼失敗了？」

勒布朗進入教學模式，跟他說：「你太早跑了。」

教練們在旁觀看，球員們圍住勒布朗。勒布朗向每個人解說剛剛發生的事。然後，他向隊友解釋，他們在哪裡出了錯。勒布朗告訴他：「你剛剛跑到低位，但你其實應該在高位。」

那個球員點了頭，大家互碰拳頭。

德魯教練迫不及待，希望美式足球賽季趕快結束。

鋒芒畢露

秋季時，艾迪．傑克森從約瑟夫．馬許那裡，收到第一筆兩萬五千美元的款項。馬許已經開始為勒布朗的紀錄片做打算，既然馬許出了錢，他期待能夠掌握這部紀錄片的版權，還希望留下五〇％的收益。這對傑克森來說是全新的事，但握有資金的人是馬許，有權說話的當然也是他。

在馬許的催促下，傑克森同意會見萊昂內爾．馬汀（Lionel Martin），這位紐約的製片人曾為吐帕克、史奴比狗狗（Snoop Dogg），以及惠妮．休士頓（Whitney Houston）等眾多藝人執導過數十部音樂錄影帶。馬許覺得，馬汀可能很適合擔任勒布朗紀錄片的導演。

傑克森和馬汀制定計畫的同時，勒布朗忙於應付身為一個十六歲青年的日常事務，例如完成課堂作業、保持課業成績，以及學習開車。成績單剛剛出爐，他的表現不錯，尤其是地球科學——他最愛的科目。美式足球賽季即將進入尾聲之時，勒布朗也考到了駕照。

作為獎勵，傑克森用馬許借他的錢，買了一輛二手福特探險家（Ford Explorer）給勒布朗。感恩節那天晚上，勒布朗開著那輛車到電影院，準備觀看由馬汀．勞倫斯（Martin Lawrence）主演的《黑騎士》（*Black Knight*）。走向自己的座位時，他聽到有人小聲說：「那是勒布朗．詹姆斯耶。」

擁有自己的車可以到處開的獨立感是種新體驗，在公眾場合被認出來，而且被竊竊私語討論也是。感覺起來很好，尤其是被認出來，這也讓勒布朗更等不及籃球賽季開打。

兩天後，二〇〇一年十一月二十四日，聖文森—聖瑪莉高中美式足球隊在州季後賽中輸給利金谷高中（Licking Valley）。之後，勒布朗交回頭盔、高掛釘鞋，從此再也不打正式的美式足球賽了。

《阿克倫燈塔報》在二〇〇一—〇二年籃球賽季季前報導寫道：

> 你幾乎可以期待某天早上醒來，在市中心辦公大樓牆上看到勒布朗．詹姆斯起跳的英姿。今天是阿克倫，明天就是時報廣場。

期望如天高，但對勒布朗與他的隊友們的不滿也在升級。聖文森—聖瑪莉高中成了令眾人愛恨交織的球隊。他們不但擁有全國最優秀的球員，身著愛迪達的球鞋和球衣、頭戴愛迪達客製頭帶的他們，也是全國穿得最光鮮亮麗的球隊。他們是媒體寵兒，連續兩次贏得州冠軍，並被預測將以不敗之姿再次奪冠。在體育世界裡，位在頂端的隊伍總會成為眾矢之的。

勒布朗對此的態度是：**如果人們想把我們塑造成傲慢的勝利者，隨他們去吧。如果人們覺得我們太猖狂，隨他們去吧。**

賽前的更衣室裡，聖文森—聖瑪莉高中的球員播放傑斯的新專輯《藍圖》（*The Blueprint*）來激勵自己。像〈接管一切〉（*Takeover*）這樣的歌曲反映了聖文森—聖瑪莉高中的球員們面對競爭對手的感覺：

我們拿著刀刃來打這場拳賽，摧毀你的內心戲
我們用大錘幹掉你們這群螻蟻

聖文森－聖瑪莉高中的球員們喜歡走進體育館，迎接對手的目光。對手究竟是崇拜，還是渴望一戰，在那瞬間一清二楚。敬畏的人閃避眼神交會，而想要表現凶悍的人會瞬眼怒視。「再怎麼裝模作樣都沒用。」勒布朗解釋說：「我們都知道開打後會發生什麼事。」

賽季開幕戰，聖文森－聖瑪莉高中以四十一分的差距，大敗克里夫蘭郊區的一所高中。接下來，聖文森－聖瑪莉高中連續兩場面對《今日美國》的十強球隊。首先是傑曼鎮學院（Germantown Academy），這所位於費城邊緣的私立學校，陣中有一位即將前往佛羅里達大學的六呎六吋十二年級生，一位即將前往杜克大學的六呎七吋十二年級生，和一位即將前往范德堡大學的六呎十一吋[4]十二年級生。儘管身材明顯處於劣勢，勒布朗狂砍三十八分，同時拿下十六個籃板。增重到兩百八十五磅[5]的羅密歐跟西恩，在籃下用力量壓制每一個對手。比數七〇：六四，聖文森－聖瑪莉高中獲勝。

排名第七，來自聖路易（St. Louis）的瓦雄島高中（Vashon High）也無法匹敵。勒布朗拿下二十六分，同時聖文森－聖瑪莉高中用防守扼殺對手，最終以四九：四一獲勝。

4　編按：約兩百一十・八公分。
5　編按：約一百二十九・三公斤。

接連擊敗傑曼鎮和瓦雄島之後，勒布朗注意到，媒體將聖文森—聖瑪莉高中描述為一支全國頂級球隊。他不能否認，但也發現自己的隊伍，和其他菁英球隊之間有個重大差別。「我們隊上沒有四個入選全美明星隊的球員。」他在日記中寫道：「我們隊上只有一個，那個人就是我。」但他熱愛他的隊友和他們打球的方式。

然而，德魯教練不喜歡眼前的景象。隨著每一場勝利，球員們變得更加傲慢，也越來越不懂得尊重。在比賽中，他們有時會無視他的指示。在訓練時，球員們跟他頂嘴，並且相互爭吵。要讓這些傢伙集中注意力並投入最大努力，有時得費上九牛二虎之力。

有一次，德魯教練受夠了練球的狀況，下令球員去跑步，但他們拒絕了。怒上加怒的德魯直接取消練球。不止一次，他不得不訓斥那些違反髒話規定的球員。當羅密歐在練習時噴了一大串穢語汙言後，德魯罰他做一百下伏地挺身。

就連球員們選擇的熱身音樂，也是一個問題。瑣碎的內鬥和缺乏紀律，已經讓卡頓教練不堪其擾，他明確表示自己不喜歡球員們「出口成髒」，滿嘴「婊子」、「蕩婦」。要不是為了西恩，他早就退出球隊了。

內部產生分歧，部分源自球員們對德魯執教風格的反應。儘管不願承認，勒布朗和隊友們懷念丹布羅特。他們仍然對他的離去忿忿不平，但他們渴望丹布羅特那種直言不諱的嗆辣風格。他們想念他的吼叫，甚至他的髒話連飆。歸根究柢，丹布羅特讓他們感覺，自己在為一個知道如何獲勝的大學教練打球。反觀，德魯教練讓他們感覺，自己在為一個父親般的角色而戰。

當他們還是小孩時，這沒什麼問題。但現在他們長大了，嘗過勝利的滋味，並覺得自己萬夫莫敵。德魯一再警告，說他們有可能被次級球隊爆冷擊敗，但這些話只淪為耳邊風。

在德拉瓦州假期錦標賽的冠軍決賽中，聖文森—聖瑪莉高中挾著七勝零敗的戰績，面對來自紐約長島（Long Island），尋求衛冕州冠軍的阿米蒂維爾紀念高中（Amityville Memorial High）。比賽日期正好是勒布朗的十七歲生日，而阿米蒂維爾紀念高中打算破壞這場派對。

比賽剩下五秒，聖文森—聖瑪莉高中仍以三分落後，勒布朗投進一顆三分球，而且被犯規。勒布朗加罰命中，讓球隊得到一分領先。德魯教練請求暫停。

聚在一起討論時，德魯叫球員們對邊線發球施加壓力，但球員們有其他想法，並且表明他們將用自己的方式防守這波進攻。

邊線球發進來的同時，阿米蒂維爾紀念高中的速度型控球後衛擺脫防守。勒布朗對他犯規，那名控球後衛罰中兩球，於是聖文森—聖瑪莉高中最終以一分之差敗北。

心灰意冷的德魯教練只盼望，這次失敗能挫挫球員們的銳氣。

可惜，這只是一廂情願的想法。

9 上車

愛迪達在勒布朗的爭奪戰中搶占了先機，但耐吉打的是持久戰，而麥可．喬丹就是耐吉的王牌。二〇〇二年一月三十一日，喬丹率領華盛頓巫師隊，在克里夫蘭迎戰騎士隊。艾迪．傑克森打電話給騎士隊總教練約翰．盧卡斯（John Lucas），請他為勒布朗和幾個朋友留下門票，並且安排勒布朗在比賽後與喬丹見面的事宜。

那天下午，勒布朗有練球行程。他注意到體育館裡一張不熟悉的面孔。後來在更衣室，高中體育部的成員引介了二十八歲的《運動畫刊》記者格蘭特．瓦爾（Grant Wahl）。

瓦爾的任務是為《運動畫刊》報導大學的足球與籃球比賽，他在前一年夏天的愛迪達ABCD訓練營過後不久，首次聽聞勒布朗之名。他的同事在專欄中提到勒布朗對決蘭尼．庫克的表現。這激起瓦爾的興趣，於是開始打探消息。眾多NBA球探告訴他，即使才升上十一年級，勒布朗已具備成為選秀狀元的實力。聽的越多，瓦爾就越急切想要寫一篇專文，來介紹這位被封為喬丹接班人的阿克倫少年。得到編輯批准後，他立刻搭上前往俄亥俄州的飛機，全都是在最後一刻匆忙決定，成敗取決於瓦爾是否能說服勒布朗給他採訪的機會。

勒布朗和朋友們一起站在更衣室，懷疑的盯著這個不知道從哪裡蹦出來的陌生人，心想：「這傢伙是誰？他想幹什麼？」

格格不入的瓦爾知道，熙攘嘈雜的更衣室並非認識彼此的理想環境。瓦爾察覺到勒布朗的不情願，問他能否私下聊一分鐘。勒布朗跟著瓦爾走到一個安靜的角落。

首先，瓦爾為沒有提前通知就現身此處表示歉意。然後，他概述了自己的目標——撰寫一篇文章，讓《運動畫刊》的讀者更了解勒布朗和他的生活。瓦爾告訴他：「我覺得這會是一篇非常酷的故事。」勒布朗聽著瓦爾解釋，他說為了把這篇文章寫好，他跟勒布朗必須花一些時間共處。對此，瓦爾有個有創意的想法。

「聽說你們今晚要去克里夫蘭看球。」瓦爾說：「我租了輛車，可以載你們去。」

勒布朗猶豫了。他沒想到瓦爾會主動提出，開車載他和朋友們去克里夫蘭。這個請求有點奇怪，而且勒布朗不確定自己是否想要瓦爾跟著一起去。他甚至不認識這個人。

瓦爾說：「如果你給我這個機會的話，我會非常感激。」

機會？站在高中校園深處，勒布朗考慮是否要和一個徹頭徹尾的陌生人一起搭車。不到十七歲的他無法預見瓦爾的提議會有什麼改變人生的影響。沒有諮詢母親、教練或任何其他大人的意見，勒布朗花了不到一分鐘打量瓦爾。出現在全美最具影響力的體育雜誌的機會壓過了他的顧慮，他決定上車。

身價數千萬美元的青少年

稍晚，勒布朗頭戴一頂愛迪達針織帽、身穿黑色外套，手拿一本放滿CD的活頁夾離開公寓。他坐上了瓦爾租來的汽車副駕駛座，卡特和小佛朗基坐進後座。距離勒布朗住在小佛朗基的臥室已有七年了，但他們一直很親近，每當勒布朗要做一些有趣的事，他都會試圖讓他的老朋友參與。

勒布朗心想，如果瓦爾想要一瞥他的生活，不妨先了解他的朋友們，和他們日常生活的音樂體驗。勒布朗從活頁夾裡，取出傑斯的專輯《藍圖》，把它放入車子的音響裡，然後調高音量。

瓦爾踩下油門，意識到車上載著一個身價即將超過數千萬美元的少年。音樂聲震耳欲聾，瓦爾駕車駛過他從未行經的道路，感到焦慮。他警惕自己：「**一定要把這傢伙安全載回家。**」出城的途中，他們停下來買速食。在得來速車道等候的同時，瓦爾看著勒布朗。他告訴勒布朗，這篇文章有可能成為封面故事。

勒布朗瞪大雙眼。

接著，瓦爾遇到一個難題——他不知道怎麼進入場館。他沒有媒體證，也沒有門票。一抵達岡德球館（Gund Arena），卡特就帶著一行人走到指定區域。他和勒布朗、小佛朗基出示照片，換取一樓的座位。然後，卡特和勒布朗看著瓦爾，對保全人員說了一些話，意思近似於，他是跟我們一夥的。

一番波折之後，瓦爾得以進場。

瓦爾跟隨勒布朗，看他在走向座位的同時，一路上與粉絲簽名、合照。

比賽以戲劇性的方式結束，喬丹在終場響哨的同時投進絕殺。賽後，一位衣裝筆挺，表情神祕的男子喊了勒布朗和卡特的名字，打過招呼之後，邀請他們跟著他走進通往巫師隊更衣室的廊道。面對這名男子，勒布朗和卡特的態度，像是面對家族裡的老朋友。

男子離開後，瓦爾問：「那個人是誰？」

勒布朗回答：「衛斯叔叔（Uncle Wes）。」

在此之前，瓦爾從未遇過威廉．衛斯理（William Wesley），他被認為是NBA最具影響力的幕後掮客。《芝加哥太陽報》（*Chicago Sun-Times*）的作家，如此描述與喬丹和耐吉密切合作的衛斯理：「原本，我以為他在特勤局（USSS）、聯邦調查局（FBI），或是中央情報局（CIA）工作。後來，我以為他是皮條客，專為球員提供女人，或是放高利貸的，或是保鏢，或是聯盟的副執行長。」

但對勒布朗來說，衛斯理就只是衛斯叔叔，只是他越來越大的生活圈裡出現的一個新人物。衛斯理與艾迪．傑克森交上朋友，他悄悄出席勒布朗在聖文森－聖瑪莉高中的幾場比賽。去年夏天，他甚至介紹勒布朗認識傑斯。然而，勒布朗並沒有向瓦爾透露這些事情。

衛斯理再次現身，喬丹也出現了。喬丹穿著一襲剪裁完美的藍色西裝，大步走向勒布朗。

勒布朗露出微笑，握了他的手。

喬丹注意到葛洛莉雅不在，問道：「媽媽呢？」

勒布朗回答：「她在紐奧良（New Orleans）。」

眼前的景象令瓦爾驚嘆。這讓他想起一張著名的照片：一九六三年，十六歲的比爾．柯林頓[6]（Bill Clinton）在白宮的玫瑰園，與他的偶像甘迺迪總統（John F. Kennedy）會面。

和勒布朗聊了幾分鐘籃球後，喬丹必須離開了。

「一個運球，急停，然後拔起來跳投。」喬丹說：「這就是我想看到的。」

勒布朗點了點頭。然後喬丹走了。

勒布朗說道：「那是我大哥。」

瓦爾已經可以看見故事在眼前展開了。

返回阿克倫的途中，勒布朗向瓦爾提出一連串問題：「當作家是什麼感覺？……你有自己的家庭嗎？」勒布朗令瓦爾印象深刻。他既不矯揉造作，也不妄自尊大，而且他把朋友們都當作兄弟對待。

回到阿克倫時，已經接近晚上十一點，隔天還要上學。但勒布朗說他餓了，建議大家一起去蘋果蜂餐廳（Applebee's）吃東西。

瓦爾欣然同意。

勒布朗漸漸明白，當一名職業籃球員，遠不只是比賽和練習這麼簡單—這是一份全職工作，包含許多讓不少運動員感到負擔的責任，例如和媒體打交道。自從進入高中以來，勒布朗已經習慣與《阿克倫燈塔報》和《誠懇家日報》的體育記者們相處，他們報導他所有的美式足球和籃球比賽，那些文章扮演了重要角色，大幅提高勒布朗在俄亥俄州的知名度。勒布朗喜歡那些傢伙，他學會如何和他們交流。但他現在合作的對象是《運動畫刊》，他將學到更有價值的一課——塑造形象的時候，一張圖片勝過千言萬語。

天選之人

早上八點鐘左右，勒布朗開車進入聖文森—聖瑪莉高中的停車場。那是超級盃[7]（Super Bowl）星期日，校園空無一人。勒布朗期待晚一點可以觀看大家看好的洛杉磯公羊（Los Angeles Rams），對決新英格蘭愛國者隊（New England Patriots）。

不被看好的愛國者陣中，有一位名不見經傳的四分衛湯姆．布雷迪（Tom Brady），他將第一次踏上超級盃賽場。但在享受比賽之前，勒布朗必須專注於他的第一次國家級雜誌攝影。他走進晦暗的建築，在裡面等著他的是二十五歲的麥可．勒布赫特（Michael LeBrecht）。這個正要發跡的攝影師平時擔任裝備助理，他拿出了相機。

勒布赫特不曾為這本雜誌拍攝封面照，但他在去年夏天的愛迪達 ABCD 籃球訓練營遇過勒布朗。勒布赫特最出色的特質，就是善於跟年輕人打交道，並擁有讓他們放輕鬆的能力——葛洛莉雅對這名攝影師留下深刻印象，因為他對待她和勒布朗的方式與眾不同。勒布赫特對人像攝影也有獨到的目光。

勒布朗在各式各樣的背景下拍照——書桌前、置物櫃旁，也在體育館裡運球和灌籃。勒

6 編按：後來於一九九三年至二〇〇一年成為美國總統。

7 編按：NFL年度冠軍賽。

布赫特的助手甚至在勒布朗的臉上噴霧，創造出正在流汗的效果。過程持續了好幾個小時。拍攝部分過程中，德魯教練也在場。他從未見過如此精心布置的事。他想，這太瘋狂了。

一切努力都是為了拍到一張照片——專為封面而拍的最佳照片——向世界介紹勒布朗·詹姆斯。最後，勒布赫特讓勒布朗拿起一顆被噴上金漆的籃球。

穿著聖文森－聖瑪莉高中球衣，戴著綠色頭帶，勒布朗持球的右手拉到腦後，彷彿他正準備拿那顆籃球扣籃。他往前伸出左臂，五指大開，像警察阻擋來車。他睜大眼睛，張開嘴巴，像在宣告「**注意！我來了**」。玩味十足又充滿魅力的勒布朗，根本不需要攝影師指導。

只用兩個小燈打亮黑色背景裡的勒布朗，勒布赫特拍下了他的封面照。

勒布朗在學年初看到賽程表，驚喜發現球隊將連續兩年跟橡樹山高中對戰，這代表他有機會再次對上新朋友卡梅羅·安東尼。勒布朗把這場比賽圈起來，這是他最期待的比賽。

橡樹山高中的戰績是二十四勝一負，全國排名第四。

聖文森－聖瑪莉高中的戰績是十五勝一負，全國排名第五。

兩支球隊下榻同一家位於賓夕凡尼亞州朗霍恩（Langhorne）的飯店。比賽前一晚，勒布朗在大廳遇見卡梅羅，他們繼續去年夏天在科羅拉多州同住一個房間時聊的話題。這個時期的卡梅羅，正在找尋一個手足般的朋友；而勒布朗則認為，這段正在成形的友誼可以延續很久。兩人獨處聊天超過兩個小時，時間已經晚了，橡樹山高中的教練走過來。

「我知道你們兩個是好朋友。」他說：「但你們明天還要比賽。」

第二天，在紐澤西特倫頓（Trenton）的主權銀行體育館（Sovereign Bank Arena），現場感覺起來完全不像一場高中籃球賽。超過一萬一千名觀眾和一群籃球記者，前來觀看兩名全美最佳高中球員對決。

去年夏天，當勒布朗和卡梅羅同在愛迪達ABCD籃球訓練營的時候，勒布朗得到了NBA明星崔西．麥格瑞迪的個人建議。麥格瑞迪告訴他：「只要踏上球場，你就沒有朋友。無論面對誰，你都必須把對方宰了。」勒布朗用這種方式對待蘭尼．庫克，他還將這種心態帶到十一年級的每一場比賽。但卡梅羅是勒布朗的好朋友，無法以任何其他方式看待。

聖文森–聖瑪莉高中和橡樹山高中的比賽一開始，這兩位籃球智商最高的球員，祭出讓所有人為之傾倒的大師之作。彷彿站在兩人專屬的舞臺上一樣，他們演出頂尖對決。勒布朗攻下三十六分，卡梅羅得到三十四分。勒布朗被選為比賽的最有價值球員，而卡梅羅帶領他的球隊以七二：六六拿下勝利。這場比賽被視為，有史以來最精彩的高中籃球比賽之一。

聖文森–聖瑪莉高中的戰績跌到十五勝二負。但勒布朗和隊友們合理化這件事：全隊除了勒布朗之外的所有人都手感不佳，敵隊有六名球員拿下籃球獎學金並錄取一級大學，而且在這樣的條件下，他們只輸了六分。

《運動畫刊》很少把高中運動員放上封面。在雜誌四十二年的歷史中，這種事情只發生過七次。從編輯的角度看，有一些常識性的原因，讓他們盡量不把青少年放上數百萬成年人閱讀的雜誌封面。其中最主要的因素是，在全球讀者最多的雜誌封面上刊登青少年，會引來基本上不可能達成的過高期許。

《運動畫刊》的首次實驗發生在一九六六年，封面放上來自印第安納州萊巴嫩（Lebanon）

的十二年級生李克・蒙特（Rick Mount），照片中的他站在一片紅色穀倉和白色圍欄前，標題是〈高中籃球界最耀眼的明星〉（*Brightest Star in High School Basketball*）。蒙特後來進入普渡大學（Purdue University）打球，職業生涯短暫且沒有建樹。

《運動畫刊》最後一次把高中生放上封面是一九八九年，主角是來自德州布倫納姆（Brenham）市的十八歲棒球投手瓊・彼得斯（Jon Peters），他在高中的戰績是五十一勝零敗，封面標題是〈超級神童〉（*Superkid*）。彼得斯沒有打進大聯盟，他取得德州農工大學（Texas A&M University）的獎學金，動了四次手臂手術，不到二十一歲就結束了棒球生涯。

距離《運動畫刊》上一次把高中運動員放上封面，已經過了二十多年，而且封面上從未出現十一年級生。唯一的例外，是被雜誌封為「新瑪莉・露[8]」（the New Mary Lou）的十四歲體操選手克莉絲蒂・菲利浦斯（Kristie Phillips）—克莉絲蒂未能入選美國代表隊，而是憑藉路易斯安那州立大學（Louisiana State University）的啦啦隊獎學金上大學——勒布朗即將成為除了她之外，最年輕的封面人物。

從編輯群的角度看，這是一個重大決定，但即將卸任的總編輯比爾・科森（Bill Colson）喜歡這個想法。這既冒險又前衛，而勒布朗的個人魅力註定引爆轟動。科森想出了封面標題〈天選之人：十一年級的勒布朗・詹姆斯現在就能成為ＮＢＡ狀元〉（*The Chosen One: High school junior LeBron James would be an NBA lottery pick right now*）。

一方面，格蘭特・瓦爾非常興奮。然而，心頭的顧慮揮之不去。他暗想：「天啊，希望我們不會毀了這孩子的人生。」

詹皇

二月十三日，紐約市到洛杉磯的報攤，基韋斯特（Key West）到斯波坎（Spokane）的郵箱，都出現勒布朗的臉孔，而他本人正在學校上課。從ESPN到全國各地體育脫口秀等的其他媒體，都對《運動畫刊》的封面大作文章。電視節目《今日秀》（*Today*）和《青少年人》（*Teen People*）雜誌都打了電話。格蘭特．瓦爾在俄亥俄州大量接受當地廣播節目採訪。勒布朗坐在學校教室裡打開雜誌，讀到這樣一句話：

「俄亥俄州的高中十一年級生勒布朗．詹姆斯實力強大，被譽為飛人喬丹的接班人。」

這是沉重的讚譽。隨著《運動畫刊》宣傳齒輪全速運轉，勒布朗成了體育界熱門話題。在聖文森—聖瑪莉高中裡，效果立竿見影。當勒布朗穿過走廊，同儕帶著全新的崇敬眼神看著他。體育部門被來自全國各地的記者來電淹沒，他們爭相採訪勒布朗。球迷在校園出現，為了一睹勒布朗而闖進籃球隊練習。**雜誌封他為「天選之人」**，但勒布朗在聖文森—聖瑪莉高中則是「王者」。**勒布朗甚至開始自稱「詹皇」（King James）。**

「也許還天真吧，我當時沒有真正理解登上《運動畫刊》封面的含義。」勒布朗多年後回憶起這段經歷：「我很傲慢，叫自己詹皇，真的有大頭症。回過頭看，當時應該保持沉默，但我就

8 美國女子競技體操選手。曾在一九八四年代表美國獲得洛杉磯奧運的女子體操全能金牌，當時年僅十六歲。

只是我——一個青少年。而且，全世界的記者似乎同時衝著我來。」

這些溢美之辭為勒布朗和隊友們帶來了麻煩，雜誌出版後的第四天，聖文森—聖瑪莉高中面對賓州的弱勢青年住宅改革學校——喬治少年共和高中（George Junior Republic），比賽在楊斯鎮州立大學舉行（Youngstown State University）。超過六千七百名觀眾湧入球館，擁擠到所有人都只能站著。對方教練下達了簡單的指令：在勒布朗轉守為攻時犯規，不要讓他接近籃框。

球員們迫不急待的執行這個戰術。勒布朗切入時，受到惡意重擊，摔倒在地。然後他再次被撞倒。這次犯規非常過分，勒布朗很可能受傷。葛洛莉雅帶著怒氣衝上球場，被旁人拉住。

此後，勒布朗停止切入，轉而採用跳投。聖文森—聖瑪莉高中在延長賽中以五七：五八敗給了實力較差的球隊。這場落敗緊接在橡樹山高中一役之後，代表勒布朗和隊友們在高中生涯，首度嘗到二連敗的滋味。賽後更衣室的氣氛非常糟糕，德魯教練告訴大批記者，沒有任何球員想發表評論。但是，當勒布朗現身，他還是被約莫一百人包圍，他們手上拿著《運動畫刊》，想要得到勒布朗的簽名。場外有一名男子，在賽前以每份五美元的價格兜售這批雜誌。

隔天，一小群尋求簽名的狂熱分子，闖進聖文森—聖瑪莉高中的體育館，打斷了訓練。很明顯，學校必須開始採取措施，保護勒布朗和他的隊友們。下一場客場比賽，警方護送球隊巴士前往球館。勒布朗和隊友們下車時，歡迎的紛絲人龍圍了整整十二圈，其中一些人已經等候數小時。他們高喊：「勒布朗，我們愛你！」其中許多圍觀者是女生，用尖叫爭取勒布朗的注意。

勒布朗的隊友們，也陷入這種狂歡氛圍。

「幾乎像是在打ＮＢＡ。」西恩・卡頓解釋說：「女孩子出現在我們的旅館。人們試圖進入我們的房間。」

名人也開始在聖文森—聖瑪莉高中的比賽現身。在那期《運動畫刊》出版幾週後，湖人隊造訪克里夫蘭與騎士隊比賽，俠客．歐尼爾（Shaquille O'Neal）到場觀看勒布朗打球。他的出現引起了極大騷動，比賽不得不暫停，崇拜俠客的西恩不敢置信。

球迷們像一群螞蟻一樣靠近俠客，希望能握到他的手。幾天後，ESPN派遣一組製作團隊到聖文森—聖瑪莉高中，把更衣室變成一個臨時攝影棚，他們打算在二月底的《世界體育中心》（*SportsCenter*）節目上播出特別單元，所以要訪問勒布朗、他的隊友們，以及德魯教練。

與此同時，對這支球隊的憎恨也在不斷升溫。一場比賽的對手是隔壁城鎮的宿敵霍班大主教高中，地點是羅德斯體育館。敵隊所有球員在賽前熱身時，都穿上印有「天選之子」字樣的T恤。被這種花招激怒後，勒布朗和隊友們一開賽就痛宰對手，建立了龐大的領先優勢。

然而，霍班大主教高中的教練，隨後派上一名身形有如美式足球線衛的板凳球員。他一上場就對勒布朗下狠手，用幾次粗暴的犯規攻擊他。艾迪．傑克森坐在聖文森—聖瑪莉高中替補席旁邊，再也看不下去了。他起身向霍班大主教高中板凳席走去，開始宣洩不滿。保全人員插手後，傑克森的情緒更激動。最終警察把他架出球場。聖文森—聖瑪莉高中以三十九分之差獲勝。

儘管球隊一直贏球，德魯教練卻已不堪負荷。當他開始執掌兵符後，就不打算接受《運動畫刊》和ESPN的採訪。他從未預料到麾下的球員會被當作名人對待——噴了水霧後拍照、在電視節目上受到熱烈討論，並且被要簽名的人、攝影師和女粉絲追逐。他也沒有打算面對超越丹布羅特過往兩年經歷的細查和敵意，德魯讀了很多關於執教的書，沒有一本可以告訴他，如何處理吞噬球隊的馬戲團氣氛。

媒體報導之外，德魯發現練球也出了問題。儘管球隊從二連敗反彈，以巨大的比分差血洗對手，但聖文森－聖瑪莉高中隊已經失去緊迫感。球員在訓練中時常質疑德魯的指示，彷彿他們比教練還懂；離開球場後，這些傢伙總在派對裡狂歡。

儘管勒布朗深陷其中，但他也意識到正在發生的事。「《運動畫刊》的封面，把我們變成了搖滾巨星。」他在幾年後回憶道：「這只讓我們更確信自己戰無不勝。」

接近賽季末的一次事件，凸顯了情況對德魯教練來說變得多麼棘手。因為羅密歐在練球時多次罵髒話，德魯教練罰他做伏地挺身。

而羅密歐則用他最愛的話語回應：「去你的。」德魯教練無計可施，只能把他趕出球場。

名氣是把雙面刃

九年級之後，派翠克．瓦塞爾就明白，他在聖文森－聖瑪莉高中的籃球生涯結束了。隊上有太多人才，競爭太過激烈。於是，瓦塞爾把焦點放在榮譽班、戲劇社，以及讓他越來越有興趣的學生會。但瓦塞爾在學校經常見到勒布朗，他們在走廊的置物櫃相鄰。

瓦塞爾生性多慮，隨時都在擔心自己的成績、選擇大學的負擔，以及這輩子要做的事。光是思考這些就費盡心力。看著勒布朗的時候，瓦塞爾看到了自信，他看見具備專注和方向，對人生走向瞭若指掌的人。某天，他們站在置物櫃旁，勒布朗掉了一張紙。瓦塞爾低頭一看，立刻認出那是ＡＣＴ模擬考試報告。對準備參加大學入學考試的學生來說，那是極為重要的文件。

瓦塞爾把它撿起來遞給勒布朗。勒布朗看都沒看，就把它塞進置物櫃，然後關上門。

瓦塞爾羨慕他這種態度。

「我帶著我的進階先修課程和中西部的白人焦慮，擔憂世界上的一切，小心翼翼確保置物櫃上了鎖。」瓦塞爾解釋：「勒布朗跟我完全相反。他對ＡＣＴ報告的態度是：『這不是一張重要的紙。不用管它。』這是我無法理解的。他知道什麼事情要緊，什麼事情真的不重要。」

但是勒布朗的生活絕非沒有壓力。他只是越來越善於將生活中的複雜面向隔離開來。有時，似乎他觸碰到的一切都成了雙面刃。例如，他喜歡看到自己出現在《運動畫刊》的封面上，他為此感到非常自豪，甚至在臥室裡大量堆放那期雜誌。但被拿來跟麥可．喬丹比較？比起誇讚，這更像是一種詛咒。**最糟糕的是，對於他正在經歷的事，沒有人會心有戚戚焉——沒有人被形容為史上最偉大籃球員的接班人**。

勒布朗承受的壓力之大，甚至讓他不只一次跟朋友一起抽大麻，但他不喜歡大麻給他的感覺，尤其是在籃球場上。因此，他很快就不抽了。儘管他非常熱愛籃球，但是無時無刻站在舞臺上的感覺——即使是走向自習室那樣的日常片刻——終究造成負擔與傷害。

幫助勒布朗逃脫的其中一個方式，就是觀看別人表演，尤其是電影和電視節目。十一年級那年，他甚至對高中戲劇和音樂劇產生了興趣。隨著州級籃球錦標賽快速接近，勒布朗跑去觀賞學校製作的音樂劇《安妮》（*Annie*）。瓦塞爾參與了戲劇的製作，勒布朗現身觀眾席，令他感到振奮。

這是勒布朗第一次觀看這部作品的現場演出，主角是億萬富翁奧利佛・沃伯克斯（Oliver Warbucks）收養的孤女。這是幫助勒布朗逃離生活漩渦的理想方式。

勒布朗的鼓掌，讓瓦塞爾得到自豪和使命感。

沒有人惹得起，卻痛失冠軍

門票銷售一空，超過兩萬名球迷湧入克里夫蘭的岡德體育場，觀看州錦標賽的四強戰。這是俄亥俄州歷史上，最多人到場觀看的高中籃球賽。騎士隊主場門票在那年唯一一次售罄，是因為喬丹率領巫師隊造訪。可見勒布朗的吸引力，已經達到喬丹等級。

勒布朗此時已經拿了《大觀》（*Parade*）雜誌的年度最佳球員獎，成為史上首位被評選為全美最佳球員的十一年級生。他還連續第二年獲得由《美聯社》（*Associated Press*）頒發的俄亥俄州籃球先生獎。而登上《運動畫刊》封面的餘暉，讓球迷們把勒布朗和隊友當成一組繞舌團體，而不是一支高中籃球隊。門票開賣前，球迷就在街上紮營等候，開賽前的黃牛票價高達每張兩百美元。

聖文森–聖瑪莉高中大勝四十分。接下來幾輪，人潮繼續湧現，聖文森–聖瑪莉高中也繼續獲勝。每個人都期待他們完成州冠軍三連霸。

德魯教練警告球員們，不要過於自信。但是勒布朗和隊友們，沒把教練的擔憂當一回事。

二月中旬輸掉兩場比賽以來，聖文森–聖瑪莉高中保持不敗金身，而且一直以大比分差痛宰其他球隊。他們將在冠軍賽面對羅傑培根高中（Roger Bacon），而在球季稍早，聖文森—聖瑪莉高中就曾擊敗這所天主教學校。勒布朗的態度是：**我們是聖文森—聖瑪莉高中。沒有人惹得起**。他們的球隊主要由白人組成，只有幾個黑人孩子，怎麼可能打得贏我們？

比賽前一晚，球員和啦啦隊員們，在飯店玩到大半夜。德魯教練發了飆，痛罵每個人，命令啦啦隊員回去自己的房間，並質疑球員們的決心。但是，等德魯教練回房睡覺後，球員們依然故我，繼續放縱到天明，有些人甚至把女孩子偷渡到房間裡。

比賽的走勢不如預期。羅傑培根高中毫無懼色，上半場結束領先一分，然後帶著五分領先進入最後一節。第四節尾聲，羅密歐犯滿離場。然後，在羅傑培根高中保持三分領先，比賽時間只剩七秒的時候，聖文森—聖瑪莉高中三分球出手沒進，對方球員搶到籃板，聖文森—聖瑪莉高中只能對他犯規。灰心喪志的小德魯用力把球砸向籃框，也因此吞下技術犯規。

「你在幹什麼？」勒布朗搖著他大吼：「還有時間啊。」

技術犯規讓羅傑培根高中得到兩次罰球，而且罰完球還保有球權，比賽就此無法逆轉。小德魯羞愧難當，淚水湧出。西恩用巨大的手臂摟住他。威利開始哭泣。羅密歐眼裡含著淚水，憤怒到想要找人打架。勒布朗大概是唯一沒有哭的人。他和隊友們只能怪自己。他們的實力高過對方，但是自尊太過膨脹。有時他們表現得像一群混蛋，而且已經太多次忽略教練和他的警告。

勒布朗走向羅傑培根高中的球員，和每個人握了手。

這是一個漫長而疲憊的賽季，而結束的方式讓他心裡很不是滋味。

10 努力不懈

勒布朗和卡特在一起的時間越來越多了。他們每天交談。當勒布朗需要逃離，他會打電話給卡特。然後，卡特會二話不說離開阿克倫大學，載勒布朗去兜風。在《運動畫刊》的封面故事之後，他們討論到，越來越多人想方設法接近勒布朗。到了二〇〇二年春天，勒布朗和卡特開始使用「內部圈子」一詞。兩人一致認為，勒布朗需要建立內部圈子。卡特看來，勒布朗就像是黃金——越被觸碰，就越沒有光澤。卡特想要限制接觸勒布朗的人數。

勒布朗也同意縮小周圍的圈子，僅限親密朋友和家人。他的感覺是，**倘若你不是一開始就在圈子裡，你就永遠進不來**。他相信卡特會是這個圈子的理想守門人。

二〇〇二年三月底，兩人決定去亞特蘭大（Atlanta）看大學籃球四強賽。高中賽季艱難而辛苦，他們期待著這趟放風之旅。他們沒有選擇從克里夫蘭飛往亞特蘭大，而是在阿克倫—坎頓機場（Akron-Canton Airport）等待區域航班。此時，勒布朗看到一個矮小精瘦的年輕黑人，身著復古的休士頓油工隊（Houston Oilers）美式足球球衣，背號一號，繡有穆恩（Moon）的名字。球衣上的數字和字母是白色的，帶有經典的紅色鑲邊。

勒布朗和卡特走向那個男人。

勒布朗問：「你從哪弄來這件的？」

男人說他的工作就是販賣復古球衣。

這引起勒布朗的注意，勒布朗提到自己也在蒐集復古球衣。

幾分鐘後，登機時間到了。

在亞特蘭大降落後，勒布朗和卡特在領行李的地方，又遇到先前的男人。

男人告訴他們：「如果你們要待一陣子，可以去『遠程重播』（Distant Replays）看看。」

勒布朗沒聽過那間店。

男人說那是專賣復古球衣的地方，也是他的供應商。他遞給勒布朗一張名片，上面印著商店的地址。然後，男人在名片背面，寫下自己的手機號碼和姓名：里奇．保羅。

「報我的名字。」保羅告訴勒布朗：「他們會幫你打折。」

卡特對每一個接近勒布朗的外人抱持懷疑——**穿著瓦倫．穆恩（Warren Moon）球衣的傢伙，在領行李的地方給勒布朗名片？**

勒布朗想去「遠程重播」看看，於是他和卡特在那個週末找到那間店。挑了一件洛杉磯湖人隊的復古球衣之後，勒布朗走到結帳櫃檯，跟店員說他是里奇．保羅的朋友。

店員把老闆找來，老闆一臉懷疑看著勒布朗和卡特，認為他們是騙人的。老闆打了電話給保羅，跟他說：「嘿，有兩個孩子來這裡報你的名字。」

保羅證實他認識兩人，並向老闆引介他們。

老闆滿意了，給了勒布朗認識里奇．保羅的人，才有的折扣。

卡特默默在心裡記下——這個保羅有點權勢。

幾天後，勒布朗回到阿克倫，他打了電話給保羅，跟他說自己非常喜歡那件魔術強森的球衣，並感謝他的幫忙。

保羅很高興一切都順利。

勒布朗邀請他來阿克倫。

保羅心想，自己應該帶些球衣過去。

不及格的教練

輸掉州冠軍賽之後，德魯教練做了很多反思與自省。他知道人們對他的評價——他沒能力執教一支擁有全國最佳球員的全國頂尖隊伍。一位當地專欄作家寫道：「今年聖文森－聖瑪莉高中隊和過去兩年最大的區別，在於他們的總教練——德魯．喬伊斯。」

聖文森－聖瑪莉高中打出二十三勝四負的戰績，擊敗了幾支全國最強的球隊，打進了州冠軍賽，並在《今日美國》的排名中位居前二十，但沒有人在乎這些。人們認定德魯的執教表現不及格，忽略他承接的重擔。

德魯繼承的賽程比前兩年更競爭。勒布朗帶來的媒體曝光前所未見，產生了丹布羅特當時無須面對的干擾。再說，德魯的球員不再是丹布羅特指導的可塑孩童，他們已經長成自尊膨脹且自詡無敵的年輕人。懷念往日單純時光的德魯告訴自己，再也回不到他們剛上高中的時候了。

回顧賽季，德魯不禁責備自己過於執著勝負，反而沒有專注於男孩們的成長。他對自己說，**我的任務應該是幫助他們成為男人才對**，他覺得自己在這方面失職了。

小德魯知道，十一年級的他和隊友們不太受教。他知道人們怎麼說他父親，也讀過某些記者對自己的評論。

「老爸，不用擔心。」他跟父親說：「下一季我們會給他們一點顏色瞧瞧。」

德魯的妻子贊同兒子的話。她告訴父子二人：「向人們展現你們的真本事。」

得到家人的支持，德魯決定正面迎戰眼前的任務，發誓要讓這些從小學就開始指導的孩子，在高中最後一年得到正面積極的經驗。他不打算安排更容易奪冠的輕鬆賽程，而是反其道而行。德魯著手設計隊史最嚴峻的賽程，給這群他一路帶大的核心球員們，從兒時打ＡＡＵ就持續追尋的東西——全國冠軍。

德魯教練預計讓球隊在二〇〇二—〇三賽季與全國勁旅對抗，其中包括幾支全美前二十五強球隊：維吉尼亞州的橡樹山高中、芝加哥的珀西・L・朱利安高中（Percy L. Julian High School）、加州聖塔安娜（Santa Ana）的梅特戴高中（Mater Dei High School）、底特律（Detroit）的雷德福高中（Redford High），以及北卡羅來納州賽勒姆（Salem）的理查・J・雷諾茲高中（Richard J. Reynolds High）。

沒有人能說，德魯教練和聖文森—聖瑪莉高中選了一條好走的路。

在勒布朗的邀請下，里奇・保羅開始頻繁造訪阿克倫。一開始，勒布朗的朋友們都不喜歡他。在他們看來，保羅是個外來者，一個利用勒布朗、幫助他在阿克倫推銷復古球衣的人。

但勒布朗在保羅身上看見與眾不同的特質——他是一個白手起家的人。雖然年僅二十一歲，而且從大學輟學，保羅靠著汽車後車廂經營賺大錢的生意。他從亞特蘭大的批發商那裡，以每件一百六十美元的價格收購復古球衣，然後以每件三百美元的價格在克里夫蘭販售。普通的一週內，他賣出的球衣總額在一萬美元到一萬五千美元之間，讓他可能在一年賺進五十萬美元。生意太好了，讓他打算在克里夫蘭找一間商場開店，沒有商業學位也沒有問題。保羅十六歲就擁有兩輛車，十九歲就買了第一套房子。在二十一歲開店，對他來說沒什麼大不了的。

勒布朗從沒遇過這樣的人。對保羅了解越多，勒布朗就越想讓他待在身邊。而且勒布朗的心態一直是：朋友永遠不嫌多。他有「內部圈子」，那些能夠尋求指引的人——傑克森、德魯教練、卡特。他也有「最好的朋友」——小德魯、西恩、威利。

然而，勒布朗也慣於像旅人蒐集護照上的戳章一樣，一路蒐集新的朋友——奧克蘭的AAU隊友里昂．鮑維、聖文森－聖瑪莉高中圖書館員芭芭拉．伍德、科羅拉多的籃球營室友卡梅羅．安東尼。勒布朗很懂得如何和外來者相處。除了勒布朗之外，沒有人能說服羅密歐．崔維斯轉學到聖文森－聖瑪莉高中，也沒有人能說服球隊成員們接納他。

勒布朗還不知道，保羅最終會落在他生活的哪個位置，但朋友們對保羅的看法不會讓勒布朗打退堂鼓。每當有什麼新行程，他都會讓保羅知道。儘管勒布朗通常不會提早通知，但保羅的回應方式總是：「我馬上到。」

當勒布朗在二〇〇二年六月，邀請保羅參加芝加哥的AAU錦標賽時，保羅放下手邊所有事情趕去，但兩人都沒有料到後續的發展。在一場勒布朗的球隊已取得大幅領先的比賽中，勒布朗起跳準備灌籃。在空中，敵隊球員從底下撞來。雙腿被撞飛的勒布朗重摔在地，弄斷了先著地的手腕。

裁判判定這是惡意犯規，立刻把那名球員驅逐出場。

在地上痛苦扭動的勒布朗哭喊：「為什麼？為什麼是我？」

葛洛莉雅受夠了。令人不快的現實是，圍繞勒布朗的所有炒作，已經把他變成眾矢之的。他和喬丹待在一起，以及被球鞋公司追逐的話題，只加劇了這種情況，引來更多嫉妒和怨恨。葛洛莉雅看到的是底線——對手正在威脅她兒子的未來，而這種狗屁倒灶的事必須停止。

勒布朗被救護車送往當地醫院。麥可．喬丹的私人骨科醫生為他治療。左手腕復位並打上石膏後，勒布朗被告知需要休息大約八週。

那年夏天剩下的時間裡，因為勒布朗無法參加ＡＡＵ的賽事或高中的錦標賽，他花了更多時間和保羅在一起。勒布朗的傷勢，讓他有更多時間深入了解保羅，可以說是塞翁失馬，焉知非福。

對於里奇．保羅來說，芝加哥的那一幕像是個窗子，讓他看到勒布朗踏入的世界有多殘酷。但比起保羅的出身，那個世界還算是溫和的了。

比所有人更努力

保羅於一九八一年在克里夫蘭出生，在城內骯髒的格倫維爾區（Glenville）公寓長大。但他真正成長的地方是父親的小店鋪，R＆J雜貨店，就在他住的公寓樓下。老里奇．保羅（Rich Paul Sr.）販賣人們渴望的東西——啤酒、香菸、彩券和零嘴，連新鮮甜甜圈也有賣。

這個小店鋪是社區的中心，吸引各種牛鬼蛇神——毒販和癮君子、妓女和嫖客、玩骰子的和作帳的，甚至還有一些小偷和殺手。正因如此，老里奇．保羅總是槍不離身，但他的客戶裡沒有任何人會對他的孩子出手。反之，他們幫忙撫養他，甚至格外照料他。對他們來說，他是「小里奇」（Lil Rich），為父親工作的孩子，站在櫃檯後面翻閱奢侈生活雜誌《羅伯報告》（*Robb Report*）的孩子，記住每個人抽哪種菸，還有玩哪種彩券的孩子。

老里奇．保羅不僅教兒子如何與各類人相處和共事，還在兒子八歲時，教他怎麼擲骰和打牌。他告訴兒子，萬不得已的時候，可以用這些技巧弄到錢。保羅年紀很小就精通擲骰，開始在各處贏個一、兩百美元。他習慣褲袋裡有錢的生活。

十三歲時的某一天，保羅在骰子遊戲中被人拿槍指著。那一刻，他保持冷靜，記得有人教過他的——眼睛盯著拿槍的人。他知道，一個殺手能看著你的眼睛扣下扳機；反之，如果拿槍的人逃避跟你眼神交會，他很可能沒有開槍的膽量。帶著槍來玩骰子的那個人，並沒有看著保羅的眼睛，保羅把錢放下，全身而退。

勒布朗喜歡聽保羅講話。他也驚喜的發現，兩人曾經就讀類似的高中。

老里奇・保羅為了支持家庭盡其所能，他想讓兒子過更好的生活，希望兒子接受正規教育。所以他支付了昂貴的學費，把保羅送去本篤會高中（Benedictine High），這所天主教學校的學生以白人為主，學術水準高、衣著要求嚴格。保羅不喜歡這所學校，覺得自己格格不入，他試圖在高中第一年被當掉。一天下午，父親在接他回家的車上，問他知不知道節奏藍調歌手馬文・蓋伊（Marvin Gaye）是怎麼去世的。

保羅說：「吸毒過量。」

「不是。」老保羅告訴他：「他老爸把他殺了。如果你繼續用這種方式對我不敬，你也會有同樣的下場。」

這是保羅第一次聽到父親這樣跟他說話。

父親接著說：「振作起來，改善成績，不然我就讓你從世上消失。」

保羅以三・七的平均成績績點（GPA）畢業。不久之後，他的父親在二〇〇〇年死於癌症。保羅視父親為英雄，他的離世留下巨大的空虛，而且是母親無法填補的空虛。

保羅跟母親沒有那麼親近，但這並非他的選擇。她在保羅很小的時候就吸毒成癮。保羅成長過程的大多數時間，她都在嗑藥。有時為了滿足毒癮，她讓保羅和家人沒錢買食物。保羅很擔心母親，他甚至不敢看涉及性侵的電視節目或電影，因為他怕自己會想到母親在街頭可能遭受的危險。

兩人之間的共同點令勒布朗訝異，他回憶道：「**來自貧民窟，父親去世，母親顯然沒有一直在身邊——我馬上感同身受。**」

勒布朗也欣賞保羅的工作態度。保羅把自己形容為「打拚的人[9]」（hustler）。這樣的詞彙在某些圈子有負面含義，但勒布朗知道保羅所說的打拚是什麼意思——早早學會比所有人都努力，藉此達到自給自足。保羅從父親那裡繼承了這些特質。

勒布朗似乎也天生擁有打拚基因。打從小時候被留著一個人過夜以來，他就一直夢想。打從法蘭克第一次把籃球放在他手上，他就一直努力。打從德魯教練鼓勵他分享球權，他就一直慷慨。

他也勇於冒險——去一所白人為主的學校，為一位有爭議的教練打球，對《運動畫刊》的專欄作家敞開心扉。在二〇〇二年的夏天，勒布朗找到一個讓他不再感覺孤單的人。多年後，勒布朗如此回憶那段時期：

> 我們談話的內容遠遠超出籃球，就是關於生活的一切。從時尚到打拚心態，從家庭到我們成長的方式，從音樂到……。不只是「嘿，兄弟，很高興看到你今天在場上的表現。」這種客套話已經很無聊、老掉牙了。這傢伙教了一些，我原本以為自己會的東西——他畢竟比我多了幾年歷練。

勒布朗不禁開始思考，也許他的內部圈子應該多一個人：里奇·保羅。

電視世界的暗潮洶湧

柏克・馬格努斯（Burke Magnus）在ESPN負責大學男籃節目。這位三十六歲的主管，安排頻道播出的所有大學男籃比賽，並管理相關的權利。二〇〇二年的ESPN並沒有播放高中籃球賽。多年來出現過很多播放高中賽事的提案，但都被否決了，主要是因為靠播放高中賽事賺錢，感覺起來像是一種剝削。

馬格努斯認為，是時候用不同方式看待這種情況了，轉捩點就是勒布朗登上《運動畫刊》封面。他覺得這個事件構成充分的理由，足以讓ESPN進行一場大膽的實驗——在黃金時段播放一場高中籃球例行賽。他的邏輯是，我們的工作就是直播體育賽事，而勒布朗是每個人都在談論的運動員。他就是主角。我們應該直播一場他的比賽。

並不是所有ESPN的人都同意。當馬格努斯首次在會議上提出這個想法時，有人不以為然。「我不確定我們為什麼要這樣做。」一位同事說：「我們會把這個孩子推到聚光燈下。」把他推到聚光燈下？馬格努斯不敢置信。「我當時心想：『你是認真的嗎？』」馬格努斯回憶道：「這傢伙已經登上《運動畫刊》的封面。你們沒注意到嗎？」

儘管如此，財務面的考量，讓ESPN的某些人質疑：「我們該不該這麼做？」在這些驚惶紛亂之中，馬格努斯的一些同事忍不住思索：我們真的值得為勒布朗這樣小

9 編按：該詞原意為皮條客、騙徒，在俚語中也有努力打拚、討生活的人之意。

題大作嗎？其中更不只一個人納悶：這傢伙真的那麼出色嗎？

馬格努斯沒有受挫，繼續挺進，他不能為勒布朗的ＮＢＡ前景掛保證。馬格努斯從未親眼看過他比賽，況且，馬格努斯也不是什麼籃球戰術的行家。但是，馬格努斯看到了一些印象深刻的事——勒布朗沒有去橡樹山高中那種菁英預備學校，那些學校像工廠一樣，穩定的訓練出績優股球員。

反之，勒布朗選擇留在家鄉，在一所鮮為人知的天主教學校，與童年朋友一起打球。馬格努斯心想，**他沒有為了自己的生涯變成傭兵，他和兄弟們一起待在家鄉的學校打球。**

身為曾在紐澤西州上天主教高中的人，馬格努斯覺得勒布朗很有吸引力。在老闆們的支持下，他得到了在二〇〇二—〇三賽季電視直播勒布朗比賽的許可。查看聖文森—聖瑪莉高中的賽程之後，他輕易圈出最引人入勝的一場：聖文森—聖瑪莉高中對陣橡樹山中學。

挑選比賽很容易，但搞定播放事宜又是另一回事，ＥＳＰＮ裡沒人知道該從何著手。馬格努斯想知道，該去哪裡弄到高中球賽的轉播權？

米姆斯入夥

艾迪·傑克森對格蘭特·瓦爾有所不滿。傑克森不喜歡瓦爾在勒布朗的封面故事裡形塑他的方式。在電話中，傑克森向瓦爾發洩了他對兩段話的不爽。第一個段落源於勒布朗在接受瓦爾採訪時，對於童年的回憶：「我看到毒品、槍支、謀殺，太瘋狂了。」勒布朗告訴瓦爾：

「但媽媽讓我有食物吃，有衣服可以穿。」這段話出現在故事中，描述勒布朗「不穩定的家庭生活」的部分。以此為上下文，瓦爾寫下：

「和葛洛莉雅交往兩年的傑克森，在一九九一年因販運古柯鹼而獲罪入獄三年，這對勒布朗的家庭生活同樣有弊無益。」

傑克森不明白，為什麼要把他的過往放進勒布朗的故事。何必重提十年前的往事？另一段讓傑克森不悅的文字，緊隨描述他和葛洛莉雅與耐吉董事長菲爾．奈特會面的段落。這段文字的一部分如下：

「傑克森知道主導權在勒布朗手上，但他也透過第一手的經驗發現，從監獄到跨國公司董事長辦公室的距離，並不如想像中遙遠。與奈特見面不久之前，傑克森因去年七月在阿克倫酒吧發生的衝突中，被控妨礙秩序而獲罪，被處以三十天緩刑。」

葛洛莉雅也不喜歡文中提及傑克森的段落。她認為這篇報導的焦點，應該放在勒布朗身上。為什麼要提到傑克森在當地酒吧與人發生衝突？這會引起有罪推斷。再說，誰沒有一個有前科或飲酒問題的親朋好友？

勒布朗知道葛洛莉雅和傑克森的感受，這也連帶影響了他的感受。他喜歡封面故事和隨之而來的好處——他把「天選之人」一詞作為紋身刺在上背部——但他不喜歡雜誌裡某些文字，羞辱了被他視為代理父親的男人。

有件事是肯定的——當聚光燈打在勒布朗身上，身邊每個人都會被其熱力燒到。這件事情在夏季中期變得更明顯，因為聯邦當局指控傑克森涉嫌抵押詐欺，同時被控涉嫌貪腐活動、篡改紀錄、偽造文書，以及洗錢。傑克森不是公眾人物，若非與勒布朗有關係，當地媒體必定不會注意到他的案子。要不了多久，全國的媒體都開始關注，傑克森最近的法律問題。

傑克森擔心自己就快要進監獄了，於是告訴勒布朗，他可以使用位於阿克倫莫利大道（Moreley Avenue）五百七十三號、那間即將空出來的房子。勒布朗很熟那個地方——這棟樸素的磚房，距離布赫特爾高中不到一個街區。

身陷困境的傑克森難以扭轉自己的命運。但當他最好的朋友藍迪．米姆斯表示需要臨時住所時，傑克森毫不猶豫伸出援手。他歡迎米姆斯搬進莫利大道的房子。但是，傑克森叫他的朋友注意一件事——勒布朗偶爾會住那裡，而他已經答應要給勒布朗主臥室，所以米姆斯得睡客房。

得知自己將和米姆斯共用傑克森的房子，勒布朗感到非常興奮。勒布朗從四、五歲開始就認識米姆斯。比勒布朗大十歲的他，就像一個遠房表親。米姆斯高大健壯、謙虛可靠，任職於辛格勒無線公司（Cingular Wireless）。他搬進傑克森的房子之後，勒布朗注意到他永遠穿著襯衫和領帶，而且從不休假。他的外表跟行為舉止都井然有序。

卡特也喜歡米姆斯。卡特在米姆斯的祖母家附近長大，在卡特認識的人中，沒有多少人像米姆斯一樣可靠而且值得信任。

就近觀察米姆斯，讓勒布朗有了一個主意。某天，他告訴米姆斯：「等我進入ＮＢＡ，我希望你為我工作。」米姆斯受寵若驚，但他無法想像勒布朗會給他什麼樣的工作。畢竟，他是無線運營商的員工。

勒布朗不在意。他在尋找能夠信任的人，工作的具體內容可以之後再商量。

卡特也同意。

要讓勒布朗加盟愛迪達，不惜代價

二〇〇二年夏天，柯比．布萊恩決定離開愛迪達。隨著他的離開，二十三歲的全明星球員崔西．麥格瑞迪，成為該品牌的頭號簽名鞋球星。對於瓦卡羅來說，爭奪詹姆斯的壓力越來越大，他指望一位以前的門徒來助自己一臂之力。

大衛．邦德（David Bond）曾在耐吉工作，那段期間在瓦卡羅的指導下學習運動鞋生意。他在耐吉一路升遷，最終成為籃球部門的負責人。任職於耐吉期間，邦德一直密切關注各大籃球訓練營的頂尖球員，並與頂級ＡＡＵ教練保持密切聯繫，那些教練是認識菁英球員的媒介。**這一切都體現了耐吉文化中根深蒂固的心態——下一個是誰？**

在瓦卡羅離開耐吉不久後，邦德也跟著離開。因為合約中的競業條款，他有一年時間不能從事這一行。也正是在他離開業界的那一年，勒布朗登上全國舞臺。然後，在二〇〇二年秋季，邦德進入愛迪達擔任主管。在新公司上班的第一天，他發現一堆貌似崔西・麥格瑞迪簽名款的鞋子——T-Mac二代。但是，這些鞋子都是綠金配色的，邦德想不通——麥格瑞迪效力的奧蘭多魔術隊（Orlando Magic）使用的是藍白配色。邦德一邊檢視鞋子一邊納悶，這些到底是什麼？

一位同事向他解釋，這些鞋子是為勒布朗・詹姆斯，和他的高中球隊特製的。

「認真？」邦德問：「我們要為一個高中生做簽名鞋？」

瓦卡羅很高興有邦德加入陣營。但他意識到邦德需要更新一下最新資訊。耐吉衡量籃球員是否適合簽約的標準，絕大部分取決於外型和討喜程度。喬丹是完美的典型——身高六呎六吋，運動能力卓絕，打球充滿美感，甚至連普通的上籃跟挑籃也令人賞心悅目。此外，他擁有無懈可擊的笑容，還有英俊的長相，如果不打籃球，他也能當模特兒。同樣重要的是，他沒有插手政治，也在社會議題上保持沉默，因此沒有讓一半的美國人反感。

邦德想知道，勒布朗是否具備這些特質。

「別想那麼多。」瓦卡羅告訴邦德：「勒布朗將會太過強大，太有宰制力，大到讓這些事情變得不那麼重要。他會登上《運動畫刊》封面一百次。一週有四天晚上，《世界體育中心》的頭條都會是他。」

邦德不想跟瓦卡羅爭論，他一向把瓦卡羅視為籃球界的大預言家。他只是懷疑，當年幫耐吉簽下喬丹的瓦卡羅，是否認為勒布朗具有喬丹那種個人魅力。邦德說：「因為簽下他的代價將會超過喬丹。」

「嘿，邦德，你得相信我，我們必須全力以赴。如果我們簽下勒布朗，整個產業的走勢都會改變。」

「我支持你。」邦德說：「我明白了。」

瓦卡羅覺得邦德需要見勒布朗一面，才會真的明白。他找邦德一起去一趟阿克倫。由於邦德將主導開發勒布朗成為職業球員後的簽名鞋，他應該去認識一下這位天才。

當時是九月，勒布朗剛上十二年級，瓦卡羅和邦德開著從機場租來的車，在一間小店停下，買了十二個大披薩。邦德不明白瓦卡羅為什麼要買這麼多，**這個孩子是有多會吃啊？**

兩人在春山公寓下車，建築物外頭人來人往，進進出出。邦德注意到，現場只有他跟瓦卡羅是白人。當他們抱著一堆披薩盒，穿過停車場、朝勒布朗住的樓房走去時，周圍的人投來異樣的眼光。邦德跟著瓦卡羅爬樓梯，經過一些母親和小孩，他感覺不太自在。三十五歲的邦德有三個孩子，住在波特蘭（Portland）郊區的現代化房子。他從沒踏進低收入戶住宅區，也不曾進過黑人青少年的家。

勒布朗的家門敞開，裡面擠滿鄰居。

瓦卡羅一副很熟這個地方的樣子，像個送禮物的聖誕老人一樣登場。

葛洛莉雅用雙臂摟住他，抓了一片披薩，然後邀請鄰居們一起享用。

瓦卡羅一把披薩盒放下，人們爭著來拿披薩。邦德瞬間了解，瓦卡羅為什麼要買這麼多食物了——他要餵飽整棟樓的人。

勒布朗穿著運動短褲，頭上的棒球帽反戴，坐在五十吋電視機前的沙發上。螢幕上播放著《世界體育中心》，他為鄰居和朋友們在《運動畫刊》封面上簽名。牆邊堆滿銳跑（Reebok）、耐吉和愛迪達的鞋盒，房間顯得更擁擠。

「桑尼叔叔。」勒布朗抬起頭，手裡拿著筆，臉上露出笑容。

瓦卡羅說：「嘿，勒布朗。」

勒布朗站起來擁抱瓦卡羅。

「他是邦德。」瓦卡羅在嘈雜聲中說：「他是新來的。」

勒布朗看著邦德，點了點頭。

「他就是之後負責製造產品的人。」瓦卡羅繼續說：「他想認識你。」

勒布朗伸出手打了招呼。

邦德很緊張，勒布朗的體型讓他不知所措。他在耐吉錦標賽上，接觸過不少高瘦的高中球員，但從來沒見過勒布朗這種身材的青少年。他心想，我的天啊，這傢伙簡直像是保羅·班揚[10]（Paul Bunyan）。

瓦卡羅和卡特以及勒布朗的一些朋友在聊天時，邦德和勒布朗閒話家常，看看他對自己的簽名鞋有什麼想法。

最終，葛洛莉雅請閒雜人等離開，邦德開始辦正事，在桌上立起小型三腳架，接上攝影機，聚焦在勒布朗的臉上。

勒布朗放鬆的一邊嚼著披薩，一邊盯著鏡頭。

邦德解釋說，採訪的目的是提供能幫助愛迪達開發團隊的資訊。邦德準備了一連串問題，想用來了解勒布朗。他先以一個俗套的問題開場：「你認為自己在NBA會打哪個位置？」

勒布朗列舉亞特蘭大老鷹隊（Atlanta Hawks）的五名先發球員，然後說：「在那支球隊，我會打三號。」接著，他列舉波士頓塞爾提克隊（Boston Celtics）的先發五人：「我想我在那裡會打二號或三號[11]。」

他繼續列舉芝加哥公牛隊、克里夫蘭騎士隊和達拉斯獨行俠隊[12]（Dallas Mavericks）的先發陣容。

瓦卡羅看著他，微微點頭。而邦德嚇傻了。

在接下來的幾分鐘裡，勒布朗逐一列出NBA二十九支球隊的先發陣容，並說出自己在各支球隊中適合的位置。在列出聯盟中戰績最差球隊之一的先發陣容後，他開玩笑的說：「哦，在這個隊裡，我可以打任何位置。」

「人們因此發笑，邦德卻止不住驚嘆。他自言自語：**這傢伙竟然背下了整個NBA，而且還按字母順序排列！**」

採訪結束，勒布朗和邦德握手擁抱，拍拍彼此的背。

邦德試圖繞過勒布朗的身體，拍打他的背部，不禁心想：天啊，他的背也太大了吧。

10 編按：美國神話人物，身形高大的巨人樵夫，力大無窮，能一步跨越數條街。
11 編按：籃球位置上，一號為控球後衛；二號為得分後衛；三號為小前鋒；四號為大前鋒；五號為中鋒。
12 編按：在臺灣，過去曾譯為達拉斯小牛隊。

回程的車上，邦德看著瓦卡羅說：「你是對的。他很特別。」

回到愛迪達總部，邦德和他的團隊觀看勒布朗的採訪。其中一名工作人員備妥ＮＢＡ二十九支球隊的先發陣容，與勒布朗信手捻來的一百四十五名球員核對。

團隊的一名成員說：「天啊，他根本是雨人[13]（Rain Man）。」

「他的腦袋非比尋常。」邦德說：「他用不同的方式記憶資訊。」

他開始理解瓦卡羅的意思：我們必須不惜一切代價贏得這場爭奪戰，一定要讓勒布朗加盟愛迪達。

13 編按：《雨人》（*Rain Man*）為一九八八年美國電影，主角之一雷蒙（Raymond）外號雨人，患有自閉症，卻有極高的數學與記憶能力。

11 黃金時刻

葛洛莉雅．詹姆斯擅長直探事情的本質，尤其當涉及兒子的時候。她在二〇〇二年開始注意到，女孩們看待勒布朗的方式，就像在看一張通往榮華富貴的門票。不只是女孩，還有二十多歲的女人，甚至有一些三十歲的女人也想跟勒布朗約會。葛洛莉雅在勒布朗剛上十二年級時，跟一位記者說：「有很多女性想要懷上他的孩子。」

勒布朗並不擔心。

但葛洛莉雅提醒他，外面的世界會有人試圖利用他。他已經出名了，很快也會變得富有。**名與利的組合是危險的磁鐵，特別是對於那些懂得用微笑敲開大門的世故女孩**。葛洛莉雅認為，如果勒布朗在這個年齡讓某個女人懷孕，可能會毀了自己的人生。

勒布朗不把所有女孩的注意力都視為風險。反之，他很喜歡。早在八年級的時候，他就幻想在高中贏得州冠軍。當時，他認為最好的部分，是有機會認識布赫特爾高中最漂亮的女孩，因為他以為自己會去讀那所學校。但勒布朗終究進入聖文森—聖瑪莉高中，而那裡的經歷遠遠超出他最狂野的幻想。

當他登上《運動畫刊》封面，最漂亮的女孩們總會接近勒布朗，不管他到哪個地方，無論是俄亥俄州的鄉村小鎮、克里夫蘭的郊區，還是遠至芝加哥、洛杉磯和拉斯維加斯（Las

Vegas）那些大城市。勒布朗的隊友們，也在他的名氣光輝下水漲船高，沉醉於女性的青睞。

然而，在兒子進入ＮＢＡ選秀前的最後一年高中生涯，葛洛莉雅認為，未來幾個月危機四伏。她告誡勒布朗：「放聰明點，要懂得保護自己。」

雖然勒布朗在造訪其他城鎮，或踏入遠離家鄉的籃球場館時，很享受女性們看他的目光，但讓他傾心的女孩卻住在阿克倫附近。十二年級那年之初，勒布朗在一場美式足球比賽看見她。她是布赫特爾高中的啦啦隊長和壘球選手，也是學校裡最漂亮的女孩。

勒布朗了解其中的諷刺——倘若他按原計畫就讀布赫特爾高中，她就會為他加油喝采，而他原本的夢想也會按計畫實現。但勒布朗希望現在還不算太遲，他還是有機會和布赫特爾高中的校花約會。

勒布朗有個朋友，知道這位啦啦隊長的名字：莎凡娜・布林森。她十六歲，十一年級。

勒布朗急著想認識她，於是請朋友去跟莎凡娜要電話號碼。

但莎凡娜回絕了，她告訴勒布朗的朋友：「不要，你把他的號碼給我。」

莎凡娜的回應，讓勒布朗更想認識她。他請朋友把自己的電話號碼給她。

然而，幾個星期過去後，莎凡娜沒有來電。

她的沉默告訴勒布朗一些事，她似乎並不迷戀他，甚至可能對勒布朗所知不多，也不知道勒布朗即將成為ＮＢＡ球員。換句話說，莎凡娜不像葛洛莉雅擔心的那種女孩。

勒布朗仍然懷抱希望。

球賽還沒開始，記者就已殺來

經過一番調查，柏克．馬格努斯和ＥＳＰＮ得知，任何電視媒體都不能在沒有聖文森－聖瑪莉高中的許可下，播放勒布朗的比賽，校方擁有電視轉播權。勒布朗的人氣太高，以至於聖文森－聖瑪莉高中已經與時代華納有線電視（Time Warner Cable）達成盈利共享協定，向俄亥俄州東北部的訂閱戶，提供十場、每場售價八．五美元的付費比賽轉播。然而，馬格努斯只對聖文森－聖瑪莉高中學校與橡樹山高中的比賽感興趣。兩所學校同意在克里夫蘭的中立場地舉行這場比賽，時間是十二月十二日。

透過一名通曉高中運動眉角的承辦人，ＥＳＰＮ和聖文森－聖瑪莉高中學校達成協議，讓ＥＳＰＮ能在黃金時段，轉播他們跟橡樹山高中的比賽。學校沒有向ＥＳＰＮ收取版權費，但促成協議的承辦人拿到了一萬五千美元。

ＥＳＰＮ派出頂尖人才迪克．維塔爾（Dick Vitale）和比爾．華頓（Bill Walton）播報這場比賽。馬格努斯特地為勒布朗製作了半小時的節目，緊接在比賽後播出。與此同時，他計畫在ＥＳＰＮ的所有平臺上宣傳比賽，包括在《世界體育中心》上頻繁提及。

這場轉播太重要，《ＥＳＰＮ雜誌》（*ESPN The Magazine*）也被徵用來做跨界宣傳。該雜誌原訂將勒布朗放上十二月的封面，出版日期正好趕上橡樹山高中的比賽。撰寫這篇報導的任務交給湯姆．佛蘭德（Tom Friend），他在賽季前期被派往阿克倫，與勒布朗和球隊共度一段時間。

同時，《紐約時報》也派出籃球記者麥克．懷斯（Mike Wise），前往阿克倫採訪勒布朗。勒布朗已經篤定成為下一屆ＮＢＡ選秀狀元，ＥＳＰＮ也採取了轉播勒布朗高中比賽這種非比尋常的行動，《紐約時報》想要搶在ＥＳＰＮ播出比賽前，採訪勒布朗。

勒布朗很高興自己將有一場比賽在ＥＳＰＮ播出，這會是他首次在全國觀眾面前表演。在《世界體育中心》看到比賽預告，讓他感覺不太真實。但是，他對湯姆．佛蘭德和麥克．懷斯的採訪有所防備。勒布朗向卡特說了自己的想法，卡特也同樣抱持保留態度。

縱然不情願，勒布朗同意跟兩位記者談談，但他刻意不透露太多訊息。卡特對麥克．懷斯說的，比勒布朗本人還多。在湯姆．佛蘭德問了一句類似「關於親生父親，你知道些什麼？」的問題後，勒布朗完全關起心房。這個問題跟母親討論都嫌敏感，勒布朗才不打算跟一個拿著筆跟筆記本的陌生人談。他只跟佛蘭德說：「那對我來說非常遙遠。」

葛洛莉雅和傑克森也和兩位記者談話。提及勒布朗父親的身分時，葛洛莉雅告訴懷斯：「傑克森就是他的父親，一直都是。他是一個很棒的父親，對我來說也是一個很棒的朋友。勒布朗愛他，也信任他。」懷斯接受這種說法。

湯姆．佛蘭德則沒那麼好打發。他調查了一個據稱與葛洛莉雅有過性關係的人，並在阿克倫的法院紀錄中，搜尋葛洛莉雅與執法機構的歷史。最終，他打電話給葛洛莉雅，直接向她提出自己的發現。佛蘭德也調查了傑克森的犯罪史，並質疑他與勒布朗親近的動機。

勒布朗不喜歡報導可能的走向。籃球賽季都還沒有開始，他的家人卻好像在接受審判。

奪冠的最後機會

校方為了勒布朗在聖文森—聖瑪莉高中的最後一年全力以赴，在更衣室裡鋪置繡有「愛爾蘭戰士」（Fighting Irish）字樣的厚墊金色地毯。更衣室還安裝全新的綠色亮面置物櫃。球隊在阿克倫大學打主場比賽，但球員們每天練球前，會在這間舒適講究的房間裡更衣。

勒布朗從來都不喜歡獨處，但他在某天下午獨自溜入更衣室，想看看裝修的情形。新地毯和油漆的味道撲鼻而來，他發現有個人正在牆上畫校隊吉祥物——小精靈。勒布朗沒有說話，靜靜欣賞牆上生動的形象。

過了幾分鐘，當地那位名不見經傳的藝術家喬．菲利浦斯（Joe Phillips），察覺現場還有別人。菲利浦斯以前也是聖文森—聖瑪莉高中的學生。他回頭看見勒布朗，十分震驚。勒布朗讚美他的作品，並且提到自己喜歡畫畫。倍感欣慰的菲利浦斯覺得這一切非常不真實，他竟然在與阿克倫最著名的人物談論藝術。

對於勒布朗來說，更衣室的翻新是一種隱喻，揭示了球隊目前需要的東西——一套新方法。他為上個賽季感到羞愧，尤其是結局。聖文森—聖瑪莉高中不應該輸掉州冠軍。他一直在和隊友們談論，大家都有共識，知道要怎麼做才能實現稱霸全國的夢想——用德魯教練的方式奮力一搏。

德魯教練立刻考驗這群十二年級學生的決心。距離開幕戰只剩幾天的時候，他把大夥叫進辦公室。關上門後，德魯教練直截了當的問起他聽到的謠言——他們帶女生去阿克倫的一家旅館喝酒和吸大麻。

勒布朗、威利、小德魯和西恩承認有吸大麻，羅密歐則承認有喝酒。

德魯教練問：「你們能想像明天的頭條新聞嗎？『聖文森－聖瑪莉高中的先發五虎，因為持有大麻在旅館被捕』！」

男孩們低下頭，他們知道德魯教練說得對。

他說：「你們不應該這麼笨。」球員們心知肚明。

德魯教練還沒說完。他也厭倦了髒話和賽前的嘻哈音樂，所以他正要施行一項新規定——賽前不准在更衣室裡放音樂。那種日子已經結束了。

但德魯教練給球員們最難接受的消息，是二〇〇二－〇三賽季的先發五人名單：

德魯・喬伊斯

勒布朗・詹姆斯

西恩・卡頓

羅密歐・崔維斯

寇里・瓊斯（Corey Jones）

寇里・瓊斯是陣中唯一的十一年級球員，也是一名新成員。他喜歡形容自己是跳投還不錯的六呎一吋[14]白人。其實瓊斯的跳投不只是還不錯而已，他是俄亥俄州的高中球員中，最優秀的射手之一，尤其是三分球。

但瓊斯沒有和勒布朗以及他的朋友們一起長大，跟聖文森—聖瑪莉高中也沒有淵源。轉校至此，並以十年級生的身分加入球隊之前，他甚至沒看過任何一場這所學校的比賽。勒布朗和朋友們歡迎瓊斯加入，因為這個孩子能打球。但把威利從先發陣容剔除，是件大事。

勒布朗擔心威利會接受不了這個消息。去年威利在球場上表現不佳，在聖文森—聖瑪莉高中球隊打球的壓力讓他難以承受。某次賽後，勒布朗發現威利在球隊巴士上痛哭。威利試圖在其他人看到前讓自己振作。但勒布朗感覺到朋友正在受創，問道：「你還好嗎？」

威利沒說太多，但勒布朗明白狀況。西恩收到美式足球隊的招募信，小德魯和羅密歐也收到了籃球隊招募人員的來信，而全世界都知道勒布朗要去哪裡。威利是唯一沒被招募的人。這樣的狀況更加劇了，為全美最受關注的高中球隊打球的壓力。

唯一對威利有益的是，他決定競選學生會主席。勝選的機率渺茫，但他想向人們展示自己不僅僅是一名運動員。隊友們為他造勢，最終威利贏得選舉，成為一九七〇年代以來，聖文森—聖瑪莉高中首位擔任學生會主席的黑人學生。

得知自己在十二年級不會擔任先發之後，威利沒有多說什麼，但勒布朗和隊友們依舊擔心他。他們召開球員會議，威利開始發言。他提醒勒布朗、西恩和小德魯，大家從小就是朋友，而這將是他們最後一次一起打球。他們自從一起打AAU以來，就一直追求一個目標——全

14 編按：約一百八十五・四公分。

國冠軍——而這就是最後的機會。

「這是我們最後一年在一起了。」威利說：「如果有人對德魯教練有意見，我會對他發飆。我不會容忍。」

威利以團隊為優先的態度，令所有人振奮。

羅密歐說：「當威利不能先發，他可以大吵大鬧，但他沒有。看到這點，我意識到團隊比個人重要，比我們所有人都更重要。」

留下深刻印象的羅密歐，向全隊說了一段話：「今天是我們生命中最重要、最關鍵的時刻之一。」他說：「一個環節斷裂，一切都會崩毀。沒有鏈子就不能騎腳踏車。懂我意思嗎？重點不是自己，重點是『我們』，一個整體！」

勒布朗沒聽過羅密歐這樣講話，沒有人聽過，這證明了威利的影響力。勒布朗環顧四周，看到每個人都被打動了。西恩第一次感受到對羅密歐的愛。所有人都是。

勒布朗跟大家說：「讓我們把事情搞定，拿下全國冠軍吧。」

球員會議之後，勒布朗、小德魯、西恩和威利聚在一起，決定把「四人組」的稱號改為「五虎」，羅密歐也入夥了。

幾天後，聖文森—聖瑪莉高中迎戰喬治少年共和高中。這支隊伍曾在前一年，透過對勒布朗惡意犯規而爆冷擊敗他們。德魯教練告訴球員們，敵方教練打算故技重施。

聖文森—聖瑪莉高中一開賽就全場壓迫，而且從頭執行到尾。就算聖文森—聖瑪莉高中已取得大幅領先，他們繼續壓迫、壓迫，再壓迫，一路壓迫到最後一秒。最終比數是一〇一：

四〇。這一次，輪到另一個教練抱怨了。

但是德魯教練不在乎。球隊現在一勝零敗，雪恥的球季開始了。

不想賣古柯鹼，就得擁有驚人跳投

二〇〇二年十二月十一日，勒布朗出現在《今日美國》的頭版和《ESPN雜誌》的封面上。同一天，艾迪·傑克森出現在克里夫蘭的法庭。他承認涉嫌抵押詐欺，並以一張偷來的十六萬四千美元支票，在所羅門美邦公司（Salomon Smith Barney）開設個人理財帳戶。他的辯護律師告訴法庭：「似乎每當傑克森又開始喝酒時，他就會做出錯誤的決定。」

法官判處傑克森，從一月開始在聯邦監獄服刑三年。入監之前，傑克森必須被軟禁於阿克倫的家中。

傑克森上法庭時，勒布朗正在上學。英文課正在教《馬克白》（*Macbeth*）。渴望權力的蘇格蘭領主，透過謀殺國王以奪取王位的故事，對勒布朗來說很新鮮。跟許多青少年一樣，他發現莎士比亞（William Shakespeare）的文字難以解釋。即使在馬克白將奴隸的肚子剖開，並砍下他的頭時，這種鮮活的暴力場面也很容易被粉飾：

直到他從臍部切開那人，把他的頭放上我們的城牆。

勒布朗的老師蕭恩－保羅·艾莉森（Shawn-Paul Allison），努力讓《馬克白》更貼近現實生活，尤其是關於野心、權力和背叛的警世部分。然而，身為來自阿克倫的黑人青少年，勒布朗覺得沒有什麼比饒舌歌手的歌詞，更能代表他的感受。

勒布朗九歲時，饒舌歌手克里斯多福·華勒斯（Christopher Wallace），發布了具有開創性的專輯《準備一死》（*Ready to Die*）。三年後，以聲名狼藉先生（Notorious B.I.G.）為名的華勒斯，在洛杉磯一起車手槍擊事件中遭到射殺，年僅二十四歲。那之後不久，勒布朗更關注華勒斯的歌曲《起了變化》（*Things Done Changed*）中的歌詞。

如果我不玩饒舌
可能會在毒品遊戲裡深陷
因為街頭生活只是一次短暫停留
不想賣古柯鹼，就得擁有驚人跳投
真他媽的難，貧民窟的少年
吃著五分錢的口香糖，不知道下一頓飯在哪

華勒斯用幾行歌詞傳達的資訊，比莎士比亞的作品更能引起勒布朗的共鳴。對勒布朗而言，聲名狼藉先生是個詩人。艱難的日子裡，例如得知艾迪·傑克森即將入獄的時候，勒布朗可能會獨自待在臥室，大聲播放聲名狼藉先生的歌曲，確切理解他的意思——如果他不是饒舌歌手，他的選擇將是販毒或打籃球。不需要老師為他解釋這些，勒布朗知道籃球一向是逃離街頭生活的避難所。

縱使知道自己將在幾個月後成為一名職業籃球員，勒布朗還是逼自己專注於學業。他參加了ACT考試，只是因為想試試。儘管三．二的平均成績點，對NBA球隊來說一點都不重要，但他仍試圖保持成績。出於內疚，他在球隊旅行時擠出時間做作業。他甚至向英語老師提議，畫一幅馬克白的素描來換取加分。

葛洛莉雅在勒布朗還是個小男孩時，給了他第一本素描本，從此勒布朗就很喜歡畫畫。起初，鉛筆和畫紙是幫助他逃離的工具。這次也差不多。畫一位偏執且不信任人的國王，感覺起來不像一份作業，反而更像緩解壓力的方式。

當勒布朗交上這幅素描，英語老師印象深刻，甚至把畫貼在教室牆上。直到幾年後，當勒布朗被人們稱作「詹皇」，而且遠比馬克白更為全世界的年輕人所熟知時，他的老師才把這幅畫拿下來，放進銀行保險箱。

艾迪．傑克森被判入獄的隔天，勒布朗和隊友們前往克里夫蘭迎戰橡樹山高中。球館外，穿著冬衣的球迷們吵鬧著穿過旋轉門，工作人員檢查他們的門票。球館內，ESPN轉播團隊的成員，對著全國各地透過螢幕觀看比賽的觀眾，做了開場白：「克里夫蘭的一場高中籃球賽吸引了一萬名觀眾。但這不是一場普通的高中比賽，而是非凡的球員勒布朗．詹姆斯對陣全美排名第一的橡樹山高中。今晚，勒布朗狂潮席捲全國。」

和隊友們一起排隊上籃熱身的勒布朗，轉過頭看到迪克．維塔爾和比爾．華頓在中線附近，拿著麥克風對攝影機說話。勒布朗知道他們正在談論他，同時也意識到這一刻有多重要。當一個隊友在熱身時走神，勒布朗悄聲在他耳邊說「注意一點」，然後向維塔爾點了點頭。

勒布朗注意到，維塔爾已為觀眾做完賽前開場，於是走向並擁抱他，感謝他來到現場。勒布朗的體魄令維塔爾震懾——寬大厚實的肩膀、強而有力的胸膛、硬如岩石的二頭肌。但勒布朗展現的成熟，讓他留下了更深的印象。維塔爾心想，這位少年竟然感謝我來到現場？維塔爾清楚感受到，勒布朗是男孩中的男人，他不只有球技出眾，他似乎理解電視的力量，以及在全國觀眾面前表演的意義。他也了解，維塔爾這種有影響力的人，在比賽中扮演的角色。

對陣橡樹山高中的比賽沒有懸念。之前兩度輸給對手之後，勒布朗和隊友們這次拿出看家本領。比賽開始沒多久，勒布朗就在快攻時，以一記聲東擊西的傳球令觀眾驚艷。

「認真的嗎？」維塔爾在鏡頭前說：「認、真、的、嗎？有幾個大學或NBA的球員，能在攻守轉換中傳出這樣的球？」

在攝影機從各個角度瞄準他的情況下，勒布朗渾身散發純粹的喜悅。沒有皺眉，沒有說垃圾話，也沒有故作姿態。他在聚光燈下自在展現自己最擅長的事——在觀眾眼前滿場飛躍。首次在黃金時段亮相，勒布朗攻得三十一分，抓下十三個籃板，傳出六次助攻。聖文森－聖瑪莉高中以六五：四五，輕取全國排名第一的球隊。

維塔爾在電視上說：「他就是真理，完完全全的真理，無庸置疑的真理。」

柏克．馬格努斯看著，心醉神馳。他不認為自己是籃球專家，更不是精通戰術和策略的人，但他擁有把眼光放遠的絕妙能力。親眼見到勒布朗打球後，他毫不懷疑自己正在看著未來的電視明星。

媒體如戰場

勒布朗不僅是一名出色的球員，他更是一名出色的表演者。他有魅力，他擁有罕見的天分，能讓各年齡層的人都願意付錢看他打球，收視率也證實這一點。聖文森－聖瑪莉高中對陣橡樹山高中的比賽，是ESPN二臺兩年來收視率最高的，也是頻道史上收視率第三高的籃球賽。

然而，在比賽之後，ESPN因播放高中比賽而再次受到批評。哥倫比亞廣播公司電視網（CBS）的資深大學籃球評論員比利．派克（Billy Packer）表示，維塔爾和華頓應該拒絕為這場比賽擔任評述。

特納電視網（TNT）的查爾斯．巴克利（Charles Barkley）說：「他們沒有付這個孩子任何錢……我不認為我們應該開始剝削高中孩子。」《巴爾的摩太陽報》的體育專欄作家蘿拉．韋克西（Laura Vecsey）也發表意見：「為什麼要在電視上——而且還是全國轉播——觀看一名十七歲的高中生打籃球，有什麼合情合理的理由嗎？」

ESPN甚至在自家電視節目中，對此進行了辯論。馬格努斯在康乃狄克州家中，妻子坐在旁邊，兩人一起看電視上的名嘴，抱怨這家電視臺剝削美國青少年。

他的妻子說：「他們在講你耶。」

她只是在開玩笑，但馬格努斯知道，這樣的評論有一定的道理。儘管如此，他已經在拚命爭取勒布朗另一場比賽的轉播權——對陣排名第四的梅特戴高中的比賽，預計於一月初在洛杉磯舉行。

短期看來，勒布朗對陣橡樹山高中的比賽給予ESPN動力，決定盡可能多把勒布朗放在電視上。長期看來，勒布朗的實驗導致ESPN推出了ESPNU，這個新頻道隨著時間推移，轉播越來越多場高中比賽，而關於剝削孩子的爭議也逐漸消失。

聖文森—聖瑪莉高中的每個人，都因為籃球隊登上ESPN而熱議。圖書館裡，勒布朗和一群同學擠在電視機前，圖書管理員芭芭拉．伍德接了一臺錄影機。勒布朗從座位起身，把影片快轉到比賽中他最喜歡的一球。他一邊按下播放鍵，一邊說：「看這球。」螢幕上，勒布朗聲東擊西傳球，讓隊友上籃得分。

在電視上看到自己，是一種令人陶醉的經驗。

但私底下，勒布朗被《ESPN雜誌》的封面故事所傷，那篇故事刻意選在比賽轉播的時間出版。在第一段被寫成「自戀者」已經夠糟了，但真正讓勒布朗不爽的，是雜誌對他家庭的描寫。葛洛莉雅被形容為一個「暴躁的矮小女子」、「年僅十六歲就懷孕」。文章提出一種說法：勒布朗的生父，是葛洛莉雅一位隨意的性伴侶，曾因縱火和盜竊被定罪，而且「在州郡監獄系統裡很有名」。

未經證實就暗示勒布朗的生父，是葛洛莉雅隨意的性伴侶，不僅讓勒布朗讀不下去，也汙辱了葛洛莉雅。沒有人想看到自己的母親以如此粗鄙的方式受到議論，尤其在一本專攻體育與娛樂的國家雜誌上。那篇故事接著寫道：

葛洛莉雅總是晚睡晚起——「我不喜歡早上」——她也遇過夠多麻煩，共計在郡監獄待了七天。根據阿克倫的法院紀錄，多年來她因為音樂分貝過高、非法入室、藐視法庭，以及妨礙秩序等問題受到控訴。對此她輕描淡寫——「沒有牽涉到任何毒品」——但對她的兒子來說，這些都不是小事。出於羞愧，他不去上小學……「四年級的時候，我有八十二天沒去上學。」勒布朗說：「（要上學的天數）總共也只有一百六十天。」

自己對記者說的話，竟然被用來暗示對母親感到羞恥，沒有什麼比這更傷人了。勒布朗希望自己從未接受《ESPN雜誌》採訪。

葛洛莉雅和傑克森也很火大。這篇報導多次稱傑克森，是葛洛莉雅以前認識的「更生人」，在勒布朗八年級、籃球才華嶄露頭角時再次出現，正好可以從勒布朗的成功裡撈好處。這篇報導拿葛洛莉雅和傑克森，來對比沃克家族和社區的其他人，暗示勒布朗的生活在傑克森重新出現後，變得更加混亂。報導接著聲稱，勒布朗曾要求傑克森擔任他的財務顧問，又說勒布朗的生活成了一個「馬戲團」。

ESPN在電視上大肆吹捧他，卻在雜誌上抨擊他和他的家人，勒布朗覺得這根本沒有道理。他看待記者的方式從此不同。

莎凡娜與勒布朗

莎凡娜．布林森不是欲擒故縱，她只是忘了有個聖文森－聖瑪莉高中的男生，曾給她電話號碼。籃球賽季進行幾週之後，她找到那個號碼，覺得應該打通電話給那個男生。聽到莎凡娜的聲音，勒布朗非常興奮，但還是故作冷靜，邀她去看他比賽。

莎凡娜沒看過勒布朗打籃球，對他的運動才能和他在籃球界的地位毫不知情。她接受了勒布朗的邀請。進入體育館之後，莎凡娜只用了幾分鐘就意識到，這數千人都是來看她口袋裡電話號碼的主人打球。她心想：「哇，這傢伙滿受歡迎的嘛。」這種情況令人興奮不已，卻也令人不知所措。

比賽結束之後，詹姆斯邀請莎凡娜和他的朋友們，去蘋果蜂吃東西。男孩們立刻讓她感到賓至如歸。那晚的尾聲，勒布朗又約她出去，他想多了解她。

莎凡娜．布林森，一九八六年八月二十七日出生，是珍妮佛（Jennifer）和J．K．布林森（JK Brinson）的么女。她的母親是一名護士，父親曾是普利司通輪胎（Bridgestone）的管理員，在百路馳輪胎（BFGoodrich）任職十九年後，在APV工程塗料（Akron Paint & Varnish Engineered Coatings）找到一份工作。身為勞工階級的兩人，因為收留遭遇困難的落魄者而聞名，他們同意莎凡娜跟勒布朗出去約會。

當勒布朗去接莎凡娜，一起前往澳美客牛排餐廳（Outback Steakhouse）用餐時，她穿著黑色和粉紅色的兩件式套裝。勒布朗不敢相信她有多美。他興奮到記不得當晚在餐桌上聊了些什麼，但莎凡娜穿那套衣服的形象，深深烙印在他的腦海。

勒布朗決心讓莎凡娜的父親留下好印象，於是準時把她送回家。莎凡娜的父母很讚賞。

勒布朗只是想讓他們知道，他尊重他們的規矩。

將莎凡娜送回家後，勒布朗發現，她把外帶的盒子遺留在車上。幾分鐘後，莎凡娜驚喜的發現，勒布朗回到她家門口。

他微笑著把外帶的食物遞給她。

這只是一個小小的舉動，卻比他在球場上做的任何事都讓她印象深刻。一個敏感到足以在約會中想到細節的男孩是難得的珍寶，她迫不及待再次見到勒布朗。

欣喜若狂的勒布朗駕車離開。一切發生得那麼快，很難忍住不超速行駛。

12 顛倒乾坤

雪花紛飛，費城巴勒斯特拉球場（Palestra）的售票窗口貼著一張紙，上面寫著「售完」。聖誕時節，勒布朗在附近的飯店房間裡，試圖搞定一項家庭作業，但有些事情讓他分心。ESPN的報導讓他的母親和傑克森的心情很差，同時在阿克倫引起不良迴響，像沃克家這些曾接受雜誌採訪的人，全都後悔了。

勒布朗越來越難信任印刷媒體，但電視節目主持人——例如迪克．維塔爾等人——倒是不一樣。他們比較像是娛樂家。比爾．華頓和傑伊．比拉斯（Jay Bilas）曾是籃球員，現在他們受僱在電視上分析球賽。他喜歡那些傢伙，但有些記者似乎在玩不同的遊戲：抓住話柄！

其中一個例外是《阿克倫燈塔報》的大衛．李．摩根（David Lee Morgan）。他對勒布朗和球隊的報導沒有偏頗。而且可以從摩根的字裡行間讀出，勒布朗仍然是一個青少年，只是碰巧擁有讓人想看他打球的天賦。

勒布朗希望能有更多記者像摩根一樣，於是拿出一張聖誕卡片，寫上：

親愛的摩根先生，感謝您的支持。

勒布朗

隨後，勒布朗將這張卡片投入費城的郵筒，心想，如果能有這樣一位記者在我的陣營，有益無害。

不久後，勒布朗和隊友們，在九千名觀眾眼前對陣莓屋高中（Strawberry Mansion High School）。費城七六人隊（Philadelphia 76ers）的全明星後衛艾倫．艾佛森，也順道來捧勒布朗的場。費城球迷們支持他們的本地球隊，一開賽就試圖干擾勒布朗。但勒布朗反而從中汲取能量，蓋掉對手的投籃，完成讓人瞠目結舌的傳球，並以一記扣籃引爆全場觀眾。

聖文森—聖瑪莉高中遠遠甩開敵隊，比賽還剩五分鐘的時候，比數是七四：三四。但是，沒有人提早離場。在威爾特．張伯倫（Wilt Chamberlain）曾經創下高中得分紀錄的城市中，籃球狂熱分子為勒布朗送上符合王者身分的歡呼喝采。

葛洛莉雅決定為勒布朗的十八歲生日做一件大事，而且必須是一個驚喜。她一直在和塞爾提克的球星安東．沃克聯繫，沃克常為她和勒布朗提供意見。沃克也是NBA為數不多幾位，會從洛杉磯一家精品車商購買豪車的人，那間車商的客戶包括演員丹佐．華盛頓（Denzel Washington）、珍妮佛．羅培茲（Jennfer Lopez）、饒舌歌手冰塊酷巴（Ice Cube）、皇后．拉蒂法（Quenn Latifah）和創作歌手賈斯汀．提姆布萊克（Justin Timberlake）。

葛洛莉雅直接與車商老闆合作，訂製一輛銀灰色的H2型悍馬車（Hummer H2），還加裝了電視螢幕、PlayStation 2遊戲機、DVD播放機、喇叭、皮製座椅和特製的「詹皇」標誌。車商安排貨車將這輛悍馬，一路從洛杉磯運到阿克倫。葛洛莉雅把這輛車登記在自己名下。

這款悍馬車的起價是五萬美元，加上所有額外配備、運費、稅金和保險，總價接近八萬美元。為了支付這筆費用，葛洛莉雅向俄亥俄州哥倫布市（Columbus）的美國銀行（U.S. Bank）尋求幫助。她沒有收入，也沒有抵押品。但是全國各大可靠新聞來源——從《紐約時報》、《華爾街日報》（*The Wall Street Journal*）到《運動畫刊》和ＥＳＰＮ——引述的ＮＢＡ內部消息都表示，勒布朗．詹姆斯將會成為下一屆ＮＢＡ選秀狀元。

根據ＮＢＡ的集體談判協定，選秀第一順位會自動獲得三年一千三百萬美元的合約。唯一不確定的是，勒布朗會從球鞋合約拿到多少錢，但數字毫無疑問會超過他的ＮＢＡ薪資。銀行的思維是，幾個月之後，勒布朗和母親將能輕鬆償還車貸。葛洛莉雅的貸款申請得到批准，她簽了一張本票。

在生日前不久，收到了這輛裝備豪華的軍用等級車款，嚇壞了勒布朗。聖文森－聖瑪莉高中的學生停車場裡雖有一些名車，但從來沒人開過如此張狂的悍馬。開著這輛車載朋友們兜風像是一場探險，如果有莎凡娜坐在副駕駛座，就更美好了。

當遇到麻煩，你得找南斯

佛德里克．R．南斯（Frederick R. Nance）可以說是克里夫蘭最受尊敬的律師之一，也是這個城市最精明幹練的訴訟人和協商者。身為翰宇國際律師事務所（Squire Patton Boggs）資深合夥人的南斯，在一九六〇年代受到啟發，決定成為一名律師。看著裝載機關槍的軍用車，於群眾暴動時在克里夫蘭街頭巡邏，他相信一定有更好的方法可以實現改變，於是進入密西根大學攻讀法律學位。然後，南斯回到家鄉，在當地最著名的律師事務所一路往上爬，最終成為重振克里夫蘭經濟發展倡議的領軍人物。

當克里夫蘭布朗隊（Cleveland Browns）的老闆亞特．莫代爾（Art Modell），在一九九五年對城市發出重創一擊，將他的美式足球隊遷往巴爾的摩時，南斯是幫助克里夫蘭保留布朗隊名稱和代表色的理所當然人選。經過一場激烈的法律廝殺後，南斯在克里夫蘭、巴爾的摩、亞特．莫代爾和NFL之間談妥一份複雜的協議。最終，克里夫蘭獲得一支新的美式足球隊，和一座於一九九九年開張的新體育館。

NFL對南斯留下極深的印象，所以當總裁保羅．塔格利亞布（Paul Tagliabue）宣布退休後，許多球隊老闆推薦南斯成為下一任總裁。倘若成真，南斯將成為首位擔任該職的黑人。但南斯最終敗給了羅傑．古德爾（Roger Goodell）。

二〇〇二年十二月下旬，南斯收到一個不尋常的請託——去見一名需要律師的高中生，那個孩子就是勒布朗。提出請求的是葛洛莉雅。艾迪．傑克森的一位老朋友，推薦這家人考慮聘請南斯。

南斯並不熟知勒布朗，而且他通常不接青少年客戶。此外，他很快發現，勒布朗沒有遇到任何麻煩，也沒有法律問題需要解決。葛洛莉雅解釋，勒布朗即將年滿十八歲，而他正在組建一支團隊，來協助他簽署球鞋合約以及NBA選秀。她的兒子需要一位高明的律師，最好擁有處理複雜商務協議的經驗。有人告訴葛洛莉雅和傑克森，南斯是克里夫蘭的首選。

南斯激起了興趣，於是在十二月二十八日前往俄亥俄州立大學哥倫布分校，與葛洛莉雅一起觀看勒布朗比賽。在一萬八千名球迷的加油聲中，勒布朗攻得二十七分，帶領聖文森－聖瑪莉高中在延長賽獲勝。

看完比賽後，南斯同意擔任勒布朗的律師。

你價值一億美元

二〇〇三年一月二日下午，當勒布朗和隊友們走出洛杉磯國際機場，一輛三十英尺[15]長的白色凱迪拉克凱雷德（Cadillac Escalade）豪華休旅車等著他們，車窗是磨砂玻璃。一位穿著西裝的司機打開車門。勒布朗身穿銳跑外套、肩背愛迪達背包，腳踩耐吉運動鞋，他爬進車裡，看到兩張吧臺、八套揚聲器的音響系統、衛星電視和奢華的真皮座椅。頭頂還有天窗。飄飄然的葛洛莉雅和隊友們，喧嘩著跟在勒布朗後面上車。

當艾迪・墨菲（Eddie Murphy）在電影《顛倒乾坤》（*Trading Places*）裡，首次坐上豪華名車時，他扮演的是來自街頭的窮人比利・雷・瓦倫丁（Billy Ray Valentine），與一位富有的股票經紀人交換了身分。對勒布朗來說，這不是電影，而是真實生活。儘管他和母親仍然住在低收入住房專案的擁擠公寓，但勒布朗不再需要夢想未來。

說服聖文森－聖瑪莉高中參加經典夢錦標賽（Dream Classic）的贊助商，為勒布朗派了這輛車，將他從原本的生活帶到另一種生活。而且空間大到足以容納他的母親和所有朋友。

在聖莫尼卡（Santa Monica）的華館（P.F. Chang's）用過晚餐後，勒布朗從天窗探出頭。

他手持攝影機，瞄準大海，透過鏡頭觀看夕陽。當他還是一個膽怯、孤獨的小男孩，一定無法想像世界上竟有如此美景。他把攝影機交給其中一個隊友，脫掉襯衫。太平洋的空氣溫暖他的胸膛，傑斯的音樂震得車窗顫動，勒布朗隨著音樂饒舌，隊友們拱著他繼續唱。

葛洛莉雅的心中滿是喜悅。這是她的孩子。

關成靜音的電視上，正在播出大學美式足球全國冠軍賽，由俄亥俄州立大學對上邁阿密大學，但桑尼．瓦卡羅無心關注。經典夢錦標賽前夜，桑尼．瓦卡羅在加州大學洛杉磯分校附近的一間飯店套房裡來回踱步，等著勒布朗和葛洛莉雅敲門。兩年來，在招攬勒布朗的爭奪戰中，愛迪達一直處於領先地位。但是，因為麥可．喬丹的影響和林恩．梅利特的人脈，耐吉已迎頭趕上。銳跑也加入了，但瓦卡羅只在意耐吉。

該死，梅利特已指導馬維里克．卡特將近兩年，一些在梅利特手下工作的耐吉員工，打從勒布朗十二年級就開始持續在阿克倫露面。瓦卡羅對一位同事嘲諷道：「耐吉那些代表，在阿克倫生活這麼久，也差不多該繳俄亥俄州的稅了。」

愛迪達仍然透過每個角度努力。瓦卡羅隔壁的套房裡，擺滿閃亮的愛迪達運動服、球鞋，以及印有聖文森—聖瑪莉高中字樣的毛巾。客製T恤背面印有每個球員的名字。衣架上是特別為了對戰梅特戴高中的比賽而製作的全新白色球衣，同樣繡有每個球員的名字。當聖文森—聖瑪莉高中踏上球場，勒布朗和隊友們的行頭不輸洛杉磯湖人隊。

---

15 編按：一英尺等於三十．四八公分。

到頭來，帥氣的球衣和酷炫的周邊商品，無法讓愛迪達取得最後勝利。如果瓦卡羅想要戰勝飛人喬丹的誘惑，他知道只有一個可行的做法——孤注一擲。業內人士都知道，耐吉準備花費超過兩千五百萬美元簽下勒布朗。這個數字代表著，有史以來球鞋公司簽下籃球員的最高價——就連麥可・喬丹當年的耐吉合約，都沒法跟這個數字比——《華爾街日報》因此發表文章說：「有人會因為押注在這個孩子身上，而輸得精光。」

但瓦卡羅不同意，他正準備押上更鉅額的賭注。他跟夥伴大衛・邦德以及愛迪達其他資深主管，談到贏得這場戰役所需的代價。

就在俄亥俄立大學爆冷擊敗邁阿密大學後不久，瓦卡羅聽到敲門聲。

勒布朗那天很忙——和球隊進行投籃熱身訓練、舉行記者會，還參加了比佛利山莊的午宴。他剛剛花了三小時看美式足球賽。天色已經晚了。然而，當他穿著寬鬆的牛仔褲和T恤，跟在母親身後走入瓦卡羅的套房，卻感覺眼前還有漫漫長夜。

葛洛莉雅不禁感到有些緊張。這是一次商業會議，通常她會依賴艾迪・傑克森的支持，但傑克森此時留在俄亥俄州的家裡。

瓦卡羅和潘姆帶他們走過大衛・邦德，進入一個私人房間，關上門。勒布朗坐上床，背靠著床頭板。葛洛莉雅坐在他旁邊。

聊了關於愛迪達、耐吉和銳跑即將提供的正式報價之後，瓦卡羅直接切入正題。

「勒布朗，你覺得自己值什麼樣的價碼？」

「也許一年五百萬美元？」

瓦卡羅問：「你這麼認為？」
勒布朗點點頭。
瓦卡羅微笑說：「勒布朗，你會讓各家品牌傾家蕩產。」
勒布朗瞪大了眼睛。
瓦卡羅繼續說：「你會拿到的錢，遠遠不只如此。」
葛洛莉雅看著勒布朗。
瓦卡羅說：「你值一億美元。」
一億？勒布朗和葛洛莉雅都說不出話了。
瓦卡羅告訴他：「這就是你的價碼。」
勒布朗和葛洛莉雅同時從床上跳起來，抱住瓦卡羅和潘姆。
門外的大衛．邦德聽到歡慶的聲音。「天啊！」他心想：「瓦卡羅真的說出口了。」
幾分鐘後，房門打開，葛洛莉雅走出來，她的雙手顫抖。
她說：「該喝一杯了。」
邦德同意，領著她去迷你酒吧。

今晚不會有魔法發生

打著赤膊的勒布朗，坐在加州大學洛杉磯分校的更衣室椅子上，為比賽換衣服。幾呎之外，馬維里克・卡特手持一面印著勒布朗笑臉的牌子，開玩笑的把自己的臉，藏在勒布朗的笑臉後面。卡特心情很好——勒布朗站在世界之巔，聖文森—聖瑪莉高中以七勝零負的戰績排名全國第九，他們將在洛杉磯對上全國排名第四的梅特戴高中。

但勒布朗的心態緊繃。他有的是打敗這些傢伙的額外動機。梅特戴高中的核心球員，正是八年級那年在AAU全國冠軍賽擊敗勒布朗、西恩、小德魯和威利的人，也就是瞧不起他們來自阿克倫的那些人

勒布朗想要報仇雪恨。然而，聖文森—聖瑪莉高中必須面對西恩的缺席。這個週末，只有七十八名高中美式足球員受邀參加全美盃，而西恩是其中一位。美式足球獎學金是西恩上大學的敲門磚，所以他不能缺席。這代表籃球隊得在沒有他的情況之下出賽。

德魯教練告訴球員：「孩子們，今晚不會有什麼魔法發生。」

魔法？勒布朗咧嘴一笑，他還留了一手呢。

為ESPN二臺評述這場比賽的是比爾・華頓、丹・舒爾曼（Dan Shulman）以及傑伊・比拉斯。比賽才剛開始，羅密歐就送給梅特戴高中的主將一記大火鍋。球在梅特戴高中的罰球線附近落到勒布朗手上，轉身衝向前場的同時，勒布朗用眼角餘光瞥見羅密歐緊跟在後。

當勒布朗把球運過中線，眼前只有一個防守者要處理。勒布朗加速往籃框衝刺，防守者滑步擋在他前面，勒布朗將球砸向自己的兩腿之間，球在觸地後向後彈。當勒布朗的動力將他帶到籃板後方的界外後，羅密歐在罰球線內接住球。羅密歐沒有運球，直接起跳雙手扣籃。觀眾爆出熱烈的歡呼。

「這座城市曾見識沃爾特・哈澤德（Walt Hazzard）、葛雷格・李（Greg Lee），和魔術強森的華麗傳球。」華頓說：「現在輪到勒布朗・詹姆斯秀一下他的妙傳美技了。」

耐吉總執行長菲爾・奈特與林恩・梅利特一起坐在場邊讚嘆不已。教練可以教球員怎麼傳球，但是無法教球員如何眼觀四方，頭也不回的就為後方隊友傳出一記完美的彈地球，勒布朗的後腦勺好像長了眼睛一樣。這是罕見的籃球技藝，也是洛杉磯球迷慣於在湖人隊的魔術強森時代看到的表現。

桑尼・瓦卡羅從他的場邊座位，看見奈特盯著勒布朗，彷彿後者是來自另一個星球的卡通人物，還有著能把隊友變成球星的超凡能耐。

聖文森—聖瑪莉高中又贏了，在三週內三度擊敗全國排名前十的球隊。比賽結束後，瓦卡羅走向奈特，在他耳邊說：「準備一戰吧。」

奈特笑了。

瓦卡羅沒笑。

13 高等教育

里奇．保羅年紀尚輕，但他的觀點很成熟。「出生在這世上，就會面對無法控制的環境，而這些環境可能不是你所選的。」保羅曾說：「但無論這些環境如何，你的應對方式將決定成年後的你，如何在世上前進。」

馬維里克．卡特無法不欽佩勒布朗的新朋友。儘管保羅從大學輟學，但他的聰明才智似乎勝過卡特遇到的多數成年人。與保羅相識不到一年後，卡特自己也即將輟學，打算全職幫助勒布朗推進NBA事業。

這段期間，卡特開始對保羅產生一種親近感。類似的人生經歷以及對未來的共同觀點，穩固了兩人的情誼。懷抱雄心壯志的他們，都決心打破限制父輩生活水準的界限。他們都不遺餘力保護勒布朗，設法壯大他的利益。

卡特和保羅首次攜手支持勒布朗，發生在勒布朗成功遠征洛杉磯之後。勒布朗和葛洛莉雅回到阿克倫的隔天，就與艾迪．傑克森告別，他被送往賓夕凡尼亞州的一所監獄，位於匹茲堡（Pittsburgh）以東九十英里處。

往後三年，傑克森將被稱作囚犯編號三八九八〇－〇六〇。

傑克森答應寫信。

葛洛莉雅心煩意亂。在兒子崛起的同時，知己卻要離去。勒布朗難以承受眼前的局面，沒有一本手冊教人如何面對，眼睜睜看著親人入獄的創傷。

卡特和保羅都知道，勒布朗將傑克森視為父親。雖然不能揮去勒布朗的失落和困惑，但對於親人捲入刑事司法系統的經歷，兩人都能感同身受。卡特的父親曾經服刑，所以他曾親身體會過父親坐牢帶來的情緒。而在保羅成長的社區，員警經常暴力對待年輕黑人。

某天，兩名員警走進老里奇．保羅的商店，抓住保羅的哥哥。言語交鋒之後，其中一名員警用槍托打了保羅哥哥的臉。老里奇．保羅雙手各持一把手槍，從櫃檯後跳出來槓上員警，告訴他們：「我不允許這裡發生另一次羅德尼．金（Rodney King）事件[16]。」員警最後被逼退。

現在輪到勒布朗的親人被司法系統瞄準，卡特和保羅向勒布朗共同傳達一樣的訊息：我們與你同在。

艾迪．傑克森入監服刑當天，《今日美國》發布了新的排名。擊敗梅特戴高中後，聖文森—聖瑪莉高中躍居榜首。這個消息在校園引起軒然大波，促成一場慶祝活動。校長透過廣播系統宣布這個好消息之後，學校臨時決定停課，動員一場助威集會。學生們在臉上塗了綠色和黃色的顏料，長號手帶領的樂隊奏起學校的戰鬥曲。籃球隊成員是讓聖文森—聖瑪莉高中在籃壇揚名立萬的征服者。

對於西恩、小德魯、威利、羅密歐和其他隊員來說，這是他們生命中最美好的日子之一。

16 編按：一九九一年時，羅德尼於假釋期間因超速被洛杉磯警方追逐，被截停後拒捕、襲警，遭警方暴力制伏。

勒布朗陶醉於全校前所未有的團結時刻。但私底下，他的內心滿是惆悵。歡呼聲停歇之後，他去找德魯教練。

德魯教練完全明白勒布朗的心事，他試圖找到鼓舞的方式。他告訴勒布朗：「你可以把本季剩餘的比賽，獻給你的父親。」

勒布朗之前從沒想過可以這麼做。

德魯教練繼續說：「這會向對你父親懷有惡意的人發出訊息。」

媽媽的愛，與悍馬車

當晚，聖文森—聖瑪莉高中對陣克里夫蘭的維拉．安格拉—聖約瑟夫高中（Villa Angela-St. Joseph High School）。德魯教練的話語在勒布朗的腦海迴盪，他砍下四十分，並且扣籃七次，其中一次可能是他高中生涯中，最令人印象深刻的灌籃。第三節末，勒布朗在起跳的同時，把球從跨下交到另一手，最後用雙手將球猛力扣進，引爆全場，觀眾都站起來鼓掌。賽後，大衛．李．摩根在《阿克倫燈塔報》上這樣寫道：「勒布朗．詹姆斯的表現……呃……啊……額……我無法形容。」

籃球長久以來一直是勒布朗的魔毯，帶他遠離周圍的紛擾，進入幸福的狀態。魔毯上最美妙的部分是觀眾們的凝視，沒有什麼比得上掌聲帶來的腎上腺素激增，認可永遠不嫌多。

然而，單場四十分的傑作帶來的喜悅沒有持續太久。幾天後，俄亥俄州高中體育協會聯繫聖文森—聖瑪莉高中，問起勒布朗的悍馬車。由於知道葛洛莉雅・詹姆斯住在政府的低收入住宅，俄亥俄州高中體育協會主席克雷爾・穆斯卡羅（Clair Muscaro），要求學校提供相關文件，以證實購買該車的人和資金來源。

根據協會的章程，學生運動員如果「利用其運動成就獲取金錢或具經濟價值的禮贈」，將失去業餘運動員的資格。穆斯卡羅堅稱，他有責任為其他學校調查此事。穆斯卡羅告訴《美聯社》：「如果他違反章程裡的任何規定，就該在得到車輛的同時，放棄業餘資格。」

那天下午，ESPN的《世界體育中心》報導了勒布朗的悍馬車，成為調查目標的消息。這則新聞迅速超越體育版面的範疇。在美軍進駐阿富汗，布希[17]政府為了推翻薩達姆・海珊（Saddam Hussein）政權而加緊入侵伊拉克的時候，《紐約時報》卻在二〇〇三年一月十四日刊登了這樣的頭條：「勒布朗・詹姆斯的運動休旅車引發調查。」同一天，有線電視新聞網（CNN）的沃爾夫・布里澤（Wolf Blitzer），在新聞節目上將勒布朗的悍馬事件，當作攸關國家利益的事情報導。

葛洛莉雅十分震怒。從她的立場看，每個人都在利用她的兒子獲利——錦標賽的承辦單位、ESPN、《運動畫刊》、有線電視供應商、媒體，甚至是聖文森—聖瑪莉高中。然而，現在竟然有人威脅要剝奪她兒子的資格，只因為她為兒子的生日做了一些特別的事？她心想：

17 編按：喬治・布希（George Bush），於二〇〇一至二〇〇九年任美國總統，因其父親（George Bush）同樣擔任過美國總統，又稱「小布希」。

「還真是無奇不有啊。」羞怒交雜之下，葛洛莉雅打電話給律師佛德里克．南斯，他同意處理這件事。

勒布朗也很憤怒。《紐約時報》指出葛洛莉雅住在社會住宅，並寫道：「被問及她是如何獲得如此鉅額貸款時，一位了解這個家庭情況的匿名人士表示：『勒布朗．詹姆斯本人就是夠力的抵押品。』」勒布朗覺得，媒體為了羞辱他的母親無所不用其極。但是勒布朗處理侮辱和逆境的方式與母親不同，葛洛莉雅直言不諱，而勒布朗會把情緒藏在心底，直到踏上球場。

下一場在阿克倫大學舉行的聖文森—聖瑪莉高中主場比賽，勒布朗帶了一臺遙控悍馬車出現。賽前熱身時，他把玩具車帶上球場，讓它高速在場地上穿梭。隊友們都笑了，記者們也目睹這一幕。勒布朗用一種戲謔的方式，向俄亥俄州高中體育協會和那些問起關於他母親的人豎起中指。

然後，勒布朗上場怒砍五十分，痛宰敵隊。對方球迷穿著印有「希望媽媽買輛悍馬給我」的T恤。勒布朗在那天晚上創下紀錄，命中十一顆三分球。當德魯教練在比賽還剩一分鐘，而聖文森—聖瑪莉高中領先超過三十分時把他換下場，本地觀眾為勒布朗報以長時間的熱烈掌聲。同時，葛洛莉雅穿著印有「勒布朗的媽媽」的球衣，走向看臺的客隊區域，用勒布朗的照片為自己搧風。聖文森—聖瑪莉高中的戰績提升到十一勝零負。

《阿克倫燈塔報》的記者大衛．李．摩根，試圖從勒布朗和葛洛莉雅的角度看待這個局面。賽後，摩根訪問德魯教練，德魯告訴他：「我真心認為這是個階級議題。因為勒布朗出身某種社經地位，所以就不該擁有那樣的禮物……我們正準備打仗，要派很多年輕人去為國捐軀，大家卻把焦點放在勒布朗的生日禮物上。」

佛德里克・南斯審查了俄亥俄州高中體育協會章程中，關於禮贈的部分，他得出的結論是，穆斯卡羅的調查純屬無事生非，根本沒有規定禁止父母送禮物給小孩。禮物是否超出葛洛莉雅的經濟能力並不重要，唯一的問題是葛洛莉雅是否確實購買了這輛車。美國銀行哥倫布分行的副總裁，用傳真寄了一封信給體育協會，證實銀行貸款給葛洛莉雅買車。

收到文件後，穆斯卡羅仍拒絕為勒布朗放行。他告訴媒體：「我只能說調查仍在進行。」南斯要葛洛莉雅和勒布朗不用擔心——他們沒做錯事。等這種嘩眾取寵的鬧劇結束，事情會以對他們有利的方式解決。

對勒布朗和葛洛莉雅來說，擁有強大律師的力挺是種新經驗。但勒布朗也不習慣需要律師。他從來沒有惹過麻煩，甚至不曾受到調查。儘管他在事後意識到，母親多等幾個月再為他買悍馬，可能會比較明智。但他也明白，再過幾個月，他的資產將會突破天際，屆時母親就沒有機會用一輛好車讓他驚喜了。令他惱怒的是，母親表達愛的努力，卻被用來威脅他的業餘資格。看到記者誇大事態後，他又更火大了。

勒布朗在事後幾年寫道：「當全國性的媒體，像圍觀車禍的興奮目擊者一樣爭先恐後，同樣貪婪的俄亥俄州高中體育協會，用極其強硬的態度審查我媽媽的貸款，彷彿國稅局在查黑幫的稅務。」

然而，對葛洛莉雅落井下石的，不只是全國性的媒體，一些本地報紙的作家也來參一腳。在題為〈詹姆斯的問題始於誤入歧途的母親〉（*James' Problems Began with Misguided Mother*）

的文章中，一位《阿克倫燈塔報》的專欄作家這樣寫：

「勒布朗·詹姆斯是一位好兒子，總是用充滿愛意的眼光看待母親，只用讚美的言辭談論她，但他沒有看見母親眼中的金錢符號。作為一個不曾富裕過的人，擁有數百萬甚至數千萬美元的前景，模糊了葛洛莉雅·詹姆斯的判斷力。」

勒布朗從未因為悍馬車的調查而感受到威脅，他知道自己沒有犯錯。但這次經歷以及媒體的報導方式，讓勒布朗和葛洛莉雅從此深信，記者就是想從你身上分一杯羹，不用付出代價就想得到一些東西。

兩件球衣，葬送籃球生涯

儘管艾迪·傑克森身陷囹圄，他在外頭仍有不少朋友，他透過信件和偶爾通電話保持聯繫。其中一個朋友就是約瑟夫·哈索恩（Joseph Hathorn），他任職於克里夫蘭一家名為「未來城市裝備」（Next Urban Gear）的復古球衣專賣店。哈索恩還是「學習計畫」（Project: LEARN）的董事會成員，這個非營利組織致力於提高成年人的識字率。在悍馬車案調查期間，哈索恩聯繫了勒布朗，說自己聽聞勒布朗在校成績優秀。他恭賀勒布朗，並邀請他帶朋友們來店裡參觀。

幾天後，勒布朗開著悍馬，載著一幫朋友前往克里夫蘭。當他們走進店裡，哈索恩提到有很多職業運動員和名人，都曾在這裡消費。他指著牆上所有的簽名照。

哈索恩提議勒布朗在一張自己的照片上簽名，好讓店家掛在牆上。

勒布朗在店裡閒逛時，哈索恩拿了兩件球衣，把上面的價格標籤撕掉。

當勒布朗正準備離開，哈索恩遞給他一個袋子說：「裡面有東西給你。」

勒布朗看到袋子裡有兩件復古球衣——分別是蓋爾．塞耶斯（Gale Sayers）和韋斯．昂塞爾德（Wes Unseld）的球衣。他抬頭看著哈索恩，告訴他：「你不用這樣的。」

哈索恩說，他為勒布朗的優異成績感到驕傲，這些球衣是賀禮。

「謝謝你。」勒布朗說：「很高興有人認可我是個好學生。」

勒布朗太有禮貌，所以實在不好意思跟哈索恩說，自己已經有一件韋斯．昂塞爾德的復古球衣了。

在二〇〇三年一月二十七日，俄亥俄州高中體育協會主席克雷爾．穆斯卡羅終於宣布，勒布朗在生日時收到母親送的悍馬車，並沒有違反任何規定。三天後，穆斯卡羅讀到《誠懇家日報》上，一篇提到勒布朗最近造訪未來城市裝備的文章。一位店員指出，勒布朗用牆上的簽名照，換得兩件復古球衣。

穆斯卡羅實在克制不住。他致電店家，與文章引述的員工交談。這位員工表示，自己不是贈送勒布朗球衣的人，但他確定這兩件球衣的總價是八百四十五美元。他補充道，自己不能確定勒布朗和給他衣服的員工之間，發生了什麼事。穆斯卡羅還與店家老闆的合夥人談話。

他警告穆斯卡羅，關於勒布朗訪問該店的報導可能存在不實之處。合夥人主動說要找員工們談談，以釐清事情的全貌，但需要一天的時間才能聯繫到所有人。

穆斯卡羅致電聖文森—聖瑪莉高中，要求與勒布朗通話。

穆斯卡羅來電時，勒布朗正在上課。得知穆斯卡羅想要找他談復古球衣和報紙上的文章，勒布朗簡直不敢相信。為了避免再次引發爭議，他離開學校，開車回家，取出那兩件復古球衣，然後前往克里夫蘭的店家，把它們退回去。

與此同時，葛洛莉雅告知學校，勒布朗不會與穆斯卡羅交談。佛德里克．南斯將全權處理，任何俄亥俄州高中體育協會的接觸，都要先通過他。

聖文森—聖瑪莉高中在穆斯卡羅第二次試圖聯繫勒布朗時，轉達了這些資訊。

儘管穆斯卡羅剛在悍馬車調查中與南斯打過交道，但他沒有試圖透過南斯，了解勒布朗這一方的說法。反之，穆斯卡羅在當天下午三點左右，打電話到南斯的辦公室，說他已經做出決定。幾分鐘後，穆斯卡羅發表一份正式聲明，宣布禁止勒布朗．詹姆斯參加本賽季餘下的所有比賽。

穆斯卡羅說：「透過與店員交談，我確認店家在一月二十五日，免費提供勒布朗服飾，直接違反了俄亥俄州高中體育協會關於業餘身分的條例，因為勒布朗在接收禮物的同時，利用自己的體育聲望謀取利益。」這是俄亥俄州高中體育協會在十四年內，首次援引禮贈禁令，來褫奪一名學生運動員的業餘資格。

接到南斯來電時，勒布朗剛剛離開店家，正在駕車返回阿克倫。無言以對的勒布朗只能靜靜聆聽。

勒布朗很難消化自己聽到的消息——他的高中籃球生涯就此結束。對南斯來說，穆斯卡羅顯然操之過急。花了將近三個星期，處理一項本該在幾天內完成的悍馬車調查後，穆斯卡羅只因為讀了一篇關於兩件復古球衣的簡短報導，就在二十四小時內對勒布朗施以重罰。但在南斯制定下一步計畫之前，他需要時間做到穆斯卡羅未能做到的事——蒐集所有事實。

人們迫不及待，想看勒布朗失敗

聖文森—聖瑪莉高中籃球隊預定在下午五點半訓練。但在那之前，穆斯卡羅對勒布朗禁賽的決定，已在全國引起轟動。從紐約到洛杉磯的體育廣播節目，都在討論這個話題，這也成了ESPN《世界體育中心》的頭條新聞。當勒布朗開車進入學校停車場時，他看到對街停著好幾輛衛星轉播車，成群的記者和路人聚集在體育館外。一名身穿風衣的男人，頭上套著開了洞的紙箱，拿著一張手工製作的標語牌，上面寫著「俄亥俄州高中體育協會爛透了」。

勒布朗擦掉眼淚，從悍馬車下來，走進混亂的人群中。一群手拿照相機跟攝影機的人朝他湧來。勒布朗靈活閃躲，從後門鑽進學校。

球隊球員在更衣室中。

勒布朗走進去的時候，德魯教練正在向球員們解釋情況。除了宣布勒布朗失去資格，不得繼續參加本季剩餘的比賽之外，俄亥俄州高中體育協會還宣布，聖文森－聖瑪莉高中對陣布赫特爾高中的勝利將被視為棄權，因為比賽發生在勒布朗收到球衣隔日。因此，州級機構將聖文森－聖瑪莉高中的戰績，從十四勝零負改為十三勝一負。

男孩們一頭霧水。沒有任何一支球隊能擊敗他們，某個傢伙卻可以這樣直接拿走他們的不敗球季？

勒布朗把臉埋進雙手間。

面對四面楚歌的困境，德魯告訴球員，現在必須把專注力放在球隊。他們必須團結起來，學會在勒布朗缺陣的情況下打球。德魯還給了額外的建議，教球員如何在訓練結束後，應對門外守株待兔的記者群。他說：「不要跟任何人說任何話。」

那天晚上，勒布朗暈頭轉向。他覺得穆斯卡羅就像一支單人追捕隊，隻手毀掉了他輝煌的高中畢業賽季，而且摧毀了他與兒時朋友一起贏得全國冠軍的夢想。但勒布朗也看著鏡中的自己，無法擺脫讓隊友們失望的內疚。他氣自己，希望自己從未接受那些該死的球衣。他告訴自己，應該要放聰明些才對。

勒布朗的籃球賽季戛然而止，卡特和保羅都不知道如何扭轉這種不堪設想的結果。傑克森也許能提供一些智慧箴言，但他現在身陷囹圄。葛洛莉雅悲痛欲絕。最糟糕的是，校方似乎不排斥接受俄亥俄州高中體育協會的決定。在一天之內，一切都亂了套。

佛德里克．南斯則有不同的見解，來自多年來處理重大衝突以及大牌人物的經驗。他還記得當年那個早晨，克里夫蘭布朗隊在半夜裝滿一輛輛十八輪大貨車，離開克里夫蘭前往巴爾的摩，留下關閉的辦公室、空蕩的體育場和悲痛的球迷。

在那個案例中，一個人——布朗隊老闆亞特．莫代爾——對城市的心靈和經濟，造成實質上的巨大破壞。從宏觀的角度看，勒布朗一案的嚴重性遠遠不及。然而，南斯意識到勒布朗正在經歷非比尋常的事，尤其對一個高中生而言。全國媒體還像體育盛事一樣報導此事。

從法律角度看勒布朗的禁賽，南斯認為他的客戶確實受到傷害——匆促的判斷導致過度的懲罰。在南斯的世界，可以用法律語彙，形容穆斯卡羅的決定武斷且任性。解決辦法不複雜，但第一步是讓勒布朗，做一件對任何蒙冤的人來說都不容易的事——展示悔過之心。

那個晚上睡前，勒布朗寫了一封信給穆斯卡羅：

「首先，我要為此事以及最近涉及的爭議向您致歉。正如您能想像的，在某種程度上成為某種名人，有好處也有壞處。正因如此，我不得不在個人生活上，做出一些非常重要的調整。」

勒布朗在信中為自己的行為擔起責任，承認自己去過那家商店，並接受兩件球衣。但他表明自己不知道球衣的價錢，並解釋自己一意識到可能違反規定，就馬上退還球衣。他在信末發自肺腑寫道：

「穆斯卡羅主席，我長久以來一直為了實現兩個夢想而奮鬥。成為優良的學生和出色的運動員。籃球是我的生命。高中最後一年對我來說非常重要，我希望能以榮耀與卓越來完成它。」

南斯對此留下深刻印象。他知道很多成年人，都不願意用這種謙卑的方式寫下道歉信。勒布朗希望這封信能起到正面作用。

結果沒有。

俄亥俄州高中體育協會，將信中勒布朗承認收到球衣那句話，視為他透過運動成就謀取利益的自白。換句話說，俄亥俄州高中體育協會將這封信視為認罪。穆斯卡羅沒有讓步。

勒布朗得出結論，這封信毫無用處。

但南斯把重點放在法官對這封信的看法，更重要的是，穆斯卡羅對這封信的反應。如此嚴厲的懲罰，以及對青少年書面道歉的輕慢回應，為法律訴訟鋪了路。

南斯準備向法院聲請臨時禁制令，以阻止俄亥俄州高中體育協會奪走勒布朗的資格。

聖文森—聖瑪莉高中圖書管理員芭芭拉·伍德，不是渴望媒體關注的人，她總是避開爭議。但當她得知俄亥俄州高中體育協會禁止勒布朗參加比賽時，她再也無法保持沉默。

「人們迫不及待要看他失敗。」她對《阿克倫燈塔報》的大衛·李·摩根說：「他們迫不及待要打倒他。這太可悲了，我每天看著他來上學，看著他每天都在課堂上努力學習。聽到這個消息的時候，我感到噁心反胃。」

派翠克·瓦塞爾也有同感。他從國中就看著勒布朗，自從他們一起待在丹布羅特教練的籃球夏令營時就開始了。一年年過去，他越來越難理解，圍繞著置物櫃在他隔壁的勒布朗的一切。在瓦塞爾看來，勒布朗將聖文森—聖瑪莉高中推上全新的高度，為學校樹立了地位。他個人的成功，為學校的許多人創造了發光發熱的機會，而瓦塞爾就是其中之一。

作為學生會的領袖成員，瓦塞爾經常被要求與全國性媒體的成員互動，他們為了撰寫關於勒布朗的報導來到校園。當一位《紐約時報》的特約作家，在學年初造訪阿克倫時，瓦塞爾曾擔任他的嚮導。最後，他甚至接受採訪，並且被《紐約時報》引述。這是讓他覺得超現實的經歷。

對於瓦塞爾來說，與國內一些最負盛名刊物的記者見面，比透過課本學習更有教育意義。二月二日，瓦塞爾到羅德斯體育館為籃球隊加油。體育館人滿為患，而勒布朗穿著便服。許多記者都在場記錄聖文森—聖瑪莉高中首場，沒有超級球星加持的比賽結果。開賽不久，瓦塞爾感覺有人拍了他肩膀一下。

她問：「中場休息的時候，你想跟迪昂・桑德斯（Deion Sanders）坐在一起嗎？」

瓦塞爾一時無語。一九九〇年代，桑德斯雙棲職業棒球和職業美式足球，贏得了「黃金時段」（Prime Time）和「霓虹迪昂」（Neon Deion）的稱號。瓦塞爾以前很愛看他打球。行政人員解釋說，桑德斯被CBS派遣來這裡，他要為《晨間秀》（*Early Show*）的片段採訪勒布朗。學校正在尋找能在比賽期間，與桑德斯共處一段時間的學生。

瓦塞爾回答：「當然。」

勒布朗天生不適合當一個旁觀者。他在黑色襯衫外穿著一套奶油色西裝，跟球隊第二陣容一起坐在板凳席，為他的隊友們在對陣坎頓市（Canton）麥金利高中（McKinley High School）的激戰加油助威。比賽裡的多數時間，聖文森—聖瑪莉高中看起來似乎贏面不大。但他們最終以一分之差險勝。

賽後，勒布朗和桑德斯，以及CBS的攝影團隊一起離場。勒布朗小時候喜歡看桑德斯打球，他是勒布朗最欣賞的球員之一，而他現在正在接受桑德斯的訪問。

桑德斯和勒布朗之前接觸過的記者不一樣。一九八九年，年僅二十二歲的桑德斯，穿著紐約洋基隊（New York Yankees）的球衣轟出一記全壘打，然後穿著亞特蘭大獵鷹隊（Atlanta Falcons）的球衣完成一次達陣，**這兩件事發生在同一個禮拜**。身為整個生涯處於聚光燈之下的退役職業球員，桑德斯的背景跟其他記者有著天壤之別。他不提刺探性的問題，而是對勒布朗的經驗感同身受，給他機會表達自己想要說的話。

感到自在的勒布朗告訴桑德斯：「如果知道我自己違反了什麼規定，就絕對不會這麼做。我絕對不會危及我的出賽資格，也不會危及我的團隊。當時只是我和一群朋友進去店裡，那個人說：『知道嗎，為了獎勵你的優異成績，我要送你兩件球衣。』」

桑德斯能懂。

勒布朗與桑德斯的對談在CBS上播出的同一天，ESPN官網出現一個新標題〈請不要為勒布朗．詹姆斯哭泣〉（*Please Don't Cry for LeBron James*）。《ESPN雜誌》的湯姆．佛蘭德又回來了，這次帶來一篇毫不留情的評論文章。堅稱勒布朗不是受害者的佛蘭德寫道：「別跟我說他從來沒伸出手。他的手就是伸出去了。」他堅決認為，俄亥俄州的法院應該質疑勒布朗的財務情況。他寫道：「不是外表看起來那麼簡單，有很多超乎我們所知的事。」

就在一個月前，勒布朗和葛洛莉雅，才被佛蘭德的封面故事所傷。這篇評論文章的目的，似乎是在傷口上撒鹽。佛蘭德寫道：「只因為沒有一個強大的家長告誡他說不，這並不代表他不老實，只代表這就是他的本色。」

這樣的文句，加深了勒布朗對記者的不信任，《ESPN雜誌》也因此登上他的黑名單。

南斯一出馬，所有事就擺平了

詹姆斯・R・威廉斯（James R. Williams），是首位擔任薩米特郡（Summit County）民事訴訟法院法官的非裔美國人。職業生涯早期，他曾被吉米・卡特（Jimmy Carter）總統任命為俄亥俄州北區的地方檢察官。他在民權領域有著傑出的紀錄，現在他要負責對勒布朗恢復資格的請求做出裁決。

記者們湧入法庭，佛德里克・南斯提出以下觀點：穆斯卡羅未通知勒布朗調查正在進行，也未通知勒布朗他正受指控。穆斯卡羅更未提供勒布朗舉辦聽證會的機會。

穆斯卡羅未與約瑟夫・哈索恩交談，反而選擇仰賴一位與交易無關的店員發言。

南斯隨後引入克里夫蘭服裝店員工宣誓，其中包括約瑟夫・哈索恩的證詞。這些證詞，都比俄亥俄州高中體育協會提出的揣測更詳盡。

總而言之，南斯表示，勒布朗從家族朋友那裡接受禮物，以表彰他在學業上的成就。「穆斯卡羅必然感受到悍馬一案沒有違規的公共壓力，影響他對此事的判斷，而他的判斷毫無疑問是草率的。」南斯說：「兩個事件僅僅相隔四天，穆斯卡羅的判斷力顯然受到了影響。」

俄亥俄州高中體育協會的一位律師辯稱，穆斯卡羅完全依照規章做出決定。此外，他認為穆斯卡羅的決定，並沒有為勒布朗造成「無法挽回的損害」，而這是批准勒布朗禁制令聲請的條件。俄亥俄州高中體育協會的律師辯稱：「他的NBA前景眾所周知，不會因為失去業餘資格，而受到不利影響。」

二十四小時後，威廉姆法官發表裁決：「勒布朗・詹姆斯的業餘資格，從本日，即二〇〇三年二月五日起恢復，他可以開始參與球隊練習。」

南斯一出馬，所有事都輕鬆的擺平了。對於勒布朗來說，這次經歷是一堂應對逆境的大師課，也預示著運動優勢，和隨之而來的非凡財富，將讓他抓住權力的槓桿。拉動這些槓桿，可以加快正義的步伐，獲取有利的結果。展望眼前的球鞋合約談判以及NBA職業生涯，勒布朗感激艾迪・傑克森引介南斯。勒布朗認為，南斯是個值得留在身邊的人。

卡特也很欣賞南斯。他感謝南斯讓勒布朗及時重返賽場，剛好可以參加聖文森—聖瑪莉高中備受期待的一場比賽，對手是來自洛杉磯，全國排名第七的韋斯特徹斯特高中（Westchester High School）。韋斯特徹斯特高中由崔佛・亞瑞查（Trevor Ariza）領軍，他是即將拿籃球獎學金，進入加州大學洛杉磯分校的明星球員。卡特認為，韋斯特徹斯特高中是所剩的賽程中，唯一有機會擊敗聖文森—聖瑪莉高中的對手。

勒布朗早已蓄勢待發。但在比賽開始之前，卡特還火上加油，告訴勒布朗崔佛・亞瑞查的母親對勒布朗噴垃圾話。據卡特所說，勒布朗停賽期間，亞瑞查女士曾向洛杉磯的一家報社表示：「勒布朗這傢伙被禁賽了。好極了。我兒子終於有機會表現了。他才是全國第一的球員。一直以來他都比勒布朗更厲害。」不清楚卡特是從哪裡得到這些資訊的，但這不重要。

他向勒布朗轉達了這些，並產生了預期的效果。

當勒布朗踏上紐澤西特倫頓的主權銀行體育館熱身時，快門聲此起彼落。從阿克倫坐大巴士趕來的球迷——退休的修車工人、技師、管理員，還有東拼西湊才籌出七十美元往返車資的藍領勞工——發出震耳欲聾的呼聲。超過一百名持有媒體證的記者，爭相接近重返賽場的勒布朗。黃牛票的售價高達每張兩千五百美元。勒布朗用阿姆（Eminem）最新熱門單曲《迷失自我》（*Lose Yourself*）的歌詞，來幫助自己進入情緒：

世界是我的
讓我稱王
邁向新的世界秩序
普通日子很無聊，超級巨星的生活卻如行屍走肉
一切只會變得更艱難，兄弟都炙手可熱

勒布朗向隊友們說：「就是今晚了。」

他踏上球場，有一位球迷大喊：「給點顏色瞧瞧，勒布朗。」

在第一節的狂轟濫炸中，勒布朗命中跳投，上籃得分，一分鐘之內連續扣了三次籃，並且從三十七英尺外，投進一記大號三分球。半場結束，他已經得到三十一分。

德魯教練決定放手，讓他自由揮灑。

勒布朗祭出高中生涯最具爆炸性的進攻表現，狂砍五十二分，單憑一人的得分，就超過對手全隊。當勒布朗在比賽還剩兩分半鐘的時候下場休息，韋斯特徹斯特高中只得了四十三分。筋疲力盡的勒布朗走向板凳席，觀眾們用歡呼聲向他致敬。

法蘭克．沃克也是從阿克倫前來的觀眾之一。出於自豪，他情不自禁對這個五年級時曾跟他一起生活的男孩大喊：「籃球就是這樣打的！」

賽後，記者們紛紛聚到勒布朗身邊。

一位記者提問：「勒布朗，告訴我們，今晚你和隊友們有沒有感受到壓力？」

勒布朗回答：「一點壓力也沒有。很多人質疑我們，是否強到足以成為全國第一的球隊，我想今晚我們證明了自己。」

「我說的是那些場外爭議。」那名記者說：「那些報導有沒有讓你感受到壓力？」

「沒有。」

「你曾抱怨媒體。」另一位記者說：「你認為這樣抱怨對嗎？畢竟，是媒體讓你出名的。」

「我從未抱怨媒體。從來沒有。我努力練球，投入所有時間。不管怎樣，你們並沒有讓我出名，讓我出名的是我自己。」

在剩餘的賽程裡，聖文森—聖瑪莉高中一路過關斬將。對陣凱特林（Kettering）奧爾特大主教高中（Archbishop Alter High School）的州冠軍賽，與其說是競賽，更像是加冕儀式。勒布朗再次祭出統治級的表現，全場得分最高。比賽結束的哨聲響起，小德魯將球拋向空中，德魯教練流下熱淚，球員們全都抱在一起。他們成為《今日美國》排名第一的球隊，他們是貨真價實的全國冠軍。

勒布朗環顧四周，望著小德魯、威利、西恩和羅密歐，一幕幕回憶湧上腦海——在沒有父親的情況下長大，擔心母親永遠不回家，自己可能會被孤身留下，沃克一家、德魯教練、五虎之間的兄弟情。他不禁想到，當阿克倫的黑人社群罵他們叛徒，因為他們選擇一所白人為主的私立學校，而非黑人為主的公立學校，當時他們堅持待在一起，有多麼重要。

剪下籃網之後，勒布朗被選為冠軍賽的最有價值球員。

「被選為最有價值球員，我很開心。」勒布朗在領獎時說：「但有個人今天打得比我好很多，所以我要把這個獎項轉交給寇里・瓊斯，因為這是他應得的。」

瓊斯今晚的得分僅次於勒布朗，並拿出無懈可擊的表現。不知所措的他朝勒布朗走去。高中生涯的最後一幕，主角把獎盃遞給一個配角球員。

五虎們用手臂緊緊抱住那個身材矮小，但投籃神準的白人孩子。

隔天，《阿克倫燈塔報》的頭條是〈勒布朗凱旋而去〉（*LeGone with the Win.*）。

14 門後的世界

那是三月下旬的週一早晨。通常，勒布朗會在聖文森—聖瑪莉高中的班上，身穿校服，背著裝滿書的背包。然而，這一天他身處克里夫蘭郊區一座娛樂中心的更衣室，穿上他打球時的衣服。片刻後，他踏上球場，參加麥當勞高中全明星賽前一日的練球。

NBA二十九支球隊的球探，全都來到練球現場。由於其他全美高中籃球明星尚未進入體育館，所有目光都集中在穿著紅色麥當勞球衣的勒布朗身上。六呎八吋、兩百四十磅[18]，肩膀、胸部和大腿肌肉發達，身材猶如雕塑，似乎沒有一絲脂肪。超自然的運動能力讓人瞠目結舌。勒布朗垂直起跳的高度，達到超乎常理的四十四吋[19]，扣籃時頭頂已經高過籃框。年僅十八歲的他，跳得比NBA任何一個球員都高。

當其他全美高中籃球明星陸續踏上球場，勒布朗與他們之間的對比顯得格外鮮明。他們都是有望成為職業球員的新秀，身材高大、球技出眾，但勒布朗的體魄明顯壯碩多了，像是把一個男人放進男孩堆。敏感的球探們也察覺更微妙的差異：勒布朗習慣第一個到場練球，最後一個離開。卓越的實力與頑強的動力是罕見的組合，是職業運動生意裡的無價瑰寶。

球探們最難搞清楚的也許是這個超級新人內心的想法。當某些麥當勞全美明星球員，還在考慮秋季要去哪所大學打球時，勒布朗心裡想著更重大的事。很長一段時間以來，他一直覺得自己必須負責提供母親舒適的家、汽車和終身的經濟保障。該是以書面正式通知ＮＢＡ，他要進入選秀的時候了。

在進入ＮＢＡ之前，就有望躋身最富有的運動員之一

在這一屆的選秀會中，勒布朗幾乎確定將成為狀元。另外，勒布朗還必須在三家爭相簽下他的球鞋公司之間做出抉擇，這個決定對他身價產生的影響，將比加入哪支ＮＢＡ球隊還要巨大。但在處理ＮＢＡ或那些捧著豐厚代言合約的企業之前，勒布朗必須先選擇一位體育經紀人，幫助他理清下一步。對一個即將高中畢業的學生來說，需要深思熟慮的事情很多。

然而，隔天在麥當勞高中全明星賽上，這些干擾都沒展現在勒布朗身上。現場湧入創紀錄的近兩萬名觀眾，其中包括傑斯——他的歌曲一直是勒布朗生活的背景音樂——而他現在坐在場邊看勒布朗打球，勒布朗拿出雷射般的專注力，展示他的技巧，拿下最有價值球員獎。在ＥＳＰＮ轉播的賽後儀式上，加州大學洛杉磯分校的傳奇教練約翰．伍登祝賀勒布朗，把獎盃頒給他。問到比賽表現時，勒布朗說：「首先，我要向我的父親致意。」

到了這個時候，艾迪．傑克森已入獄三個月，但勒布朗一直把他放在心上。他們透過電

18 編按：約兩百零二．三公分，一百零九公斤。

19 編按：一百一十一．七六公分。

話保持聯繫，傑克森也會寫信給勒布朗和葛洛莉雅。

渴望隨時獲得最新消息的傑克森，在勒布朗面對人生幾個重大決定的關鍵時刻，感覺自己被邊緣化了。傑克森持續致電給耐吉、銳跑和愛迪達的代表。關於勒布朗應該選擇哪位經紀人，他也持續發表意見。

多數NBA內部人士都猜測，勒布朗會選擇像阿恩．泰倫（Arn Tellem）這樣的人。泰倫被公認為聯盟中最有權勢的經紀人之一，掌控超過一五%的聯盟球員，其中包括許多大牌明星球員。他也與桑尼．瓦卡羅關係密切。瓦卡羅認為，他對勒布朗來說，會是個不錯的選擇。另一個主要候選人是里昂．羅斯（Leon Rose），他與NBA最有權勢的幕後掮客威廉．衛斯理很熟。儘管勒布朗尊重瓦卡羅和衛斯理，兩人都沒有試圖影響他挑選經紀人的思維。

最終，勒布朗往不同的方向走。在春季，他悄悄選擇了四十二歲的亞倫．古德溫（Aaron Goodwin）擔任經紀人。表面上看來，這樣的選擇並不尋常。古德溫代表的客戶相對少，而且從未代表選秀狀元。在處理最高市價代言合約方面，他的經驗也有限。比起一些更有聲望的經紀人，古德溫仍算後起之秀。儘管如此，古德溫在爭取勒布朗的過程中，始終領先對手。

早在二〇〇一年，他就在奧克蘭觀看勒布朗的AAU比賽。他也在那時結識艾迪．傑克森，兩人開始討論古德溫代表勒布朗的前景，這場對談持續了十八個月。

「我招募了勒布朗．詹姆斯超過一年，但是沒有人知道我的存在。」古德溫在二〇〇三年一次少見的採訪中說：「有人在找我，記者在找我，但他們根本不知道我長什麼樣子。我喜歡這種狀況，我喜歡我建立的東西。」

到了勒布朗十二年級之初，古德溫基本上以阿克倫為家，他也與葛洛莉雅建立了關係，並贏得她的信任。跟傑克森與葛洛莉雅打成一片之後，古德溫還安排了他的幾個NBA客戶與勒布朗成為朋友。最終，佛德里克．南斯審查了古德溫，認為他有能力代表勒布朗。

古德溫正式加入勒布朗的團隊之後，表示：「我感謝葛洛莉雅和傑克森，給了我這個一輩子只有一次的機會。」

古德溫踏入前所未有的境地——勒布朗有望在未打任何一場NBA比賽前，就晉身全世界最富有的運動員之列。經紀人會從每份談妥的代言協議中抽取傭金。與耐吉、銳跑和愛迪達的談判進入未知領域時，古德溫找來律師佛雷德．謝耶爾（Fred Schreyer）協助處理這些報價，這是古德溫的一個明智之舉。

謝耶爾曾任職業保齡球協會的總法律顧問兼首席財務長。但在加入職業保齡球協會之前，謝耶爾曾是耐吉的高階主管，負責處理公司與運動員之間最大的球鞋合約。沒有人比謝耶爾更善於跟耐吉打交道。在細查愛迪達和銳跑的競爭報價方面，謝耶爾能提供的協助更是珍貴。

當古德溫準備與球鞋公司進行一系列洽談時，他也陷入一個可能糾纏勒布朗的棘手局面。自從艾迪．傑克森入獄時，與約瑟夫．馬許和魔藝娛樂公司的往來，仍遺留許多未盡事宜。傑克森為了支付他和葛洛莉雅，代表勒布朗與球鞋公司高層會面的旅費而向馬許貸款，已經過去將近兩年。在此期間，勒布朗的名聲飆升。因此，基於勒布朗生活故事的電影版權價值大幅增加。對於馬許來說，製作這部電影的機會，比借給傑克森的十萬美元利息更有價值。

傑克森入獄後，馬許開始與葛洛莉雅一個人打交道。為了盡快製作紀錄片，馬許擬定了商業和行銷計畫，這部片初步定名為《詹皇：勒布朗．詹姆斯的故事》（*King James: The LeBron James Story*）。馬許最初推薦的導演沒被接受，在與葛洛莉雅商討過後，馬許將提案寄給電影製作人史派克．李（Spike Lee），告知他魔藝娛樂將在這部紀錄片的製作中代表勒布朗。馬許在二〇〇三年四月給李的信中寫道：「勒布朗的母親葛洛莉雅．詹姆斯有意，讓您成為紀錄片的一分子，也許是以導演或製片人的身分。」

一個月後，馬許寄信向葛洛莉雅更新近況：

「根據您的要求，我們就您兒子勒布朗的紀錄片，邀請史派克．李擔任導演。不幸的是，我們被告知史派克．李目前無法接下這項計畫的導演工作。您之前提過，您曾直接跟史派克對話……不知道您願不願意嘗試打電話給他，說服他參與？

「如果史派克．李沒空，有沒有您和勒布朗希望我們聯繫的導演人選？如果沒有，我們手邊有幾位很有才華，而且可以立即開工的人選。」

試圖在夏季前找到紀錄片導演的同時，馬許向葛洛莉雅付款了兩次，一次在四月，一次在五月，總額是五千美元。這不僅完成了馬許原本對艾迪．傑克森的借貸，也讓他進一步確信，自己已取得製作勒布朗紀錄片的獨家權利。

古德溫感覺到未來衝突的跡象。但他把注意力集中在眼前的問題——搞定勒布朗的第一個代言合約。

勒布朗知道傑克森與馬許曾有往來，也知道他的母親與傑克森保持聯繫。但勒布朗已經有夠多的事情要忙。他更想要把有限的自由時間，拿來跟莎凡娜．布林森共度，而不是拍攝紀錄片。

勒布朗和莎凡娜大約只交往六個月，但足以讓勒布朗認識她最吸引人的一項特質——她異常沉穩，尤其考量到她的年紀。勒布朗已見過夠多戲劇女王了，莎凡娜跟那些人完全相反。對勒布朗來說，兩人在一起的時間就像某種庇護，在莎凡娜身邊，他可以卸下防備，好好當一個青少年，她是可以吐露祕密的對象。

對莎凡娜來說，與勒布朗約會某些方面是很不真實的，例如出現攝影師和要求簽名的群眾。搭乘一輛要價八萬美元的車去約會是種奇妙的體驗，看到男朋友出現在雜誌封面和電視螢幕上也是如此。除了勒布朗之外，她不曾遇過在克里夫蘭僱有大律師的男孩。

然而，這些都不是勒布朗吸引莎凡娜的原因。她是被勒布朗的自信心和使命感吸引。與一個懷抱雄心壯志的青少年交往，讓她感到安心，他的人生已經規畫好了。雖然有很多女孩在爭奪勒布朗的注意，他的心只屬於那個最初拒絕給他電話號碼的女孩，勒布朗永遠不會讓她忘記這件往事。

但勒布朗有充分的理由保密兩人的關係。他生活在顯微鏡之下，任何與他親近的人，都容易受到媒體曝光的傷害，而他最不願意的，就是讓莎凡娜接受他母親經歷過的種種嚴厲審視。最好別讓媒體知道他有女朋友，為了莎凡娜好，她應該保持匿名。

對兩個青少年來說，整個局面令人畏懼。勒布朗即將一飛衝天，而莎凡娜還要在阿克倫的高中讀一年。一切將如何發展？會有什麼事發生在他們身上？這段感情能長久嗎？

勒布朗有個簡單的信條：不要擔心。

一千萬美元的支票

四月底，勒布朗站在聖文森—聖瑪莉高中體育館的講臺上，宣布自己將放棄大學，直接投入NBA選秀。他注視著朋友、同學，以及來自全國各地的五十多位記者，停頓了一下。回想起中學時期，當老師要他列出三個感興趣的職業，他在那張小卡片上寫了三次NBA球員。勒布朗告訴觀眾：「這是個長期目標，很高興它終於要實現了。」

幾天後，勒布朗在經紀人和律師的陪同下，走進位於波士頓外的銳跑總部會議室，那裡有勒布朗這輩子見過最長的桌子。勒布朗跟母親坐在一起。卡特也在桌旁找了一個位子坐下。

銳跑的首席執行官保羅．法爾曼（Paul Fireman）歡迎大家，一開始就向勒布朗明確表示，公司準備將他視為銳跑品牌史上最重要的運動員。銳跑刻意用這種不算隱晦的方式，與耐吉做出區別——在耐吉，勒布朗將只會是品牌旗下眾多運動巨星之一。

銳跑服裝和鞋類部門的主管陶德．金斯基（Todd Krinsky）概述了公司的新方向，打算通過融合音樂跟運動，來吸引更時尚的年輕消費者。銳跑剛剛與傑斯簽下代言合約，即將推出他的簽名鞋S．卡特（S. Carter）系列，並正在與饒舌歌手菲瑞．威廉斯（Pharrell Williams）討論簽約。銳跑會把勒布朗跟這些藝人歸在同一個類別，並讓勒布朗成為具有巨大跨界吸引力的新世代運動員。

解說結束，銳跑提出他們的報價：**十年一億美元**。

房間裡靜了下來。

勒布朗嚇到了。瓦卡羅說過他值一億美元，但那個數字感覺起來總有點不實際。

葛洛莉雅的眼淚盈眶。

亞倫．古德溫試圖保持鎮定，他沒料到銳跑會提出九位數的報價。

佛雷德．謝耶爾也沒有，他還記得一九九六年老虎伍茲轉為職業選手時，耐吉跟他簽下一紙五年四百萬美元的代言合約，那是有史以來業餘運動員拿到的最高額球鞋合約。而銳跑給勒布朗的報價，把老虎伍茲的合約遠遠甩在後頭。

想讓塵埃落定的保羅．法爾曼取出鋼筆，同時伸手拿支票。

對於會議桌另一端的法爾曼在做什麼，勒布朗毫不知情。

法爾曼在支票的右下角簽名，將支票順著桌子滑過來。

古德溫接過支票，看了看金額：一千萬美元，收款人是勒布朗．詹姆斯。

古德溫向勒布朗和葛洛莉雅展示了支票。

葛洛莉雅哭了。

勒布朗緊盯著那一大串零。

法爾曼給勒布朗一個簡單的提議——**現在簽約，就能當場帶走一千萬美元的預付款**。

卡特全身出汗，他站起來解開襯衫上面幾顆鈕扣。他心想，**太扯了吧，這是真的**。

古德溫和謝耶爾需要一段時間，跟他們的客戶商討。

法爾曼給他們空間。他和金斯基走出房間，門在他們身後輕輕關上。

葛洛莉雅清楚表達意見。她認為沒有什麼好商討的，銳跑的報價超出了所有人的預期。勒布朗現在走出去，將直接化身百萬富翁，而且是十倍的百萬富翁。

勒布朗無言以對。他剛從阿克倫飛來，他住在低收入戶住房專案，享有政府補助，每月房租只要二十二美元。他的母親沒有工作，只能用食品券買食物，手中的支票能讓他瞬間擺脫這一切。那是一張通往新生活的門票，他只要說聲「好」就可以了。

葛洛莉雅準備拿著支票走出去。

古德溫希望大家先緩一緩。銳跑的報價高到破表，法爾曼把一千萬美元擺上桌也是大膽之舉，但這都是為了阻止勒布朗與愛迪達和耐吉談判。古德溫提醒勒布朗，原定的計畫是先跟這三家公司見面，然後再作決定。

謝耶爾也同意。拒絕一億美元雖令人心神不寧，但他覺得明智的做法是按兵不動，看看愛迪達和耐吉之後會提出什麼條件。

握著支票的勒布朗感覺拉扯。

法爾曼和金斯基走進會議室，回到位子上坐下。

勒布朗克制住情緒，把支票推回去給法爾曼。

法爾曼和他的團隊感到失望，但也很難不對勒布朗心生敬佩。那天晚上，金斯基帶著驚奇，看著勒布朗離開銳跑總部，心想，他已經是個男人了。他知道未來有什麼在等著他。

愛迪達出局

隔天早上，勒布朗在走向教室的路上想著：「天啊！我竟然把一千萬的支票留在桌上。」他沒有在這個念頭上花太多時間。這是個星期五，勒布朗的同學們正為了週末的畢業舞會做準備，但勒布朗有別的計畫。一放學，他就飛快趕到機場，那裡有一架私人飛機等著。為了把勒布朗快速送到洛杉磯，參加愛迪達的提案會議，桑尼．瓦卡羅包了這架飛機。這架豪華飛機有足夠的座位，勒布朗可以帶上朋友和顧問群。大家都登機了。

瓦卡羅欣賞勒布朗總是試圖讓高中隊友參與他的一切。應勒布朗要求，瓦卡羅預定了場邊座位，讓他們觀看當晚聖安東尼奧馬刺隊（San Antonio Spurs）與洛杉磯湖人隊的季後賽。一輛豪華轎車停在洛杉磯國際機場，迎接勒布朗和他的朋友們，把他們送到史坦波中心（Staples Center）。勒布朗兩耳各戴著一只假鑽耳環，反戴湖人隊的帽子，白色T恤外披著敞開的棒球外套，走進球場，彷彿踏入未來的家園。

好萊塢大亨、流行歌手、知名演員和運動員，占據了離球場最近的座位。湖人啦啦隊女孩起舞、音樂震耳欲聾。那時，柯比．布萊恩和俠客．歐尼爾，正試圖帶領湖人隊完成四連霸。但大衛．羅賓森（David Robinson）和提姆．鄧肯（Tim Duncan）率領的馬刺隊則扮演攔路虎，氣氛引人入勝。

第二節進行到一半，裁判響哨，俠客．歐尼爾吞下個人第二次犯規。穿著黑色服裝，戴著雷朋（RayBan）墨鏡的傑克．尼克遜（Jack Nicholson）從他的場邊座位站起來，對裁判大發雷霆。他的新電影《抓狂管訓班》（*Anger Management*）在票房榜上名列前茅。尼克遜大聲吼叫，指手畫腳，彷彿電影角色上身，也點燃了觀眾的情緒。當裁判要求他坐下，尼克遜更大聲了。

「這裡是ＮＢＡ！」他吼道：「誰都不能叫我坐下。」

在尼克遜的挑釁下，球迷們站起來為他助威，對裁判發出噓聲。現場的緊張氣氛促使裁判與保安人員商討，是否要因為踏到球場上，而將這位拿過奧斯卡獎（Academy Award）的影帝驅逐出場。但保安人員不贊成，覺得這樣的舉動可能引發騷亂。裁判於是警告尼克遜不要再踏上球場。

「他們沒辦法把我趕出去。」尼克遜嘲諷道：「他們不會把我趕出去。我想站在這裡就站在這裡。我可是花了大錢買票的。」

當尼克遜的暴走引發了全場觀眾的熱烈反應，柯比帶領湖人隊打出一波攻勢，勒布朗全神貫注感受這一切。這正是勒布朗渴望成為主角的時刻——在宏大的舞臺上，身為ＮＢＡ最優秀的球員，在全球知名的演藝明星面前跟對手競爭，觀眾為之瘋狂。此情此景讓他再一次意識到——職業運動在本質上遠不只是一項賽事，而是娛樂事業。

突然，一位ＴＮＴ製作人走向勒布朗。記者克雷格．塞格（Craig Sager）想要採訪他。勒布朗欣然同意。他走進攝影機前的白光，面對鏡頭，感受到球迷目光落在他身上。

「跟我一起站在這裡的，或許是史上最受讚譽的高中籃球員。」塞格說：「勒布朗．詹姆斯，首先恭喜你拿到全國冠軍，完成出色的高中生涯。對你來說，處理這麼大量的關注和曝光有多難？」

「我想這對任何普通人來說，都相當困難。」勒布朗說：「但畢竟我在成長過程面對過太多逆境，所以這對我來說挺容易的。加上我的隊友和教練，他們讓這一切變得更簡單。」

「你即將進入選秀，但你不知道會為誰效力，你希望為哪一隊效力呢？」

「老兄，這是我的長期目標。我願為任何人效力。」

在阿克倫，收看那場比賽的聖文森—聖瑪莉高中師生，都無法相信勒布朗在洛杉磯的現場直播中露面，他下午還在學校。在九一一事件之後的世界，不可能透過商務航班這麼快就從阿克倫飛到洛杉磯。但對於那種通常只為企業巨頭保留的高速旅行方式，勒布朗已經習以為常。面對直播採訪，他也越來越駕輕就熟。

塞格問勒布朗：「你今晚為什麼會在這裡？」

這是一個具有深意的問題，勒布朗需要斟酌自己的措辭。

「我來這裡看柯比和俠客。」勒布朗回答：「俠客兩年前到場看過我比賽，現在換我來這裡看他們爭取勝利。」

勒布朗所言不假。然而，他巧妙的避免提到，愛迪達才是他前來洛杉磯和比賽的主因。

看著電視的瓦卡羅點了點頭。「聰明的孩子。」他心想。

當勒布朗回到座位，柯比切入，完成雜技般的上籃。但TNT的評述員麥克．佛拉泰洛（Mike Fratello）和瑪夫．阿爾伯特（Marv Albert）的注意力，還留在勒布朗身上。

「那個年輕人，瑪夫，克雷格剛剛採訪的那位。」佛拉泰洛說：「在他今年承受的壓力之下，他真的表現得超級好。」

勒布朗醒來，陽光明媚、空氣溫暖，眼前是一片水景。瓦卡羅安排他和葛洛莉雅入住聖莫尼卡的海濱飯店。勒布朗知道，瓦卡羅總是竭盡全力提供葛洛莉雅VIP等級的禮遇。他也知道，當記者們把葛洛莉雅貼上貪財的標籤，瓦卡羅曾公開為她辯駁。

批評葛洛莉雅的報導，多半出自那些不曾親身經歷貧窮的記者之手。這些體育記者主要是白人男性，對於十六歲的黑人女孩獨自扶養孩子的情形完全沒概念。瓦卡羅也不知道，但他對葛洛莉雅的了解夠深，看到媒體忽視的一面。

「她大可以從各種人那裡拿走數十萬美元。」瓦卡羅在二〇〇三年春季告訴《阿克倫燈塔報》：「從經紀人、理財專員，到潛在的投資者，所有人都會雙手奉上他們想要或需要的一切，但葛洛莉雅沒有索取或接受任何東西。」

愛迪達簽下勒布朗的最大機會，就仰賴瓦卡羅跟葛洛莉雅建立的好關係。

中午時分，勒布朗和葛洛莉雅坐進一輛豪華轎車，被送到馬里布（Malibu）的一座豪宅。這座豪宅屬於音樂界一位舉足輕重的大人物。瓦卡羅為這週末租下這個地方，並且做了布置。當瓦卡羅打開門，迎接勒布朗和葛洛莉雅時，巴比．達林的《大洋彼端》（*Beyond the Sea*）在背景播放著。

「快來。」瓦卡羅說：「去看看海景。」

勒布朗和葛洛莉雅走在大理石地板上，經過擺滿外燴餐點和各式冰鎮飲料的桌子，走向一個寬敞的房間，落地窗外是游泳池以及太平洋的全景，感覺就像看著勒布朗的未來。

愛迪達的展演氣氛比銳跑的會議輕鬆多了。勒布朗坐在面海的沙發，身旁是葛洛莉雅和古德溫。愛迪達團隊坐在對面，雙方中間擺了一張長長的玻璃咖啡桌。

瓦卡羅請助手大衛．邦德負責說話，他介紹了品牌計畫、行銷計畫和產品計畫。最終，話題轉向金錢。愛迪達的一名律師手持檔案夾走進房間，他取出一份合約給古德溫審閱。與銳跑的報價相比，這份合約多了不少法律術語。

乍看之下，愛迪達為勒布朗提供了七年一億美元的合約。但古德溫檢查細則後，發現其中許多錢都是以權利金的形式存在，並且取決於勒布朗是否達到各種標準，例如出場一定數量的比賽，以及得到一定的分數。保證金接近七千萬美元，與瓦卡羅先前讓勒布朗和葛洛莉雅相信的金額相去甚遠。

古德溫看著瓦卡羅，指著合約上的附帶條款說：「這跟我們談的不一樣。」

瓦卡羅看著這些條款，下巴差點掉了下來。他起身示意愛迪達的律師和邦德跟著他出去。

瓦卡羅對律師吼道：「你他媽的在搞什麼啊？」

激烈的爭吵之中，瓦卡羅和邦德得知，德國總部在最後一刻做出決定，透過在合約裡添加以球員表現為基準的條款，來降低愛迪達的風險。邦德不敢相信自己的耳朵。他們明明事先同意，提供勒布朗一億美元的保證金。

然而，愛迪達的總執行長不像桑尼和邦德一樣有信心，不認為承諾一個還沒在NBA賽場上有所表現的十八歲球員一億美元是明智之舉，於是改變了報價。

這是一個具宿命意義的決定，將會改變公司的歷史。

暴怒的瓦卡羅知道這意味著什麼——愛迪達出局了。銳跑一億美元的報價，甚至沒有任何附加條件。端出帶有附加條款的合約，愛迪達已經沒有機會了。

羞愧的瓦卡羅找古德溫到一旁交談。被留在沙發上的勒布朗和葛洛莉雅走到戶外看海，他們感覺天搖地動，氣氛瞬間從樂觀變得尷尬。

幾分鐘後，雙方人馬重新集合，瓦卡羅告訴大家：「我們談完了。」

然後，瓦卡羅和潘姆找勒布朗和葛洛莉雅私下聊幾句。一臉悲涼的瓦卡羅為愛迪達的提案道歉：「不應該發生這種事的。」

勒布朗點了點頭。

瓦卡羅覺得，自己花了三年時間協助勒布朗準備起飛。那段期間，他認為自己將一同經歷一段改變球鞋產業的旅程。如今，到了點火啟動的時候，瓦卡羅卻發現自己無法陪這個孩子起飛，而他對這個孩子投入的感情，大過任何他曾招攬過的運動員，這裡感覺就像跟一個不會回來的家庭成員告別。

葛洛莉雅也感受到了，潘姆也是。

瓦卡羅看著勒布朗。「去參加下一場會議吧。」他說：「但不要向他們透露我們的數字。盡可能爭取到最高的金額，為自己做出最好的決定。」

勒布朗擁抱了他。

「我們都知道你為我們做了什麼。」葛洛莉雅說：「我們永遠不會忘記這份恩情。」

潘姆用手臂摟住葛洛莉雅說：「我愛妳。」

那天回家的路上，瓦卡羅幾乎說不出愛迪達這幾個字。

他說：「他們騙了我。」

潘姆點了點頭。

他說：「你知道我要怎麼做吧。」

她問：「你要辭職，對嗎？」

「沒錯，我不玩了。」

窮了一輩子的男孩，捨棄了兩千五百萬

一週後，耐吉派了私人飛機去接勒布朗、葛洛莉雅和卡特，前往俄勒岡州的比弗頓。耐吉總部缺乏海濱別墅的魅力，但對於勒布朗來說，進入耐吉園區就像走進幻想世界。建築物上展示傳奇人物的巨幅肖象——麥可・喬丹、老虎伍茲、波・傑克森（Bo Jackson）。

勒布朗走進米婭・哈姆（Mia Humm）大樓，沿著一條長廊走，兩側都是玻璃櫥窗，陳列著喬丹和其他NBA球星穿過的代表性籃球鞋。廊尾放了一個被燈光打亮的空櫥窗，讓勒布朗想像，自己的鞋子也將放在這條神聖廊道。

勒布朗進入菲爾・奈特的會議室，看到房裡擺滿各式商品：運動服、泳裝、浴袍、毛巾、襪子、內衣褲、籃球、健身包和墨鏡，上面全都印有勒布朗的名字。耐吉還在房間囤滿勒布朗最愛的早餐穀片品牌「水果石」（Fruity Pebbles）。

林恩・梅利特算是毫無遺漏。而且在球鞋產品上，他也領先銳跑和愛迪達一步。梅利特不只向勒布朗展示鞋子的草圖，還做好了樣品鞋供勒布朗試穿。耐吉的勒布朗簽名鞋款叫做Zoom Generation I，設計靈感來自他的悍馬車——鞋身紋理看起來就像輪拱上的裝飾，鞋帶孔則做成車門把手的樣子。

葛洛莉雅喜歡這個設計。

勒布朗套上鞋子，感覺簡直就像是為他的腳量身訂製。他可以想像自己在NBA賽場中，穿著這雙鞋的樣子。

古德溫從沒見過這麼有說服力的提案。

到了談錢的時候，耐吉原本預期勒布朗和葛洛莉雅會離開房間。當經紀人與企業人士談條件時，運動員本人通常不會在場。

但勒布朗堅持要留在房裡，他也想要母親在場，還有卡特。

耐吉的總執行長菲爾・奈特意識到，勒布朗想要參與整個過程，於是答應了，並請勒布朗跟律師們進入私人房間。

最後的結果有點令人失望。耐吉的報價大約是七千萬美元，包括五百萬美元的簽約獎金，但奈特沒有當場簽支票。意思是，如果勒布朗接受耐吉的提案，當天將空手而返，簽約獎金……之後再發。古德溫表示，耐吉的報價不夠理想。

那天晚上，勒布朗和他的團隊在林恩・梅利特的家吃晚飯。之後，勒布朗和梅利特十幾歲的兒子一起打電動，古德溫和謝耶爾繼續與梅利特協商。顯然，雙方的立場相去甚遠。

從比弗頓回程的飛機上，大家都沒有說話。

馬維里克・卡特曾在耐吉實習兩年，他從林恩・梅利特身上學到很多東西，但卡特沒有讀過商學院，沒有法律或金融背景，也沒有交涉協議的經驗。然而，卡特參與了銳跑、愛迪達和耐吉的談判，勒布朗堅持讓他的朋友坐在談判桌旁。

這是非比尋常的機會，讓卡特得以一窺保羅・法爾曼和菲爾・奈特這些總執行長的做事方式，卡特也更深刻意識到，勒布朗承受的巨大壓力。當法爾曼把一千萬美元的支票放在桌上時，卡特一時間慌了手腳。他後來承認：「我不敢說我會拒絕。」那一刻，他的想法是：「**就拿這張支票走人吧**。」

旁觀勒布朗在人生的關鍵時刻謀畫自己的未來，讓卡特更想努力幫助他最好的朋友成功。這個機會也讓卡特的內心燃起，有朝一日在自己的領域成為大人物的欲望，在那之前，他也滿足於坐在談判桌旁學習。

勒布朗也明白卡特經驗不足，但卡特忠誠且值得信賴。即使有律師和經紀人為勒布朗提供法律和財務建議，勒布朗將卡特視為知己，並與他分享一些不跟律師或經紀人討論的事。從俄勒岡回來後，兩人談論了耐吉、銳跑，以及未來。

勒布朗意識到，自己正面臨一個極其重大的決定。

卡特也感受到這份重量。

勒布朗的心傾向耐吉，但理性上無法對銳跑置之不理。如果耐吉能出更多錢，選擇就會變得容易一些。只可惜，耐吉沒有這麼做。

與此同時，古德溫再次與銳跑接洽。勒布朗從俄勒岡回來兩天後，銳跑派出一隊主管和律師前往阿克倫，希望能搞定簽約。銳跑團隊窩在飯店房間裡，著手擬定一份新的合約，將最終報價提高到七年一億一千五百萬美元。

在同一家飯店的鄰近房間裡，勒布朗與古德溫和謝耶爾會面。應勒布朗要求，古德溫與耐吉最後一次協商，古德溫給耐吉的期限是五月二十一日。那天晚上，耐吉透過傳真發來一份新的報價——七年九千萬美元。勒布朗將在簽約當下，拿到一千萬美元。

耐吉的報價大幅提高，但銳跑也不甘示弱。整體來說，如果與銳跑簽約，勒布朗將會多拿到兩千五百萬美元。

那夜稍晚，勒布朗與卡特坐在飯店後面的一間餐廳，細細思索自己的處境。十八歲的他有機會實現夢想了，長久以來，他都想像自己能在偶像占據的高空中飛翔。勒布朗的成長過程中，麥可．喬丹就是真人版的超級英雄。耐吉在其中扮演了重要的角色，設計出極具代表性的飛人標誌、製作了史詩級的電視廣告，讓喬丹成為體壇最耀眼的一顆星。

勒布朗渴望像喬丹一樣閃耀。然而，為了達到想要達到的境地，這個窮了一輩子的男孩卻必須捨棄兩千五百萬美元。勒布朗把弄著桌上的薯條，下定決心，這是個決定性的時刻。

午夜剛過，古德溫和謝耶爾走進餐廳，坐進勒布朗的包廂。他們需要知道勒布朗的最終決定。勒布朗告訴他們：「我選耐吉。」

第三部

菜鳥騎士

就像巴菲特一樣，勒布朗之所以成為世界級籃球員，部分原因是他從兒時就痴迷於籃球。事實上，勒布朗專注於籃球的年齡，比巴菲特專注於投資的年齡更小。

15 直上雲霄

自克里夫蘭布朗隊在一九六四年，也就是首屆超級盃舉行前兩個賽季，贏得ＮＦＬ冠軍以來，克里夫蘭的體育隊伍再也沒有拿過冠軍。這座城市經歷了長達三十九年的冠軍荒，過程中包括現代體育史上，某些最令球迷痛徹心扉的敗北。一九八七年，克里夫蘭布朗隊差點贏得美國美式足球聯會（ＡＦＣ）冠軍進入超級盃，但丹佛野馬隊（Denver Broncos）的四分衛約翰．艾韋（John Elway），在十五次進攻中帶領球隊推進九十八碼，於比賽正規時間最後幾秒追平比分，這後來在克里夫蘭人之間被稱為「那波進攻」（the Drive）。

布朗隊在延長賽輸掉比賽，克里夫蘭心灰意冷。一年後，又發生被稱為「那次掉球」（the Fumble）的事件。比賽剩一分鐘，眼看克里夫蘭布朗隊即將在ＡＦＣ冠軍賽完成致勝達陣，球隊的頭號跑衛卻在得分線前被對手撥掉球。布朗隊再次失去進軍超級盃的機會。

隨後在一九八九年，五戰三勝的系列賽中，克里夫蘭騎士隊距離淘汰公牛隊只差一秒，結果麥可．喬丹投進史稱「那記跳投」（the Shot）的絕殺，讓公牛隊以一分之差獲勝。到了一九九七年，由於救援投手荷西．梅薩（Jose Mesa）的「那次失守」（the Blown Save），克里夫蘭印地安人隊[1]（Cleveland Indians）賠上了世界大賽冠軍。

在克里夫蘭以南四十英里的地方長大，勒布朗很清楚這座城市受盡折磨的體育史。他也知道，克里夫蘭人期盼看到他扭轉城市的宿命，帶領騎士隊取得籃球榮耀。這份夢想取決於NBA選秀抽籤，抽籤的目的，是提供戰績最差的球隊，在選秀中選取頂級新秀的最佳機會。上個賽季的騎士隊以十七勝六十五負的戰績，與丹佛金塊隊（Denver Nuggets）同在聯盟墊底。錯過季後賽、有資格參加選秀抽籤的十三支球隊中，騎士隊和金塊隊各有二二．五%的機會，可以抽中選擇勒布朗的權利。

克里夫蘭的體育英雄

「騎士隊球迷懷抱著希望。」一位體育專欄作家在選秀前夕寫道：「倘若這支被詛咒的球隊，終於湊到足夠的運氣抽中狀元籤——只有二二．五%的機率——或許凡事都有可能，例如在有生之年，看到騎士隊打進NBA總冠軍賽。」

與耐吉簽約幾個小時後，勒布朗在阿克倫一家飯店，為他的高中隊友和教練舉辦派對，他們打算一起觀看選秀抽籤的過程，這是大夥畢業，並進入下一個人生階段前的餞別。

西恩已經接受俄亥俄州立大學的美式足球獎學金；威利也會拿美式足球獎學金，前往西維吉尼亞的費爾門特州立大學（Fairmont State University）；羅密歐和小德魯將前往阿克倫大學繼續打籃球，跟基斯．丹布羅特教練再續前緣。而被《今日美國》評選為年度最佳教練的

1 編按：現已改名為克里夫蘭守護者隊（Cleveland Guardians）。

德魯教練，鞏固了他在聖文森—聖瑪莉高中的未來。唯一還沒確定的，就是勒布朗會去哪裡。

當美國廣播公司（ＡＢＣ）體育記者麥克．提里科（Mike Tirrico），從紐澤西州錫卡克斯（Secaucus）的ＮＢＡ攝影棚開始直播，他們全都擠到電視機前。「稍早，勒布朗．詹姆斯簽下一份九千萬美元的代言合約。」提里科說：「不用說，他們對他寄予厚望，各方面都是。」

葛洛莉雅也在飯店房間，站在聖文森—聖瑪莉高中圖書館員芭芭拉．伍德旁邊。伍德一直知道勒布朗終究會成大事，但眼前所見仍然超出她的理解。

十三支球隊的代表都在攝影棚，站在講臺上的聯盟官員，有條不紊的打開十三份封好的信封。當他打開最後一紙信封時，阿克倫的飯店宴會廳響起熱烈歡呼，那位ＮＢＡ官員宣布：「二〇〇三年ＮＢＡ選秀的第一順位，屬於克里夫蘭騎士隊。」

掌聲響徹攝影棚，麥克．提里科走向雀躍的騎士隊老闆戈登．岡德（Gordon Gund）。

「岡德先生，恭喜您。」提里科說：「勒布朗．詹姆斯正好來自俄亥俄州阿克倫，我相信現在球團一定充滿興奮之情。」

岡德面無表情的回答：「你知道的，我們還沒確定要選誰。」

攝影棚裡每個人都爆笑出聲。

岡德也笑了。「我為克里夫蘭的球迷感到興奮。」他繼續說道：「今天是個好日子，對他們和整個市場來說都是——阿克倫、克里夫蘭和整個東北俄亥俄州。這是克里夫蘭體壇的大日子。」

隔天早上，克里夫蘭騎士隊的前臺電話被打爆。這支全ＮＢＡ觀眾最少的球隊熱賣了一波門票，在往後的三週內售出數千套季票。縱使這位阿克倫男孩還沒正式加入騎士隊，克里夫蘭的球迷們，已經把他看作城市的救世主。

期望的壓力似乎沒對勒布朗造成負擔。他在童年時期曾經幻想自己是超級英雄，守護城市、打倒壞蛋。他最喜歡蝙蝠俠（Batman），渴望著扮演布魯斯．韋恩（Bruce Wayne）那樣的角色，勒布朗抵達紐約參加NBA選秀。在聯盟安排的一項活動中，勒布朗和其他預計將在首輪被選中的選秀熱門——卡梅羅．安東尼、德韋恩．韋德（Dwyane Wade）、克里斯．波許（Chris Bosh）等人——參觀紐約證券交易所（New York Stock Exchange），並與主席理查．葛拉索（Richard Grasso）會面。當他與葛拉索一起穿過交易大廳時，交易員們高喊著：「勒布朗！」叫嚷著要他簽名。

葛拉索笑著問：「你認為你會在哪一輪被選中，第一輪還是第二輪？」

勒布朗打趣道：「大概是第二輪吧。」

片刻之後，在交易大廳上方的陽臺上，勒布朗伸手敲下開盤鐘。高中畢業證書上的墨水還沒乾透，他的總資產已與紐約證交所的總執行長不相上下。鐘聲響起，證交所裡盈滿歡呼，勒布朗微笑著俯視那群喧鬧的交易員。

勒布朗無法否認，紐約是個很適合打球的地方。這是籃球的聖地。艾迪．傑克森一直希望勒布朗為尼克隊效力，那是在世上最著名的體育館打球的傳奇球隊。但是當勒布朗在二〇〇三年六月二十六日踏入麥迪遜廣場花園（Madison Square Garden）時，他的身分是克里夫蘭的白騎士，準備穿上嶄新的騎士隊球衣，與尼克隊和聯盟中所有對手展開廝殺。他的目標是將北俄亥俄州打造成籃球宇宙的中心。

勒布朗穿著白色西裝和白色襯衫，繫上白色絲質領帶，跟母親一起坐在貴賓桌前，一邊咬指甲，一邊等待選秀第一順位的公布。當主席大衛．史騰（David Stern）喊了他的名字後，勒布朗站起來、親吻葛洛莉雅，在一片歡呼聲中走上臺。與史騰握手之後，勒布朗面向ＥＳＰＮ的蜜雪兒．塔弗雅（Michelle Tafoya）。

她說：「毋庸置疑，你將成為ＮＢＡ史上最受關注的新秀。」

觀眾席的紐約尼克球迷開始高喊：「被高估了！被高估了！」

泰然自若的勒布朗面帶微笑，一手舉起騎士隊的球衣，望向電視攝影機，並指著自己。「好了，家鄉的騎士隊迷。」他邊說，邊用拳頭輕輕敲擊胸膛。

自從一九六六年，吉姆．布朗（Jim Brown）為了追求演藝事業而從ＮＦＬ退役以來，克里夫蘭終於有了第一位貨真價實的體育超級巨星。

傑斯與勒布朗

ＮＢＡ選秀後一週，傑斯邀請勒布朗回到紐約與他共度一週，並參加全國最競爭的街頭籃球賽——每年夏季，在哈林區（Harlem）傳奇的洛克公園（Rucker Park）舉行的藝人籃球經典賽（Entertainers Basketball Classic）。本名肖恩．卡特（Shawn Carter）的傑斯，擁有一支名為「Ｓ．卡特隊」的參賽隊伍。一般認為這支隊伍具有爭冠實力，而這項賽事的冠軍頭銜在街頭被稱為「籌碼」。從春季的麥當勞全美高中明星賽以來，勒布朗和傑斯一直保持聯繫。勒布朗欣然接受傑斯之邀，還帶上馬維里克・卡特同行。

傑斯一直覺得，饒舌歌手和籃球員密不可分，但傑斯與勒布朗之間的連結非比尋常，不只是喜歡往來的兩個名人而已。跟勒布朗一樣，傑斯在布魯克林的貝德福德－斯圖文森（Bedford-Stuyvesant），占據六個街區的低收入戶住房長大。也跟勒布朗一樣，傑斯與父親沒有關係，父親在他還小的時候拋妻棄子。同樣的，跟勒布朗一樣，傑斯與母親很親近，而他的母親碰巧也叫葛洛莉雅。長大的他，成為母親的保護者和供養者。

勒布朗跟傑斯志同道合。傑斯比他大了十五歲，所以勒布朗跟他相識的時候，這位三十三歲的藝人，正在回顧年輕時的生活。當勒布朗和他混在一起，傑斯正在創作一首名為《十二月四日》（*December 4th*）——也就是傑斯的生日——的新歌。歌詞提到內心深處的「惡魔」，源於「因為父親離開而被撕裂的孩子」。生猛的自傳式歌詞，透露青年傑斯的心境：

父親不見的傷，難以應付
我的腦海殘留，那種厭惡
耍起流氓，玩弄局面
去他的世界，我來守住

勒布朗發現，傑斯從小就喜歡閱讀，並寫下押韻的詞句。他曾模仿流行樂之王麥可・傑克森（Michael Jackson），他的文字天賦非常出眾，低收入住房裡的其他孩子給他起了「傑仔」（Jazzy）這個綽號。傑斯在父親離開後開始販毒，直到二十六歲才找到自己的道路，並錄製第一張專輯。

他跟勒布朗說音樂拯救了他，但傑斯也吃了苦頭。「每次走進房間，你的過往也會跟著一起進來。」傑斯向一位作家承認：「所以就算到了現在，每當我走進一個地方時，人們仍然會說：『那是傑斯，他當年曾在低收入住房販毒。』」他學會阻隔這一切，但有時還是在意。

勒布朗從來不用這樣的眼光看待傑斯。他崇敬傑斯的藝術才華，也敬重他的坦率。

傑斯對勒布朗印象深刻的其中一個原因是，勒布朗沒有因為從小沒爸爸，而對外表露輕蔑或持久的悲痛。儘管勒布朗和他的母親經歷許多艱辛，他在年輕時也沒用「去他的世界」這種心態保護自己。相反的，當一位有如父親的人，在勒布朗五年級把籃球放在他手上時，他就找到了自己的道路。從那時開始，勒布朗從未走偏。到了十八歲，勒布朗的過往只有一條履歷：超凡入聖的籃球實力。

勒布朗和傑斯的生活交匯之際，這位藝人正好遇上生涯的十字路口。作為世界上最成功的饒舌歌手，傑斯和合夥人共同創立了自己的唱片公司「Roc-A-Fella Records」，讓他能從自己的音樂中，賺取比其他藝人更大比例的利潤和版稅。他也與正在籌備首張專輯的後起之秀肯伊．威斯特合作。同時，傑斯不斷拓展領域，推出名為「Rocawear」的服飾品牌，同時設法在音樂產業之外壯大自己的生意。當時的傑斯，正在跟二十一歲的流行歌星碧昂絲（Beyoncé）談戀愛，他們是全世界最引人注目的情侶之一。從許多層面來看，傑斯的生活比勒布朗的生活複雜多了。

然而，傑斯可以看出勒布朗的生活註定變得更複雜，勒布朗比傑斯更早成名，傑斯很高興有機會照料勒布朗。

同樣的，勒布朗也樂於以後輩身分，一窺傑斯的世界。抵達紐約幾天後，勒布朗在S．卡特車隊的巴士上坐在傑斯旁邊，車隊從布魯克林駛向布朗克斯（Bronx）。雨勢迫使承辦單位臨時將當日的比賽場地，改到著名的高喬體育館（Gaucho Gym）。巴士漸漸減速，勒布朗透過淡色車窗看到等候的人群。球員們都下車之後，勒布朗一走下巴士，群眾立刻湧上。

傑斯帶領勒布朗，穿過由球迷、攝影機和保全人員構成的擁擠通道，彷彿正在把一名拳擊手帶上擂臺。兩位明星首次一起公開現身，讓場面一度混亂。進到體育館後，勒布朗跟傑斯一起坐在板凳上為S．卡特隊加油，球迷們驚嘆於NBA選秀狀元，跟偶像級的嘻哈巨擘連袂出席的景象。

勒布朗待在紐約的時候，傑斯帶他參加四〇／四〇（40/40）俱樂部的開幕，那是傑斯在曼哈頓開設的豪華運動酒吧。一群有錢人擠滿一樓，吧臺上方有巨大的電漿螢幕，玻璃櫃裡陳列著一系列稀有的體壇紀念品。勒布朗留在樓上的貴賓休息室，裡面有一些名人在打撞球，還有幾位NBA球星坐在豪華的皮質家具上打牌，一位身材曼妙的短裙美女，端上干邑白蘭地和雪茄。

勒布朗和傑斯待在一起，傑斯正在跟提摩西．扎卡里．莫斯利（Timothy Zachery Mosley）私下談話，他是極具影響力的唱片製作人，嘻哈樂界的人都叫他提姆巴蘭（Timbaland）。當時已是深夜，傑斯正在感嘆，從聲名狼藉先生和吐帕克走了之後，嘻哈圈已今非昔比。這兩人都在一九九〇年代的槍擊事件中不幸離世。

傑斯說：「跟聲名狼藉先生和吐帕克在的時候，不一樣了。」

雪茄的味道飄在空中，勒布朗低頭看手機。即使在貴賓專屬的地方，他也處在自己獨有的空間，並能側耳聽見兩位嘻哈之王的對話。

值得慶祝的事情很多——幾天前，碧昂絲發布首張個人專輯《危險愛情》（*Dangerously in Love*），包含暢銷金曲《瘋狂愛戀》（*Crazy in Love*）。這首歌的音樂錄影帶，以傑斯的饒舌開頭：「耶！一切都太瘋了！」緊接著風情萬種的碧昂絲穿著紅色高跟鞋、緊身牛仔短褲和白色背心，在城市街道中間闊步而行，撩人問道：「準備好了嗎？」接著唱著：「呃噢，呃噢，呃噢。」影片放慢、鏡頭聚焦於她在裝卸碼頭上舞動身軀。傑斯和碧昂絲共同譜寫這首歌的歌詞，大膽展現兩人的感情狀態。

儘管傑斯對自己與碧昂絲的關係發展，以及事業的飛速崛起感到興奮，他卻也準備改變生涯方向。傑斯已經站在嘻哈樂界的高峰，事實上，他本人已是這座山，但他知道還有別的山峰等著他攀登。

「現在的嘻哈很庸俗。」他對提姆巴蘭說，同時透露即將發布的專輯會是他的最後一張。勒布朗絕對不會洩漏自己聽到的事。他已經明白，走在權力和名聲的廊道中，一定要守口如瓶。

當勒布朗離開紐約、返回阿克倫，傑斯明白表示，他把勒布朗當成家人。

我要你去耐吉工作

當勒布朗收到來自耐吉的第一張支票時，他告訴母親，無論她需要什麼，他都會給她。他跟她說，首先他會買一間新房子給她，而且不是普通的房子。他微笑著告訴母親：「一間有著草坪的房子。」

人生中第一次，葛洛莉雅．詹姆斯不再需要為錢擔憂。

關於馬維里克．卡特、里奇．保羅和藍迪．米姆斯，勒布朗心裡也有打算。勒布朗分別與他們會面，商討未來。

勒布朗先找卡特談，把重點放在耐吉。

勒布朗告訴他：「我要你去那裡工作。」

卡特沒有料到他會這麼說。但對勒布朗來說，這個決定在很多層面上都合情合理。首先，勒布朗希望好友裡的一員——他信任的人——能夠成為他在耐吉的耳目，而卡特是顯而易見的人選，因為他已經在耐吉待過一段時間，了解內情，並與籃球總監林恩．梅利特建立了穩固的關係。再者，勒布朗看見卡特未來的潛力，他想幫助朋友獲得寶貴的工作經驗。

勒布朗告訴卡特：「我已經跟耐吉安排好了，讓他們僱用你。」

卡特覺得自己幸運極了，擁有一位能跟耐吉「安排」的強力友人。對卡特來說，耐吉園區就像一個遊樂場。在那裡全職工作就像美夢成真，同時也有些嚇人。實習是一回事，但搬到俄勒岡、成為耐吉的員工又是另外一回事。他將會與業界最具才華和經驗的行銷人員，以及設計師共事。萬一他不夠格怎麼辦？

勒布朗不擔心。

有勒布朗撐腰，卡特便有了勇氣，他想起祖母說過的一句話：「有預感的時候，就放膽去做。」卡特有的不只是預感，他知道加入耐吉是迄今為止最穩妥的賭注。他從大學退學，收拾行囊，前往俄勒岡。

勒布朗與藍迪．米姆斯的對話，算是一年前邀約的延續。當時他告訴米姆斯，有朝一日會僱用他。勒布朗說：「好了，這一天已經到來。」他請米姆斯擔任全職私人助理，無論是去紐約拍廣告、去俄勒岡見耐吉的人，或者在NBA賽季期間前往客場，他都希望米姆斯隨行。

米姆斯很榮幸能成為勒布朗的守門人，負責把他送到任何需要去的地方。他辭去工作，成為勒布朗手下的員工。

勒布朗告訴里奇．保羅，他也希望僱用他，但勒布朗對保羅說，他還沒想好具體的職位，他們之後再一起商討。與此同時，他提供保羅每年五萬美元的薪資，並遞給他一張支付前兩週工資的支票。

保羅心知肚明，現在的勒布朗坐擁數百萬美金，既然如此，他完全有能力給自己遠超五萬美元的年薪。拜託，勒布朗的財產多到，可以給朋友們想要的一切。反之，他卻敦促卡特去耐吉謀一份入門職位，工作時間長，還賺得不多。同樣的，勒布朗期望米姆斯拿一份普通的薪水，幾乎全天候待命。而現在，勒布朗要求保羅這個有自己事業的人，為了比銷售復古球衣還少的錢來為他工作。

但是，保羅沒有因此懷恨在心，反而更被勒布朗吸引。在保羅看來，特權心態非常危險，會滋生懶惰，消除努力的動力。勒布朗沒有給朋友們特殊待遇，而是提供機會。如果勒布朗選擇別的做法，保羅反而會拒絕他。儘管復古球衣生意興旺，保羅仍選擇追隨勒布朗。

卡特二十二歲，保羅二十一歲，米姆斯二十四歲。他們都相信勒布朗給了自己千載難逢的機會，因此對這位年僅十八歲的摯友有了更深厚的忠誠，他們開始以「四騎士」自稱。

勒布朗與騎士隊簽下一紙三年一千三百萬美元的合約，合約包含第四年的球員選擇權，將讓勒布朗的收入達到一千九百萬美元。完成簽約的勒布朗剛好來得及在七月中旬，與騎士隊一起參加位於波士頓的銳跑職業夏季聯盟，這項賽事是ＮＢＡ新秀與自由球員發展計畫的一部分。在對陣塞爾提克隊的賽前熱身，勒布朗排隊上籃時，發現銳跑的高層——陶德．金斯基坐在場邊。

勒布朗知道他的經紀人與銳跑不歡而散。在阿克倫的飯店，亞倫．古德溫前往銳跑的房間告知，儘管他們出的價碼更高，勒布朗還是決定選擇耐吉，雙方因此產生一些言語交鋒。

看到勒布朗穿著耐吉球鞋熱身，金斯基心裡仍然不是滋味。

勒布朗離開上籃隊伍，朝他走去。

勒布朗說：「聽著，老兄，我只想說一聲，你們的提案非常出色。」

金斯基卸下了心防。

「不是針對你們。」勒布朗繼續說：「到頭來，我就只是追隨自己的心，做出我覺得對自己最正確的選擇。」

勒布朗的坦率與真誠讓金斯基驚訝。看著勒布朗走回去熱身的他，心想：「該死，他根本不需要特地這麼做。這個孩子才十八歲耶。」

林恩．梅利特也懾服於勒布朗的早熟，耐吉裡沒有任何人比他更看好簽下勒布朗。二〇〇三年，耐吉在代言合約上投入兩億七千四百萬美元，分別付給七十五名籃球員。從耐吉的角度看，他們對勒布朗的投資，比銳跑提供的金額更為重大。

未來，是勒布朗的時代

透過向勒布朗提供九千萬美元的合約，耐吉把他跟耐吉大家族裡的其他運動員區分開來。對梅利特來說，這種不成比例的投資是個明智的決定。高中時期，勒布朗到全國各地比賽，門票全都售罄，轉播的收視率也超過多數大學，甚至許多職業比賽。從梅利特的角度看，勒布朗已經證明，他的球風和個性能吸引廣大觀眾，就連麥可．喬丹也沒有像勒布朗一樣，帶著如此巨大的粉絲群進入ＮＢＡ。

「麥可打到第二年才引起旋風，但換作勒布朗，馬上就可以開始。」梅利特告訴《紐約時報》：「他挾著極大的聲望和知名度進入聯盟。」

就在喬丹宣布退休，最後一次退出籃壇一個月後，耐吉給了勒布朗史上最豐厚的球鞋合約，這並非偶然。讓耐吉揚名立萬的喬丹，在過去二十年裡一直是運動鞋產業最大的搖錢樹。放諸全球，飛人喬丹品牌無與倫比，但**耐吉的商業思維始終圍繞兩個詞彙——終結，和未來。**

喬丹時代已然終結，勒布朗的時代則是未來。

同樣並非偶然的是，與勒布朗達成協議一個月後，耐吉與柯比．布萊恩簽下代言合約。從耐吉的角度來看，柯比是喬丹時代與勒布朗時代之間的橋梁。喬丹退役後，柯比被譽為NBA最佳球員。二十四歲的他，已經手握三座NBA總冠軍，他的球風與喬丹一脈相承。

在二〇〇三年，沒有人敢說勒布朗的籃球實力超過柯比，但勒布朗顯然比柯比初入聯盟時更為成熟穩健。多數NBA內部人士都認為，勒布朗遲早會超越柯比，成為聯盟最佳球員。那時，耐吉認為勒布朗已比柯比更具宣傳力。在公司決定提供柯比四年四千萬美元的代言合約時，這點顯而易見，耐吉給了勒布朗兩倍以上的金額，承諾與勒布朗合作的時間，也幾乎是柯比的兩倍。

《華爾街日報》如此評論：「柯比作為球鞋代言人的紀錄時好時壞。他與愛迪達合作的最後一代簽名鞋——外型有如冰屋的未來風鞋款——在商店滯銷。不佳的銷售成績，部分歸咎於柯比在城市青年眼中缺乏街頭的吸引力，而這些城市青年正是球鞋的主要買家。」

反之，勒布朗是城市青年的典型。他積極擁抱自己城市的根，經常在記者會和採訪中刻意提及社區、母親，以及他們在阿克倫經歷的困境。此外，勒布朗與傑斯日益密切的關係，進一步提升他的街頭地位，使他成為同時在音樂圈嶄露頭角的運動員，這非常罕見。

七月中旬，傑斯的「Roc the Mic」巡迴演唱會經過克里夫蘭。勒布朗在傑斯的巡演巴士上，與他共度了一段時間。他們一起坐在沙發上——傑斯穿著一件綠色T恤，帶著一頂綠色棒球帽，勒布朗穿著一件艾力克斯．英格利希（Alex English）的復古球衣，戴著一條金色的耶穌項鍊——接受MTV頻道的嘻哈特派員斯威（Sway）採訪。

「看看是誰來了。」斯威說：「這就是傑斯的兄弟。你們知道的，他就這樣隨興的跳上了巴士。全國最炙手可熱的人物，勒布朗．詹姆斯。」

傑斯說：「一點都沒錯。」

斯威問：「什麼風把你吹來演唱會？」

「大哥，拜託一下。」勒布朗說：「你明知道我為什麼會來，就是因為我旁邊這位先生。」

傑斯笑了笑，點點頭說：「這是我的家族成員。」

斯威問道：「你期待跟誰對決？柯比．布萊恩？崔西．麥格瑞迪？」

「我準備跟整個NBA對決。」勒布朗告訴他：「看騎士隊那一晚的對手是誰，我們要爭取進入季後賽。個人成就沒什麼意義，團隊至上。」

傑斯說：「這就是我愛他的原因。」

「俠客、柯比、克里斯．韋伯（Chris Webber），好幾位NBA球員都曾嘗試製作饒舌專輯。」斯威說：「而如我所見，你現在正和傑斯混在一起。」

勒布朗咧嘴一笑。

「拜託，兄弟，這可是MTV頻道耶，」斯威說：「如果真有這種事，你有可能會錄張專輯嗎？」

勒布朗看著他，好像覺得他瘋了：「不，老兄，不可能。一點可能都沒有。」

斯威問：「真的永遠都不會？」

「上帝賜給我一個領域的才能，也就是籃球。」勒布朗說，然後指了指傑斯：「別的方面就交給我兄弟處理。」

傑斯微笑。「這就是真正的家人。」他說：「這就是兄弟。」

勒布朗還沒有打過任何一場ＮＢＡ比賽，但他在嘻哈圈的地位飆升。這讓耐吉的林恩·梅利特覺得安心。耐吉安排焦點小組做了消費者調查，結果顯示，勒布朗在消費者眼中的吸引力，已超越年齡、種族和人口統計學的限制。

從耐吉的角度來看，麥可·喬丹是難以複製的現象。但柯比和勒布朗，將會是下一代最耀眼的巨星。

ＮＢＡ也對喬丹的謝幕，抱持著類似觀點——柯比和勒布朗會是聯盟未來的門面。

而對勒布朗的需求——不論來自耐吉或ＮＢＡ——都即將水漲船高。

16 無限的壓力

二〇〇三年七月十八日，柯比．布萊恩受科羅拉多州相關單位指控，表示他在下榻洛基山脈一間度假飯店期間，性侵了一名任職於該飯店的十九歲女子。提告者在當地醫院接受治療，並向警方提供了詳細的證詞。對柯比提出指控的地方檢察官，將科羅拉多州重性侵犯罪的法律定義，描述為「性侵入或生殖器插入」以及「透過實際施加身體力量或肢體暴力，迫使受害人屈服」。如果被定罪，柯比將面臨四年至無期徒刑的刑罰。

對方提出告訴幾個小時後，柯比在洛杉磯舉行記者會。

「我是清白的。」他說：「我沒有強迫她做任何違背意願的事。我是無辜的。」柯比的妻子最近才生下他們第一個孩子，她補充道：「我知道我的丈夫犯了一個錯——婚外通姦的大錯。我們必須在婚姻中處理這個問題，我們會這麼做，但他不是一個罪犯。」

這個消息轟動了整個NBA。把聯盟最頂尖的球員，與強姦指控聯繫在一起的新聞標題充斥網路，也出現在世界各地的報紙上。《運動畫刊》甚至在封面放上柯比作為嫌犯的肖像照，還在他的臉部下方打上「被控」的字樣，這遠不只是一則體育新聞。

NBA總裁大衛．史騰發表一份聲明：「對於所有涉及刑事性質的指控，NBA的政策是，先等待司法程序的結果，再採取下一步行動。」但公眾輿論沒那麼有耐心。跟柯比合作代言的企業，也在第一時間撤除廣告。舉例來說，可口可樂停止播放柯比的廣告，而且在幾週後，可口可樂就跟勒布朗，簽下一紙六年一千兩百萬美元的代言合約。

NBA的形象受到重創。

《紐約時報》寫道：「除了為布萊恩先生曾經無懈可擊的代言聲譽，帶來無法估量的損害之外，這些指控也凸顯了NBA的形象問題。過去兩個夏季，一些聯盟明星球員，包括費城七六人隊的艾倫．艾佛森在內，都牽扯法律問題。」

他是否能承受壓力？

柯比名譽掃地的同時，勒布朗飛往西岸，拍攝他的第一支耐吉電視廣告。騎士隊預計於秋季稍晚，在沙加緬度（Sacramento）亞可體育館（Arco Arena）的球季開幕戰對上地主國王隊（Sacramento Kings）。為了這支廣告，耐吉在亞可體育館布置了騎士隊和國王隊之間的比賽，動用了兩隊的球員，還僱用數百名臨演來扮演球迷，國王隊的播報員也參與拍攝。

耐吉將這支廣告命名為《壓力》（*Pressure*），開場是勒布朗在NBA處女秀第一次持球。在國王隊控球後衛麥克．畢比（Mike Bibby）的防守下，勒布朗停下來觀察球場。一個播報員對另一個播報員說：「他能應付得了嗎？」勒布朗定格在原地，鏡頭對準他的臉。接下來的五十二秒鐘——這在電視廣告中簡直天長地久——勒布朗靜止不動，整個體育場變得寂靜。一個播報員低聲說：「你剛說到，他應付不了壓力。」看臺上一位球迷大喊：「你是個笑話！」名人堂球員「冰人」喬治・葛文（George "Iceman" Gervin）在場邊的座位上喃喃自語：「小夥子，加把勁啊。」最後，勒布朗笑了。畫面漸暗，耐吉的標誌出現在螢幕上。

這則廣告以及它提出的問題——他是否能夠承受壓力？——試圖輕鬆看待勒布朗肩上的重擔。即使在柯比惹上法律麻煩之前，NBA期待勒布朗做到的，都已經比聯盟史上任何一位新秀都多。

那年夏季，勒布朗的球衣成為所有聯盟授權的商品中，銷量最高的單品。從球隊層面看，只有洛杉磯湖人隊的商品銷量，超過克里夫蘭騎士隊。至於電視上，NBA計畫在二〇〇三－〇四賽季中，為騎士隊安排十三場全國轉播。而上個賽季的騎士隊，完全沒出現在任何一場全國轉播的比賽裡。

球評查爾斯・巴克利公開抨擊聯盟處理勒布朗的方式。「NBA太急著展示勒布朗，一直把他放上電視，這樣反而對他有害。」巴克利表示：「我認為他有機會，在三或四年之內成為一名猛將，但現在的他還有很長的路要走。」

夏末，勒布朗前往紐約，與NBA的長期合作夥伴TNT拍攝電視廣告，NBA選了史派克・李來執導。廣告中，勒布朗懸吊在嬰兒床上頭，孩子們唱著搖籃曲。對勒布朗來說，這是與他最敬佩的製片人相處的機會。除了執導《單挑》（*He Got Game*）、《為所應為》（*Do The Right Thing*）和《愛情至上》（*Mo' Better Blues*）等電影之外，李還創作並出演了數支麥可・喬丹知名的耐吉廣告。在李一九八六年的電影《美夢成真》（*She's Gotta Have It*）中，他創造出了馬爾斯・布萊克蒙（Mars Blackmon）這個虛構角色，他是生於布魯克林的紐約尼克隊球迷，喜歡喬丹鞋。

不久後，李在一系列喬丹的耐吉廣告中，扮演了馬爾斯．布萊克蒙。除了讓「一定是鞋子的關係」（It's gotta be the shoes）的廣告臺詞廣為人知之外，史派克．李搭配麥可．喬丹的廣告紅極一時，為球鞋產業帶來革命性的變革，並將飛人喬丹打造成一個全球性的時尚品牌。

李讓勒布朗明白，眼前這個時刻有多重要。李悲傷的看著柯比．布萊恩的性侵案成為頭條新聞。從李的角度看，勒布朗在一個對黑人運動員來說，至關重要的時刻加入ＮＢＡ；柯比的案件在某種程度上，則讓黑人運動員的形象受創。

李強調說，球場上表現出色固然重要，場外表現也同等重要。

勒布朗靜靜聽著。

勒布朗意識到，李以朋友的身分說這些話，李的話語也讓他產生共鳴。勒布朗在參觀耐吉總部時，被一九九三年那支惡名昭彰的廣告所震驚。在那支廣告中，查爾斯．巴克利大言不慚的說：「我才不是榜樣……父母才應該當榜樣。我會扣籃，不代表我應該教育你的孩子。」

勒布朗不同意：「那太荒謬了。」勒布朗後來說：「**要我當榜樣沒有問題，我很愛這樣。有些孩子把我當偶像，而我希望自己能激勵他們做好事。**」

李發現，勒布朗的觀點令人耳目一新。儘管如此，李已經在名人圈待了很久，見多識廣。然而他感覺，眼前這個年輕人未來的經歷跟見識，將會比他更多——可能比他這一代的任何黑人運動員都多。前途不可限量，危險也多不勝數。

男性名人常常落入的陷阱——毒品、壞朋友，尤其是女色——勒布朗必須格外警惕這些誘惑。雖然他曾在高中嘗試過大麻，但是並不喜歡。他也不曾對更猛烈的毒品，或任何可能妨礙他追求運動表現的事物感興趣。

選擇朋友上，勒布朗的身邊是卡特、保羅和米姆斯，這三人尊重並欣賞他潔身自愛與明哲保身的決心。至於女性，勒布朗周遭常有許多尤物。雖然他和一般男性一樣，會注意漂亮的女人，但他的心裡只有莎凡娜。緊湊的籃球和商務行程，令勒布朗無法如願和莎凡娜多待在一起，但他的真心已屬於自己十七歲的靈魂伴侶。

勒布朗沒有對李說這些。但他經常提醒自己，孩子們會把我當榜樣。

儘管如此，在柯比被捕之後，李刻意把自己的心聲，傳達給勒布朗的經紀人亞倫．古德溫。李告訴古德溫：「千萬別搞砸了。」

一夕之間，成為被告

在監獄裡，艾迪．傑克森越發感到孤立和沮喪。勒布朗的生涯起飛，葛洛莉雅的經濟狀況永遠改變，亞倫．古德溫左右逢源，談妥一紙又一紙合約。似乎每個人都飛黃騰達，除了傑克森之外。球鞋公司的代表們不再跟他聯絡，試圖接近勒布朗的人也不再理會他，他已經三個多月沒有葛洛莉雅的音訊，現在似乎只剩不耐煩的約瑟夫．馬許還在追著傑克森。

馬許覺得自己已經履行了承諾，借給傑克森和葛洛莉雅十萬美元。然而，紀錄片卻毫無進展。自從勒布朗成為職業球員後，馬許就一直聯絡不上葛洛莉雅。他覺得情況不妙，並寫信給傑克森，明確表示還債的時候到了。

七月下旬，傑克森寫了一封信給馬許，為這個局面道歉，並表示他已經好幾個月沒有和葛洛莉雅通訊了。他補充道：「但我確實有寫信給她，請她打電話給你，把事情搞定。我打電話給亞倫．古德溫，那個經紀人。我想知道他何時能來採訪，這樣我就可以和他談。所以，讓我去處理這一切。

「兄弟，很抱歉事情到現在還沒有解決。希望之後會有進展，因為我真的很感激，你為我和我的家人做的一切。」

傑克森終究和古德溫取得聯繫，然後古德溫聯絡了馬許，但古德溫和馬許之間的來往很快就陷入僵局。九月，馬許向傑克森遞交通知書，要求全額償還貸款和利息——總計十一萬五千美元。

幾天後，傑克森又寫了一封信給馬許：「正如我在電話中所說，我們正在努力處理這件事。我以為已經解決了。我和亞倫談過，他說他只是想讓你簽署一份合約，聲明你就算在拿到錢之後，也不會向媒體透露消息。很抱歉讓你經歷這些，我真的很感激你做的一切。」

十月，馬許對傑克森和葛洛莉雅，提出違約和不當得利的指控。隨後不久，馬許也對勒布朗提告，聲稱他違反了口頭協議，拒絕配合製作紀錄片，或參與跟馬許相關的其他生意。馬許對紀錄片的損害求償一千萬美元，對其他商業關係的損害，求償五百萬美元。

在訓練營前夕，勒布朗突然成為被告。這場訴訟會分散他的專注力，勒布朗將其交給佛德里克．南斯處理，南斯提交了對訴狀的答辯。在答辯中，勒布朗否認他曾授權艾迪．傑克森代表他行事，也否認葛洛莉雅是他的代理人或代表他行事。

這就是我選擇的生活

一九六〇、一九七〇年代，保羅・塞拉斯（Paul Silas）曾有輝煌的NBA生涯，身為聯盟頂級防守球員的他贏得了三座總冠軍。退役後，塞拉斯在NBA擔任教練超過十五年。二〇〇三年，騎士隊聘請塞拉斯出任球隊的總教練，他的主要職責之一就是指引勒布朗。

沒太多事能讓塞拉斯驚訝，但他從未見過聯盟新秀被如此炒作與期待，也從未遇過這麼有錢的新秀。當勒布朗首次參加球隊訓練時，塞拉斯注意到一些資深球員議論紛紛，他們說：「他到底做過什麼，哪裡配得上這種聲勢？」

塞拉斯告訴勒布朗，每個人都會對他虎視眈眈。而塞拉斯所說的「每個人」，也包括勒布朗的隊友。甚至在選秀前，塞拉斯就感受到球隊內部的敵意。騎士隊前鋒卡洛斯・布瑟（Carlos Boozer）當時曾表示：「在勒布朗打的位置上，球隊已經有比他更好的球員了。」

塞拉斯認為，最受勒布朗威脅的球員是瑞奇・戴維斯（Ricky Davis），他是球隊得分王，也被視為陣中最好的球員，更自認是球隊領袖。球季開始之前，戴維斯接受《運動畫刊》記者傑克・麥卡倫（Jack McCallum）採訪，麥卡倫正在為雜誌的NBA季前特刊撰寫報導。「勒布朗會助我一臂之力。」戴維斯跟麥卡倫說：「像我這樣強大的運動員、像他那樣強大的運動員，我們會把一切整合起來。」

戴維斯習慣擔任騎士隊陣中最重要的球員。但是當NBA季前特刊出版後，封面上的人是勒布朗，標題則是〈成為勒布朗的重要性〉（*The Importance of Being LeBron.*）。這等於以不太含蓄的方式，向戴維斯和其他人傳達了一個訊息：勒布朗不只是騎士隊最重要的球員，他是全NBA最重要的球員。

訓練營期間，塞拉斯花了很多時間跟勒布朗獨處，向他解說未來對手對付他的方式。「別當個膽小鬼。」塞拉斯告訴勒布朗：「當他們對你發動攻擊，你要立即反擊。」

勒布朗知道自己是眾矢之的，但他對自己說：「這就是我選擇的生活。」

正常的情況下，沙加緬度國王隊一場例行賽會發出二十幾張媒體證。但在二〇〇三年十月二十九日對陣騎士隊的開幕戰，國王隊發出了三百四十張媒體證，媒體對勒布朗處女戰的關注，甚至超過了NBA季後賽。

比賽當天稍早，勒布朗打電話給聖文森—聖瑪莉高中的隊友們，他們都聚在阿克倫一起看比賽。儘管勒布朗已經進入聯盟，他仍與最好的朋友們保持密切聯繫，勒布朗和他們，比跟騎士隊的任何人都親近。勒布朗告訴他們，自己已經蓄勢待發。

勒布朗被介紹出場時，滿場的觀眾爆出噓聲。

勒布朗試圖阻隔噪音。他對自己說：「保持鎮定。專注在球場上，每分每秒都要努力。」

在開打之前，耐吉播放了勒布朗的電視廣告。開賽一分鐘左右，勒布朗第一次持球往前場推進。跟電視廣告不同的是，勒布朗並沒有停滯，反而開始加速。「轉守為攻的推進，這是他最擅長的。」播報員剛說完這句，勒布朗就穿過國王隊的防守陣，從弧頂拋出一記聲東擊西的空中接力傳球，瑞奇．戴維斯跳到空中、接球扣籃，點燃全場觀眾的熱情。播報員說：「他的第一個助攻出現了，漂亮的一球！」

一分多鐘之後，勒布朗拿下身為職業球員的頭兩分，命中一記十五呎跳投。片刻後，他又一次跳投命中。

阿克倫的隊友們自豪的說：「那是我們的兄弟。」

克里夫蘭的下一波進攻，勒布朗經過換防之後，被國王隊的七呎中鋒布拉德．米勒（Brad Miller）防守。勒布朗自信可以在一對一吃掉米勒，於是往底線運球，進入靠近騎士隊板凳席的角落。米勒接近、勒布朗起跳，後仰遠離米勒與籃框。動能讓他的身體往邊線傾，勒布朗在空中踢出右腿，在落地前把球投出，球剛好越過米勒伸長的手。籃球在空中劃出一道弧線的同時，播報員說：「哦，他失去了平衡，越過七呎長人出手。」

對門外漢來說，勒布朗的投籃看來並不明智，像是菜鳥會犯的錯誤，或像小孩會在街頭球場嘗試的花式投籃。勒布朗不是在那種地方學會打球的，儘管他成長於都市，在露天柏油球場上打球的時間很少。反之，他花了數千小時，在體育館的木地板上練球。

多數人並不了解，勒布朗人生中的教練在幕後扮演的關鍵角色。除了投身家庭、信仰和職業之外，德魯教練、法蘭克．沃克、李．卡頓和基斯．丹布羅特，都是籃球純粹主義者。他們宣揚傳球勝過得分、團隊合作勝過個人主義。但到頭來，他們都明白勒布朗是一個天才，能在場上做到教不來的事。勒布朗擁有他們不曾見過的本能和身體條件。德魯和勒布朗的其他教練所做的最重要的事，就是讓勒布朗和他的朋友遠離街頭、待在體育館，並給勒布朗一個地方，讓他練球、練球，再練球。他的才能，就是讓極度困難的動作，看起來輕鬆自如。

當勒布朗在界外落地，絆到板凳上隊友的腿，弧線完美的籃球穿過籃網。播報員驚嘆：「他進了！」

在阿克倫，勒布朗的隊友們感到驕傲，但並不驚訝。

其中一人說：「他以前在練球時，常用這招吃掉威利。」

其他人笑了起來。他們都記得勒布朗一次次在威利的防守下，練習這種後仰跳投。勒布朗在對陣國王隊時展示的不是花招，而是無數努力的成果。

勢不可擋的勒布朗，在國王隊的籃下攔截一個失誤的傳球，穿過人群往前場推進，聲東擊西傳出一記地板球，讓隊友卡洛斯．布瑟扣籃得分。國王隊的下一次進攻，勒布朗在中線處抄截，朝騎士隊進攻的籃框衝刺，在罰球線附近起跳。在空中，頭跟籃框等高的勒布朗單手爆扣。國王隊下一次持球，勒布朗再次抄截，獨自衝向前場，但他這一次沒有扣籃，反而停下來等待隊友瑞奇．戴維斯，把球傳給他，讓他完成一記花式倒扣。

塞拉斯教練對眼前所見感到滿意。騎士隊最終輸了球，但勒布朗攻下全場最高的二十五分，傳出全場最高的九次助攻，同時貢獻六個籃板和四次抄截。

ESPN的吉姆．格雷，在勒布朗走下球場時採訪他。

格雷問：「你的個人表現超出了自己的預期嗎？」

「輸球的時候，我盡量不想這些。我覺得我們今晚真的有機會拿下比賽，可惜事與願違。」勒布朗回答道。

葛洛莉雅穿著時尚的黑色套裝，站在騎士隊更衣室外等候。當球員們從更衣室前往球隊巴士時，她攔住勒布朗，並給他一個擁抱。

勒布朗緊緊抱住母親，然後搭上開往機場的巴士。

球隊於凌晨兩點半降落在鳳凰城（Phoenix）。勒布朗的NBA生活正式展開。

勒布朗NBA處女秀的電視收視率破表。在俄亥俄州北部，收看人數是上個賽季騎士隊開幕戰的四．三三倍。以全國統計，ESPN前一年轉播的所有比賽中，只有一場球的收視率高過這場。對於一場在東岸晚間十點半播出的比賽來說，這個成績非常好。

對陣鳳凰城太陽隊（Phoenix Suns）賽前，在美西球館（America West Arena）的更衣室裡，勒布朗注意到TNT電視臺的解說員，正在談論他對陣國王隊的表現。勒布朗把音量調高，微笑看著TNT播放他抄球，然後傳給瑞奇．戴維斯扣籃的精彩畫面。

「看到了嗎？」勒布朗指著更衣室裡的幾名記者說：「這就是無私。」

記者們跟著塞拉斯教練走進一個房間。

勒布朗探頭進來，示意塞拉斯做結尾。

塞拉斯跟勒布朗說：「放輕鬆。」

然後塞拉斯看著記者們說：「勒布朗需要一點私人空間。對此，我沒有意見。遵命，詹皇先生。」

當晚，勒布朗在對陣太陽隊的比賽中攻得二十一分，抓下十二個籃板，傳出八次助攻。他的球隊又輸了。

圍繞勒布朗的球隊

在騎士隊的第三場比賽中，瑞奇．戴維斯因為勒布朗沒有傳球而責備他。從那一刻開始，塞拉斯注意到，勒布朗在進攻端有所保留，他似乎為了不壓過戴維斯而壓抑自己。塞拉斯和騎士隊最不想看到的，就是有所保留的勒布朗。

二〇〇三年十二月十五日，騎士隊把瑞奇．戴維斯和其他兩名球員，交易到波士頓塞爾提克隊。這代表騎士隊開始重組，要圍繞勒布朗打造一支球隊。

戴維斯的交易，恰逢耐吉正式發布勒布朗的個人簽名鞋，並更名為Air Zoom Generation。為了推廣這雙鞋，耐吉推出第二支勒布朗的廣告，被稱為《助攻聖典》（*Book of Dimes*）。廣告的背景，是改造成教堂的體育館，喜劇演員伯尼．麥克（Bernie Mac）飾演牧師，臺下的教眾包含一批NBA名人堂成員——傑瑞．衛斯特（Jerry West）、摩斯．馬龍（Moses Malone）、外號「J博士」（Dr. J）的朱利斯．厄文（Julius Erving），以及喬治．葛文。美國女子職業籃球協會（WNBA）最大牌的球星們則組成合唱團——蘇．伯德（Sue Bird）、泰咪卡．卡欽斯（Tamika Catchings）、謝麗爾．斯伍普斯（Sherl Swoopes）、沙米克．霍爾茲克勞（Chamique Holdsclaw），以及唐．斯特麗（Dawn Staley）。

伯尼牧師讀著《詹皇戰術手冊》（*King James Playbook*），讚頌勒布朗。

「籃球的天選之子，向籃球之魂祈求球場視野，於是被賦予了。」麥克說：「大家可以齊聲說上籃嗎？」

教眾們回應：「上籃！」

片刻之後，伯尼大喊道，他感受到籃球之魂降臨，體育館的大門被推開，勒布朗運球進入教堂，聲東擊西傳球給教眾成員。接到他傳球的人，都得到天賜的得分能力。他們飛到空中扣籃，廣告進入尾聲，合唱團唱著：「傳球！傳球！傳球！傳球！」

與其說是耐吉的劇本，這支廣告其實多半出自勒布朗的構思。勒布朗常跟林恩・梅利特說，想要拍一支與他個人特質相符的廣告，他愛傳球，也愛幽默。勒布朗很高興能將成長過程中欽佩的球員——J博士、冰人——和籃壇頂尖女球員納入其中，尤其樂見他最喜愛的喜劇演員扮演牧師。

這支廣告在十二月的NFL比賽首度亮相，確保了最大程度的曝光。觀眾的迴響對NBA來說如音樂般美妙。「結果耐吉搞了個清新的形象。」《Slate》雜誌寫道：「他們讓勒布朗微笑，這顯然不是『幫派』風格的東西。也許最有趣的是，整個廣告的重點都是勒布朗的團隊精神，而不是那些常常被用來推銷球鞋的花俏動作。」

勒布朗的球鞋每雙定價一百一十美元，於十二月中旬在全美開賣，聖誕節前就在各地銷售一空。與此同時，勒布朗的球衣在他新秀賽季的頭幾個月，賣出超過六十萬件，總銷售額預計達到六千九百萬美元。此外，NBA比賽的電視收視率，在ESPN上升了一五%，在TNT上升超過二〇%。

勒布朗滿十九歲後不久，在新秀賽季的中期，莎凡娜・布林森得知自己懷孕了。這個情況令她心生恐懼。**我該怎麼跟我爸媽解釋？**她也擔心這件事影響勒布朗。**勒布朗的職業生涯**

會怎麼樣？

莎凡娜哭著告訴勒布朗，她懷了他的孩子。

這是讓他們警醒的一刻。這不在他們的計畫之內，勒布朗肩負耐吉和聯盟的重擔，而莎凡娜只是一個膽怯的十七歲高中應屆畢業生，但他們都堅決要留下這個孩子。

情況十分複雜，但勒布朗覺得他可以處理好。

「這不會拖累我。」他告訴莎凡娜：「也不會拖累妳。」

莎凡娜難免感到難以承受。

勒布朗告訴她：「我們會繼續做該做的事情。」

接下來兩個月，勒布朗率領騎士隊在季末強拉尾盤。騎士隊以三十五勝四十七負的戰績結束賽季，只差一場就能晉級季後賽。勒布朗的出場時間、得分、助攻和抄截都居全隊之冠，他成為NBA史上最年輕的年度最佳新人。

賽季一結束，勒布朗就回到阿克倫，帶莎凡娜參加高中畢業舞會。莎凡娜穿著一套自己設計的禮服——上半身露背裝，下半身是鑲有水鑽的人魚裙——勒布朗稱讚她美得不得了。

她已懷胎五個月，而他們即將為人父母。

17 不會記恨

二〇〇四年雅典（Athens）奧運開幕前幾個月，勒布朗意外收到美國男子籃球隊的邀請。奧運隊伍一片混亂，去年贏下國際籃球總會（FIBA）美洲奧運預選賽的十二名NBA老將中，有九人決定不前往希臘。而那些被徵召來填補空缺的多數球星，也基於各種原因拒絕參加：柯比．布萊恩被即將到來的審判糾纏，其他人也寧願趁著休季，留在家中休養身體。幾位知名NBA球員，對於參加九一一事件以來首屆奧運抱持擔憂。美軍剛抓到薩達姆．海珊，但策劃九一一事件的首領——奧薩馬．賓拉登（Osama bin Laden）還在躲藏。此外，在喬治．布希總統入侵伊拉克後，反美情緒在歐洲和中東地區都日漸高漲。

勒布朗不特別擔心自己的安危。關於美國的外交政策，及布希政府的反恐戰爭帶來的政治影響，他也沒有多慮。同時，他對參加奧運也沒有太多想法。「作為美國的黑人孩子，成長過程中的思維是『我想進NBA』。」勒布朗後來回顧這段經歷時，曾說：「你沒有真正理解為國效力的重要。沒有人宣揚、沒有人談論、沒有人秀給你看。」

但勒布朗確實理解忠誠和團隊的重要。美國隊需要他，對他產生了影響。參加雅典奧運的陣容中，上個NBA賽季的全明星球員就只有提姆．鄧肯跟艾倫．艾佛森。勒布朗認為自己可以幫助他們，在摘金的過程中扮演要角。再者，年僅十九歲的他，將成為自一九九二年

ＮＢＡ球員開始參加奧運以來，美國男子國家隊陣中最年輕的球員。

因為這份榮譽的自豪感，以及亟欲跟隊友合力對抗其他世上最優秀的籃球員，勒布朗前往佛羅里達州傑克遜維爾（Jacksonville）訓練營。當時的他，不知道自己正要踏入什麼窘境。

人們不再支持美國隊

勒布朗抵達時，驚喜的發現自己並非陣中唯一新秀。他的好友卡梅羅・安東尼和邁阿密熱火隊的控球後衛德韋恩・韋德，也在最後一刻加入名單。他們三人是ＮＢＡ新秀中的佼佼者，一起以「年輕槍手」自稱。看著周遭的資深球員，勒布朗和卡梅羅覺得，他們很有機會與鄧肯和艾佛森一起擔任先發。

勒布朗對卡梅羅說：「我們一起拚吧。」

並非所有資深球員，都欣賞這幾個新秀的態度。紐約尼克隊的控球後衛史蒂芬・馬布里（Stephon Marbury），認為勒布朗和卡梅羅有點自大且過從甚密。跟勒布朗一樣，馬布里曾在高中籃壇造成轟動。一九九〇年代時，他曾是科尼島（Coney Island）街頭籃球場的傳奇，卻未能在ＮＢＡ成為超級巨星。八年的時間裡，馬布里輾轉待過四支球隊，從未接近勒布朗那種等級的名聲和財富。在紐約，卡梅羅甚至比馬布里更受關注。如果讓尼克隊的球迷選擇，他們會毫不遲疑的用卡梅羅換掉馬布里。

幾位老鳥和新秀之間的敵意是雙向的。勒布朗和卡梅羅覺得，老鳥們應該更努力營造袍澤之情。「他們太傲慢了。」卡梅羅在回憶那段經歷時說：「他們不會說『我挺你，年輕人。我會罩你』，不是那樣的。上了場，你就只能靠自己。」

總教練賴瑞·布朗（Larry Brown）也感到心灰意冷。一年前的預選賽中，他執教的球員都是經驗豐富的老將，並作為一個團結的整體發揮。現行的陣容是委員會組建的，布朗基本上繼承了彼此沒有默契的一盤散沙。而美國隊在正式比賽前，只有十五次訓練。依照他一貫的執教風格，布朗計畫把大部分的上場時間留給資深球員。在德國、塞爾維亞和土耳其的一系列熱身賽之後，布朗確定了以下先發陣容：

艾倫·艾佛森，後衛
史蒂芬·馬布里，後衛
提姆·鄧肯，中鋒
理察·傑佛遜（Richard Jefferson），前鋒
尚恩·馬里安（Shawn Marion），前鋒

勒布朗不開心，自孩提時期開始打正式的籃球比賽以來，他第一次沒擔任球隊先發。他參加奧運，可不是為了當一個陪練球員。

卡梅羅也很不爽，他和勒布朗都是前鋒，卡梅羅認為他們優於理察·傑佛遜和尚恩·馬里安。「他們排在我們前面？」卡梅羅對勒布朗說：「這是怎樣？」

知道自己不會先發之後，勒布朗和卡梅羅在每次練球前都彼此約定，如果先發球員們今天狀況不好，他們就電爆這些傢伙。

前往雅典之前最後一場熱身賽的前夜，勒布朗和球隊其他成員正在伊斯坦堡（Istanbul）的豪華飯店睡覺，城市另一區的兩間旅館發生了爆炸事件，造成兩人死亡、十一人受傷，涉嫌的可能是庫德族[2]（Kurds）的分離主義分子。一天前，湖人隊前鋒拉瑪・歐登（Lamar Odom）曾與美國隊的球員，在發生爆炸的地區參觀。得知恐怖攻擊發生後，歐登毛骨悚然。

勒布朗沒有跟歐登同行，但是在爆炸事件發生後的早晨，美國官員向球隊做了簡報，勒布朗提的問題比任何人都多。他想知道發生了什麼，也想知道球隊的維安計畫是什麼。當日稍晚，一隊警車護送美國奧運隊的巴士離開飯店。到了球館後，勒布朗和隊友們穿過兩排身著鎮暴裝備的員警，走上球場。在提姆・鄧肯的帶領下，美國隊贏了這場熱身賽，但土耳其球迷對美國隊的態度非常令人不快。

到了雅典後，大家對美國隊的敵意更為強烈。遠征希臘這段期間，美國隊住在停泊於比雷埃夫斯港（Piraeus）的世界最大郵輪「瑪麗皇后二號」（RMS Queen Mary 2）上。當時，這艘橫渡大西洋的豪華船隻頭等艙要價，約為每人兩萬七千美元。球隊選擇在那裡住宿，是因為這艘船能為球員提供最高級別的安全保障，但豪華郵輪也強化了人們對奧運美國男籃隊的普遍看法：一群被寵壞的傲慢球星。

2 編按：生活於西亞的遊牧民族，大多數為伊斯蘭教遜尼派信徒。

在首輪比賽中，波多黎各以九二：七三，擊潰備受看好的美國隊。這是自從ＮＢＡ球員在一九九二年開始參加奧運以來，美國隊首次輸球。希臘的觀眾歡欣鼓舞。

勒布朗在對陣波多黎各的比賽上場十三分鐘，只出手三次，得到五分。比賽最後幾分鐘，體育館裡的聲音，比他以往待過的任何場地都大。勒布朗坐在板凳席的遠端，用毛巾把頭蓋住、臉埋進雙手之間。

賽後，布朗教練厲聲批評球隊，質疑他們的努力，痛斥他們沒有意識到其他球隊多渴望擊敗他們。美國國內的體育記者嘲笑美國隊，一位知名籃球記者稱他們為「笑柄」。希臘的國際球迷陶醉於美國隊的潰敗。「人們不再支持美國隊。」一位立陶宛球迷告訴ＥＳＰＮ：「因為沒人喜歡美國在世界其他地方的所作所為。」

勒布朗苦不堪言。他待在世界的另一頭，多數時間被困在船上的房間。比賽時，他只能坐冷板凳，因為教練越來越倚重史蒂芬．馬布里、理察．傑佛遜和尚恩．馬里安這樣的球員。與此同時，希臘的球迷對美國隊的失利幸災樂禍。勒布朗不是為了經歷這些才加入球隊，他想念他的家人，他想念他的朋友，他想念俄亥俄州。

儘管美國隊又輸了一場——這次的對手是立陶宛——他們還是贏了三場比賽，得到爭奪獎牌的資格。然而，他們又以八一：八九輸給阿根廷，確定無緣金牌。輸給阿根廷的比賽，尤其讓勒布朗不忍卒睹，球隊整場比賽都處於落後，勒布朗卻只能在替補席上枯坐，僅上場三分鐘。就連艾倫．艾佛森也搞不懂，為何陣中最具運動天賦的球員，一直被冰在板凳上。

美國最終拿了銅牌。

沮喪且羞愧的勒布朗，登上開往機場的球隊巴士。奧運期間，他平均每場只打十一分鐘，場均得分只有五分。他和卡梅羅講話的時候，史蒂芬．馬布里上車，並直接對他們兩人開嗆。

「你們什麼屁都不是！」馬布里大吼：「你們在這支球隊裡一無是處。」

勒布朗和卡梅羅馬上回嗆，爭執越演越烈。

「你們想搞相親相愛那套。」馬布里說：「去你媽的相親相愛，相親相愛個屁。」

勒布朗和卡梅羅對馬布里沒有任何好感，而馬布里也是。

馬布里大喊：「你們永遠不會成材。」

勒布朗受夠了。在海外度過三十五天的他，迫不及待重返ＮＢＡ。

勒布朗的團隊，就像兄弟

二〇〇四年秋天，《ＧＱ》雜誌想專訪勒布朗。這本男性時尚雜誌，以封面刊登好萊塢演員而聞名，鮮少在其頁面中放上ＮＢＡ球員，但雜誌的編輯是籃球迷，他想探索十九歲的勒布朗如何應對ＮＢＡ生活的壓力。亞倫．古德溫認為這是個好主意。

勒布朗也同意，到洛杉磯拍攝他的下一支耐吉廣告後，他將前往紐約，打算在騎士隊訓練營開始之前完成《ＧＱ》的採訪。馬維里克．卡特、里奇．保羅和藍迪．米姆斯陪他一起去，亞倫．古德溫事務所的公關主任瑪麗．福特（Mary Ford）也加入行列。勒布朗嚼著可口泡（Bubblicious）口香糖、穿著寬鬆的短褲、T恤和黑色耐吉便帽，在曼哈頓中城（Midtown）

的W飯店大廳，與福特一起等待作家到來。

《GQ》請來賴瑞．普拉特（Larry Platt）撰寫勒布朗的專訪。普拉特是《費城》（*Philadelphia*）雜誌的編輯，最近還寫了一本七六人隊控球後衛艾倫．艾佛森的傳記。對NBA觀察敏銳的普拉特，毫不遲疑的抓住機會，為《GQ》專訪勒布朗。

普拉特認為NBA陷入了麻煩。夏末時，柯比．布萊恩在性侵指控案中被宣告無罪，原告最終決定不出庭作證，於是檢察官撤銷該案。但為期一年的法律糾紛，與其衍生的齷齪新聞標題，都讓柯比和聯盟蒙上一層陰影。與此同時，柯比和俠客．歐尼爾之間的摩擦，導致湖人隊將歐尼爾交易到邁阿密熱火隊，拆散了聯盟中最強大的二人組。別忘了，還有雅典奧運的一敗塗地，普拉特想知道，勒布朗能否成為NBA的救世主。

福特介紹勒布朗給普拉特認識時，勒布朗沒打算以任何實質的方式敞開心扉。他現在比以往更保護個人生活，尤其是在記者面前。

為了快速建立親近感，普拉特試了個老把戲——拽出人名。他提到了威廉．衛斯理。勒布朗精神為之一振。他問：「你認識衛斯叔叔？」

普拉特回答：「我在費城跟他認識的。」

勒布朗露出微笑，看向大廳裡的朋友們。「喂，喂，」他對他們說：「這傢伙認識衛斯！」卡特和保羅走了過來，講起關於衛斯的趣事。

普拉特藉此打開一個窗口。

一行人隨後前往隔壁的藍鰭（Blue Fin），那是時報廣場的一家餐廳，普拉特打算邊吃午餐邊採訪勒布朗。然而抵達的時候，餐廳員工告知他們餐廳下午休息，廚房已經關閉。

勒布朗用口香糖吹了一顆大泡泡，走到前面說：「讓我見見主廚。」

片刻後，經理來了。知道勒布朗・詹姆斯在餐廳後，經理馬上安排了一張桌子。廚師被叫出來，菜單被拿了出來，儘管已是下午，勒布朗點了早餐，其他人則點了午餐。

等待餐點時，勒布朗無情的嘲弄保羅。

保羅則拿出一本即將出版的漫畫，裡面有畫到勒布朗。他指著漫畫裡的勒布朗說：「看看他，頭那麼小，耳朵卻大的跟什麼一樣。」

大夥兒開始嘲笑勒布朗。

勒布朗指著保羅，對普拉特說：「這個小個子超會搞笑。」

普拉特對卡特、保羅和米姆斯都一無所知，但他注意到他們與艾倫・艾佛森圈子之間的鮮明對比。在撰寫艾佛森傳記時，普拉特得出結論，艾佛森身邊的某些人，會對他造成不良的影響。其中一人有著一長串的犯罪紀錄，另一人被抓到偷竊艾佛森的私人物品並賣給當鋪，艾佛森還因為不忠誠的行為解僱了第三個人。

反之，在普拉特眼裡，勒布朗的朋友們看起來就像一群玩鬧的孩子。保羅似乎是個愛搞笑的傻蛋，跟艾佛森身邊的團隊截然不同，這還不錯。但普拉特發現，自己很難認真對待勒布朗身邊的團隊。

普拉特還注意到另一個關鍵區別，**艾佛森從不把自己內部圈子的人，當成平起平坐的夥伴，他們都是受僱的**，他們與艾佛森之間的氛圍，也反映出這一點。**而勒布朗的圈子內，更**

像是一群平等的兄弟。

一個服務生出現，把一盤裝滿煎餅和香腸的盤子放在勒布朗面前，配上一堆切片香蕉。

勒布朗一邊咀嚼著食物，一邊抬起屁股，放了一個雷鳴般的響屁。

「該死，瑪麗。」勒布朗看著瑪麗．福特說：「不要放屁。」

卡特和保羅哈哈大笑，相互擊掌。

瑪麗．福特面無表情，但普拉特忍不住笑了出來。勒布朗和朋友之間那種兄弟會一般的互動，讓整個經驗變得非常好玩，但普拉特開始懷疑，自己能否從勒布朗口中得到一些認真的內容，接著他問了一個關於籃球的問題。

勒布朗臉上的笑容消失了，他直視普拉特的眼睛。

「一旦讓我適應場上的環境，一切彷彿都慢了下來。」勒布朗說：「我不想自吹自擂，但我好像能提前看到事情發生。我似乎知道防守者會出現在哪裡、我的隊友會出現在哪裡，有時甚至在他們自己知道之前。」

錄音機運轉著，普拉特驚嘆於勒布朗口氣的突然轉變。他的聲音變得低沉，短短幾秒鐘之內，行為原本像是嬉鬧青少年的他，現在說起話來就像個行家。

「我的打法超越時間。」勒布朗繼續說：「我不是說自己領先時代。我的意思是，當我在場上傳球時，我傳出去的球會把隊友引導到他需要去的地方，甚至在他自己發現那是正確位置之前。我讓一切慢到一個程度，好讓我掌控事情的發生。」

普拉特心想：「哇，這傢伙真的是個天才。」

採訪結束，普拉特得出結論：把NBA交給勒布朗，絕對沒問題。儘管肩負擔任聯盟門面的巨大壓力，十九歲的勒布朗在普拉特眼中出奇的無憂無慮。普拉特做出這樣的觀察時，並不知道勒布朗有個高中戀人，並且兩人即將成為父母。

幾週後，當勒布朗回到紐約，在三角地（Tribeca）的一間閣樓拍攝《GQ》的照片，普拉特到場做後續採訪。勒布朗對著鏡頭擺姿勢時，普拉特注意到現場準備的午餐，包括許多盒水果石麥片。普拉特問起這件事，現場人員說這款早餐麥片，是勒布朗唯一的要求。普拉特心裡記下這點——換成是艾倫．艾佛森拍照的話，他一定會要求水晶香檳（Cristal）。

不是說你不記恨嗎？

騎士隊的總教練保羅．塞拉斯，對勒布朗從高中生躍升為NBA球星的能力印象深刻。二〇〇四年訓練營開始時，塞拉斯更驚訝的發現，勒布朗在休季期間發生巨大變化。他增添了幾磅肌肉、外線投射大幅進步，雙人包夾時，也變得更擅長尋找空檔隊友。而且他在場上更勇於發聲，指揮並引導隊友。擔任教練那麼多年，塞拉斯從未見過任何球員，在這麼短的時間內，經歷如此戲劇性的轉變。

塞拉斯告知勒布朗，他的位置從得分後衛變成小前鋒。

塞拉斯也告訴勒布朗，他在進攻端可以隨意發揮。這支球隊，是他的。

勒布朗喜歡回到騎士隊，回到熟悉的環境。他享受為塞拉斯效力，塞拉斯欣賞他的才能，並竭盡全力在球場上指引他。勒布朗讓塞拉斯知道他非常感恩，並保證不會辜負教練對他的期望。

訓練營接近尾聲時，勒布朗離開球隊幾天，去陪伴莎凡娜。二〇〇四年十月六日，莎凡娜在勒布朗的陪同下生下一個男孩。對勒布朗來說，這是改變人生的時刻，生子比起作為一名運動員所經歷的任何事都更加深刻。勒布朗大半輩子渴望擁有一個父親，突然間，他自己成了一個父親。滿心自豪的勒布朗，希望兒子繼承他的名字——勒布朗・雷蒙・詹姆斯二世[3]（LeBron Raymone James Jr.）。

剛滿十八歲的莎凡娜，看著新生兒在勒布朗的胸膛睡去。懷裡抱著一個孩子，勒布朗感受到新責任的沉重。他現在有個家庭要顧了，他一直努力建立並保持良好聲譽，如今這變得更重要。他告誡自己，絕不能做任何有損家人名譽的事。勒布朗陪伴莎凡娜和兒子三天後，才準備回到球隊。動身前，他們商量好，勒布朗將確保莎凡娜和兒子，不受公眾關注。

當媒體問到孩子出生的事，勒布朗拒絕多說。他不願透露莎凡娜或孩子的名字。《紐約時報》稱莎凡娜為「來自阿克倫的母親」，《美聯社》則稱勒布朗二世為「男嬰」。勒布朗沒有詳細說明，只對《阿克倫燈塔報》說：「我的主要目標，是努力成為比我父親更好的父親。我不認識他，也不知道他當時的處境如何，但我會全力盡好我的本分。」

克里夫蘭騎士隊本季第二場主場比賽，第三節結束時，他們以六六：八五落後鳳凰城太陽隊。勒布朗決定兌現，在訓練營中對塞拉斯的承諾，並在第四節狂砍十七分，個人得分超過太陽隊全隊球員，並把比賽逼入延長賽。騎士隊最終贏得比賽，勒布朗貢獻了三十八分。

幾個晚上後，他在對陣金州勇士隊（Golden State Warriors）的比賽中砍下三十三分。接著，騎士隊前往迎戰夏洛特山貓隊[4]（Charlotte Bobcats）。比賽進行到一半，勒布朗躍起接住一顆被傳得太高的球。跳到至高點的時候，他的右手幾乎觸碰到籃板的上緣。他接住球，並在下落的過程中將球砸進籃框，整個動作一氣呵成。賽後，一名記者問起這記扣籃。

「我說過我會飛。」勒布朗笑著說：「我喜歡高空。沒有多少人能跟我一起待在那裡。」

作為一個團隊，騎士隊還有很長的路要走。但每天晚上，勒布朗都在克里夫蘭讓球迷驚豔，並在前往聯盟其他球館時，讓它們高朋滿座。

底特律活塞隊（Detroit Pistons）是ＮＢＡ的衛冕總冠軍。前一年，他們在東區決賽血戰六場後，才終於擊退印第安納溜馬隊（Indiana Pacers），晉級ＮＢＡ總決賽。二〇〇四年十一月十九日，這兩支球隊在奧本山宮殿體育館（the Palace of Auburn Hills）狹路相逢。這次，溜馬隊痛宰了活塞隊。

比賽還剩不到一分鐘時，溜馬隊領先十五分，溜馬隊前鋒朗·阿泰斯特在活塞隊中鋒班·華勒斯（Ben Wallace）上籃時，一掌打在他頭上。華勒斯憤怒的推開阿泰斯特的臉，裁判響哨，雙方球員紛紛上前阻止鬥毆。當裁判聚在一起商討驅逐出場的可能時，阿泰斯特躺在計分臺

3　編按：小名「布朗尼」（Bronny）。
4　編按：現已改名為夏洛特黃蜂隊（Charlotte Hornets），並繼承原夏洛特黃蜂隊在一九八八到二〇〇二年的球季紀錄。

上。一名活塞隊的球迷朝阿泰斯特扔了一杯汽水，阿泰斯特衝進觀眾席，引發了一場瞬間失控的混戰。

溜馬隊的球員們加入阿泰斯特，與球迷扭打，拳頭漫天亂飛。一名球迷朝溜馬隊中鋒傑曼．歐尼爾（Jermaine O'neal）扔了一張金屬椅。溜馬隊的播報員被踩踏，導致五節脊椎骨折。球迷們甚至湧入球場與球員對峙，警方試圖將他們架離球場。透過ＥＳＰＮ的轉播，球員的孩子和其他無辜觀眾恐懼哭泣的畫面，傳遍全美國。

最終，九名球員被聯盟禁賽，其中幾人因為行為被ＮＢＡ認定為「令人震驚、厭惡且不可原諒」，而受到無限期停賽的處分。有五名球員被控輕罪攻擊並認罪，他們被判處緩刑，其中多數被要求接受情緒管理諮商。幾名球迷因參與這場混戰而被定罪，部分人士被永久禁止進場看球。這場事件被稱為「奧本山大亂鬥」（the Malice at the Palace），是ＮＢＡ史上最惡名昭彰的鬥毆事件，也代表了聯盟公眾形象的低谷。

底特律的那一幕，令勒布朗非常反感。球員之間的暴力——更不用說球員和球迷間的暴力——在球賽中沒有容身之地。從兒時在阿克倫打業餘聯賽開始，勒布朗從未主動跟對手起衝突。即使有些球員對他惡意犯規，勒布朗選擇的報復手段是他的球技，而不是他的拳頭。即使球迷朝他喊出侮辱的話，包括高中最後兩年偶爾出現的種族字眼，勒布朗依然保持冷靜。就算他往往是場上最高大、強壯的球員，勒布朗從不扮演惡霸，他從小就痛恨那種人。

但勒布朗喜歡跟低估他的人玩心理戰。底特律混戰五天後，騎士隊在克里夫蘭迎戰活塞隊。賽前採訪中，一名記者提到活塞隊總教練賴瑞．布朗，在奧運期間讓他坐冷板凳。記者問他，面對布朗的球隊，會不會因為奧運那段經歷而產生額外動力。

「那都過去了。」勒布朗說：「我不需要從那裡汲取比賽的動力。」

勒布朗確實不需要外部動力，但他內心深處的競爭之火熊熊燃燒。他沒有忘記雅典。「我希望當時有更多機會展示實力。」勒布朗在賽前採訪中補充說：「總而言之，就是這樣，我不會記恨。」

比賽開始之前，勒布朗遞了一張卡片給布朗教練，感謝他一個月前送的嬰兒禮物。然後，勒布朗摧毀了活塞隊。他先雙手爆扣，然後從各個位置跳投得手，彷彿精準的導彈打擊。他在禁區撞出空間、在包夾中轉身、使出藝術般的漂亮挑籃。他在連續命中兩記三分球，拉大比分差距之後吐了舌頭。當勒布朗在比賽還剩兩分鐘時退場，克里夫蘭球迷起立，以雷鳴般的掌聲向勒布朗致敬。他轟下了個人職業生涯新高的四十三分。

塞拉斯教練笑了，**不是說不會記恨嗎？**

全明星領袖

勒布朗慶祝二十歲生日一個月後，《GQ》雜誌發表了他的專題報導，稱勒布朗為「能把泥淖中的聯盟帶到應許之地的男人」。同一個月，《運動畫刊》再次把勒布朗放上封面，這次配上一個大膽的標題〈史上最強？〉（*Best Ever?*）。這並非誇大其詞，勒布朗在第二個賽季過半，就成為NBA歷史上拿下兩千分、五百次助攻和五百個籃板的最年輕球員。

普通球員有很多理由可以嫉妒勒布朗，但沒有人會懷疑勒布朗頂級球星的資格。二〇〇五年二月十九日，在丹佛舉行的NBA全明星賽，勒布朗被選為東區明星隊的先發。在比賽前的走廊，勒布朗被俠客・歐尼爾、柯比・布萊恩、提姆・鄧肯、艾倫・艾佛森、姚明、崔西・麥格瑞迪，以及凱文・賈奈特包圍著。

艾佛森看看勒布朗，然後看看那些首次參加全明星賽的球員——德韋恩・韋德、吉爾伯特・亞瑞納斯（Gilbert Arenas）、阿瑪雷・史陶德邁爾（Amar'e Stoudemire）。

艾佛森說：「這麼多新來的啊。」

當艾佛森轉過身，盯著全場最年輕的勒布朗，凱文・賈奈特笑了。

勒布朗感覺到，所有人的目光都集中在他身上。

艾佛森開玩笑說：「這小子才十六歲吧。」

老將們都笑了出來。

東西區先發球員上場準備跳球，彼此討論哪支球隊要先攻哪個籃框。勒布朗毫不怯場，指著一方說：「我們往那邊攻」。

球員們繼續吵鬧。

裁判看著勒布朗問：「你想要哪個籃框？」

「那個籃框。」勒布朗指著說：「我們攻那邊。」

裁判點頭。

比賽開始，勒布朗為東區組織進攻。他投中一記遠距離跳投，隊友文斯・卡特說：「幹得好，小子。歡迎你！」

勒布朗與卡特擊掌。

在防守端，勒布朗指揮隊友。當俠客．歐尼爾打算離開禁區，去防守一個擋拆出來的球員時，勒布朗叫住他。

「俠客，換防！」勒布朗大喊：「待在那裡。」

即使在暫停之後，勒布朗也像場上的教練一樣，告訴每個人應該防守誰。勒布朗告訴艾佛森：「你盯奈許（Steve Nash）。」然後他拉住德韋恩．韋德，指示他：「你去守雷．艾倫（Ray Allen）。」

年僅二十歲的勒布朗，是全明星的領袖。

每個人都能看得出來，勒布朗遲早會率領騎士隊進軍季後賽。

18 我現在長大了

二十二歲的法學院學生丹・吉伯特，創立第一間公司洛克金融企業（Rock Financial Corporation）後，隨後將其打造為全美最成功的獨立抵押銀行之一。最終，吉伯特的公司更名為快速貸款公司（Quicken Loans）。到了二〇〇四年，快速貸款公司成為業內排名第一的線上零售住房貸款供應商，那年的住房抵押貸款金額，達到一百二十億美元。

那時的吉伯特已有意收購克里夫蘭騎士隊。在騎士隊選中勒布朗之前，這支球隊的估計價值是兩億兩千兩百萬美元。在勒布朗打完新人賽季後，騎士隊的價值大幅上漲。吉伯特提議以三億七千五百萬美元收購球隊。二〇〇五年二月，NBA批准，將騎士隊賣給吉伯特。

勒布朗對吉伯特或是他致富的方式所知甚少，但勒布朗毫不懷疑，吉伯特將會比球隊的前任老闆更加親力親為。

顯然，吉伯特將勒布朗視為三億七千五百萬美元投資的支點。吉伯特接手的第一天就提到勒布朗，並表示：「老闆和管理階層的工作，就是圍繞他打造一支能夠贏得冠軍的球隊，而且希望不只一座冠軍。」

幾週後，勒布朗打出生涯最好的一場比賽，在多倫多暴龍隊（Toronto Raptors）身上砍下五十六分。那是場華麗的演出，勒布朗也打破了瑞克・貝瑞（Rick Barry）的紀錄，成為

NBA史上最年輕攻得五十分的球員。勒布朗的火力爆發也被載入騎士隊隊史，但騎士隊還是輸了球，遭逢客場九連敗。

第二天，騎士隊開除了總教練保羅．塞拉斯，因為他未能在場上為勒布朗提供足夠的支援。勒布朗喜歡塞拉斯，但他對塞拉斯被解僱並不意外——球員對他的執教風格沒有反應。讓勒布朗措手不及的是，塞拉斯離開的時間點——例行賽只剩十八場，而球隊仍有望擠身季後賽，正緊緊抓著第八種子的位置。一名助理教練被任命為臨時總教練，吉伯特則親自負責尋覓永久的替代者。

吉伯特對籃球的眉角有多少了解，還不清楚，但他對勝利的執著顯而易見。他計畫投資數百萬美元升級球場，並準備花費大筆金錢，引進自由球員補強陣容，甚至計畫為球隊建造一座新的訓練場館。

勒布朗有個建議。與吉伯特的最早幾次對話中，勒布朗提起他曾對前任老闆提過，卻徒勞無功的問題——他對球隊飛機的不滿。有數次，球隊的飛行並不順暢，而勒布朗早在高中就搭乘過更好的飛機了。他覺得該是升級的時候，只要看一眼飛機的外觀就能明白。機身仍印著舊隊徽，而且已經褪色磨損。勒布朗告訴吉伯特：「如果你想幫助我們，成為一支更好的球隊，就幫我們換一架該死的新飛機。」

勒布朗的語氣和表情讓吉伯特笑了。他在心裡記下飛機這件事。

我想用前所未有的方式做事

騎士隊以四十二勝四十負的戰績，結束二〇〇四－〇五賽季。對於勒布朗到來之前，一季只贏十七場比賽的球隊來說，超過五成的勝率代表實質的進步。但騎士隊在季末崩盤，連續兩季都以一場之差無緣季後賽。賽季結束隔天，吉伯特解僱了球團總管吉姆．派克森（Jim Paxson）。吉伯特說：「新的管理階層相信，我們該在籃球營運方面，尋求新的領導方向。」

吉伯特忙著在克里夫蘭大改組的同時，勒布朗即將震撼ＮＢＡ。身為一名父親，勒布朗對新家庭的長遠經濟保障，有了額外的責任。勒布朗告訴自己，該是當個男人的時候了，其中包括掌控自己的商業事務。他拿起手機，撥了卡特的號碼。

接起電話時，卡特剛從俄勒岡飛回來。

勒布朗問：「你在城裡嗎？」

卡特回答：「在啊。」

勒布朗告訴他：「我去見你。」

卡特正要去與母親共進午餐。但從勒布朗的語氣中，他能感覺到有重要的事。他跟勒布朗約在母親家見面。幾個小時後，他們在廚房桌子相對而坐。

聊完近況，勒布朗說起，他相信自己能成為什麼樣的球員。他剛打完個人第二個球季，在ＮＢＡ得分榜上名列第二，助攻和抄截也位居聯盟領先之列。

從統計數據上看，他已達到任何第二年球員不曾達到過的里程碑，甚至包括麥可．喬丹。

然而，勒布朗對自己懷抱更高的期許——他想成為史上最好的球員。同時，他也希望在場外事業取得同等的成功，但他對目前的進展並不滿意。

勒布朗說：「卡特，我和經紀人最近看不對眼。」

卡特心知肚明，是傑克森和葛洛莉雅，選了古德溫當勒布朗的經紀人。

「我愛我媽。」勒布朗告訴卡特：「但我必須為自己做出這個決定。」

卡特看得出來，勒布朗已經過深思熟慮。

「是時候了，你懂嗎？」勒布朗說：「我現在長大了。我今年二十歲，十二月就要滿二十一歲了。」

卡特立刻意識到，這個大膽舉動的意義——這會是一件他媽的大事。

然而，勒布朗很冷靜。他有個計畫。

勒布朗說：「我想用前所未有的方式做事。」

卡特不禁納悶，這些跟他有什麼關係。

對勒布朗來說很簡單。球場上的勒布朗是個完美主義者，因此，他必須全神貫注於身為籃球員的發展，不能分心。與此同時，**他計畫建立自己的公司，來管理他的行銷與商務，但他需要找個人來經營，一個他可以信任的人。**

勒布朗看著卡特，提了耐吉以及他在那裡工作兩年所學到的知識。他覺得在耐吉比弗頓總部的經驗，將卡特培養得足以參與更大的事業。

雖然卡特本身沒有商業背景，但他每天醒來都深信，他必須證明自己。他會制定待辦事項清單，如果在一天結束時，沒有完成清單上的每一項任務，他就會覺得自己失敗了。勒布朗知道，他的朋友不是對金錢上癮，而是對完成事情上癮。在卡特的工作態度和忠誠之間，勒布朗確信自己找對人了。

卡特深吸一口氣。他已經擁有夢寐以求的工作。耐吉園區有室內跟室外的跑道、足球場和棒球場。午休時間，他可以在最先進的籃球場上打球。他拿薪水跟說故事的高手們共事，他們的任務是推廣耐吉這個品牌。最重要的是，卡特愛上了太平洋西北地區。目前的生活很美好，他本來可以心滿意足的在比弗頓一路工作到退休。

然而，當他坐在母親的廚房桌子旁，看著自己最好的朋友，卡特無法忽視對方心中的好奇與興奮。勒布朗談論的是在ＮＢＡ前無古人的事——與經紀人切割，自己闖出一片天，成立公司負責代言交易並壯大生意發展，而他要讓卡特負責掌舵。

「我必須拚一把。」卡特告訴自己：「我必須試一下。」

這是很大的賭注。

勒布朗要離開他的經紀人，而卡特要離開耐吉。

勒布朗並不擔心。

卡特難免有點焦慮，總暗想，如果我搞砸的話……。

葛洛莉雅聽聞此事後火冒三丈。她認定，是卡特慫恿勒布朗解僱經紀人，於是打電話給卡特，狠狠咒罵他一頓。

卡特沒料到會這樣，但他很了解葛洛莉雅，而且把她當作家人一樣愛著。他都叫她「葛洛阿姨」（Aunt Glo），而他知道，在葛洛阿姨發火的時候，千萬不要以火攻火。

葛洛莉雅表明自己的觀點——勒布朗和卡特壓根不知道自己在幹什麼，他們還沒有準備好自己出來闖蕩，畢竟他們都沒有經驗。

卡特沒有受到冒犯。反之，他冷靜的安撫葛洛莉雅，解釋他們會跟勒布朗的律師密切合作，還會僱用專家，他們不會魯莽行事。換句話說，**他們知道自己不懂什麼，但勒布朗對自己的未來有開創性的願景，他們會跟正確的人合作，實現這一切。**

葛洛莉雅需要花點時間，才能想通這一切。

亞倫·古德溫也感到震驚。前一刻，他還為全球最富有的運動員之一擔任經紀人。然後，他在五月初收到一封書面通知，說他不再代表勒布朗。這感覺就像猛然被擊倒在地。茫然的古德溫想知道到底出了什麼事，從他的角度看來，自己和勒布朗的合作順風順水。他們甚至一起投資了西雅圖（Seattle）的一家餐廳，就在古德溫的辦公室附近。

但西雅圖的那家餐廳，正好反映了問題的癥結——勒布朗不想照傳統的方式，跟經紀人一起做些運動員常做的事，例如把大把的錢投入運動酒吧，或把自己的名字冠在各式各樣的東西上。勒布朗有更遠大的抱負，**他不滿足於成為全球最富有的運動員之一，他想成為全球最富有的人之一**。而且，他計畫用自己的人馬，實現這個目標。

〈詹姆斯開除了經紀人〉（*James Fires Agent*）這類的新聞標題，讓古德溫覺得很丟臉。ESPN報導：「預計詹姆斯的摯友，也是前高中隊友馬維里克·卡特將加入團隊。」

勒布朗沒有發表評論。

卡特也保持沉默。

NBA球員工會只確認，勒布朗不再擁有經紀人。

古德溫則保持自己的格調。「過去近三年來，我有幸擔任詹姆斯的經紀人。」他透過一份擬好的聲明表示：「我很感激有機會跟勒布朗與葛洛莉雅．詹姆斯合作……我代表古德溫體育事務所，衷心祝願詹姆斯和他的家人一切順利。」

聯盟辦公室的人們，都想知道到底發生什麼事。報導推測，詹姆斯的三個朋友將會接管一切事務，但他們之中沒有一個是有執照的經紀人。事實上，他們之中甚至沒有人讀完大學。眾多媒體刻意強調這一點，暗示勒布朗的行為愚蠢。甚至有人猜測，勒布朗是因為嫉妒在第二個球季就率領邁阿密熱火隊打進季後賽的德韋恩．韋德而解僱古德溫。

《紐約時報》的專欄作家哈維．阿拉頓（Harvey Araton）寫道：「只是個猜測，但我覺得拿高中兄弟取代古德溫的勒布朗，需要找個代罪羔羊。而且他會繼續發洩，直到他擁有韋德擁有的，也就是俠客．歐尼爾那種經歷過季後賽洗禮的可靠支援。」

對勒布朗來說，閱讀關於自己的報導有時會提醒他，人們說了太多屁話。發洩？真要說的話，勒布朗錯就錯在說得太少。

嫉妒德韋恩．韋德？韋德可是他的好友！

但無論如何，勒布朗至少知道，NBA和媒體裡的老一輩，是如何看待卡特、保羅和米姆斯的——他們就只是他的高中兄弟。

LRMR管理公司的L

勒布朗明白，要穿梭於金融世界，他需要專家的建議。但他不需要體育經紀人為運動員提供的那種平凡無奇的建議，相反的，**勒布朗想要的是，面對金融世界如同他面對球場的人。他要的是高手。**

二〇〇五年，勒布朗遇到投資銀行家保羅・沃特（Paul Wachter）。沃特在華爾街的基德爾與皮博迪公司（Kidder, Peabody & Co.）和貝爾斯登公司（Bear Stearns Companies）歷經磨練後，在一九九七年自立門戶，創立了大街顧問（Main Street Advisors），一家為有權有勢的人，提供服務的精品金融暨資產管理公司。他的客戶包括加州州長阿諾・史瓦辛格（Arnold Schwarzenegger）、大宗商品交易商約翰・W・亨利（John W. Henry）以及電視製作人湯姆・華納（Tom Werner）。

沃特在史瓦辛格以好萊塢一線男星身分，累積兩億美元資產時，開始擔任其顧問。擔任亨利和華納的顧問時，正值兩人的公司新英格蘭運動事業公司[5]（New England Sports Ventures），以創紀錄的七億美元，收購美國職棒大聯盟（ＭＬＢ）的波士頓紅襪隊（Boston Red Soxs）。

勒布朗不禁對沃特的客戶群心生欽佩。其中有意思的是，沃特也為全球最負盛名專業體

5 編按：現更名為芬威體育集團（Fenway Sports Group）。

育隊伍之一的球隊老闆提供投資建議。成為全ＮＢＡ唯一得到球隊老闆等級的高階金融人士指導的球員，這個前景對勒布朗來說非常有吸引力。

沃特通常不接運動員客戶，但勒布朗可不是普通的運動員。除了ＮＢＡ的薪水之外，他還握有價值一億兩千五百萬美元的代言合約。全球只有三位運動員的代言收入超過勒布朗：老虎伍茲、德國一級方程式賽車手麥克・舒馬赫（Michael Schumacher）和英國足球明星大衛・貝克漢（David Beckham）。伍茲和貝克漢正值巔峰，舒馬赫即將退役，而勒布朗才剛要起步。

然而，讓沃特印象深刻的，不只是勒布朗的賺錢能力，還有勒布朗的創業精神及思維方式。沃特覺得，比起運動員，勒布朗講起話來更像一個數學家。他問的問題，都是銀行家和投資者會問的。「**他是個注重數字的人。**」沃特心想。

沃特也對卡特印象深刻。在金錢和投資方面，卡特還是新手，但他很有可塑性，總是提出好問題，而且渴望學習。在沃特看來，選擇卡特作為合作夥伴的勒布朗，做了明智的抉擇。

長遠看來，勒布朗選擇沃特作為個人的投資銀行家，可能是籃球生涯中最為關鍵的決定。沃特的加入，不僅確保了勒布朗在ＮＢＡ擁有最精明幹練的財務顧問，還讓他和內部圈子裡的人，有機會認識娛樂大亨、華爾街巨頭和各行各業的領袖。然而更重要的是，沃特打開了勒布朗的眼界，幫助他用新的方式思考代言協議。勒布朗不只把自己的名字借給產品，他還可以拿到個人形象的所有權。

在沃特的戰略意見和佛德里克・南斯的法律建議之下，勒布朗成立了ＬＲＭＲ管理公司（LRMR Management Company, LLC）。這些字母縮寫代表了勒布朗、里奇・保羅、馬維里克・

卡特和藍迪．米姆斯。四人都是公司的合夥人，而卡特被任命為總執行長。這是完全背離傳統之舉，**也使勒布朗能夠超越一般運動員，不只透過讓企業使用他的形象銷售產品，來得到報酬。未來，他將設法與企業建立合夥關係，同時求取股權。沒有任何運動員像他這樣做。**

與此同時，勒布朗選擇里昂．羅斯為新的經紀人。羅斯是威廉．衛斯理的摯友，而且羅斯願意照勒布朗的方式行事，也就是說，他將成為後者名義上的經紀人，但實際的主導權仍在LRMR手上。

羅斯也願意指引里奇．保羅。保羅此時對成為體育經紀人越來越有興趣。在勒布朗的支持下，保羅有機會在羅斯手下工作，學習這個行業的知識，就像卡特被耐吉聘用前，在林恩．梅利特手下實習一樣。

對於勒布朗來說，一切都步上軌道。保羅與羅斯合作，卡特是LRMR管理公司的總執行長。而且在勒布朗的影響下，騎士隊正準備聘請米姆斯為球員聯絡員，四騎士正步步高升。

縱使NBA聯盟官方對勒布朗的決策有些擔憂，耐吉董事長菲爾．奈特卻有不同的看法。二〇〇五年七月，他和勒布朗同時出席一場活動，勒布朗向他走了過來。

「菲爾，能跟你談談嗎？」

「當然可以。」

他們走進一間房間。

「剛跟你簽約時，我對耐吉的歷史了解的並不多，所以我後來一直在研究。」

奈特說：「哦？」

「你是創辦人。」勒布朗繼續說道。

「嗯，共同創辦人。是的，這讓很多人驚訝。」

勒布朗說：「耐吉誕生於一九七二年。」

「嗯，誕生嗎？是的，我想是這樣沒錯。」

「是。所以我去找了我的珠寶商，請他們找到一只一九七二年的勞力士（Rolex）手錶。」說完，勒布朗把錶遞給奈特。

奈特查看這支錶，注意上面還刻了字：「**感謝你願意在我身上賭一把。**」

奈特驚訝得一時不知道該說什麼。在他心裡，賭在勒布朗身上幾乎穩賺不賠，但奈特確實喜歡在人身上賭一把。對他來說，這就是生意的精髓。他樂見勒布朗同樣的創業精神。

勒布朗與耐吉的關係越來越深，與奈特見面後不久，耐吉把勒布朗送往東京、香港和北京。他在每一座城市，為孩子們舉辦籃球訓練營、參加宣傳活動，並接受媒體採訪。這是項艱苦的任務，但他決心成為一個全球品牌。他覺得擁有耐吉的支持非常幸運，他在中國的每一個地方都會遇到球迷穿著他的鞋子、穿著他的球衣、呼喊他的名字。

私人造型，引領潮流

紐澤西州東盧瑟福（East Rutherford）的大陸航空體育館座無虛席，觀眾全都站了起來。二〇〇五年十月二十七日，傑斯剛完成華麗的「宣戰」（I Declare War）演唱會，舞臺布置得像白宮辦公室。演出一開始，身穿西裝的傑斯站在堅毅桌[6]（Resolute desk）後，兩側是特勤人員，《公共服務公告》（*Public Service Announcement*）一曲的音浪，透過音響轟炸全場。

整個晚上，嘻哈樂界的巨星輪番登臺。吹牛老爹（P. Diddy）、肯伊．威斯特、納斯（Nas）都出場了。對觀眾來說，驚喜接二連三。此刻，成千上萬尖叫的歌迷，雙手比出象徵Roc-A-Fella唱片公司的手勢。他們喊著「安可」，希望再一次被驚豔。

後臺的勒布朗非常亢奮。他習慣穿著球衣在滿場的觀眾前表演，但今晚，他身穿街頭服裝和靴子。在傑斯的召喚下，他踏上舞臺，與肯伊、吹牛老爹和納斯，一起演唱傑斯的熱門單曲《安可》（*Encore*）：

給我再來一首，還想不想要更多
布魯克林小子烹製的音樂就是這麼猛
這是最後一次，我需要你們一起吼

勒布朗知道接下來的歌詞：「現在你們還在磨蹭什麼？」

觀眾樂到神智不清了。

這個經歷也讓勒布朗痴迷，他與傑斯的關係變得如此親密，讓他受邀參加其他運動員沒

6 編按：一張製於十九世紀的書桌，位於白宮橢圓形辦公室中，多次被美國總統作為辦公桌使用。

機會參與的活動。他們幾乎每天都聯絡，傑斯已經跟卡特、保羅和米姆斯混熟了，也跟葛洛莉雅與莎凡娜越加親近。與此同時，勒布朗也與傑斯的親密圈子，和碧昂絲越來越熟。勒布朗和他的親朋好友，都有一張特別邀請函和後臺通行證，可以前往傑斯的任何一場演出，傑斯和碧昂絲也有一張特別邀請函和場邊座位席，可以觀看勒布朗的任何一場比賽。

勒布朗和傑斯，漸漸成為主流流行文化中，最具影響力的兩位非裔美國人。他們以看待奇蹟的眼光看待彼此——一個人模仿麥可．傑克森長大，最終成功走出貝德福德—斯圖文森低收入戶住宅區；另一人仿效麥可．喬丹，終究踏離了春山低收入戶公寓。

他們時刻看照著彼此。例如，在勒布朗因為解僱經紀人，並與朋友合夥而遭媒體批評時，傑斯向勒布朗介紹了索尼音樂（Sony Music）的企業傳訊部資深副理基斯．埃斯塔布魯克（Keith Estabrook）。埃斯塔布魯克負責監督索尼音樂的全球媒體關係，儘管耐吉和騎士隊的公關團隊隨時能為勒布朗遣用，但傑斯認為，他的朋友需要一位精通此道的專家。

二〇〇五年夏天，勒布朗聘請埃斯塔布魯克，擔任他的個人公關。除了與耐吉和騎士隊配合之外，埃斯塔布魯克將與卡特密切合作，管理勒布朗的全國媒體採訪以及公開露面行程。

傑斯還在勒布朗的內部圈子加入了創意。在東盧瑟福的「宣戰」演唱會上，傑斯向卡特介紹吹牛老爹的私人造型師芮秋．強森（Rachel Johnson），這個介紹來得正是時候。

就在一週前，NBA總裁大衛．史騰宣布一項爭議性的服裝規定，要求全體球員在所有球隊或聯盟的活動中，穿著襯衫或高領衫、西裝褲和正式皮鞋，配以襪子。帽子、T恤、球鞋和工作靴都被禁止，也不能配戴鏈子和吊墜。《紐約時報》將此舉措描述為「NBA為了摒棄街頭幫派風格，讓自身看起來更加文雅的最新努力」。

某些球員公開反對這項新規定。而在大多數情況下，主流媒體都支持聯盟總裁的立場。「聯盟當然有權要求代表他們的年輕人，以較可接受的外表現身。」全國公共廣播電臺（NPR）體育評論員法蘭克・狄福德（Frank Deford），在廣播節目《晨間版》（*Morning Edition*）上說：「我們誠實一點的說吧，在短短的時間內，NBA球員的場外形象已從高雅完美的麥可・喬丹，轉變為《紐約郵報》（*New York Post*）的菲爾・穆什尼克（Phill Mushnick）所說的『看起來就像血幫（Bloods）和瘸幫（Crips）的招募人員[7]』。」

卡特在這種背景下結識了芮秋・強森，她的來歷馬上令卡特印象深刻。從許多方面看，她都具有與他相似的創業家精神。

芮秋在佛羅里達農工大學（Florida A&M University）讀大三時，認識了格魯維・劉（Groovey Lew），他是吹牛老爹的嘻哈造型師。自從在紐澤西州恩格爾伍德（Englewood）念高中時，被票選為全校穿著最時尚的人開始，芮秋就對時尚產生興趣。

當劉誇讚她的風格，並告訴她，黑人女性常為一些有名的男性打理服裝後，她頓悟了。受到啟發的芮秋決定放棄成為英語教師的計畫，大學畢業後，她在《精華》（*Essence*）雜誌找到一份工作，在那裡遇到幾位跟吹牛老爹和聲名狼藉先生合作的造型師。向他們學習後，芮秋有機會成為菲瑞・威廉斯和傑米・福克斯（Jamie Foxx）的名人服裝造型師，她的職業生涯

7 編按：血幫與瘸幫，為兩個位於加州洛杉磯的幫派，彼此間為長久的敵對關係。

自那時開始起飛。

芮秋的來歷不僅讓卡特產生共鳴，也打動了勒布朗。身高六呎[8]的芮秋，看起來幾乎可以去打職業籃球。而在論及時尚，以及如何利用它打破種族藩籬時，她也是個有遠見的人。芮秋告訴勒布朗，他應該穿著具有辨識度的歷史品牌，她想把他帶到幾乎沒有種族多樣性的時裝店。這是個提高意識，並且讓時尚設計師和品牌更有包容性的機會。在這個過程中，芮秋認為勒布朗可以成為引領潮流的人物，徹底顛覆NBA球員的穿著方式。

芮秋說道：「有些人穿著走秀時的衣服可能不太自在，因為模特兒太纖瘦了，但一位朝九晚五的上班族看到勒布朗．詹姆斯的穿著時，可能會說：『你知道嗎？也許我也可以這樣穿，因為他的身材跟我比較像。』」

儘管芮秋讓勒布朗留下深刻印象，但當勒布朗透過傑斯認識芮秋時，他還無法理解她正在思考的事。然而，由嘻哈圈知名人物的造型師幫他打扮，這個概念吸引了他。勒布朗聘僱了芮秋．強森，作為他的私人造型師。

每個人都安全，每個人都在視線範圍內

勒布朗迫不及待要在二〇〇五年十一月二日，從主場開始他的第三個NBA賽季。當勒布朗開車到岡德球館後，他發現球館已經改名為快速貸款體育館（Quicken Loans Arena）。球迷們也為球場取了「Q」這個新綽號。這代表，吉伯特想在球隊蓋上自己的印記。儘管如此，

在克里夫蘭，勒布朗的身影仍大過吉伯特。耐吉也在體育館對面的宣威（Sherwin-Williams）大樓，設置了一面十層樓高的勒布朗壁畫，並打上標語「我們都是見證者」。

當勒布朗走進球館，他可以看出吉伯特言出必行，在休賽期間斥資數百萬美元升級設施。他頭頂上有了全新的記分板，球迷未來會坐在全新的酒紅色座椅上。更衣室也全面改裝，反映勒布朗的某些偏好——每個球員的更衣櫃，都安裝了電視、Xbox 遊戲機和音響。

吉伯特也改組了騎士隊的人事。他聘請聖安東尼奧馬刺隊的助理教練麥克・布朗（Mike Brown），擔任球隊總教練。這是個大膽的選擇，身為非裔美國人的布朗不曾擔任這個職位。而且他只有三十五歲，是聯盟中第二年輕的總教練。吉伯特還聘了過去的騎士隊球員丹尼・費里（Danny Ferry），來擔任新的球團總管。

在吉伯特的支持下，布朗和費里在季外簽下六名新球員，全都經過勒布朗認可。其中包括拉里・休斯（Larry Hughes）和唐耶爾・馬歇爾（Donyell Marshall），這兩位經驗豐富的老將可望強化勒布朗周圍的支援。吉伯特親自陪同布朗和費里前往機場，追趕騎士隊的七呎三吋[9]中鋒扎伊德魯納斯・伊高斯卡斯（Zydrunas Ilgauskas）。

身為自由球員的伊高斯卡斯，正準備與另一支球隊會面，但吉伯特親自勸說他留在克里夫蘭。這位備受歡迎的立陶宛球員，曾在進攻籃板球方面領先全聯盟，勒布朗堅持要他口中

8 編按：約一百八十二・九公分。
9 編按：約兩百二十一公分。

的「大Z」續留克里夫蘭。為了說服伊高斯卡斯，吉伯特給了他一份五年六千萬美元的合約。

吉伯特擁有球隊才七個月，但他已經學到職業體育明星體系裡重要的一課：**無論是現場還是電視觀眾，球迷都被明星球員吸引**。明星的光芒越亮，吸引力就越大。吉伯特意識到他的員工名單上，有一顆全NBA最耀眼的明星，他願意不惜一切代價——有時甚至放下自尊——來讓球團合這位明星的意。因此，吉伯特為勒布朗提供的特殊待遇，是其他球員不可能享有的。例如，卡特和保羅允許進入所有限制區域，而且在所有主場比賽擁有場邊座位，米姆斯的位子則在騎士隊板凳席正後方。

開幕賽前，莎凡娜走到騎士隊的板凳附近，把一歲的兒子遞給勒布朗。勒布朗輕輕抱著兒子，吻了他的額頭，然後把他交還莎凡娜。

比賽即將開始，勒布朗走到計分臺，沾滿止滑粉的雙掌拍擊，揚起一片粉塵煙霧，引起滿場觀眾的歡呼。球場的一側，勒布朗可以看到卡特和保羅，在板凳席後方，他可以看到米姆斯。沿著底線望去，勒布朗可以看到葛洛莉雅坐在前排座位，旁邊是莎凡娜，一歲的勒布朗二世坐在她膝上。從現在開始，詹姆斯一家——勒布朗的媽媽、高中至今的戀人和兒子——將一直坐在前排。

沒什麼比得上工作時，知道家人和朋友都在身邊。除此之外，他還擁有一位律師、一位投資銀行家、一位公關和一位造型師。**他創造了兒時幻想中的完美生活：每個人都很安全，每個人都得到照料，每個人都在視線範圍內。**

兩隊跳球，裁判把球高高拋起。

19 就只是籃球而已

二〇〇六年一月二十二日，騎士隊降落鹽湖城時，已經超過午夜。勒布朗感覺糟透了。幾個小時前，他在對陣勇士隊的比賽中扭傷膝蓋，而且正在對抗流行性感冒。球隊已在客場連續輸了五場，他剛剛還得知，母親因為酒駕被捕。

辦完球隊入住手續之後，勒布朗前往附近一間醫院照膝蓋X光。膝蓋確實腫了起來，但X光的檢查結果暫時看不出負面影響，勒布朗回到克里夫蘭後，還要安排核磁共振檢查。在那之前，最好的做法是讓膝蓋休息，不要打客場之旅的最後一場比賽。休息一晚也有助身體更快從流感恢復。他得到家中情況的最新消息：律師們正在處理，他的母親已經交保。

當天稍晚，勒布朗陪同球隊前往三角洲中心球場（Delta Center），參加對猶他爵士隊（Utah Jazz）的比賽。一位記者問及他母親被捕的事。「我還不清楚具體情況。」勒布朗回答：「等我搞清楚，和家人坐下來商談後，你知道，我就能對此發表更好的評論。」

勒布朗知道的比透露的多。一旦涉及家人，他總會採取保護模式。《華盛頓郵報》報導著「勒布朗的母親酒駕被捕」，類似的新聞標題也在網路上出現。多說無益，只會引起更多關注。

儘管身體疲勞又痠痛，而且專家建議休息，勒布朗還是決定測試一下自己的膝蓋。他跟總教練麥克．布朗說，他打算出戰。

爵士隊球迷不知道勒布朗身體狀況不佳，從公布先發陣容那一刻起，一直給他噓聲。勒布朗從觀眾的嘈雜聲汲取能量，進入狀態。上籃、扣籃、轉身、後仰跳投、大號三分球，感覺只要出手就會命中，所以他繼續投。爵士隊好像被打傻了，其總教練傑瑞・史隆（Jerry Sloan）後來也承認，他的球隊「畏懼」勒布朗的統治力。

比賽還剩不到兩分鐘，騎士隊保有安全的領先幅度，勒布朗在轟下五十一分之後下場，贏得了猶他球迷的肯定，他們起立鼓掌，宛如對待國王一般。年僅二十一歲的勒布朗超越了柯比・布萊恩，成為NBA史上最年輕累積五千分的球員。

受猶他之役勝利推動，騎士隊連勝七場。到了二月的明星賽假期，騎士隊以三十一勝二十一負的戰績位居中央組第二名，僅次於底特律活塞隊。勒布朗持續撕裂對手的防線。上半季的表現，讓他成為二〇〇六年休士頓NBA全明星賽，東區得票最高的球員。除了勒布朗之外，騎士隊沒有任何球員登上候選名單。

丹・吉伯特主動說要帶勒布朗與其親友，飛往休士頓參加全明星週末慶典。吉伯特還帶上自己的家人，以及球隊的高級主管同行。他們搭乘球隊的飛機。這趟旅行顯示丹・吉伯特的決心：將勒布朗長期綁在騎士隊家族。

正式進軍季後賽

飛往休士頓的飛機上，勒布朗和他的朋友們在主機艙內玩牌，飛機突然遭遇嚴重亂流。

燈光開始閃爍、廚房彌漫煙霧、很多乘客都吐了，包括吉伯特懷有身孕的妻子，一名空服員甚至摔斷腳踝。

天啊！勒布朗心想，這就是一切的結局了。

混亂持續高漲，機上的每個人都憂心小命不保。

最終，飛行員設法穩住了飛機。

勒布朗覺得，他不需要提醒吉伯特，再換一架新的球隊飛機。反之，在每個人仍然不安的情況下，勒布朗試圖緩和了氣氛。

「快發那該死的牌！」他大喊：「我是來打牌的。」

大家都笑了。

飛機在休士頓安全降落。勒布朗帶領東區隊獲勝，並且被選為全明星賽最有價值球員。吉伯特為球隊訂購一架新的先進飛機，並向媒體表示，新的球隊飛機能減少停靠加油的次數，促進有利勝利的文化，讓克里夫蘭更能吸引自由球員。這些話句句屬實，但真正的故事是，勒布朗已正式進入，通常只為球隊老闆保留的獨立空間。NBA或別的美國體育聯盟中，沒有任何球員，像勒布朗一樣能跟球隊老闆單獨飛行。

部分得益於吉伯特的作風，勒布朗在騎士隊內的轉變速度飛快。新秀賽季的勒布朗不過分彰顯自我，只試圖融入球隊。到了他的第三個賽季，整支球隊已經為了配合他而重組。

與此同時，勒布朗也改造他在俄亥俄州的居住環境。早在二〇〇三年，他就以兩百一十萬美元，在阿克倫以北的巴斯鎮（Bath Township）購買一棟一萬兩千平方英尺的房屋，房產占地將近六英畝。幾年後，他拆除這棟房屋，為夢想之屋騰出空間，那將是一座三萬五千平方英尺的豪宅，他還參與了設計工作。勒布朗的設計圖，包括超過兩千平方英尺（約五十六坪）的主臥室、保齡球館、理髮聽、家庭影院、三層樓高的水族館、帶有電視牆的運動酒吧、錄音室、遊戲室，和能停六輛車的車庫。這套房產的造價估計超過一千五百萬美元。勒布朗也為母親買了一棟靠近他住所的新房。

休士頓之行過後，等待郡政府批准他那宏大的建築設計的同時，勒布朗完全掌控球場上發生的一切。從三月初開始的關鍵時刻，騎士隊在十九場比賽中贏得十五場。這段期間，勒布朗把自己的意志施加在對手和隊友身上，NBA生涯中，他首次展現球員兼教練的心態。當他的隊友唐耶爾·馬歇爾陷入投籃低潮時，勒布朗不斷傳球給他。在一場比賽中，馬歇爾在三分線上得到一個空檔。

勒布朗喊：「投！」

馬歇爾遲疑了。

勒布朗又喊：「他媽的出手啊！」

之後，馬歇爾感謝勒布朗幫他增加信心。作為一名三十二歲的老將，馬歇爾被帶來克里夫蘭是為了幫助勒布朗，結果反而受到勒布朗的幫助。

板凳席上，勒布朗也毫不避諱告訴總教練怎麼做，但他用幽默的方式與布朗教練交流，以免讓他難堪。在一場對上公牛隊的比賽中，公牛隊粗暴防守勒布朗，布朗教練在暫停時拿出白板開始規畫戰術，接著他擦掉自己畫的，又重新設計一套戰術。眼看暫停時間即將結束，最後勒布朗看著布朗說：「教練，我們只有五個人和二十四秒耶。」

球員們爆出笑聲。

布朗收起他的白板。

《運動畫刊》的籃球記者克里斯・巴拉德（Chris Ballard），在克里夫蘭工作期間目睹勒布朗和布朗之間的交流。他正在為勒布朗撰寫一篇專題報導，因此得以在第一排親眼見證勒布朗在球場上的發展。此外，巴拉德還體驗到，圍繞勒布朗形成的全新公關機制。他與勒布朗的採訪時間，被嚴格限制在四十五分鐘之內。在那段時間裡，巴拉德須由克里夫蘭騎士隊的三名公關代表陪同，加上從紐約趕來的基斯・埃斯塔布魯克。巴拉德後來寫道，埃斯塔布魯克「在管理客戶形象方面毫不鬆懈」。

但巴拉德被允許與勒布朗一起觀看比賽錄影。勒布朗會研究自己和對手的錄影，次數或許比NBA其他任何球員都頻繁，這是他在新秀賽季就養成的習慣。到了第三個賽季時，他就像個手拿遙控器的玩家一樣，播放、暫停、倒帶。他獨自觀看了數百小時的比賽錄影，只為了提高準確性，以及從對手身上找出任何可以獲取的優勢。

在Q體育館的一個無窗密室內，勒布朗觀看一個月前，對陣塞爾提克隊的比賽錄影。畫面停在他被塞爾提克隊前鋒保羅・皮爾斯防守的一次進攻，他向巴拉德回憶起當時的感受。

「我主要關注的，不是防守我的那個傢伙，而是第二波的協防，因為我覺得我可以過掉第一個人。」勒布朗說：「但到了某個時候，弱側會對你雙人包夾，他們能把你團團圍住，而在這裡」——他指著螢幕——「我不是真的盯著皮爾斯。我知道他在我面前，我在看里夫・拉弗倫茨（Raef LaFrentz）和萊恩．高梅茲（Ryan Gomez），看他們是否看到我，或者預判了我的動作。現在塞爾提克隊在弱邊，真的不知道自己在做什麼，這給了我一個好機會，能在協防抵達之前試圖從底線突破。」

一起看完錄影後，巴拉德認為勒布朗的程度太高，因此教練難以指導。他在報導寫到，麥克．布朗曾求助於麥可．喬丹時代的芝加哥公牛隊教練，討教如何有效激勵一位遠超其他人的球員。這位前公牛教練建議，在訓練中把勒布朗放在第二陣容，藉此給他挑戰。但布朗不知道的是，勒布朗在高中時就會刻意在練球時加入二陣，並告訴德魯教練，讓先發球員一開賽就擁有二十分的領先優勢，並設下時間限制，模擬比賽的最後幾分鐘。然後在時間耗盡之前，勒布朗會全力帶領二陣逆轉取勝。在克里夫蘭，當布朗開始在訓練中對勒布朗加諸限制後，事情的走向也差不多。

布朗的工作並不輕鬆。教練通常主導一切，但作為一名新人總教練，布朗更像是一位新人導演，與屢獲奧斯卡獎的大牌演員合作。他意識到勒布朗是籃球場上的創作者，因此他得確保自己的明星球員有自由揮灑的空間。

丹．吉伯特滿意布朗教練處理勒布朗的方式。最要緊的是球隊屢戰皆捷，克里夫蘭騎士隊以五十勝三十二負的戰績結束賽季，在東區僅次於活塞隊和熱火隊。在吉伯特擁有球隊的第一個完整球季，也是布朗執掌兵符的第一個球季，騎士隊正式進軍季後賽。

「你知道誰會投進」——垃圾話？

勒布朗感到緊張。他上一次打季後賽，已經是高中最後一年的事了，現在的賭注大多了。自一九九〇年代以來，克里夫蘭都沒有辦過季後賽。球迷們在賽前熱身時都站了起來，歡呼大喊。華盛頓巫師隊來到克里夫蘭，參加第一輪NBA季後賽。門票已售罄。整個球館洋溢著樂觀的狂熱。

戴著白色頭帶的勒布朗站到計分臺前，凝視著觀眾的眼睛，揚起止滑粉，高舉雙臂，宛如救世主降臨。他告訴自己，必須交出好表現。四十五秒後，勒布朗在三分線外接到球，迅猛穿過防守、起跳、得分，不僅點燃觀眾熱情，也讓他的緊張感煙消雲散。

籃框下，穿著勒布朗球衣的葛洛莉雅跳了起來，指著勒布朗，為他助威。在她旁邊，莎凡娜坐在位子上拍手，看著勒布朗回防。四年來，她一直在幕後悄悄為他加油，巧妙的避開聚光燈。即使當電視臺把鏡頭聚焦在葛洛莉雅身上時，也總會避過莎凡娜，讓她保持低調。

但莎凡娜在勒布朗眼中並非隱形人。她在場邊穩定的存在就像一件安全毯，安靜而內斂的她，是勒布朗非凡生活中的穩定力量。勒布朗越出名，賽場上就會出現越多漂亮臉孔，但坐在葛洛莉雅旁邊的一直是莎凡娜，證明她的地位不動如山。

莎凡娜對勒布朗來說，不只是一張漂亮臉蛋。高中時，她是俘獲他心的女孩。如今，她是他每晚回家見到的女人。一天之中，勒布朗最愛的時間，就是看到他們的小兒子朝他跑來，然後他會把兒子高高舉起。勒布朗在郊區建造的城堡不是為了自己，而是為了他們。他和莎凡娜正在攜手建立一個家庭。隨著時間推移、勒布朗的名人地位不斷進化，這座避風港變得更加珍貴。他希望莎凡娜出現在每一場主場比賽，坐在屬於她的地方，跟葛洛莉雅一起。

在對陣巫師隊、投進第一球之後，勒布朗迅速進入狀態，簡直像他曾經身處這個情境數百次似的。勒布朗在NBA季後賽的處女秀，得分如探囊取物，但真正讓球館沸騰的一球，出現在第三節尾聲，勒布朗過掉防守者，切入禁區，起跳時向右看，騙掉巫師隊中鋒，佯右傳左，讓隊友輕鬆上籃。

ABC的球評休比·布朗（Hubie Brown）大喊：「好球！」

「哦，傳得太漂亮了。」播報員麥克·布林（Mike Breen）說道：「詹姆斯傳給莫瑞。」

「MVP！MVP！」的呼喊響徹整座場館。

丹·吉伯特也站了起來，握緊拳頭，與球迷們一起吶喊，沉浸在這個瞬間。

克里夫蘭騎士隊最終以十一分之差獲勝。勒布朗貢獻三十二分、十一個籃板和十一次助攻，麥克·布林在電視直播中宣告：「勒布朗·詹姆斯的季後賽首秀，堪稱傑作。」

汗水從額頭滴下，勒布朗走下球場，被ABC的場邊記者攔住採訪。

記者問道：「這跟你最瘋狂的夢想比起來如何？」

勒布朗笑著說：「啊，嗯，我曾經做過不少很棒的夢。」

幾呎之外，身穿騎士隊服飾的孩子們站在繩子後面，望著勒布朗，目瞪口呆。

勒布朗告訴記者：「但這是其中最好的夢之一。」

然後，他往更衣室走去，兩側被層層球迷包圍。

接下來兩週，他繼續在對陣巫師隊的系列賽中，讓人們目眩神迷。在華盛頓特區威訊中心（Verizon Center）舉行的第三戰，他在比賽還剩五．七秒時投進致勝一球，使騎士隊在系列賽取得二比一領先。第五戰回到克里夫蘭，他在延長賽還剩〇．九秒時再次投進致勝球，讓他的球隊以三比二率先聽牌。

在威訊中心的第六戰，勒布朗與巫師隊的全明星控球後衛吉爾伯特．亞瑞納斯，展開飆分大戰。勒布朗得到三十二分，其中包括把比賽逼入延長的一記三分球。亞瑞納斯則得到三十六分。延長賽還剩十五秒，巫師隊僅以一分之差領先，亞瑞納斯站上罰球線，有機會鎖定這場比賽的勝局，並把戰線拉到第七場。

每個人都知道亞瑞納斯的罰球格外穩定，但關於亞瑞納斯，勒布朗知道場上其他人不知道的事。他們在場外是朋友，勒布朗多次邀請亞瑞納斯到家裡打牌。每當亞瑞納斯造訪，勒布朗都會邀請騎士隊的替補後衛戴蒙．瓊斯（Damon Jones）加入。瓊斯是個糟糕的牌手，欠了亞瑞納斯不少錢，亞瑞納斯一直在等瓊斯償還債務，而勒布朗將此視為獲取優勢的機會。

不同尋常的是，他的第一罰竟然沒進。亞瑞納斯從罰球線後退一步，整理心情。

就在此時，勒布朗有了動作。他從背後走近，輕輕拍了亞瑞納斯的胸膛，跟他說：「如果你罰球失手，你知道誰會投進。」

亞瑞納斯點了點頭。

為了強化他的訊息，勒布朗再次輕拍亞瑞納斯的胸膛，然後離開。

ＮＢＡ裡有個不成文規定：不要在對手上罰球線時靠近他。亞瑞納斯的隊友認為，勒布朗此舉不尊重對手，而他所說的「你知道誰會投進」，指的是自己將會投進致勝球。

但亞瑞納斯知道，勒布朗不是在說他自己。勒布朗是在威脅亞瑞納斯，暗示戴蒙·瓊斯將會命中致勝球，這擾亂了他的心，讓他想起賭債的事。此外，戴蒙·瓊斯整晚都沒有上場。他怎麼會投進致勝球呢？

心煩意亂的亞瑞納斯進行第二罰，球打在了籃框後緣。

「亞瑞納斯兩罰都沒進！」ＥＳＰＮ播報員麥克·布林說：「亞瑞納斯今晚表現得非常出色，現在竟然兩罰都不中。」

巫師隊的球員們感到困惑，當騎士隊搶到籃板並請求暫停後，不安的情緒在體育館中瀰漫開來。場邊，騎士隊教練麥克·布朗明確表示，要勒布朗執行最後一擊，勒布朗則希望戴蒙·瓊斯上場。他知道，自己一拿到球就會被包夾。反觀，瓊斯是最不可能出手的球員，很可能沒人防守。

瓊斯脫下了他的熱身長褲。

勒布朗確保瓊斯知道，要做好出手準備。

兩隊重新回到球場，亞瑞納斯注意到瓊斯上場。「現在是怎樣？」亞瑞納斯看著勒布朗。

勒布朗對他微笑。

亞瑞納斯只是搖了搖頭。

體育館裡沒有任何人——不管是球員、教練，或是播報員——知道勒布朗和亞瑞納斯之間的心理戰。就連瓊斯也不知道，勒布朗剛剛對亞瑞納斯說了什麼。

邊線球發了進來，勒布朗在三分線外拿到球，立即被兩名防守球員包夾。他突破包夾，地板傳球給一名隊友，隊友迅速將球傳給獨自站在底角的戴蒙・瓊斯。瓊斯投出一記三分球。

球在空中，布林說：「戴蒙・瓊斯出手。他投進了！」

勒布朗舉起雙拳。騎士隊以兩分領先，比賽只剩四秒。

亞瑞納斯急忙持球推進前場，傳球給隊友，隊友在最後一秒倉促出手，未能命中，終場鳴笛響起。勒布朗衝向戴蒙・瓊斯，把他撲倒在地。騎士隊的其他隊友們也湧上來。

目瞪口呆的麥克・布林宣布：「整場比賽都沒上場的戴蒙・瓊斯投進了致勝球。不可思議的結局！」

騎士隊淘汰巫師隊。在個人首次季後系列賽中，勒布朗場均得分超過三十五分。然而，是他的撲克牌局，幫助球隊晉級下一輪，迎接東區衛冕冠軍。

就只是籃球而已

底特律活塞隊是一支菁英勁旅，先發陣容滿是強悍的球員，他們知道贏得總冠軍要付出什麼代價——班・華勒斯、理查・漢米爾頓（Richard Hamilton）、拉席德・華勒斯（Rasheed Wallace）、昌西・畢拉普斯（Chauncy Billups），以及泰肖恩・普林斯（Tayshaun Prince）。

騎士隊的球員名單上，沒有人贏過ＮＢＡ總冠軍。一如預期，活塞隊在主場拿下前兩場比賽，以二比零的優勢掌握系列賽主導權。活塞隊的前鋒拉席德．華勒斯馬上公然吹噓，他的球隊將贏得系列賽。然後，騎士隊得知，己隊先發後衛拉里．休斯的二十歲弟弟在聖路易斯過世。他在出生時就有心臟缺陷，並在童年接受心臟移植，休斯和他非常親密。

得知這件事後，勒布朗面臨每個人聽說在乎的人失去所愛時，都會糾結的問題：我應該說些什麼？勒布朗給休斯的訊息，只有短短幾個字：「家庭大於籃球。」休斯離開球隊，前往聖路易斯陪伴親人，勒布朗並未期盼休斯會在系列賽結束之前回歸，尤其考量到，騎士隊已落後兩場。

在克里夫蘭的第三戰，騎士隊在第三節結束時落後三分。但勒布朗在第四節獨得十五分，活塞隊卻在關鍵時刻自毀前程，讓騎士隊獲勝。賽後，拉席德．華勒斯對輸球輕描淡寫的告訴媒體：「我知道我們會贏。明晚是這棟建築物今年最後一場比賽。歡迎你們引用我的話，放在第一頁或最後一頁，放哪裡都可以。」

兩天後，兩隊比數平手，勝負懸而未決之時，勒布朗為騎士隊攻下最後四分，克里夫蘭以七四：七二獲勝。這場勝利把系列賽扳成了二比二，確定兩支球隊將重返克里夫蘭舉行第六戰。但在系列賽回到底特律的第五戰之前，華勒斯繼續嘴硬說：「我完全不擔心這些傢伙。他們不可能在系列賽中戰勝我們。」

勒布朗不喜歡預測，但他不介意透過嘲諷一個大嘴巴來獲取優勢。當被問及底特律活塞隊必須回到克里夫蘭打第六場時，勒布朗說：「我不會說太多。但如果飯店都客滿的話，他們隊裡的每個人都可以來住我家。比賽開打時，我會把他們鎖在屋子裡。」

連續第三場球，騎士隊在先發後衛拉里・休斯缺陣的情況下出賽。勒布朗打出系列賽最出色的一場球，在底特律活塞隊的頂尖防守之間穿梭碰撞，拿下全場最高的三十二分。騎士隊以八六：八四獲勝，讓奧本山宮殿鴉雀無聲。

活塞隊球迷無法相信眼前所見。衛冕冠軍陷入絕境，體育媒體嗅到了爆冷門的味道。ESPN宣布：「強大的活塞隊陷落。」

勒布朗對三比二的領先思索了一番，並在比賽結束後表示：「仔細想想，這就只是籃球而已，又不是生死攸關的事。他們不是大野狼，我們也不是三隻小豬。」

克里夫蘭的球迷們準備慶祝底特律的落敗，但勒布朗沒有這樣的心情。他擔心他的球隊可能無法保持所需的鎮定完成任務，騎士隊中沒有人曾處於這種狀況。反觀，活塞隊經歷過許多破釜沉舟的關頭。

勒布朗在第六戰盡一己之力，幾乎得到球隊一半的分數，但活塞隊做出老練球隊擅長的事——頑強防守，在客場拿下非贏不可的一戰。然後，在回到底特律的第七戰中，勒布朗上半場表現出色，幾乎隨心所欲的得分。但到了下半場，活塞隊調整防守，圍堵勒布朗，逼迫他把球傳出去。騎士隊最終只得到可憐的六十一分，活塞隊有驚無險的贏下了系列賽。

儘管勒布朗痛恨在如此接近勝利的狀況下落敗，但他也認為，騎士隊沒有理由垂頭喪氣。在勒布朗的帶領下，克里夫蘭騎士隊第一次打進季後賽，在首輪輕取對手，然後把衛冕冠軍逼到懸崖邊。勒布朗剛沖完澡，就為了下次對陣活塞隊，對其釋出軟化態度。

「他們成功把我困住。」他在賽後發言：「他們做得很好。這就是為什麼他們屢戰屢勝，因為他們是最善於防守的球隊。」

然後他補充：「希望有朝一日，我們有能力跟底特律一決雌雄。」

活塞隊沒有被唬住，就連嘴硬的拉席德．華勒斯也不例外。他們非常清楚克里夫蘭騎士隊的實力，跟他們已在伯仲之間。活塞隊幸運挺過勒布朗的狂轟猛炸；二十一歲的勒布朗帶領一支經驗不足的球隊，差一點就淘汰衛冕冠軍。他的表現讓《紐約時報》宣稱：「強大的詹姆斯，讓克里夫蘭有機會在任何時候打贏任何對手。」

在勒布朗讓活塞隊嚇出一身冷汗之後，整個 NBA 都能預見接下來的光景。

20 四個勒布朗

對丹．吉伯特來說，季後賽是趟令人振奮的旅程。現在，歡樂的時光已經結束，吉伯特眼前有任務不得不執行。勒布朗與克里夫蘭騎士隊的合約只剩一年，如果勒布朗不在夏季續約，他將會在二〇〇六—〇七賽季結束後成為自由球員。吉伯特不能容許勒布朗轉投別隊，然而，他很清楚勒布朗跟傑斯交情甚篤，而傑斯最近剛買下紐澤西籃網隊[10]（New Jersey Nets）的一小部分股權。

吉伯特知道，傑斯和許多NBA球隊老闆一樣，一定很想從克里夫蘭挖走勒布朗。吉伯特向勒布朗提出一紙五年八千萬美元全額保證的合約，將使勒布朗在二〇一一—一二賽季之前，一直穿著騎士隊球衣。

勒布朗不想離開克里夫蘭，他計畫在這裡陪伴、養育家庭。但他也在研究NBA新的集體談判協議，其中一項條款，與他家庭的財務未來尤其相關。根據協議，在二〇〇三年被聯盟選進的球員，有權簽署最長五年、最高八千萬美元的延長合約，就跟吉伯特提供的一樣。

然而，跟勒布朗一樣的二〇〇三年選秀球員，也可以選擇簽署三年六千萬美元左右的延

10 編按：布魯克林籃網隊的前身。

長合約。選擇續約三年的球員將放棄兩千萬美元的保證金，但他們能夠提早兩年成為自由球員，可望為自己爭取更多未來的收入。

正常情況下，經紀人會鼓勵運動員尋求最長期的合約，以及最高額的保證金，但是勒布朗的經紀人里昂．羅斯建議他採取相反做法——拒絕吉伯特的五年合約，續約三年。這將使勒布朗在二〇〇九－一〇賽季結束時，握有所有的主導權。

這個做法，也符合勒布朗的投資銀行家保羅．沃特的戰略建議，**他越來越提倡勒布朗把自己當作一間企業經營**。歸根結柢，丹．吉伯特和其他NBA球隊老闆一樣，都從自身財務利益出發——盡可能長時間鎖住手中最重要的資產。勒布朗在商業決策上，需要採取同樣的方法，即使這將違背吉伯特的心願。

勒布朗厭惡衝突，但他不害怕為自己和家人謀取最大利益。在閱讀顧問們提供的所有資訊後，他知道自己面臨的決策，對他和家人的財務未來，具有重大影響。他知道自己傾向何方，但他需要時間考慮，再做出最終決定。

然而，時間是勒布朗沒有的餘裕。在吉伯特等待答覆的同時，勒布朗需要平衡諸多責任和義務。他已經承諾參加美國籃球國家隊，所以要在休賽期前往韓國和日本。耐吉則希望，勒布朗造訪亞洲時，順便會見外國政要與媒體。

這個夏天，勒布朗計畫拍攝迄今最雄心勃勃的電視廣告。他的公司LRMR將推出網站，並在阿克倫舉辦第一次大型行銷會議。豪宅的所有許可證都批下來了，預計八月開始建築工程，這代表他和莎凡娜，需要與建築師、承包商一起審查無數細節。

除此之外，勒布朗還主導母親在阿克倫持續進行的法律事務。今年一月逮捕事件引發的輿論圍攻葛洛莉雅，勒布朗在幕後各個方面，確保母親得到所有需要的幫助，盡快以有利的方式解決這個窘境。五月下旬，就在騎士隊從季後賽淘汰後不久，《美聯社》報導稱：

克里夫蘭騎士隊球員勒布朗・詹姆斯的母親，在昨天被判四項罪名，她的運動休旅車幾乎撞上一輛沒有標誌的阿克倫警車，她還對一輛巡邏車的車窗踢了一腳。

現年三十八歲的葛洛莉雅・詹姆斯承認危險駕駛、超速、不當行為，和在酒精影響下操作機動車輛的減量罪——本為酒駕指控。損壞員警財產的指控則被撤銷。

法官林恩・卡拉漢（Lynne Callahan）暫停執行六個月刑期，只判處三天監禁，並表示葛洛莉雅可以透過參加毒品和酒精危害的課程講習，替代餘下的三天監禁。她的駕照將被吊銷。

勒布朗是母親最大的支持者，這個角色對他來說一直都理所當然。如今，身為一名資源異常豐沛的年輕父親，他更深刻體認到，母親在沒有任何資源的情況下，一手把他養大的難處。為人父親讓他成了更有同理心的兒子。在義不容辭下，勒布朗透過保護母親，得到巨大的滿足感和使命感。

勒布朗越來越感覺到，自己扮演的許多不同角色，有時甚至在同一天之內。當生活變得瘋狂時，他總能在籃球場上找到慰藉。二〇〇六年夏天，他離開俄亥俄州的紛擾，前往拉斯維加斯與美國男籃國家隊成員一起訓練。

我想看到你更多的領導力

此時距離從雅典奧運拿到銅牌已過了兩年，距離二〇〇八年北京奧運還有兩年，勒布朗決定再次披上國家隊戰袍，開始準備下一輪國際賽事。卡梅羅．安東尼和德韋恩．韋德也決定加入。他們三人是雅典奧運參賽團隊中，唯一留下的球員。現在，他們跟其他年輕的ＮＢＡ明星組成新的核心陣容，包括克里斯．波許、德懷特．霍華德（Dwight Howard）和克里斯．保羅（Chris Paul）。

對勒布朗來說，與ＮＢＡ最好的朋友們一起待在球場，令他為之一振。但自從上次勒布朗穿上美國隊球衣以來，很多事情發生了變化。雅典奧運慘敗之後，ＮＢＡ總裁大衛．史騰決心改革，以吸引ＮＢＡ球星參加二〇〇八年北京奧運，藉此恢復美國男籃作為世界籃球之巔的聲譽。史騰找到鳳凰城太陽隊的前老闆傑瑞．科蘭傑洛（Jerry Colangelo），說服他出任美國隊籃球總監。

科蘭傑洛的第一要務，是任命一名新的總教練。在這個過程中，他需要應對ＮＢＡ教練們的自尊。儘管奧運男籃最近遇到麻煩，美國男籃總教練的頭銜仍是崇高的榮譽。為避免遴選程序涉及偏袒或政治，科蘭傑洛說服麥可．喬丹、賴瑞．柏德（Larry Bird）、傑瑞．衛斯特、喬治城大學（Georgetown University）總教練約翰．湯普森（John Thompson）和北卡羅來納大學（University of North Carolina）教練狄恩．史密斯（Dean Smith）擔任顧問。

最終，這個團隊一致同意由杜克大學的總教練麥克．沙舍夫斯基（Mike Krzyzewski），出任美國男籃總教練。從大學級別尋覓奧運總教練不是常規做法，但是當杜克大學的兩位頭號死敵——狄恩．史密斯和麥可．喬丹——都聯手支持沙舍夫斯基時，沒有人有異議。二〇〇五年十月，沙舍夫斯基正式被任命為美國男籃總教練。

沙舍夫斯基欣然面對這項挑戰，但他知道需要調整，讓自己在北卡羅來納州德罕（Durham）如此成功的火爆球場形象。儘管杜克大學經常吸引全國最出色的高中球員，沙舍夫斯基現在要面對的，是全球最頂尖的球員。指導頂尖學生運動員是一回事，指導貨真價實的球星又截然不同。他需要應對各種自尊、管理人際關係，還得處理如此龐大的人才寶庫，把球星們組織為一個團隊。

勒布朗不了解沙舍夫斯基，但聽過他的外號「K教練」的名聲，跟加州大學洛杉磯分校的傳奇教頭約翰．伍登不相上下。儘管勒布朗從未認真考慮打大學籃球，但他認為杜克大學是大學籃球隊的標竿。他不禁好奇，在沙舍夫斯基的指導下打球，會是怎樣的體驗。

對於執教勒布朗的前景，沙舍夫斯基也很有興趣。勒布朗還在高中時，沙舍夫斯基就知道他將直接跳級進入NBA，所以根本沒費心招募他。沙舍夫斯基很少出席NBA比賽，所以直到二〇〇六年夏天，他才首次親眼看到勒布朗打球。沙舍夫斯基立刻震懾於勒布朗的身體素質——他擁有碼頭工人般的寬闊肩膀，卻跳得比任何人都高。一旦開始訓練，沙舍夫斯基立刻看出他的球技精湛，而且天賦——以及智慧——都遠遠超越場上其他人。

為了與勒布朗建立關係，沙舍夫斯基採取理性的方法。他希望勒布朗能有效運用自己的聲音，作為球場上的領導工具。有一次，他停下訓練，走向勒布朗。

K教練說：「站著的時候，身體的寬度有限，沒錯吧？」

勒布朗看著他。

「你的手臂是垂著的。」K教練繼續說：「一旦開口說話，你的手臂會發生什麼變化？」

勒布朗舉起了他的手臂。

「是的，會伸出去。」K教練說：「人不會垂著手臂說話，說話時手臂會伸展出去。」

勒布朗不習慣他的NBA教練，用這種方式對自己說話，他感覺就像課堂裡的老師。

K教練說：「**如果你在防守時說話，身體的寬度會是不說話時的三倍**。」他示範了一下。

「你的腿會更寬，」他繼續解釋：「你的手臂會伸展出去，你的平衡也會因此更好。」

這一切都是為了讓勒布朗，在場上用更有權威的方式表達自己。

K教練說：「所以，我想要更常看到你的表達和領導能力。」

K教練的做法，也得到了其他球員的迴響。K教練的助教，是雪城大學的總教練吉姆・博伊姆（Jim Boeheim）。博伊姆曾招募過卡梅羅・安東尼，並帶領他贏得全國冠軍。卡梅羅和博伊姆之間的穩固羈絆，有助於建立教練團的信譽，讓他們獲得球員們的尊重。

拉斯維加斯集訓期間，勒布朗做出了騎士隊合約的決定。卡梅羅、韋德和克里斯・波許也面臨著相同問題，唯一的差別是，勒布朗身邊有個更龐大、世故的顧問團隊。與他們連續商討幾週後，勒布朗對自己的決定感到安心。他告訴自己，騎士隊是在做生意，而他自己也是一個生意人。勒布朗請經紀人轉達騎士隊，他選擇續約三年。

勒布朗的立場讓吉伯特陷入困境。他竭盡全力，吸引勒布朗長期續留克里夫蘭。他甚至同意在勒布朗的新豪宅附近，建造全新的球隊訓練場館，讓勒布朗的生活更便利。然而，吉伯特面臨抉擇——是否接受勒布朗續約三年的決定，還是採取強硬態度，堅守五年合約。

吉伯特無法強迫勒布朗。然而，如果雙方僵持不下，吉伯特認為勒布朗終會屈服，簽下五年的延長合約。吉伯特相信扎根俄亥俄州的勒布朗不會離開家鄉——他不曾在這個州以外的地方生活過，而且他正在興建夢想家園。吉伯特還認為，勒布朗將會寧願多簽兩年，也不願在球隊和克里夫蘭球迷面前，表現得對城市不忠誠。

然而，對吉伯特來說，這樣做也有風險，他將因為合約糾紛，槓上這座城市最喜愛的球員。吉伯特在腦中構思，怎麼向球迷呈現這個問題。首先，他將告訴騎士的球迷他有多愛勒布朗，作為球隊的老闆，他竭盡全力，打造一支圍繞著勒布朗、能為克里夫蘭帶來冠軍的球隊。但吉伯特也會確保，大眾理解勒布朗應該積極回應、承諾長期續留。如果勒布朗不願意簽下長期合約，吉伯特不得不考慮交易勒布朗，換來那些真正想待在克里夫蘭的球員。

與勒布朗陷入長久的合約糾紛，是項冒險的舉動。權衡之後，吉伯特退縮，心不甘情不願的決定不走強硬談判的路。反之，吉伯特簽署為期三年的延長合約，相信往後三年，球隊將會取得足夠的成功，讓勒布朗願意在二〇一〇年再次續約。**這個決定，違背了吉伯特做生意的一大原則：永遠不要拱手讓出主導權**。

二〇〇六年七月十八日，勒布朗在拉斯維加斯簽下為期三年的延長合約，確保他在接下來四年繼續穿著克里夫蘭騎士隊的球衣，然後在二〇一〇年夏季成為自由球員。

德韋恩·韋德和克里斯·波許，做出跟勒布朗相同的選擇。他們兩人也簽署為期三年的延長合約，並在二〇一〇年夏季成為自由球員。

卡梅羅．安東尼則選擇了八千萬美元的保證合約，與丹佛金塊隊續約五年。

四個勒布朗

勒布朗在夏季花了很多時間，跟韋德、波許、安東尼及其他美國隊成員一同在海外度過。稱霸韓國的表演賽之後，他們到日本參加ＦＩＢＡ世錦賽，並遇上更強悍的抵抗，最終僅獲銅牌。儘管只有第三名，勒布朗喜歡球隊的發展方向，尤其是他跟韋德、波許的良好化學反應。在K教練的帶領下，一種不同的文化正在成形，為美國效力逐漸成為值得驕傲的事。

勒布朗也很滿意自己在亞洲日益增長的地位。很大程度上得益於耐吉的支援，除了中國的姚明之外，勒布朗成為全亞洲最受歡迎的球員。返家之後，勒布朗前往好萊塢製作一支新的耐吉廣告，這將大大提升他在美國國內外受歡迎的程度。

耐吉計畫在二〇〇六－〇七賽季開始時，圍繞 Nike Zoom LeBron 第四代球鞋，推出前所未有的行銷活動。行銷活動的核心是一支電視廣告，勒布朗將在其中扮演四個版本的自己——小孩勒布朗、運動員勒布朗、生意人勒布朗和智者勒布朗。

一聽到這個概念，勒布朗欣然接受。他告訴耐吉：「這四個就是我每天扮演的角色。」

耐吉一開拍，勒布朗馬上即興發揮，讓劇本更顯真實。廣告以庫爾夥伴合唱團（Kool & Gang）的《夏日狂歡》（*Summer Madness*）為背景音樂，開場是運動員勒布朗在泳池中鍛鍊，智者勒布朗坐在泳池邊喝檸檬水。小勒布朗站在跳水板上俯視泳池，生意人勒布朗則拿著手機跟一名女性甜言蜜語：「寶貝，我們隨時可以出發。只要讓我知道妳什麼時候方便。」

接下來的臺詞是勒布朗自己想的。「在泳池裡訓練，能搞定底特律嗎？」智者勒布朗對運動員勒布朗說：「你覺得麥可（喬丹）會在泳池裡訓練嗎？不！我不認為！」

這段搞笑的對話反映了勒布朗比任何人都清楚的事——如果騎士隊要打進NBA總冠軍賽，他必須找到戰勝底特律活塞隊的方法。而且無論勒布朗表現多麼出色，人們永遠都會拿麥可·喬丹來跟他比較。

耐吉欣賞勒布朗樂於自嘲的態度。

對勒布朗來說，拍攝這支耐吉廣告不像工作，比較像在玩。他被賦予在螢幕上展示真實自我的創意權力。很少人知道的祕密是：勒布朗很會游泳，在水底憋氣的能力異於常人，跳水功力也不錯。廣告中，小勒布朗從跳水板上跳下，落在運動員勒布朗旁邊，濺起水花，弄溼了智者勒布朗。生意人勒布朗對著手機另一頭的女性說：「哎呀，他把老爹弄溼了。」

智者勒布朗責備小勒布朗：「別逼我站起來去修理你。」

小勒布朗隨後鼓勵生意人勒布朗跳入泳池，象徵勒布朗願意嘗試新的生意。當智者勒布朗嘲笑生意人勒布朗，戲稱他「小白臉」後，生意人勒布朗說出這支廣告的招牌臺詞。

「先把這個想法記下來，等我回電話。」生意人勒布朗語畢，蓋上手機，整理了一下他的爆炸頭，然後在歌曲達到高潮時用後空翻從跳水板一躍而下。

當耐吉的林恩·梅利特看到廣告的最終版本，勒布朗的演出技巧令他印象深刻，他覺得勒布朗在好萊塢發展也大有可為。與此同時，耐吉將廣告命名為《泳池》（*Swimming Pool*），並且開始購買電視臺的播出時間。

巴菲特：你該擁有一部分的美國

在與馬維里克．卡特和保羅．沃特討論時，勒布朗提到波克夏．海瑟威公司（Berkshire Hathaway）董事長華倫．巴菲特，在二〇〇六年夏季宣布，他將捐贈四百四十億美元資產中的八五%給五個慈善機構，這將是歷史上最鉅額的慈善捐款。巴菲特表示，捐贈中絕大部分資金——三百一十一億美元——將流向比爾與美琳達．蓋茲基金會（Bill & Melinda Gates Foundation）。巴菲特和蓋茲是最好的朋友，同時也是世界上最富有的兩個人。

勒布朗幾乎從不談論這件事，但他私底下盼望，有朝一日成為世界上最富有的人。很多人都曾有這種幻想，但勒布朗把它當作個人目標之一，他甚至定下了實現夢想的時限——十五到二十年之內。**跟那些夢想與巴菲特一樣有錢的人的不同之處在於，勒布朗可以跟這位世上最成功的投資者私下交流，並求取他的建議。**

認識巴菲特的沃特打了一通電話。九月下旬，勒布朗和卡特飛往內布拉斯加州，迫不急待要與華爾街敬仰的「奧馬哈先知」（Oracle of Omaha）見面。

巴菲特仰視著勒布朗，露出愉快的笑容，並自嘲自己的球技。他熱愛籃球，年輕時也打過，他總喜歡開玩笑說自己打得「不怎麼樣」。

勒布朗送巴菲特一份禮物——他自己的官方騎士隊球衣。

巴菲特非常喜歡。

勒布朗和巴菲特，是波克夏．海瑟威總部大廳的大理石地板上，不太可能出現的一對雙人組。勒布朗年僅二十一歲，而巴菲特已經七十五歲。勒布朗是來自阿克倫貧民區的籃球員，巴菲特則在奧馬哈，從股票經紀人改行當投資者。勒布朗喜歡嘻哈音樂，經常在喧鬧擁擠的體育館與傑斯一同玩樂。巴菲特喜歡高爾夫球，常在寧靜的奧古斯塔國家高爾夫俱樂部（Augusta National Golf Club）跟比爾．蓋茲一起打球。

另一個巨大的差異是，勒布朗的職業生涯才剛起步，而巴菲特的事業已達到顛峰。然而，勒布朗和巴菲特——詹皇和先知——都是強大人脈的樞紐。當巴菲特親自帶領勒布朗，參觀他在過去五十年施展魔法的辦公室時，兩人立即感到十分自在。要不了多久就顯而易見的是，**巴菲特的成功並非來自魔法：關鍵是透過不懈的努力，在某件事情上變得卓越。**

這一點，在勒布朗和卡特跟隨巴菲特，穿過一條掛滿裱框照片和紀念品的狹窄走廊時更加明顯。其中一個紀念品是他第一個合夥公司——成立於一九五六年的巴菲特合夥公司（Buffett Partnership, Ltd.）——的資產負債表。文件列出了巴菲特最初的六個合夥人——被他稱為「幫派」的家庭成員和大學室友——以及他們當時擁有的股權。

當時，巴菲特的份額價值為一千三百五十九．一六美元。最終，巴菲特清算了最初的合夥公司，把資金重新投資到波克夏．海瑟威公司。按照他的計算，最初從巴菲特合夥公司拿出來，重新投資波克夏．海瑟威公司的一萬美元，在五十年後的價值約為五億美元。

對勒布朗和卡特來說，與巴菲特同行是改變人生的經歷。巴菲特在同一間辦公室工作、同一張辦公桌投資的時間，是他們至今為止人生的兩倍長，這完美證明了堅持與自律的力量。

勒布朗在巴菲特辦公室外的門口上方，認出一個熟悉的黃色標誌，上面以藍字寫著：「今天像個冠軍一樣投資吧。」它看起來，就像掛在聖母大學美式足球隊更衣室外，樓梯口的著名黃色標誌，上面以藍字寫著：「今天像個冠軍一樣比賽吧。」依照傳統，每個聖母大學美式足球隊球員，在踏入球場前都要觸摸這個標語。巴菲特也要求員工，每天早上踏入波克夏．海瑟威公司辦公室時，都要先碰觸他的標語。

巴菲特給勒布朗的建議之一，是在職業生涯和退休之後的每個月，都購買低成本指數型基金。他認為勒布朗可以保有一定的現金儲備，讓自己覺得舒適的數字就好。但除此之外，他認為勒布朗應該擁有一部分的美國，多樣化的一部分，隨著時間推移漸漸獲取，然後持有三十到四十年。

可口可樂就是巴菲特所指的那種，能讓勒布朗擁有一部分美國的公司，而勒布朗正好是可口可樂的代言球星，波克夏．海瑟威公司則是可口可樂的第三大股東。巴菲特認為勒布朗的收入將會逐年增加。

巴菲特還與勒布朗分享了一則，與後者有關的比爾．蓋茲軼事。巴菲特在一九九一年與蓋茲相識後不久，比爾．蓋茲的父親要求兩人，各自寫下一個造就他們成功的詞彙。巴菲特和蓋茲都寫下同樣的詞彙：專注。

蓋茲認為，一個人在十三歲到十八歲之間痴迷的事，將是那個人最有機會達到世界級的

事情。青少年的蓋茲專注於軟體；青少年時的巴菲特則專注於投資。巴菲特解釋：「從很小的時候就起步，給了我非常大的優勢。」

這個訊息簡單而深刻——就像巴菲特和蓋茲一樣，勒布朗之所以成為世界級籃球員，部分原因是他從兒時就痴迷籃球。事實上，勒布朗專注於籃球的年齡，比巴菲特和蓋茲專注於投資和軟體的年齡更小。

午餐時間，巴菲特把他拿到的騎士隊球衣套在白襯衫外面，帶著勒布朗和卡特來到他最愛的一家餐廳：新月啤酒屋。這家餐廳有著寬大的木梁、復古的牆飾和用於宣傳各種精釀啤酒的霓虹標誌，給人一種西部酒吧的氛圍。巴菲特是這裡的常客。一般情況下，他的出現不會引起太多關注。但當勒布朗與他一同走進這裡時，所有人都注意到了。

在一張木質桌子旁，勒布朗和卡特與巴菲特相對而坐。

感到賓至如歸的勒布朗跟女服務生閒聊，點了一份培根起士漢堡配薯條，還有冰茶混檸檬水。巴菲特讚賞勒布朗與人互動的自如。他覺得，對於一個地位和財富如此顯赫的人來說，勒布朗有著非比尋常的謙遜。巴菲特邊吃午餐邊跟他交談，臆測：「**這小子比我二十一歲時懂得更多**。」

用餐結束之前，勒布朗告訴巴菲特，他還要來一杯奶昔。

勒布朗選了奧利奧餅乾（Oreo）口味的奶昔。然後，他跟餐廳裡的人們合照，並為他們簽名。

離開奧馬哈之前，勒布朗向巴菲特說，他應該要來克里夫蘭看一場騎士隊的比賽。

巴菲特已經很多年沒有去現場看職業球賽了，但他很開心受邀。巴菲特說他會去的，而且會穿這件騎士隊球衣去。勒布朗承諾，將會給他場邊的座位。

巴菲特也有一個請求。每年春季在奧馬哈舉行的波克夏・海瑟威公司股東大會上，巴菲特喜歡用一段好笑的影片開場，來娛樂數千名與會者。他覺得如果勒布朗跟他一對一單挑籃球，錄下來播放給股東們看，一定會很好笑。

勒布朗說可以安排。

巴菲特提出了一個條件——勒布朗要讓他贏。

勒布朗笑了。他同意。

飛機離開奧馬哈，卡特因發生的種種而面帶微笑。他最好的朋友正在跟華倫・巴菲特建立交情，而他們很快就要降落在紐約。勒布朗將首次在《大衛深夜秀》（*Late Show with David Letterman*）亮相。好多事情發生得好快。

回到家後不久，勒布朗就有更重要的事情要思量。他和莎凡娜得知，她懷上了第二個孩子。根據時程，孩子預計在隔年六月出生，恰逢二〇〇七年的NBA總冠軍賽。

勒布朗心想，二〇〇七年六月，將會是忙碌的一個月。

21 孤獨的騎士

勒布朗就讀高中最後一年，即將與耐吉簽約時，他收到消費者保護宣導者拉爾夫・納德（Ralph Nader）的一封信。信中部分內容如下：

「你正準備讓自己沉浸國際商業世界，這必然帶來一系列複雜而艱難的挑戰與決策。」

隨後，勒布朗簽下價值九千萬美元的耐吉合約，納德向勒布朗發出更加公開的警告。「人們說，要求一個十八歲的孩子承擔社會責任，是不公平的。」納德在二〇〇三年夏天告訴《紐約時報》：「我的回答是，他拿的可不是十八歲孩子的薪資。這紙合約證明了，他擁有巨大的談判能力以及超級巨星的形象。」

勒布朗不認識納德，也沒有注意他的警告。那時的勒布朗忙於更緊迫的事，例如高中畢業，以及為NBA選秀做準備。然而，勒布朗很快便進入國際商業世界。代表耐吉的他，在新秀賽季結束後，就開啟遠赴中國及其他國家的旅途。休賽季的商務旅行很快成為常態。

在耐吉大家族中，勒布朗僅用三年時間，就發展出僅次於老虎伍茲的國際足跡。待在國外的所有時間，勒布朗避免觸碰任何敏感的政治議題，但超級巨星的身分，注定難以遠離複雜與爭議。在勒布朗的第四個ＮＢＡ賽季開始前，他在不知情的狀況下，遇上了職業生涯第一個重大政治困境。

距離二〇〇八年北京奧運不到兩年，勒布朗的責任在二〇〇六年秋季就已開始累積。美國籃協以及總教練麥克・沙舍夫斯基，將勒布朗定為美國奧運隊的領袖。總裁大衛・史騰希望擴大ＮＢＡ在中國的影響力，他希望勒布朗擔任聯盟在北京的大使。而耐吉已經計畫在奧運期間，將勒布朗作為全面行銷活動的核心。

與此同時，人權倡導者和一些名人對二〇〇八年的夏季奧運，有著完全不同的計畫——把中國糟糕透頂的人權紀錄攤開在眾人眼前，特別是在非洲的蘇丹（Sudan），由中國支援武器的政府民兵組織，已經在該國達佛（Darfur）地區，屠殺數十萬名非阿拉伯裔的非洲人，並迫使超過兩百萬名難民，逃往鄰國查德（Chad）的避難營。

中國和蘇丹是經濟夥伴，蘇丹則是中國最大的海外石油生產國，蘇丹政府利用來自中國的石油收入，購買中國製的武器和軍火，並將這些武器交給民兵組織「金戈威德」（Janjaweed），供他們屠戮達佛的村民。

為了提高人們對此危機的意識，演員喬治・克隆尼（George Clooney）曾造訪達佛地區，並在二〇〇六年與時任參議員的巴拉克・歐巴馬，在華盛頓特區的國家新聞俱樂部（National Press Club）一起現身。歐巴馬將達佛的情況，描述為「緩慢進行中的種族滅絕」。克隆尼告訴媒體：「我們不能別過頭去，視而不見，希望這個問題會自行消失。因為如果我們這樣做，某些東西真的會消失。他們（達佛人民）將會消失。」

行動主義者艾瑞克．里夫斯（Eric Reeves），是麻薩諸塞州北桑普頓（Northampton）史密斯學院（Smith College）的一位教授，他在達佛待了很長一段時間，致力於幫助流離失所的人。猛烈批評中國的里夫斯，正處於發起名為「種族滅絕奧運」行動的早期階段。目標是透過公然讓中國難堪，以對其施加壓力。

女演員米亞．法羅（Mia Farrow）也曾造訪達佛，並決心盡一切努力，讓人們關注中國在那裡扮演的角色。里夫斯和法羅認為，那些具有高知名度的人士——藝人、運動員和企業贊助商——有責任公開指責中國支持在達佛發生的種族滅絕。他們的目標是，透過二〇〇八年在中國舉辦的奧運，喚起全球意識。

他們計畫，首先向奧斯卡獲獎導演史蒂芬．史匹柏（Steven Spielberg）施壓，他將協助策劃北京奧運的開幕式，他們想要求史匹柏，對中國在蘇丹扮演的角色發聲。

勒布朗對達佛的情況毫不知情。他與喬治．克隆尼、米亞．法羅，或史蒂芬．史匹柏也沒有私交。但就明星力量而言，勒布朗與他們同處一個階層。由於勒布朗在中國的知名度，他即將面臨拉爾夫．納德在多年前預言的「複雜而艱難的挑戰與決策」。

蹚入政治渾水的奧運

二〇〇六年十一月一日，騎士隊在主場開啟NBA賽季。當晚，耐吉買下ESPN六點《世界體育中心》的所有廣告時間。這是該電視臺史上第一次，由單一廣告商贊助整集節目。

耐吉利用這段時間，宣傳勒布朗和他的新款球鞋 Nike Zoom LeBron 四代。

宣傳活動的重頭戲，是那年稍早拍攝的《泳池》廣告，其中展示了勒布朗的四種面貌。這家球鞋公司還計畫在 ESPN.com 和 MTV.com 的主頁上，進行所謂的「數位接管」，來推銷勒布朗和他的鞋款。勒布朗的廣告看板，也在全美國各大城市出現。

勒布朗的泳池廣告，具有電影感又充滿趣味，宛如一部微電影。與之前的廣告相比，這支廣告更讓他成為超越籃球的流行文化偶像。這支廣告受歡迎的程度之高，讓耐吉決定在各大頻道一路播放到聖誕假期。當騎士隊在十一月中旬，抵達紐約對陣尼克隊時，耐吉甚至在曼哈頓開設一間勒布朗的快閃店，並在麥迪遜廣場花園外購買一面電子看板，反覆播放勒布朗的扣籃畫面。

勒布朗展翅高飛，騎士隊也是。二〇〇七年一月初，騎士隊擁有全東區最好的戰績。同一個月，包括美國全國有色人種協進會（NAACP）和國際特赦組織（Amnesty International）在內的人權組織在華盛頓特區聚集，討論如何解決中國侵犯人權的問題。艾瑞克．里夫斯在會議上發表談話，強而有力的概述了，發起針對中國在達佛問題運動的想法。

里夫斯說：「關於達佛，必須在世界意識中將『達佛』與『二〇〇八年中國奧運』牢牢綁在一起。中國已經在鋪歡迎的紅毯，我們必須讓這些冷酷無情的人明白，倘若他們無法說服喀土穆（Khartoum）允許聯合國軍隊和民警進入達佛，奧運只會淪為巨大的抗議場所。」

在場的團體否決了里夫斯的策略，認為他太過激進。此外，多數行動主義者認為，不可能透過追擊中國政府來解決達佛問題。

沮喪的里夫斯走出會場。

然而，一位名叫吉爾．莎薇特（Jill Savitt）的行動主義者在會場外追上他，並向他介紹自己是強大的非營利組織「人權第一」（Human Rights First）的運動總監。她聽到了里夫斯的演講，希望跟他合作。

里夫斯知道自己需要幫助，而且莎薇特也讓他留下深刻印象。她是一位經驗豐富的組織者，曾經主導一項運動，透過招募軍事領導人，讓美國在拷問和審訊方面符合國際法律。莎薇特也精通媒體策略，曾負責婦女基金會「帶女兒上班日」運動的資訊傳播。

里夫斯和莎薇特共同努力，爭取到五十萬美元的補助款，用來創立一個名為「達佛奧運夢」（Dream for Darfur）的非營利組織。其使命是向中華人民共和國政府施壓，要求中國代表對達佛衝突中的平民採取行動。米亞．法羅同意加入「達佛奧運夢」組織，與莎薇特合作，致力於制定一套國家級的媒體策略，並向中國展示：倘若中國繼續保護與資助蘇丹政權，北京奧運將會蒙上汙點。

在里夫斯和法羅向史蒂芬．史匹柏施加更大壓力的同時，莎薇特試圖在體育界尋找突破口，希望找到一些運動員協助，迫使國際奧林匹克委員會追究中國的責任。

他需要籃球祕訣，而我需要理財建議

二〇〇七年三月底，克里夫蘭的一個星期五晚上，騎士隊在第四節大幅領先尼克隊，布朗教練決定讓先發球員下場。勒布朗坐在板凳席，片刻之後，兩歲半的勒布朗二世，從莎凡娜底線旁的座位溜下來，走向騎士隊的板凳席。比賽仍在進行，勒布朗驕傲的看著兒子走來。當他抵達板凳席時，勒布朗假裝一臉嚴肅，彷彿在說：「臭小子，你以為你要去哪？」勒布朗二世爬到父親身旁的空位。攝影師和電視鏡頭很快圍了上來，捕捉到勒布朗和兒子一起在板凳上放鬆的一幕。

這名運動員身處於自己創造的世界。騎士隊裡沒有別的球員能有這樣的經歷，因為其他球員的家人沒有場邊座位。勒布朗的兒子是唯一被允許，在比賽中漫遊球場的小孩——Q球館的保全人員全都認識他，也都很疼他。而且騎士隊沒有人會提起，聯盟禁止家庭成員在比賽期間坐上板凳席的事。沒有人想對勒布朗執行這項規定。

某種程度上，莎凡娜允許勒布朗二世，在比賽期間和父親坐在一起，比耐吉廣告中展示四個勒布朗更具公關影響力。儘管這是小孩的自發行為，但連NBA都編不出更好的劇本，以抵銷球員走進觀眾席，與球迷鬥毆的形象。勒布朗在NBA的崛起，提升了聯盟的聲譽。儘管如此，對陣尼克隊隔日，騎士隊總管丹尼．費里接到聯盟辦公室來電，說在比賽期間讓小孩坐上板凳席，違反了聯盟規定。

勒布朗知道，這通電話只是做個樣子，不用擔心。如果真的有問題，勒布朗會接到史騰總裁本人打來的電話，但他在克里夫蘭所做的一切都令史騰振奮——與尼克隊比賽完的隔日，勒布朗準備接待華倫．巴菲特，他要來克里夫蘭觀賞下一場比賽。

自從拜訪奧馬哈以來，勒布朗一直跟巴菲特有郵件往來。他們的溝通，在本質上既專業又私人。勒布朗迫不急待要讓巴菲特造訪Q球館。

對巴菲特來說，勒布朗擁有他在波克夏．海瑟威，在潛在收購公司中尋找的那些特質，這個事實變得越來越清晰。在投資生涯早期，巴菲特就開始欣賞那些能從零開始，建立起具有支配力的大企業所需要的人格特質——堅持不懈的投入、週末工作、放棄假期、讓生意成為生活的一部分。

在巴菲特看來，勒布朗就像一個企業。他正將自己對籃球的熱愛，轉化為一個帝國，就像一位創業家，將想法轉化為具有支配力的大企業——日以繼夜專注於此。

跟巴菲特相處，讓勒布朗更注重投資組合多元化，也更認真規畫家庭的長遠財務安全，這已成為他的首要任務。勒布朗的轉變，讓卡特也開始有了想法。勒布朗委託卡特，尋找與他個性匹配的投資機會。

二〇〇七年初，卡特靈光一現——勒布朗應該投資一家單車公司。他知道勒布朗到處騎單車。休賽期間，勒布朗每天騎上四十英里[11]也是家常便飯。勒布朗甚至籌辦一年一度的阿克倫兒童單車馬拉松。所以，卡特心想，何不投資對勒布朗來說如此重要的東西呢？

卡特向投資銀行家保羅．沃特提出這個想法。

不久後，沃特帶回一個候選企業讓勒布朗考慮：加能戴爾（Cannondale）。

加能戴爾單車公司，總部位於康乃狄克州的貝賽爾（Bethel），專門生產高性能單車。該

11 編按：約六十四．三七公里。

公司由康乃狄克州格林威治的私募股權投資公司——飛馬合作有限公司（Pegasus Partners II）所有。他們歡迎像勒布朗這樣的合夥人，這是勒布朗獲得加能戴爾部分股權的機會。

卡特不熟悉私募股權的運作方式，但他把沃特的建議轉達勒布朗，而勒布朗喜歡擁有一家公司的部分股權，而不只是簽署另一紙代言合約。

取得加能戴爾股分的同時，勒布朗的經紀人里昂·羅斯，跳槽到好萊塢最大的藝人經紀公司之一，創新藝人經紀公司（Creative Artists Agency）。創新藝人經紀公司委任羅斯負責新的體育業務，作為羅斯最重要的客戶，勒布朗決定繼續讓羅斯擔任他的經紀人。

羅斯加入創新藝人經紀公司，將為勒布朗提供與好萊塢更直接的聯繫。此外，里奇·保羅也受邀，跟隨羅斯加入創新藝人經紀公司學習相關知識，保羅接受了這個機會。

當卡特與沃特商討加能戴爾的細節，保羅將目光放在與羅斯一同轉投創新藝人經紀公司之際，勒布朗在二〇〇七年三月二十五日，歡迎巴菲特來到克里夫蘭，這是勒布朗介紹巴菲特給家人認識的機會。巴菲特身穿一件黑色耐吉T恤，上面寫著「見證者」，坐在卡特旁邊為他的朋友加油。騎士隊最終輸掉了比賽，但巴菲特的出席比記分板更重要。全美觀眾透過電視，知道勒布朗跟全球最有影響力的投資者有私交。

當記者問起巴菲特，為何到克里夫蘭看勒布朗打球時，他打趣道：「他需要一些籃球祕訣，而我需要一些理財建議。」

巴菲特離開後的隔天，卡特宣布勒布朗與加能戴爾的合夥關係。勒布朗在二十二歲時，首次取得一家公司的部分股權。

巴菲特造訪克里夫蘭的同一週，《華爾街日報》發表了一篇尖銳的對頁版文章[12]，標題是〈種族滅絕的奧運〉（*The 'Genocide Olympics.'*）。這個充滿爭議的標題，出自行動主義者艾瑞克．里夫斯之手。文章由米亞．法羅和她的兒子羅南．法羅（Ronan Farrow）撰寫。

十九歲的羅南，是耶魯大學法學院學生，最近作為聯合國兒童基金會（UNICEF）的發言人前往達佛。這篇文章稱，中國二〇〇八年奧運以「一個世界，一個夢想」的口號，試圖掩蓋達佛的噩夢，並針對史蒂芬．史匹柏，他們寫道：

同樣令人失望的是，導演史蒂芬．史匹柏這樣的藝術家決定——他默默造訪中國，準備為中國策劃奧運開幕式——並美化北京的形象。史匹柏先生在一九九四年創辦了「大屠殺基金會」（Shoah Foundation），來記錄納粹大屠殺倖存者的證詞，他難道不知道，中國正在資助達佛的種族滅絕嗎？

這篇文章重擊了史匹柏，試圖把他跟「種族滅絕奧運」一詞聯繫起來。米亞和羅南問了個直截了當的問題：「史匹柏先生，真的想在歷史上，成為北京奧運的蘭妮．萊芬斯坦（Leni Riefenstahl）嗎？」蘭妮．萊芬斯坦是備受讚譽的德國電影製片人，但她製作了宣傳納粹黨的

12 編按：社論對頁版（opposite the editorial page，簡稱 op-ed），意指由社外人士撰寫、刊登在報紙或雜誌上的時事評析文章。

電影，後來的職業生涯聲名狼藉。

在這篇文章刊出後，史匹柏寫信給中國國家主席胡錦濤，要求他在達佛問題上出手干預。他的信促使中國派遣特使前往喀土穆，討論蘇丹政府是否可能在聯合國安理會通過決議後，允許維和部隊進入達佛。但米亞．法羅和艾瑞克．里夫斯，對中國特使造訪蘇丹並不滿意。在他們眼中，史匹柏可以做得更多。

里夫斯隨後在《波士頓環球報》（*the Boston Globe*）發表了一篇自己寫的對頁版文章，標題為〈藝術家助長種族滅絕？〉（*Artists Abetting Genocide?*），再次猛攻史匹柏。

「關鍵問題是，對史匹柏來說，中國的罪責有多大的意義。」里夫斯寫道：「為什麼史匹柏或其他人，要為北京的宣傳做出貢獻——尤其在它為喀土穆助紂為虐的時候？」

你不能隨便亂簽自己的名字

到那時為止，關注達佛的行動主義者還沒盯上勒布朗。他的隊友艾拉．紐伯爾（Ira Newble）一直在閱讀相關資訊。紐伯爾在過去兩個賽季，跟勒布朗一起擔任先發球員，現年三十二歲的他處於職業生涯的黃昏，本賽季多數時間都在坐板凳。他在場外非常關注社會議題，這很大程度歸功於他的父親，他在一九六〇年代曾是一名民權工作者。

某天早上，紐伯爾前往騎士隊訓練場館的途中，停下來拿起一份《今日美國》，上面刊登了關於艾瑞克．里夫斯的報導。報導揭示里夫斯患有白血病，有時會在醫院的病床上工作，幫助制止達佛的種族滅絕。

受到激勵的紐伯爾，請求騎士隊幫他找到這位行動主義者的聯絡資訊。紐伯爾的電子郵件讓里夫斯感到驚訝，接著又來一封郵件，然後又一封。里夫斯是個熱愛籃球的球迷，在大學時也打過球，非常了解這項運動，但他從沒聽過艾拉・紐伯爾。就在騎士隊的例行賽接近尾聲之際，燃起興趣的里夫斯，打了電話給紐伯爾。

紐伯爾有很多關於達佛的問題想問。

里夫斯向紐伯爾解釋，說當地正在發生一場種族滅絕，超過兩百五十萬人被迫離開家園，主要逃往查德東部。里夫斯估計，在查德東部，有三十五萬來自達佛的非阿拉伯裔非洲難民。里夫斯解釋：「這是世界上最龐大、最無聲、最絕望的難民群之一。」

紐伯爾想要幫忙。

里夫斯向他提起「達佛奧運夢」組織及其關注中國和奧運的運動，旨在敦促中國採取行動。他跟紐伯爾說，他會請同事吉爾・莎薇特聯繫。

當莎薇特聯繫紐伯爾時，他問：「我能做些什麼？」

「你可以寫信給中國政府。」她說，並表示願意幫他起草。

紐伯爾欣然接受這份幫助。

莎薇特說：「也許，你可以讓整支團隊，都在這封信上簽名。」

紐伯爾同意盡力而為。

二〇〇六－〇七賽季結束，克里夫蘭騎士隊在東區排名第二，底特律活塞隊排名第一。勒布朗一邊期待在東區決賽與活塞隊再次狹路相逢，同時帶領騎士隊進入NBA季後賽第一輪，他們在二〇〇七年四月二十二日的第一戰，輕取華盛頓巫師隊。第二天，吉爾．莎薇特發送了信函草稿給紐伯爾，供他審閱以及在隊友間傳閱。這封信是寫給中華人民共和國政府的，部分內容如下：

「中國不能一邊默許可怕的苦難和破壞，一邊主辦體育界最重要的國際賽事——夏季奧林匹克運動會。作為職業運動員和憂心忡忡的人類，我們呼籲中華人民共和國動用所有外交資源和經濟壓力結束達佛的痛苦，並確保聯合國維和人員進入該區。」

紐伯爾跟他的經紀人史蒂夫．考夫曼（Steve Kauffman）分享這封信，考夫曼樂見他的客戶採取積極行動，並開始親身參與。考夫曼與莎薇特和里夫斯建立了聯繫，主動提供自己的人脈和關係，幫助他們在媒體宣傳。他們共同確定了一份名單，列出可以報導紐伯爾信函的籃球記者和其他體育記者。考夫曼還與紐伯爾一起制定，向隊友們談及這封信的最佳策略。

在考夫曼的指導下，紐伯爾與麥克．布朗談過，獲得許可跟隊友們討論達佛問題。

騎士隊用四場比賽橫掃巫師隊。一、兩天之後，紐伯爾在練球後的更衣室，向全隊發表談話。隊員們聚精會神的，聽著紐伯爾講述蘇丹的人道災難。紐伯爾告訴他們，中國正在購買蘇丹政府的石油，並出售武器給蘇丹軍方，用來屠殺無辜人民。

騎士隊的球員們大為震驚，他們大多不曾聽過達佛，也不知道非洲人正在受屠戮。

紐伯爾鼓勵他們多加了解，他發了資料給每個球員，內容包括紐伯爾個人挑選並複印的閱讀資料，還有一張事實清單。他鼓勵隊友們閱讀這些內容，有問題就問他。

紐伯爾刻意把勒布朗拉到一旁，他不想讓勒布朗感到壓力。「我理解身為勒布朗，你有很多顧慮。」紐伯爾告訴他：「**你不能隨便亂簽自己的名字。**」

勒布朗喜歡紐伯爾，他已經在球隊待了四年，無論在場上還是場下，他的行為都很有格調。但紐伯爾不完全了解「身為勒布朗」是什麼意思，沒有人能完全理解。球團和克里夫蘭市希望進軍NBA總冠軍賽的期望，全都壓在勒布朗肩上；來自美國男籃、NBA總裁和耐吉的期望也越來越高。

私人生活上，他還有一些事是隊友們不知道的。最近出現一個自稱勒布朗生父的人，勒布朗的律師已著手處理，這件事還沒對外公開。但勒布朗知道消息隨時可能曝光，屆時他將面臨新一輪的無情提問，又將牽扯到他的母親和以及生父身分。

莎凡娜是唯一真正明白勒布朗重擔的人，但她已經懷胎八月，即將迎來他們的第二個孩子。事實上，二十二歲的勒布朗，在職業和私人生活上有太多事情要忙，所以當紐伯爾在季後賽期間找他，提起達佛的種族滅絕時，勒布朗盡其所能把這件事阻隔在外，專注於眼前的任務——一場接一場贏下來。

儘管如此，勒布朗對紐伯爾說，他會考慮信件的事。

所有人都簽了字，除了一個人

吉爾．莎薇特心灰意冷，她已經與全國媒體的成員交談幾個星期，試圖讓他們寫出達佛與中國之間的聯繫，結果一直碰壁。但值得慶幸的是，騎士隊對於艾拉．紐伯爾的信件非常合作。史蒂夫．考夫曼在促進新聞報導方面多有助益。莎薇特擬好一份新聞稿，要跟紐伯爾的信件一起發布。她和考夫曼把這個故事，交給《誠懇家日報》的記者獨家報導，莎薇特也等著紐伯爾拿到勒布朗的簽名。

考夫曼同時建議紐伯爾——策略是給勒布朗空間和時間，讓他自己決定。在那之前，考夫曼必須拖住《誠懇家日報》的記者，他急於儘早發表報導。五月五日，考夫曼、莎薇特和里夫斯互傳了簡訊：

考夫曼：「十五人之中已有十三人簽字，而我們答應給獨家的記者想在週日刊登。」

莎薇特：「我和艾瑞克上週與史匹柏的團隊交涉，有點艱辛。跟好萊塢的人打交道有時令人沮喪……希望你能拖住那位記者……。」

考夫曼：「我很快就會把球員名單發給你，正在等勒布朗，但很快就會知道結果。」

騎士隊在東區準決賽，對上紐澤西籃網隊。身為摯友的勒布朗和傑斯，因為彼此的球隊正面交鋒感到興奮。但系列賽一開始，勒布朗公事公辦。老將傑森．奇德和文斯．卡特坐鎮籃網隊，這兩位長年全明星等待NBA總冠軍的時間，遠比勒布朗更長。五月六日，在Q球館的激鬥中，勒布朗在比賽最後幾秒突破奇德的防守，騎馬射箭，打板得分，幫助騎士隊以八一：七七驚險拿下第一戰。

前一天，超過兩萬七千人湧入奧馬哈，參加波克夏．海瑟威公司的年度股東大會。開場時，他們觀賞了巴菲特與勒布朗一對一單挑的影片。當巴菲特戴著頭帶、穿著白色長筒襪，運球突破勒布朗時，全場哄堂大笑。然而，在歡笑之後，巴菲特向股東們發表講話，提及一個爭議決策——波克夏．海瑟威公司投資中國石油天然氣股份有限公司（PetroChina）。

批評人士堅稱，作為中國石油天然氣集團（China National Petroleum）的子公司，中國石油天然氣股份有限公司，跟達佛的種族滅絕脫不了關係。波克夏．海瑟威公司的一些股東，也同意這種觀點。

巴菲特承認波克夏．海瑟威公司投資的地緣政治含義。他此前曾稱蘇丹的情況「極其惡劣」，但巴菲特堅持認為，自己無法影響中國或蘇丹的地緣政治局勢，並表示自己有意繼續與中國石油天然氣股份有限公司，保持商務關係。

巴菲特發表談話幾小時後，艾拉．紐伯爾致電吉爾．莎薇特，回報關於隊友簽署信件的最新進展。他告訴她：「所有人都簽字了，除了一個人之外。」紐伯爾仍未收到勒布朗的回應。

莎薇特聽出紐伯爾語氣中的失望。

突然間，莎薇特靈光一閃。天啊，她心想：「這簡直是天賜良機！」

好幾週以來，莎薇特一直設法讓美國國內媒體，將中國與達佛聯繫起來，卻徒勞無功。

如果勒布朗不簽這封信，他的耐吉合約將可能成為，聯繫中國與達佛的關鍵。

然而，莎薇特沒有對紐伯爾說這些話。反之，她為他打氣，鼓勵他繼續努力說服勒布朗。同時，她發了電子郵件給《運動畫刊》的專欄作家李克・萊利（Rick Reilly）。他正在撰寫關於米亞・法羅對史蒂芬・史匹柏施壓的文章。莎薇特告訴萊利：「不知道你什麼時候截稿，但克里夫蘭騎士隊的艾拉・紐伯爾，安排他的十三名隊友簽署一封關於奧運／達佛的信件……如果你有興趣將紐伯爾放進你的文章，請告訴我。」

隔天，克里夫蘭騎士隊的社區關係經理，發了一封電子郵件給莎薇特。「根據艾拉・紐伯爾的要求，請查看隊友簽署的『將奧運夢想帶給達佛』掃描副本。」這位騎士隊高層寫道：「為了幫助解讀名字，我們附上了球員名單，依簽署順序編排。」

莎薇特注意到，名單上仍然沒有勒布朗的名字。然而，騎士隊完全支持紐伯爾的努力。

那天晚上，勒布朗砍下三十六分，騎士隊以二比零領先籃網隊。

前往紐澤西進行第三和第四戰之前，勒布朗待在家裡。《誠懇家日報》五月十日刊登了頭條：〈紐伯爾抗議蘇丹的種族滅絕〉（*Newble Protesting Genocide in Sudan*）。

「我住在美國，擁有很好的生活條件，不受苦難，但是我聽說婦女和兒童遭到強暴與殺害，蘇丹政府和金戈威德組織正在施暴。」紐伯爾告訴記者：「我必須做些什麼。」

《誠懇家日報》披露，紐伯爾寫信給中國和國際奧委會的消息，並報導他的大部分隊友加入了這個義舉。該報提出了大哉問——勒布朗會不會在這封信上簽名？

勒布朗不知道該怎麼處理紐伯爾的信件。除了他之外，所有騎士隊球員都簽名了，然而，困擾他的不是這一點。他憂慮的是，自己並不全然了解情況。他第一次聽說達佛時，根本就不知道它的位置，要拿地圖才能找到。除了地理之外，他也不熟悉當地衝突的政治和歷史。

勒布朗唯一知道的是，他的簽名會立刻讓紐伯爾的信件，升級為國際爭議。這封信明確指責了中國，紐伯爾和政治活動家這樣做是一回事，但這對勒布朗來說，也是正確的做法嗎？

勒布朗沒有提出解釋，只告訴紐伯爾，他決定不在信上簽名。

紐伯爾不需要勒布朗解釋——他自己也有耐吉合約在身。雖然遠不及勒布朗的合約，但紐伯爾的耐吉合約對他來說也相當有利可圖，這讓他得以理解勒布朗身處的困境。他對勒布朗說，他尊重這個決定。

騎士隊前往紐澤西，進行第三和第四場比賽。

勒布朗的籃球天賦之一，就是預見球場上會發生什麼事，讓他能夠謀畫行動，領先對手一至兩步。但人權運動發生在政治舞臺，那裡的賭注高多了，參與者都採取贏家全拿的態度。沒有裁判。媒體左右天平，發表評論並塑造敘事。在這種環境中，一點細微差別都不被容忍。

這些言辭就像是小孩手中的火柴，尤其出自政治新手之口時。紐澤西的第三戰與第四戰之間，記者問勒布朗為什麼沒有在紐伯爾的信件上簽名。「基本上是因為沒有足夠的資訊。」勒布朗回答：「無論做出什麼決定，我都必須先有廣泛而完整的知識。」

專注於季後賽的勒布朗，沒能看出圍繞著他形成的敘事，也沒有意識到，自己的話語將在其中扮演什麼角色。他有自己的公關和幹練的顧問，但他們在這種情況下幫助不大。即便是可以動用好萊塢最佳公關的史匹柏，也因為沒有對中國與達佛的關係發聲受到公審。

就在勒布朗談到因為缺乏資訊，而不簽署信件的同一天，史匹柏在《運動畫刊》上遭到李克．萊利痛批。「這位巨擘導演是北京奧運的『藝術顧問』之一，協助策劃開幕式和閉幕式。」萊利寫道：「然而，一個在代表作《辛德勒的名單》（*Schindler's List*）中譴責大屠殺的人，究竟怎麼會勾搭上資助另一場大屠殺的國家？」

萊利的文章敘述了艾瑞克．里夫斯、吉爾．莎薇特和米亞．法羅的工作。一開始的策略，就是爭取有權有勢的人站在他們這一方，這樣就可以對中國說：「有這麼多人支持我們，做正確的事情吧。」為了贏得史匹柏這樣的人支持，他們先試著軟性溝通。但當這樣做的效果不彰，他們也不害怕來硬的。莎薇特解釋：「一旦逼我們刻薄起來，我們會非常刻薄。」

在史匹柏遭受批判的同時，勒布朗在第四戰拿到全場最高分，騎士隊帶著三比一的領先優勢回到克里夫蘭。

籃球從來沒有那麼難

五月十六日，勒布朗在自己的床上醒來，感到精力充沛，準備今晚淘汰籃網隊。但在勒布朗前往Q球館之前，《紐約時報》刊登題為〈騎士隊尋求球員對達佛的支持〉（*Cavalier Seeks Players' Support for Darfur*）的文章。在這篇全面而詳實的報導中，資深籃球記者霍華德．貝克（Howard Beck），將達佛的流血事件帶到了勒布朗家門口。艾拉．紐伯爾告訴《紐約時報》：「無辜的人正在死去，袖手旁觀放任他們繼續這樣做，是一場悲劇。」

貝克在報導中收錄紐伯爾致中國政府的信件段落，還引述了里夫斯的話，他稱讚紐伯爾是體壇改變的催化劑。但貝克的報導中最大的重點，是勒布朗沒有在這封信上簽名。《紐約時報》只用一句話，就把達佛問題的焦點，轉移到勒布朗的球鞋合約上：

> 作為NBA最具市場價值的球星之一，勒布朗．詹姆斯跟耐吉簽下了價值九千萬美元的合約，而耐吉跟中國有廣泛的商務往來。

報導提到勒布朗的球鞋合約後，緊接著寫出，他幾天前表示不簽署信件的原因：「基本上是因為沒有足夠的資訊。」

就這樣，勒布朗的世界天搖地動。

《紐約時報》的文章一發表，吉爾．莎薇特的電話就開始響個不停。她之前一直說服不成的記者們，突然紛紛主動致電和寄信。

勒布朗那晚手感不佳。而且在比賽後段，他在爭搶球的過程中弄傷膝蓋，不得不先行離場。籃網隊拿下勝利，把系列賽拖回到紐澤西。

同時，吉爾．莎薇特收到來信，是她先前試圖勸說撰寫達佛議題的彭博社（Bloomberg）記者寫給她的。他寫道：「吉爾，妳要的專欄文章來了。」標題寫著〈勒布朗．詹姆斯不是最值得欽佩的騎士隊球員〉（*Lebron James Isn't the Cavalier to Admire Most*）。這篇於第五戰賽後線上發表的文章，猛批勒布朗，其中一段如下：

演員兼人道主義者米亞．法羅表示：與勒布朗不同，紐伯爾不能跟耐吉簽下九千萬美元的合約。紐伯爾的臉孔，也沒有出現在克里夫蘭市中心的地標大樓上。他不會在電視廣告中出現，更不用說主演。但紐伯爾擁有的是「勇氣與信念」。

當對自身的舉措轉為強硬，勒布朗現在受到跟史匹柏一樣的待遇。在彭博社的文章中，艾瑞克．里夫斯藉由讚揚紐伯爾和他的信件，來對勒布朗施壓。「任何有良知的球員，都應該在信上簽名。」里夫斯說：「紐伯爾是一個與現實世界有連結的職業運動員。他不像某些身處NBA明星泡沫中的人，對人們的苦難視而不見。」

前美國參議員兼籃球名人堂成員比爾．布拉德利（Bill Bradley），也在沒有指名道姓的情況下，把焦點對準勒布朗。「你必須決定用自己的名人身分做什麼。」布拉德利告訴彭博社：「可想而知，有些人可能選擇永遠不這麼做，那是不幸的。人生，可以有更崇高的過法。」

勒布朗挨了一記冷箭。往後幾天，一家又一家新聞媒體——全國公共廣播電臺（NPR）、福斯新聞（Fox）、《華盛頓郵報》、《波士頓環球報》——紛紛發表評論。布魯金斯學會（Brookings Institution）的專家和其他外交政策分析師，都在揣測他的動機。勒布朗的生活第一次被大眾透過政治眼光審視，而勒布朗也第一次在職業生涯中措手不及。

在這個混亂的局勢中，騎士隊終於淘汰籃網隊。但當球隊前往底特律，爭取進入NBA總冠軍賽的機會時，勒布朗已經傷痕累累且筋疲力盡。籃球從來沒有這麼難。

22 史詩一役

東區決賽的第一戰賽況，一如勒布朗的預期——雙方殺得你死我活，都拉不開比數，任何進展都很艱難。比賽還剩十五秒，活塞隊領先兩分，騎士隊握有球權。暫停期間，勒布朗聆聽布朗教練制定的戰術：最終把球交到勒布朗手上。

片刻後，勒布朗在三分線頂端接球，往內線突破，過了防守者泰肖恩・普林斯一步。兩名協防球員湧上，勒布朗意識到唐耶爾・馬歇爾獨自埋伏在底角。出於本能，他放棄了投籃機會，把球傳給馬歇爾。馬歇爾三分球出手，投進就能贏球。

球彈框而出，活塞隊搶到籃板，保住勝局，在系列賽取得一比零領先。

勒布朗的決定立即受到質疑。賽後記者會上，他被問及為什麼不選擇自己出手、追平比分。「我追求的是取勝的機會。」勒布朗說：「兩名防守球員圍了過來，而隊友有空檔，把球傳給隊友就是求勝的做法，就是這麼簡單。」

他的回答馬上引來批評。

「最好的球員，在賽末關鍵時刻不出手，我對這點頗有意見。」TNT球評查爾斯・巴克利說：「如果我是球場上最好的球員，我就必須出手。這不是批評，這是事實。」

其他NBA記者也同意巴克利的說法，認為勒布朗不該在關鍵時刻把球傳出去。「柯比絕對不會這樣做。」一位記者指出：「而喬丹只會在別無選擇時，出此下策。」

勒布朗聽到了批評、讀到評論，但他沒有質疑自己的決定。早在小學為德魯教練效力時，他就學到傳球的重要。如今，傳球給空檔隊友的動作，已經根深蒂固的融入他的打法，猶如肌肉反射——面對防守隨機應變。重點是贏球，不是確保自己親手執行最後一擊。

場上與場下的麻煩

休兵一天後，勒布朗和隊友們準備在底特律迎接第二戰，《基督科學箴言報》（*Christian Science Monitor*）發表一篇尖銳文章，題為〈勒布朗．詹姆斯在達佛議題上失手了〉（*On Darfur, LeBron James Drops the Ball*），文中讚揚艾拉．紐伯爾，並斥責勒布朗「懦弱」：

> 紐伯爾並非第一個為政治理念冒險的職業運動員。網球傳奇亞瑟．艾許（Arthur Ashe）譴責南非的種族隔離制度；拳擊手穆罕默德．阿里（Muhammad Ali）在越戰期間拒服兵役，放棄重量級拳王頭銜。身為世界上最優秀籃球員之一的勒布朗．詹姆斯，卻對達佛問題袖手旁觀。詹姆斯在這裡呼應了年少時期的籃球巨星麥可．喬丹，喬丹往往把利益放在原則之前。

耐吉的林恩．梅利特氣急敗壞，關於勒布朗拒簽艾拉．紐伯爾信函的爭議，已經延燒兩個星期，絲毫沒有減緩的跡象。相反的，隨著每一篇新的文章或評論發表，寫手們在譴責勒布朗時變得更為苛刻，而且越來越針對個人。梅利特怪罪艾拉・紐伯爾，把政治議題帶入騎士隊的更衣室。梅利特也責怪史蒂夫・考夫曼助長這種行為。

梅利特受夠了，他在電話中對考夫曼大發雷霆，並狂罵紐伯爾。

「他對騎士隊來說一定麻煩透頂，竟然把這種事情帶到工作場所。」梅利特告訴考夫曼：「這就像有人跑到你工作的地方，要求你加入伊斯蘭國度[13]（Islam Nation）一樣。」

梅利特發洩的同時，身為律師的考夫曼記下這件事。他也反脣相譏，不願對耐吉給的壓力逆來順受。在考夫曼眼中，紐伯爾在做高尚的事，而耐吉應該給予更多支持才對。

活塞隊拿下了第二戰，在系列賽中以二比零領先。

回到克里夫蘭，勒布朗在第三戰攻得三十二分，在第四戰攻得二十五分。騎士隊連勝兩場，把系列賽扳平。但每場比賽都是激戰，每場比賽的勝負都取決於勒布朗。當底特律對他採取的嚴密盯防和強硬防守奏效時，活塞隊就能保住勝果；而當勒布朗頂住活塞隊的戰法，騎士隊就會贏球。

當系列賽回到底特律，進行決定性的第五戰，活塞隊占盡優勢，被看好將會贏下此局。那一週，《運動畫刊》指出，在一九八〇年代末和一九九〇年代初，麥可・喬丹與活塞隊連續四度在季後賽交鋒後，才終於找到取勝之道。直到副手史考提・皮朋（Scottie Pippen）和苦工球員霍雷斯・格蘭特（Horace Grant）崛起，喬丹才成功帶領球隊進入ＮＢＡ總冠軍賽。《運

13 編按：一九三〇年成立的非裔美國人伊斯蘭主義組織，該組織反對白人、主張黑人優越主義，並有反猶太等傾向。

動畫刊》寫道：「確實，喬丹時代給我們的主要教訓就是，無法單靠一個人隻手遮天。」

可勒布朗不想等四年才戰勝活塞隊。二〇〇七年五月三十一日，踏入奧本山宮殿的他，心裡只有一個目標，就是在客場拿下這一勝。

前三節，勒布朗拿出季後賽最佳表現之一，幫助球隊取得領先。但到了第四節末，活塞隊連得十分，在比賽還剩三分鐘時以八八：八一領先。形勢已然轉變，騎士隊迅速衰落。勒布朗進攻籃框，在上籃時被拉席德・華勒斯傷到眼睛。該球進算，加罰一球也進，分差縮小至八八：八四。

片刻後，活塞隊投籃不中，勒布朗則命中一記遠距離三分球，把比分追到八八：八七。

在騎士隊的下一波進攻中，勒布朗再次被對手猛擊臉部。接著，在暫停之後，他從弧頂帶球，面對單防。他假裝向左突破，換手運球往右，甩開防守球員，衝入禁區。他乘著衝勁躍起，高過五名活塞隊的防守球員。前鋒泰肖恩・普林斯意識到情況不妙，趕緊用雙臂護住頭部，閃到一旁。勒布朗戰斧式的爆扣籃框，力道之猛，連籃板都在震動。播報員瑪夫・阿爾伯特大喊：「他把球塞進去了！」

騎士隊以八九：八八反超，比賽還剩三十一秒。

昌西・畢拉普斯在另一端做出回應，以一記關鍵三分球，讓底特律再次領先兩分。

比賽還剩十五秒。勒布朗在弧頂運球，伺機而動。面對五名活塞隊的防守球員，他先迅速過掉普林斯。

阿爾伯特播報道：「詹姆斯啟動⋯⋯。」

勒布朗的加速跟起跳速度太快了，阿爾伯特的話都還沒說完，他再次扣籃得分。

此時，雙方九一：九一平手，進入延長賽。

僅靠一人，隻手遮天

騎士隊的板凳席上，勒布朗告訴隊友，當底特律握有球權，他們的任務就是好好防守。「剩下的交給我。」勒布朗告訴他們：「進攻的部分由我來。」

而在活塞隊的板凳席，教練懇求全隊，盡其所能不讓勒布朗好過。「他準備重重撞在地板上。」昌西．畢拉普斯後來談到活塞在延長賽中，針對勒布朗的防守策略時說道：「我們就是要把他打倒在地，狠狠的打！」

延長賽開打，勒布朗第一次拿球就受到重擊。他在接下來的延長賽中，為球隊拿下全部的七分，讓騎士隊以九八：九六領先。比賽還剩四十秒，勒布朗在三分線外帶球，尋找通往籃框的路，但根本沒有破綻。三名防守球員緊逼，進攻時間所剩無幾。

阿爾伯特說：「勒布朗必須出手了。」

跟一名防守球員碰撞之後，勒布朗仍繼續運球，他巧妙移動到三分線內躍起，畢拉普斯朝他撲去。勒布朗在空中調整身體、面向籃框，把球投出。

球在籃框內彈了兩下才入網，阿爾伯特說：「他投進了。」

球評道格．科林斯（Doug Collins）驚呼：「哦，我的天啊！」

「勒布朗．詹姆斯來了一記高難度投籃！」阿爾伯特說：「身體失去平衡，進攻時間倒數，沒有出手角度，但他還是進了！」

勒布朗連得十六分。延長賽還剩三十三秒，騎士隊以一〇〇：九六領先。

暫停之後，活塞隊吹起反攻號角，連取四分，將比分扳成平手，把比賽逼入第二度延長。

這一次，當球隊回到板凳席，勒布朗不需要跟隊友多說什麼，他們知道應該繼續把球交給他，然後閃開。

第二度延長賽開打，勒布朗向活塞隊的板凳席方向運球，後撤步跳投，球破網而入，他落在活塞隊的板凳席前。騎士隊再次取得兩分領先，勒布朗一邊回防，一邊俯視活塞隊板凳席上的球員。在騎士隊最近取得的二十三分中，勒布朗獨得二十二分。

活塞隊做出回應，連進兩球，以一〇四：一〇二領先。

勒布朗隨後在進攻端受到一對一盯防，他在弧頂運球，等待隊友清出空間。在看到四名活塞隊球員擠在籃下時，勒布朗佯裝向左，讓防守者往那邊傾斜，然後勒布朗變向，透過背後運球把球從左手運到右手，跟防守球員拉開足夠距離，跳投得分，扳平比數。

板凳席上的活塞隊球員們瞠目結舌、不敢置信，個個都雙手交叉，嘴巴合不攏。

勒布朗回防，吹鼓腮幫，深呼吸，將雙手下壓，彷彿在空中做起伏地挺身。

活塞隊再次領先，比數來到一〇七：一〇四。

二度延長賽僅剩一分多鐘，勒布朗在三分線外運球，凝視活塞隊五名防守球員，然後向活塞隊的板凳席方向衝刺。在兩名防守球員的追逐下，他旱地拔蔥而起，再次投出一記遠距離三分球，動能將勒布朗帶到底線之外，球在籃框裡彈了幾下，破網而入。

「進了！」阿爾伯特說：「一百零七比一百零七，兩隊平手！」

「太不可思議了。」科林斯讚嘆：「簡直就是喬丹。」

勒布朗已經連得二十三分，騎士隊最近的二十八分裡，有二十七分是他拿下的。

活塞隊投籃沒進，騎士隊重新取得球權，在第二度延長賽還剩十一．四秒時請求暫停。

筋疲力盡的勒布朗坐在隊友旁邊的板凳上，布朗教練拿出白板，畫出他要的邊線球戰術——利用掩護解放勒布朗，讓他拿到球。「在這裡設下掩護，」布朗一邊說，一邊在騎士隊的籃框下畫一個圈，「把勒布朗帶到弧頂。」他繼續說著，用一條線標示出勒布朗從掩護的地方，跑到三分線頂端的路徑。

勒布朗的目光緊隨布朗的麥克筆。

布朗畫了一條虛線，標示邊線球的傳球路徑，然後抬頭看著勒布朗。「你一定要切入。」他指著勒布朗大喊：「自己出手最後一擊。」

場上每個人都知道，球要交給勒布朗——騎士隊其他球員在最近十八分鐘，一球都沒進。唯一的問題是，勒布朗能否再一次，在五名活塞隊球員的防守下得分。

勒布朗利用隊友掩護、擺脫防守，衝到中圈附近接到邊線傳球。雙腳正好踩在活塞隊的標誌上，勒布朗左手托球，環視球場。隊友們移動到兩側的遠邊，為他清出空間。昌西．畢拉普斯在他面前蹲踞，展開雙臂。其他四名活塞隊防守球員，在籃框前面組成了一個方形。禁區內空無一人。

勒布朗靜止不動，目光越過畢拉普斯的頭頂，望向籃板上的計時器。

「詹姆斯準備啟動。」瑪夫・阿爾伯特說：「倒數五秒……」

勒布朗向左衝，他的運球只離地面幾吋，迅猛穿過畢拉普斯。

「……四……」

勒布朗殺入禁區，畢拉普斯貼在他的右臂，三名防守球員朝他一湧而上。

「……三……」

勒布朗在半空中意識到，沒有人跳起來阻攔，並將球從左手送到右手。

「……二……」

勒布朗身體下墜，就在雙腳觸地的前一刻，他把球勾向籃板。

阿爾伯特大喊：「……詹姆斯得分！」

活塞隊馬上喊了暫停，拉席德・華勒斯無奈的攤開雙手。此時，比賽只剩二・二秒，比數一〇九：一〇七，騎士隊領先。

觀眾們都傻掉了。勒布朗跑向騎士隊的板凳席，與一名助理教練用胸部相撞慶祝，幾乎把他撞倒在地。電光交響樂團（Electric Light Orchestra）的歌曲《別讓我失望》（*Don't Bring Me Down*）在奧本山宮殿迴盪，觀眾們只能呆呆看著一切發生。

「勒布朗・詹姆斯轟下四十八分。」瑪夫・阿爾伯特說：「克里夫蘭騎士隊最後的二十五分都是他拿的，最後三十分中有二十九分……無論接下來發生什麼，這都將成為ＮＢＡ歷史上，最偉大的表現之一。」

終場鳴笛響起的同時，活塞隊最後一擊落空。勒布朗感覺，自己好似在搭克里夫蘭西部遊樂園十層樓高的魔鬼落（Demon Drop）雲霄飛車。他精疲力竭，幾乎站不穩，勒布朗將身體前傾，兩手撐在膝蓋上，盯著奧本山宮殿的地板。

比賽總共五十八分鐘，勒布朗打了五十分鐘。他包辦騎士隊最後的二十五分，包括兩次延長賽中的全部十八分，總計貢獻四十八分、九籃板和七次助攻。

勒布朗單靠一己之力，迎來ＮＢＡ的世代交替。

就在底特律的一個週四晚上，勒布朗．詹姆斯摧毀了活塞隊。

脫水又抽筋的勒布朗，需要在返回克里夫蘭的飛機上打點滴，但他感覺比以往任何時候都好。他知道，克里夫蘭即將迎接隊史第一座東區冠軍盃。

兩個晚上之後，數萬球迷塞爆Ｑ球館外的街道。場內，騎士隊打得很順。第六戰是球隊史上最重要的比賽。騎士隊以九八：八二獲勝，當比賽結束的鳴笛響起，球場裡的噪音震耳欲聾。彩帶灑落、球迷狂喜，勒布朗找到莎凡娜。隨時可能分娩的莎凡娜朝勒布朗奔去。

勒布朗伸出雙臂把她抱住，然後宛如保鏢，領著她穿過重重攝影鏡頭離開球場。年僅二十二歲的勒布朗，在第四個賽季帶領球隊進入ＮＢＡ總冠軍賽。而且他即將再次為人父親。

「哦，老天哪，」他心想：「沒有什麼能比這更好的了。」

23 王朝降臨

騎士隊的陣容中，沒有人打過ＮＢＡ總冠軍賽。反觀，對聖安東尼奧馬刺隊來說，總冠軍賽早已是每年必訪之地。

在兩度當選ＮＢＡ最有價值球員的提姆．鄧肯帶領下，馬刺隊在過去七年贏得三座冠軍。總教練格雷格．波波維奇（Gregg Popovich）讓全明星控球後衛東尼．帕克（Tony Parker）輔佐鄧肯，再配上資深戰將組成的陣容——馬紐．吉諾比利（Manu Ginobili）、布魯斯．包溫（Bruce Bowen）、羅伯特．歐瑞（Robert Horry）等人——他們打總冠軍的經驗，超過聯盟其他球隊的加總。從拉斯維加斯的賭盤，到全國各地的ＮＢＡ記者，幾乎每個人都預測騎士隊會被擊敗。

但是ＮＢＡ總冠軍賽的結果幾乎無關緊要。畢竟，騎士隊本來就不應該出現在這裡，不應該這麼快，也不應該是以眼下的先發陣容——薩沙．帕夫洛維奇（Sasha Pavlovic）、扎伊德魯納斯．伊高斯卡斯、丹尼爾．吉布森（Daniel Gibson）和德魯．古登（Drew Gooden）。

勒布朗在生涯第四賽季，就將騎士隊帶進總冠軍賽，堪稱一項巨大成就。媒體並沒有把重點放在提姆．鄧肯和馬刺隊身上，仍在熱議勒布朗對陣底特律第五戰的史詩級個人秀。《紐約時報》給出的形容是「令人目眩神迷」，《運動畫刊》則稱之為「永垂不朽」。勒布朗得到的高度讚譽，通常屬於超級巨星生涯顛峰的代表作，而不是一個某種程度上的新人。

在所有的喧騰之中，達佛問題成了昨日舊聞。勒布朗在第五戰的成就如此獨特輝煌，連敘事的方向都被其改變。勒布朗不再面臨任何質疑。沒有批評的聲音。如今所有的焦點都集中在，籃壇新時代的開始——勒布朗的時代。沒有人比耐吉的林恩．梅利特更感寬慰。

打從一開始，梅利特一直是耐吉內部最熱情的勒布朗支持者，帶頭贊成以創紀錄的資金簽下勒布朗，並在最後一刻搞定協議。耐吉內部並不是每個人，都像梅利特那樣看好勒布朗，有些人還曾認為，梅利特花費了太多資金。但在底特律的第五戰後，這種想法煙消雲散。

第五戰之前，耐吉約有六個人，全職負責勒布朗和他的品牌。第五戰之後，這個數字增加到一百五十人。就連耐吉每年在印第安納波利斯舉辦的全美籃球訓練營，都被改名為勒布朗．詹姆斯技巧訓練營（LeBron James Skills Academy），並從二〇〇七年七月開始搬到阿克倫。這進一步證明，勒布朗正在將阿克倫打造成籃球宇宙的中心。

在耐吉內部，這個新時代被稱為「ＡＧＦ」，意思是「第五戰之後」（After Game Five）。

被刻意犯規，卻無法抱怨

勒布朗在ＮＢＡ總冠軍賽的初登場，恰逢詹姆斯．甘多爾菲尼（James Gandolfini）飾演東尼．索波諾的最後一場演出。從一九九九年至二〇〇七年，八年間播送八十五集之後，《黑道家族》——被《紐約客》（*New Yorker*）雜誌編輯大衛．雷姆尼克（David Remnick）稱為「電視史上成就最豐饒」的影集——即將完結。最後一集與ＮＢＡ總冠軍賽的第二場比賽，在同一晚播出。

東尼．索波諾這個角色的複雜人生——殘忍的黑幫老大，儘管暴虐卻終究讓人愛慕——對美國文化留下不可磨滅的印記，以至於來自ＮＰＲ和公共廣播電視公司（ＰＢＳ）的權威們，甚至辯論該劇在美國的流行程度代表了什麼樣的國情。從八卦小報記者到電視名嘴，所有人都在猜測東尼．索波諾最後會不會活下來。

ＮＢＡ跟轉播合作夥伴ＡＢＣ，並不想跟ＨＢＯ這個強勁對手打對臺。從收視率的角度來看，這成了勒布朗跟東尼．索波諾的對決。為了善用ＮＢＡ的頭號球星，ＡＢＣ要求勒布朗事先錄製專訪，計畫將其剪輯成片段，在系列賽中分段播出。

勒布朗是《黑道家族》的忠實粉絲，他很欣賞甘多爾菲尼的精湛演技。跟許多美國人一樣，勒布朗情不自禁的支持東尼，並對他的經典臺詞如數家珍，例如「我他媽的就是那個做他媽的決定的人」。但勒布朗與東尼．索波諾正好相反，東尼的家庭生活備受煎熬——他的母親甚至曾經想要殺害他；而當ＡＢＣ詢問勒布朗與母親的關係時，勒布朗非常雀躍。

「比起自豪，我更以她為傲。」勒布朗說：「她幫助我成長為一個男人。我現在有了一個孩子，我不知道她是如何獨自撫養我長大的。我向單親媽媽致上全世界的讚美，我不知道她們是怎麼做到的，我絕對無法獨自撫養我那兩歲的孩子。」

ＡＢＣ不習慣用這樣的片段宣傳籃球比賽。

總冠軍賽在聖安東尼奧開幕，不出所料，馬刺隊在系列賽率先取得二比零領先。第一場比賽沒有懸念。週日晚上進行的第二戰更是一面倒——馬刺隊在上半場，建立了二十八分的領先優勢，下半場也沒有鬆懈。

《紐約時報》寫道：「週日整整兩小時，馬刺隊羞辱了克里夫蘭騎士隊，進一步毀掉勒布朗．詹姆斯的登場派對，也大大損害NBA在美國的電視收視率。」

當勒布朗和騎士隊在NBA的最大舞臺上掙扎，HBO影集《黑道家族》中，東尼．索波諾坐進霍爾斯滕冰淇淋店（Holsten's）的小包廂，在點唱機投入幾個硬幣，選了旅行者合唱團（Journey）的《不停止相信》（*Don't Stop Believin'*），等待妻子和孩子加入他。看似天倫之樂的場景，感覺卻像最後的晚餐。當螢幕暗下、工作人員名單出現，詹姆斯．甘多爾菲尼和共同領銜的艾迪．法科（Edie Falco），演完了電視史上最惡名昭彰的影集完結篇。

勒布朗錯過了這一切。在返回克里夫蘭的飛機上，他依然相信騎士隊能獲勝。

在Q球館的第三戰尾聲，有這麼一瞬間，勒布朗似乎能扭轉局勢。比賽還剩五．五秒，馬刺隊領先三分，麥克．布朗教練設計了戰術，要讓勒布朗投一顆追平比數的三分球。在馬刺隊的邊線，波波維奇教練指示防守專家布魯斯．包溫，在勒布朗出手之前先行犯規。

勒布朗知道會發生什麼。他一衝到三分線頂端接球，就看到包溫朝他奔來。

勒布朗往左運球，裁判鮑勃．德萊尼（Bob Delaney）就站在幾呎之外。

包溫撲了上來，雙手抓住勒布朗——他的右手抓住勒布朗的右臂，左手則繞到背後，拉住他的球衣。勒布朗已經起跳，他甩開包溫，投出一記三分球，但是沒進。

德萊尼沒有吹哨。比賽結束的鳴笛聲響，馬刺隊歡騰衝上球場。

勒布朗向德萊尼喊道：「他犯規！」

德萊尼搖搖頭，對勒布朗的抱怨不予理會。

「鮑勃，他真的犯規了！」勒布朗指著自己的手臂大喊：「犯在這！」

ABC以慢動作重播。很明顯，勒布朗被犯規了。

球評麥克．弗拉特洛（Mike Fratello）在直播中表示：「勒布朗．詹姆斯絕對有理由抱怨。」

但沒有影響。騎士隊再吞一敗，馬刺隊在系列賽取得三比零的絕對領先。

事後，勒布朗被問及比賽末尾犯規，裁判卻沒響哨的情形。

那時，勒布朗覺得怪罪裁判沒有意義。相反的，他擔起責任，說自己應該打得更好。

甫離開球館，勒布朗馬上進入家庭模式。隔日，莎凡娜前往阿克倫北部的卡約加瀑布綜合醫院（Cuyahoga Falls General Hospital）。六月十四日午夜過後不久，她順利生下他們的第二個兒子。他們把他取名為布萊斯．麥希穆斯．詹姆斯（Bryce Maximus James）。他的中間名取自勒布朗最愛的電影之一，《神鬼戰士》（*Gladiator*）的主角麥希穆斯．迪希姆斯．梅里迪烏斯（Maximus Decimus Meridius）。

這個聯盟很快會是你的

一夜無眠之後，勒布朗現身Q球館迎接第四戰。儘管疲憊不堪，他的步伐卻更輕快，很大程度上歸功於布萊斯的到來。況且，愛國者隊四分衛湯姆．布雷迪和名模吉賽兒．邦臣也飛到現場，坐在場邊觀戰。

勒布朗和布雷迪的交情，比球迷們所想的更親近。他們之間有著友好的競爭關係，勒布朗因為能在布雷迪面前打球而感到興奮，因為在美國團隊運動中，只有他知道被拿來跟史上最偉大的球員比較的感受。跟勒布朗崇拜喬丹一樣，布雷迪從小也崇拜被公認為史上最偉大四分衛的喬·蒙坦納（Joe Montana）。而和勒布朗一樣，布雷迪也在努力追上偶像的高度。職業生涯中，勒布朗和布雷迪仍在攀升，他們在追求成為史上最偉大運動員的道路上緊密連結。

但在私人生活層面，勒布朗和布雷迪截然不同。布雷迪和吉賽兒是透過共同朋友，在格林威治村的一家時尚餐廳認識的。這位巴西出生的超級名模，曾被《滾石》（*Rolling Stone*）雜誌譽為「世上最美的女孩」，她比任何其他模特兒登上更多雜誌封面，身價估計達到一億五千萬美元。而勒布朗和莎凡娜則是在十幾歲時初次約會，當時他們在阿克倫一家蘋果蜂共進晚餐。從此他們一直在一起，正在建造的夢想家園，距離兩人成長的地方，只有幾英里之遙。

莎凡娜全心全意做一名全職母親，照顧他們的孩子。快要三十歲的布雷迪，手握三枚超級盃冠軍戒指，但是沒有子女；二十二歲的勒布朗，已經有了兩個孩子，但還在追逐第一枚冠軍戒指。

介紹球員進場後，一名球迷舉起一塊寫著「為布萊斯而戰」的標語，被投放到球館的巨型螢幕上，在勒布朗走向中場、準備開球時，引起歡呼。

提姆·鄧肯恭賀勒布朗再次成為父親。

勒布朗笑容滿面，擁抱鄧肯。

其他馬刺隊球員也依次祝賀勒布朗。

「勒布朗不曾見過父親，」ABC的播報員麥克・布林說：「他由母親一手帶大，他非常感激母親為他做的一切。」

ABC播放一週前錄製的採訪片段，勒布朗在其中讚揚了單親媽媽。「我不知道她們是怎麼做到的。」勒布朗微笑著說：「我絕對無法獨自撫養我那兩歲的孩子。我沒辦法。」

「現在他有兩個孩子了。」布林說：「他是兩個孩子的爸了。恭喜勒布朗和他的家人。」

儘管在醫院度過一個無眠的夜晚，勒布朗在第四戰幾乎打滿全場，他貢獻二十四分、十次助攻和六個籃板，如《神鬼戰士》中麥希穆斯一般的努力。但騎士隊仍以一分之差敗北，比數是八二：八三。

馬刺隊的控球後衛東尼・帕克給予騎士隊致命一擊，獲選總冠軍賽最有價值球員。比賽結束的鳴笛聲響，帕克的未婚妻，女演員伊娃・朗格利亞（Eva Longoria）衝上球場，躍入帕克的懷抱，雙腿環繞他、親吻他。馬紐・吉諾比利跟布魯斯・包溫擊掌，提姆・鄧肯擁抱了格雷格・波波維奇。

勒布朗無法在旁觀看這一切，他默默轉身走向通道，意識到自己還沒做好打總冠軍賽的心理準備。他曾經夢想，也曾經渴望，但經驗是無可替代的。提姆・鄧肯和格雷格・波波維奇，剛剛共同贏下他們的第四座總冠軍，勒布朗深刻的體認到，那是多麼宏大的偉業。

換下球衣後，勒布朗在更衣室外的走廊祝賀鄧肯。

「幹得好，兄弟。」鄧肯說著，然後擁抱了他。鄧肯鼓勵勒布朗保持自己的做法，他說：

「這個聯盟很快會是你的。」

勒布朗說：「我很感激你這麼說。」

鄧肯笑著說：「我也感謝你，把這一年讓給我們。」

勒布朗笑了。鄧肯拍了拍他的屁股。

競爭者與運動員

勒布朗沒花太多時間想總冠軍賽的事。幾天後，他和卡特在阿克倫主持為期兩天的高峰會。這是LRMR的活動，卡特組織了一切，勒布朗則是吸引力所在。跟勒布朗有業務往來的各個公司代表——耐吉、可口可樂、微軟、上層公司（Upper Deck）、可口泡口香糖和其他合作夥伴——都同意與會。這個高峰會的目的，是在全球擴展勒布朗的品牌，尤其是中國市場。座談主題包括：「中國二〇〇一：流行文化、媒體和體育」、「品牌全球化」和「勒布朗品牌在中國」。

同時，勒布朗邀請麥克．沙舍夫斯基教練在高峰會演講。人喚K教練的他，心頭壓著一件事，正好想跟勒布朗當面討論，高峰會為此提供了完美的機會。沙舍夫斯基欣然接受邀請，飛往阿克倫。

高峰會開始的前一晚，勒布朗和卡特邀請企業贊助商，在阿克倫希爾頓飯店參加一場私人晚宴。上主菜之前，沙舍夫斯基起身敬酒。他環視著桌旁的每個人說：「接下來的兩天，重點應該是勒布朗，而不是你們各自的公司。」

對於美國隊來說，K教練對勒布朗的看法也是如此——勒布朗是隊上最重要的球員。但美國隊前一年夏天在日本拿到第三名之後，K教練意識到，他的任務——讓美國重返世界籃壇之巔——比原本預期的困難多了。

為了重回顛峰，K教練覺得，他首先得在隊上創造新的文化。為了幫助他做到這一點，他想在年輕球星為主的國家隊陣容裡，增添一些資深球員的領導力。K教練心中設想的三位資深球員，分別是昌西·畢拉普斯、傑森·奇德，以及柯比·布萊恩，但K教練不打算在跟勒布朗談過之前，做出任何大動作。

晚餐後，K教練和勒布朗單獨會面。K教練解釋了他的顧慮，並表示他打算招募資深球員來解決問題。他首先提到了傑森·奇德。

K教練問：「你覺得，他加入球隊怎麼樣？」

「很好啊。」勒布朗回答：「奇德是NBA最擅於傳球的球員。我很會傳球，但還是可以從他身上學到東西。」

K教練建議讓畢拉普斯加入，勒布朗也喜歡這個想法。他認為，畢拉普斯是出色的防守球員，而且擁有堅毅的心態。

談到柯比的時候，K教練採用比較圓滑的方式。他將柯比和勒布朗視為NBA兩位頂級霸主。柯比帶著刺客的心態比賽，正處於生涯顛峰，他是終極的競爭者。勒布朗則是世上最有才華的球員，是肌肉、敏捷、力量與速度的完美展現，是個終極的運動員。

K教練認為，把這兩人配在一起，是讓美國在北京奧運，重掌籃壇霸權的最穩途徑。但柯比和勒布朗也可能讓美國隊上演《捍衛戰士》（*Top Guns*）的劇情——劇中主角「冰人」（Iceman）和「獨行俠」（Maverick），兩人水火不容[14]。K教練知道，柯比和勒布朗都不是當配角的料。他只想確保，兩人願意接受彼此當隊友。

勒布朗是籃球的學徒，他認為K教練是籃球場上最偉大的導師之一，也知道美國隊在二〇〇四年受到重創。只要他和柯比協力，他們將會是帶給對手重創的一方。

勒布朗跟K教練說：「沒有人像柯比準備的如此充分。」

勒布朗沒有再多說什麼。

K教練聽到了他需要聽的話。他將有機會執教NBA的兩位頂級球員。

隔天早上，卡特歡迎所有人參加高峰會，然後把會場交給勒布朗。在阿克倫大學的大型研討室裡，勒布朗對六十五位高階主管發表致詞。

「我感到非常興奮。」他說：「誰會想到，我們能把你們請到俄亥俄州的阿克倫？在我長大的過程中，我們沒辦法把任何人，請到這個鳥不生蛋的地方。」

大家都笑了，尤其是K教練。

14 編按：在該劇中，由湯姆．克魯斯（Tom Cruise）飾演外號「獨行俠」的彼得．米契爾上尉（Pete Mitchell），與方．基墨（Val Kilmer）飾演外號「冰人」的湯姆．卡贊斯基上尉（Tom Kazansky）兩人，為美國海軍飛行學校的同儕兼競爭對手。

生父疑雲

即使得處理不愉快的狀況，勒布朗仍然能保持平穩。在捲入與艾迪．傑克森和葛洛莉雅向約瑟夫．馬許貸款衍生的訴訟後，勒布朗沒有抱怨或怨恨，而是全力關心傑克森和葛洛莉雅的利益。縱使他的律師佛德里克．南斯，成功擋下馬許數百萬美元的索賠，馬許最終還是能拿回借給傑克森和葛洛莉雅的全部款項。傑克森出獄後，勒布朗繼續把他當成家人對待。

然而，關於勒布朗生父身分的問題持續存在。

NBA總冠軍賽結束後不久，勒布朗祕密與克里夫蘭一名醫療專家會面，提交了自己的DNA樣本。二〇〇七年稍早，一名男子聯繫佛德里克．南斯，聲稱他可能是勒布朗的生父。他表示，自己在一九八四年與葛洛莉雅發生過一次性關係，他也對南斯表示，他想與葛洛莉雅會面，討論是否應該在勒布朗出生證明中空白的父親欄，補上他的名字。

葛洛莉雅表示自己從未見過這個男人，也不想與他有任何瓜葛。但在多次往來之後，南斯安排這個男人跟葛洛莉雅通電話。電話中火藥味十足，葛洛莉雅對那個男人說：「勒布朗的錢，是要給他的孩子的。」那通電話之後，勒布朗同意接受DNA親子鑑定，那個男人也同意受測。南斯安排了相關事宜。

自從他的籃球才能得到國家級的曝光以來，勒布朗一直在處理生父身分相關的問題。其中一次最詳細的訪問，發生在二〇〇三年，當時十八歲的勒布朗在HBO，接受鮑勃．科斯塔斯（Bob Costas）的採訪。

科斯塔斯問道：「你知道親生父親的行蹤嗎？」

勒布朗回答：「不，我不知道。我真的不太在意，因為對我來說，父親和母親是合而為一的，也就是葛洛莉雅・詹姆斯。目前的我，真的不需要別人。」

科斯塔斯繼續說著：「有各種傳聞，說你的生父可能在監獄。實際上他可能已經去世，可能在十年前被槍殺了。」

勒布朗點了點頭。

科斯塔斯問：「你對此感到好奇嗎？」

勒布朗回答：「不，我真的從沒想過這種事，我現在擁有的朋友和家人非常棒。拿全世界跟我交換，我都不要。」

科斯塔斯問：「倘若這個人仍然存在，而且終於現身，你有沒有考慮過會發生什麼？」

勒布朗：「沒有，我從沒真正想過這個問題。」

那次訪問之後，勒布朗的態度沒有太大轉變。他並不糾結生父的問題，而是專心為了自己兒子們，成為一位無所不在的父親。南斯甚至告訴那位前來做親子鑑定的男人，勒布朗對他的主張毫不在意，並且，勒布朗不害怕與他做親子鑑定。

他們的樣本被送往辛辛那提（Cincinnati）一所DNA實驗室。

那年夏天結束時，結果出來了：親子關係的可能性為零。

南斯建議那個男人，別再來打擾葛洛莉雅和勒布朗。

如果他是一家上市公司，我會買進

騎士隊在克里夫蘭展開訓練營的前幾天，勒布朗和卡特走進紐約市的時代生活大廈（Time-Life Building）。那是九月下旬一個秋高氣爽的日子，勒布朗來此參與《財星》雜誌的照片拍攝。《財星》雜誌很少把運動員放上封面——麥可．喬丹和老虎伍茲是一九九〇年代的例外。現在輪到勒布朗了。但《財星》雜誌計畫，將勒布朗呈現為一個貨真價實的商業巨頭，而不僅僅是一名運動員。

《財星》的計畫，是讓勒布朗登上一期特別版的封面，封面還會列出商業界最有權勢的二十五位人物，從史蒂夫．賈伯斯（Steve Jobs）開始，接著是魯珀．梅鐸（Rupert Murdoch）、華倫．巴菲特、比爾．蓋茲，以及谷歌的聯合執行長等人。《財星》意識到，選擇勒布朗而非賈伯斯上封面，可能會引起讀者質疑，因此他們打算在勒布朗的封面，印上幾句巧妙的文字：

> 為什麼是勒布朗．詹姆斯？
> 因為「如果他是一家上市公司，我會買進」。——華倫．巴菲特

勒布朗意識到這一刻的重要。造型師芮秋．強森也意識到，並相應的為他準備了一套深灰色西裝，配上銀色的口袋方巾。

《財星》雜誌請了肖像攝影師班．貝克（Ben Baker）來拍攝勒布朗。貝克住在美國，但他其實來自澳洲。那個禮拜，貝克的父親從澳洲來美國找他。貝克早已習慣為有權勢的知名人物拍照，且幾乎不在拍攝時期間帶上任何人。不過他與父親的關係非常親密，所以邀請他一同前來。在等待勒布朗到來時，貝克請父親待在房間的後面。

當勒布朗走進《財星》的攝影棚後，貝克向他指示要站的位置。貝克透過鏡頭觀察勒布朗，後者環顧四周，發現房間後方有一名男子。

勒布朗問貝克：「那是你爸嗎？」

貝克微笑著說：「對，那是我老爸。」

勒布朗朝貝克的父親點點頭：「老爹，您好嗎？」

貝克的父親精神為之一振。勒布朗喜歡貝克帶著父親上工。

貝克對於勒布朗注意到自己的父親，印象十分深刻。更讓他印象深刻的是，勒布朗輕鬆自在的參與拍攝，並且樂在其中。拍攝期間，貝克請勒布朗和卡特站在一起擺姿勢。在貝克眼中，他們是一對令人耳目一新的組合，兩個年輕人朝著征服世界的目標前進。

拍攝結束後，勒布朗和卡特穿過街道，來到洛克斐勒廣場三十號（**30 Rockefeller Plaza**），勒布朗要在那裡進行《週六夜現場》（*Saturday Night Live*）的彩排。

貝克跟著他們前往，以便在不同的背景下拍攝勒布朗。芮秋．強森也確保勒布朗的衣著能配合《週六夜現場》的氛圍，這一次，勒布朗穿上了一套時尚的黑色西裝，配以背心、紅色圖案的領帶，以及相襯的口袋方巾。

勒布朗在彩排中玩得很開心。在眾多爆滿的體育館展現球技之後，站在小型攝影棚的觀眾面前念臺詞，對他來說是小事一樁。直播的那個晚上，勒布朗迫不及待。

「很高興今晚能來到這裡。」站在舞臺邊緣的勒布朗說：「我是勒布朗·詹姆斯。我是克里夫蘭騎士隊的球員。」他停頓片刻，等待掌聲。

他繼續說：「跟那些沒看籃球的人介紹一下，上個賽季我們打進了ＮＢＡ總冠軍賽，並以四場比賽橫掃了聖安東尼奧馬刺隊。」

觀眾們笑了。

「至於那些有在看籃球的人，冷靜一點，嘴巴閉上！沒必要破壞氣氛。」

超過六百萬人收看勒布朗主持的《週六夜現場》。作為流行文化偶像的他，正在加速崛起。

波士頓全新的綠色機器

波士頓塞爾提克隊總管丹尼·安吉（Danny Ainge），沒有看到勒布朗在《週六夜現場》的演出，但是他長久以來一直關注勒布朗。勒布朗就讀十一年級時，安吉去看了一場聖文森—聖瑪莉高中對陣橡樹山高中的比賽，也就是勒布朗與卡梅羅·安東尼的對決。當時的安吉，剛辭去鳳凰城太陽隊的總教練一職。

在觀看勒布朗的比賽之後，安吉跟《運動畫刊》的記者格蘭特·瓦爾說：「假如我是球隊總管，目前全ＮＢＡ，只有四、五名球員不會讓我想拿來交易勒布朗。」這句引言後來出現在瓦爾撰寫的〈天選之子〉封面故事中，安吉因為暗示只有五名NBA球員優於勒布朗而被砲轟。「他只是高中生耶。」不只一位NBA友人對安吉這樣說：「你到底在說什麼？」

幾年後，安吉遇到瓦爾。瓦爾說：「嗯，看來當年你對勒布朗的評價是對的。」安吉對瓦爾說：「**不，我錯了。我應該說，我願意拿任何球員來交易勒布朗。**」那時的安吉已是塞爾提克隊的籃球營運總監，他在二〇〇三年夏天接下這個職位，大約在NBA選秀前一個月。當塞爾提克隊聘僱他時，安吉告訴球隊老闆，他願意為了得到勒布朗，而把整支球隊交易掉。安吉可不是在開玩笑，但他知道，騎士隊永遠不會放勒布朗走人。

到了二〇〇七年夏天，安吉漸漸明白，他曾經花費大半的球員生涯，試圖擊敗麥可．喬丹，往後可能將要耗費大半的球隊主管生涯，試圖擊敗勒布朗。當看到騎士隊在勒布朗帶領下僅用四個球季，就從戰績墊底進步到進軍NBA總冠軍賽，安吉得出了結論：要阻擋勒布朗，非要一支超級球隊不可。

當年七月，當勒布朗準備在拉斯維加斯的美國男籃訓練營中首次與柯比一起練球時，安吉正在波士頓運籌帷幄，組建能與勒布朗和騎士隊在東區一決雌雄的陣容。

塞爾提克隊上個賽季只贏下二十四場比賽，全明星前鋒保羅．皮爾斯已厭倦輸球，並希望被交易。安吉沒有交易皮爾斯，而是把三名球員送到西雅圖超音速隊[15]（Seattle SuperSonics），換來全明星雷．艾倫，全聯盟最佳的外線射手。然後，安吉請艾倫幫助招募他

15 編按：該隊後於二〇〇八年遷移至奧克拉荷馬市（Oklahoma City），並更名為奧克拉荷馬雷霆隊。

的朋友——希望離開灰狼隊的全明星大前鋒凱文．賈奈特。

七月三十日，安吉幾乎將剩下的塞爾提克陣容——五名球員、兩個首輪選秀權和現金——打包送到灰狼隊，並換來賈奈特。

突然之間，保羅．皮爾斯哪裡都不想去了。身為未來名人堂成員的皮爾斯，從不特別欣賞勒布朗和他獲得的各種殊榮，安吉的重磅交易，為皮爾斯帶來另外兩個未來名人堂成員。沒有任何一支NBA球隊擁有如此強大的火力。皮爾斯、賈奈特、艾倫三人，馬上被冠以「三巨頭」的名號。當他們初次與球隊總教練道格．瑞佛斯（Doc Rivers）見面時，瑞佛斯告訴他們：「我們今年會拿下總冠軍！」

NBA專家們也同意瑞佛斯。在年度NBA戰報中，《運動畫刊》刊登了艾倫、賈奈特和皮爾斯的照片，標題是〈波士頓全新的綠色機器〉（*A Brand-New Green Machine in Boston*）。

勒布朗密切關注波士頓的動態。花了兩年跟活塞隊爭奪東區霸權後，現在騎士隊有了一個新的競爭對手——勒布朗知道，這臺綠色機器是衝著他來的。

24 時尚世界

吉兒．德姆林（Jill Demling）是《時尚》雜誌的娛樂總監。她的職責之一，是負責安排雜誌的名人封面，這份工作讓德姆林有機會與時尚界頂級模特兒，和好萊塢一線女星近距離合作。二〇〇七年，德姆林成功邀請了安潔莉娜．裘莉（Angelina Jolie）、凱特．摩斯（Kate Moss）、琦拉．奈特莉（Keira Knightley）、史佳蕾．喬韓森（Scarlett Johansson）和莎莉．賽隆（Charlize Theron）等人。德姆林熱愛她的工作，但她在內心深處是個狂熱的體育迷，她最崇拜的偶像中，許多都是運動員。

每隔四年，《時尚》都會發布一期以美國隊女子運動員為主題的大型奧運專刊。距離北京奧運僅剩不到一年，德姆林決定，這次要加入一些男性奧運選手，計畫是讓他們與女模特兒配對。至於封面，德姆林希望呈現終極的奧運選手：勒布朗。二〇〇七年末，德姆林聯繫了勒布朗的代表。

雖然勒布朗從不看《時尚》雜誌，但對他的造型師芮秋．強森來說，《時尚》是個至高無上的聖杯。芮秋解釋，為《時尚》拍攝封面是突破性的機會。在一百一十六年的歷史裡，《時尚》從未把黑人男性放上封面，曾出現在封面上的男性只有兩位：理查．基爾（Richard Gere），於一九九二年與當時的妻子——超級名模辛蒂．克勞馥（Cindy Crawford）一起登上封面；另一位是喬治·克隆尼，他在二〇〇〇年與吉賽兒·邦臣一起成為封面人物，那時的吉賽兒，還是一位十九歲的維多利亞的祕密（Victoria's Secret）天使[16]。

勒布朗願意為全球最具影響力的時尚雜誌拍攝封面，但他想從中得到一些樂趣。因此，他向德姆林提出了一個條件：如果她想要把世上最優秀的運動員放上《時尚》封面，他希望與世上最優秀的模特兒搭配——吉賽兒·邦臣。

德姆林跟吉賽兒很熟，當時吉賽兒已經與湯姆·布雷迪約會一年左右，這對情侶對吉賽兒的拍攝夥伴非常挑剔，要與運動員合作拍攝時尤其如此。德姆林明白，這個想法需要得到布雷迪的認可。

勒布朗堅持想與吉賽兒合作，似乎是個難以實現的要求。但德姆林很快便發現，說服布雷迪接受這個想法，比預期的容易許多。原來，勒布朗與布雷迪，自從後者和吉賽兒在紐約盲目約會[17]（blind date）時就認識了。德姆林聽說，當時布雷迪還會與傑斯、勒布朗一起賭博，兩人以此維繫友誼，儘管聽說當時布雷迪還曾輸錢給勒布朗。

德姆林不在意勒布朗和布雷迪之間發生過什麼。重要的是，勒布朗是「布雷迪認可」能與吉賽兒合作的人。吉賽兒也願意飛往阿克倫，在勒布朗的家鄉與他一起拍攝。德姆林實現了她的夢想封面。接著，她邀請世界上最有成就的肖像攝影師安妮·萊柏維茲負責拍攝。

萊柏維茲在一九七〇年代初嶄露頭角，當時《滾石》雜誌創辦人楊恩·溫納（Jann Wenner），任命她為這本初創雜誌的首席攝影師。

除了報導越南戰爭抗議活動、阿波羅十七號（Apollo 17）太空船的發射、美國總統理查·

尼克森（Richard Nixon）下臺，萊柏維茲還拍攝過穆罕默德・阿里、滾石樂團（The Rolling Stones）成員米克・傑格（Mick Jagger）和凱斯・李察（Keith Richards）、小說家瓊・蒂蒂安（Joan Didion），以及搖滾樂手布魯斯・斯普林斯汀（Bruce Springsteen）等人。

一九八〇年，在拍攝英國搖滾樂手約翰・藍儂（John Lennon）時，她要求藍儂脫掉衣服，他的妻子小野洋子（Yoko Ono）提議自己也脫掉上衣，但萊柏維茲叫她穿著。在他們的公寓地板上，藍儂赤裸蜷縮在洋子身旁的拍立得照片，正是萊柏維茲在藍儂遇刺前幾小時拍的。那是《滾石》雜誌最具代表性的封面。

而後在一九九一年，當女演員黛咪・摩爾（Demi Moore）懷胎七月時，萊柏維茲拍攝了她穿著緊身黑裙，凸顯身體曲線的照片。當萊柏維茲向《浮華世界》（Vanity Fair）雜誌主編蒂娜・布朗（Tina Brown）展示這些照片時，她說：「我還有其他照片，但我真的只是為黛咪和布魯斯・威利（Bruce Willis，當時黛咪的丈夫）拍的。」她指的，是一張黛咪的裸照。布朗一看到就說：「封面就用這張了。」

那張照片引起巨大爭議，全美最大的零售商沃爾瑪認為它「不雅」，並拒絕在店裡銷售該期雜誌。然而，那期雜誌創下《浮華世界》史上最高銷量。黛咪也非常喜歡，她說：「我理解這張照片的影響，對世界，對女性，以及對我們在懷孕狀態下，接納自己的許可。」

---

16 編按：維多利亞的祕密為美國成衣品牌，以銷售女性內衣、泳裝為主，天使則為該品牌對旗下簽約模特兒的稱呼。

17 編按：一種約會形式，通常由約會雙方的熟人安排，參與約會的兩人通常不熟識彼此，甚至從未碰面，因此得名。

勒布朗曾被體育新聞界最好的攝影師拍攝，但他從未與萊柏維茲這樣的人合作。二〇〇八年一月一個寒冷的日子，勒布朗準備前往小時候打籃球的活動中心。萊柏維茲、吉賽兒和德姆林已經在那裡準備拍攝。當芮秋・強森看到勒布朗身著運動服後，她請他把衣服換掉。

芮秋告訴他：「你不能穿著短褲跟T恤走進去。」

勒布朗覺得沒什麼大不了的，他知道耐吉已經提供《時尚》拍攝時要穿的服裝。**他穿什麼衣服抵達現場有什麼差別呢？**

但對芮秋來說，差別可大了。勒布朗去的雖然是他兒時的活動中心，這次卻等同於踏入時尚圈的最高階層。這個破舊的體育館裡有三位業界最有權勢的人，在勒布朗走進門的那一刻，她們心中便會形成對勒布朗的第一印象。「你不是以籃球員的身分走進門，」芮秋告訴勒布朗：「你要以大人物的身分走進門。那才是她們需要看見的人」

芮秋讓勒布朗換上一件喀什米爾毛衣和一條名牌長褲。

當勒布朗走進房間，吉賽兒精神為之一振、德姆林感到興奮，而萊柏維茲則覺得，這會是一次有趣的拍攝。勒布朗開始自嘲，和每個人互動，彷彿已跟她們相識多年。他換上耐吉球衣和一雙耐吉 Zoom Soldier 二代球鞋，吉賽兒穿上一件合身的禮服，萊柏維茲指導他們接下來要做的動作。

芮秋感覺到，令人難忘的作品正在成形。

打破時尚的藩籬

當賽季進行到一半，勒布朗在得分榜上名列第一，柯比排名第二。二〇〇八年一月二十七日，騎士隊到洛杉磯對上湖人隊。ABC電視臺將這場比賽宣傳為：兩位最強球星之間的頂尖對決。

勒布朗和柯比沒有讓觀眾失望，整場比賽你來我往，一人進一球，另一人就還一球。比賽還剩不到二十秒時，克里夫蘭領先一分，勒布朗在外線運球，柯比則貼身防守。進攻時間開始倒數，勒布朗抬頭看了一眼，朝籃框踏一個試探步，接著後撤步起跳，柯比向他撲去的同時，他跳投出手。球越過柯比伸出的手，劃出一道完美的弧線、破網而入，史坦波中心頓時鴉雀無聲，騎士隊鎖定了勝局。

勒布朗在該賽中拿下四十一分和九籃板；柯比則貢獻三十三分和十二個籃板。對騎士隊來說，這是場重要的勝利；但在東區龍頭的爭奪中，他們仍然遠遠落後波士頓塞爾提克隊。保羅．皮爾斯、凱文．賈奈特和雷．艾倫持續展現宰制力，在該季已結束的四十一場比賽中，塞爾提克隊只輸了七場，騎士隊卻已經輸掉十九場球。

感到戰情緊迫的球隊老闆丹．吉伯特批准了一筆重磅三方交易。騎士隊打包七名球員——包括先發球員德魯．古登和拉里．休斯，以及唐耶爾．馬歐爾和艾拉．紐伯爾等替補球員——送到公牛隊和超音速隊。作為回報，騎士隊得到四屆NBA年度最佳防守球員班．華勒斯、老將喬．史密斯（Joe Smith）和沃利．瑟比亞克（Wally Szczerbiak），以及年輕得分後衛德隆蒂・韋斯特（Delonte West）。

總管丹尼・費里表示：「此次交易的主要目的，是希望在賽季最後階段，以及季後賽產生正面影響。這再次證明了丹・吉伯特對這個組織和這座城市的投入。」

勒布朗環顧NBA，發現許多同儕害怕嘗試籃球之外的事。籃球永遠是勒布朗的北極星，但他也樂於接納運動成就帶來的各種機遇。三月初，騎士隊造訪紐約，帶著重組後的陣容迎戰尼克隊。賽前一晚，在與隊友投籃練習後，勒布朗和時年五十八歲的安娜・溫圖共進晚餐。

這位《時尚》雜誌長久以來的總編輯，在格林威治村的餐廳威弗利小館（Waverly Inn）訂了位置。溫圖是時尚界世最有權勢的人。電影《穿著Prada的惡魔》（*The Devil Wears Prada*）中，梅莉・史翠普（Meryl Streep）扮演的角色，基本上就是她本人。

勒布朗坐進角落的包廂，兩人聊了許多，從雷夫・羅倫（Ralph Lauren）到勒布朗和莎凡娜為了幫助單親家庭的貧困兒童，而成立的勒布朗・詹姆斯家庭基金會（LeBron James Family Foundation）。他們還討論了即將在幾天後登上報攤的《時尚》雜誌四月號。關於封面的選擇，溫圖已批准了萊柏維茲拍過最吸睛的照片——勒布朗身著黑色球衣，嘴巴張開宛若正在咆哮，右手運球、左臂摟著吉賽兒，她穿著一件無肩帶洋裝，看起來彷彿要被抱走。封面上的標題寫著〈最佳身材的祕密：吉賽兒和勒布朗〉（*Secrets of the Best Bodies: Gisele & LeBron*）。

勒布朗與溫圖的晚餐，開啟了一段不太可能的友誼。

隔天，騎士隊準備迎戰尼克隊，芮秋・強森拿了《時尚》四月號的預覽樣書給勒布朗看。

當他盯著封面，芮秋感到非常自豪，甚至溼了眼眶。她問：「你明白這代表什麼嗎？」

勒布朗微笑說：「芮秋，妳太大驚小怪了。」

芮秋不同意。勒布朗現在占據了時尚界最令人垂涎的位置。透過把勒布朗和吉賽兒一起放上《時尚》封面，安娜．溫圖等於向時尚界傳達了一個訊息：事態即將改變。

當晚，溫圖與卡特一同坐在麥迪遜廣場花園場邊。現場星光熠熠——傑斯、史派克．李等一大批名人以及華爾街巨頭，但溫圖的出席，是勒布朗真正跨越文化藩籬的標誌。球館裡扣人心弦的氛圍也讓人不禁想像，倘若勒布朗穿著的是尼克隊球衣，每天晚上的麥迪遜廣場花園將會有怎樣的榮景。

勒布朗跟騎士隊還有兩個賽季的合約，但他將在二〇一〇年成為自由球員的消息，已讓紐約市為了他加盟尼克隊的可能性興奮不已。八卦小報都在報導此事，體育節目主持人也忍不住談論。

一群身家豐厚的尼克球迷，甚至設立了網站「紐約挺勒布朗」（nycforlebron.net），專門用來吸引勒布朗，他們承諾讓他在洋基隊的球場享有獨立包廂，讓葛洛莉雅．詹姆斯在麥迪遜廣場花園擁有場邊座位，甚至還準備一輛法拉利要贈送給勒布朗。

勒布朗在熱身的同時，尼克隊後衛史蒂芬．馬布里在沉默四十九天後，首次跟記者講話。在二〇〇四年奧運中跟勒布朗鬧不合的馬布里，現在也和尼克隊總教練以賽亞．湯瑪斯（Isiah Thomas）水火不容。被問及為什麼近一個半月沒有上場比賽時，馬布里只說：「不予置評。」然後，穿著粉色千鳥格外套的他，在尼克隊的板凳席找了一個位子坐下。馬布里與湯瑪斯的關係惡化到無可挽回的地步，他在這支球隊似乎沒戲唱了。

但勒布朗沒理會馬布里的插曲，當晚他對尼克隊狂轟猛炸，讓球迷們目不轉睛。勒布朗在上半場砍下二十分，包括令人驚嘆的雙手暴扣，以及一記壓哨球——在兩名防守球員的干擾之下，在三十五呎距離跳投命中。球穿過籃網的瞬間，全場爆發歡呼。下半場，勒布朗繼續發威，最終繳出五十分、十助攻、八籃板和四抄截的成績。

當他在比賽還剩二十三秒時被換下場，尼克隊的球迷起立鼓掌致敬。受到鼓舞的勒布朗走到板凳席，一名球迷穿著他的球衣，突然衝進球場，朝他奔來。保全人員趕來，這名球迷跟勒布朗說，他喜歡他的打法，以及他是他最喜歡的球員。勒布朗受寵若驚，與球迷擊掌並向他致謝，隨後保全人員架走並逮捕這名球迷。

勒布朗無法忽視在紐約打球帶來的暢快。

「這場球賽在我心中的排名非常高，因為發生的地點——這裡是籃球的聖地。」勒布朗賽後告訴記者：「我一直夢想在這座球館裡表現出色。在世界上最偉大的球場得到起立鼓掌，是我夢寐以求的事。這是我遇過最美好的事之一。」

這番話聽在騎士隊老闆丹．吉伯特耳裡猶如惡夢。

但尼克隊的球迷欣喜若狂。勒布朗的自由球員身分來得越快越好。

勒布朗在《時尚》雜誌出版之前離開了紐約。那幅封面的影響力強大無比，且立刻引來種族主義相關的批評。《時代》雜誌的媒體評論家抨擊：「勒布朗採取動物般的姿態，似乎喚起電影《金剛》（*King Kong*）中巨猩的野蠻形象，同時強化黑人男性攻擊性的刻板印象。」ESPN的傑米爾．希爾（Jemele Hill）對勒布朗的描繪，進一步批評：「他看起來就像野獸。

如果你對《金剛》的歷史有研究，或者看過電影的形象——我指的是那些比較老的海報，你知道的，一九三〇年代的東西——這張照片看起來，跟過往的《金剛》圖片十分相似。」

一些評論家甚至堅稱，吉賽兒的禮服顏色與該電影高潮時，費．芮（Fay Wray）飾演的女主角，被金剛帶到帝國大廈頂端時穿的一樣。對此，每個人似乎都有自己的意見。

「令我動容的不是這些刻板印象，而是這張照片的情色張力。」曾獲普立茲獎的評論家衛斯理．莫里斯（Wesley Morris）寫道：「這是張火辣的照片，其性感之處來自兩人的名人身分，而非種族。吉賽兒看起來並不害怕，她看起來興高采烈。而詹姆斯看起來既不瘋狂，也不像猿猴，他看起來歡欣鼓舞。」

芮秋．強森認為《金剛》的比喻是種誤導。她認為最大聲詬病的人，反而是最無知的，他們都忘了更重要的一點——勒布朗打破了文化壁壘。透過與吉兒．德姆林合作，並與安娜．溫圖建立關係，勒布朗為未來鋪好了路，讓芮秋可以把他帶進世界各地的時裝公司。「這是個天大的機會。」芮秋解釋：「尤其對黑人男性來說，他們可以參加時裝秀，目前那種場域幾乎沒有種族多樣性可言。」

其他NBA球員，也因為勒布朗而對時尚產生興趣。很快的，勒布朗穿著設計師服裝的意願，感染了整個聯盟。芮秋開始帶其他NBA球員去時裝公司，同時，安娜．溫圖也開始接觸其他NBA球員，邀請他們登上《時尚》雜誌的頁面。

在三年之內，NBA球員將在溫圖每年於紐約舉辦的時裝秀上，占據令人豔羨的座位。這些變化在整個時尚產業激起漣漪。芮秋說：「從時尚的角度來看，所有關於男性的刻板印象都被打破，這打開了一切可能，使得男性時尚變得更為可親。」

歸根結柢，我們談的是人權

波士頓塞爾提克，以聯盟最佳的六十六勝十六負戰績，結束二〇〇七－〇八賽季，這是NBA歷史上最大的單季逆轉。凱文．賈奈特獲選年度最佳防守球員，丹尼．安吉則獲選年度最佳總管。有件事顯而易見——如果克里夫蘭騎士隊要重返NBA總決賽，他們必須先過波士頓這關。

騎士隊在季後賽第一輪的對手，是華盛頓巫師隊。第一戰，勒布朗一開賽，就定調了整個系列賽。他高高躍起接住隊友的空拋，接球的同時頭部超過籃框，在第一時間將球猛力扣進。解說員大喊：「不可能吧！他到底是怎麼控制住球，然後把它扣進去的？」

巫師隊對勒布朗毫無招架之力。在系列賽期間，勒布朗與ESPN的雪麗．史密斯（Shelley Smith）坐下來談話。史密斯正在為體育節目《界線之外》（*Outside the Lines*），製作一期關於NBA球員和政治行動主義的專題報導。距離勒布朗因為達佛難民危機而受到出奇不意的打擊，已經過了一年。當時距離北京奧運只剩幾個月，譴責中國的運動也再次啟動。

一年來，試圖說服中國國家主席胡錦濤，干預蘇丹在達佛的種族滅絕徒勞無功之後，史蒂芬．史匹柏在兩個月前，辭去二〇〇八年奧運的藝術顧問。史匹柏表示，他的良知不允許自己繼續為中國做事。

「蘇丹政府，要為持續的罪行負最大責任，但國際社會，尤其是中國，應該在阻止該區持續的苦難方面，做出更多努力。」史匹柏透過一份正式聲明表示：「中國與蘇丹政府的經濟、軍事和外交連結，仍讓其有著促成變革的機會和義務。」

史匹柏的立場激怒了中國，但好萊塢讚揚了他。《我們不會坐視》（*Not on Our Watch*）一書的合著者，演員唐・奇鐸（Don Cheadle）告訴《紐約時報》：「史蒂芬這樣的人表達立場，比得上一百個人。」現在的問題是，勒布朗會不會是體壇裡，跟隨史匹柏腳步的那個人。雪麗・史密斯問起一年前艾拉・紐伯爾要求他簽的信。

「沒有人聽到我這一方的故事。」勒布朗說：「那時的情況自動演變成『勒布朗沒簽那封信。他漠不關心』。但對我來說，處在我這樣的位置，為了提升人們對於在達佛以及其他地方發生的事情的意識，我應該要表態，而我也會表態。」

勒布朗仍未決定要說什麼，但他已經承諾要說些什麼。他告訴史密斯：「歸根結柢，我們談的是人權。人們應該明白的是，人權和生命正處在危險之中。我們談的不是合約，不是金錢。我們談的是人們正在失去性命，這對我來說，比金錢或合約重要多了。」

幾天後的晚上，騎士隊了結了巫師隊。下一站是波士頓。

《君子》雜誌特刊報導

身為有抱負的小說家，二十七歲的麗莎・塔迪奧（Lisa Taddeo）獲得了一個重要的機會。《君子》雜誌主編大衛・格蘭傑（David Granger）委託她撰寫演員希斯・萊傑（Heath Ledger）在二〇〇八年一月，被發現陳屍於蘇活區（Soho）公寓之前，生命最後幾天的小說故事。塔迪奧煽動性的文章如此開頭：「在你死後，生前最後幾天的經歷，將戲劇性的變得如此重要。」

文章一刊登後，塔迪奧就收到編輯的電子郵件：「想寫勒布朗嗎？」勒布朗？除了知道他是一位偉大的籃球員之外，塔迪奧對勒布朗一無所知。她對籃球的認識更少。這個提議令人生畏。

塔迪奧寫信回覆她的編輯：「聽起來很棒。」

為了紀念即將到來的七十五週年紀念，《君子》雜誌正在籌備一期特刊，將對二十一世紀最有影響力的七十五位人物做專題報導。塔迪奧缺乏體育寫作的背景，反而被視為是一種優勢。她是富有創造力的作家，善於引導人們敞開心扉。《君子》雜誌希望她能描繪出勒布朗比較私密的一面。

塔迪奧獨自住在紐約市。在得到這個任務不久之後，她便前往位於赫斯特大廈（Hearst Tower）的雜誌總部，與勒布朗會面。

勒布朗和卡特喜歡《君子》週年紀念特刊的概念。雜誌委託雕塑家林肯・沙茨（Lincoln Schatz）創作一件，能夠將專題報導中的七十五位影響力人物，連結在一起的作品。沙茨製作了一個十英尺乘十英尺的透明箱子，內部配有二十四個攝影鏡頭，能把數位影像傳輸到二十四臺電腦上，它被稱為「方塊」（the Cube）。

所有主題人物——從企業家傑夫・貝佐斯（Jeff Bezos）、伊隆・馬斯克（Elon Musk）到外交官薩曼莎・鮑爾（Samantha Power）——都被鼓勵在這個玻璃結構內待一個小時，做一些代表自己個性和興趣的事。勒布朗選擇播放傑斯的音樂，同時用 Xbox 玩《NBA 2K8》遊戲。

塔迪奧抵達時，卡特站在方塊外面，與《君子》雜誌的工作人員們待在一起。敏銳觀察現場的他，在正式介紹之前就認出了塔迪奧。

塔迪奧感到好奇，而且有點不知所措。她站在編輯旁邊，透過玻璃看著勒布朗。過了一會兒，卡特意識到他們在等勒布朗。

「你們需要他出來嗎？」卡特說：「我去叫他出來。」

卡特用指節敲擊玻璃。勒布朗抬起頭。

「嘿，勒布朗，出來吧。」卡特說：「該走了。」

勒布朗走出來。

「這是麗莎・塔迪奧。」《君子》的編輯向他介紹：「她就是要為你撰寫專題報導的人。」

勒布朗露出微笑說：「很高興認識妳。」

身高五呎一吋[18]的塔迪奧，受勒布朗的身形震懾，她從未近距離接觸過如此高大的人。他的身高加劇了她的膽怯，她告訴自己：「他會發現我對籃球一竅不通。我需要讓他知道，至少跟我相處會是有趣的。」

18 編按：約一百五十五公分。

計畫是讓塔迪奧去看一場季後賽，讓她親眼觀賞勒布朗打球。待季後賽結束後，她將前往阿克倫，在勒布朗的家鄉與他共度幾天。她的連絡人是卡特，任何事都要通過他。

勒布朗準備趕赴下一個約，往電梯走去。

「哦，我也要下樓。」塔迪奧一邊說，一邊擠進勒布朗和她的編輯之間。

電梯下了幾層後，門打開，一個中年白人走進來。

勒布朗沒有跟他對視，但可以感覺到那個人盯著他看。

那個人開口：「你是我想的那個人嗎？」

塔迪奧脫口而出：「沒錯，而我也是你想的那個人。」

那個人很困惑，一臉茫然的看著她。

勒布朗笑了出來，打趣的推了塔迪奧一下。

塔迪奧差點摔倒。「天哪，他也太壯了吧！」她心想。但她很高興，她成功逗勒布朗笑了。

塔迪奧告訴卡特，她會跟他們在波士頓見面。

「真理」對「詹皇」

勒布朗知道，與塞爾提克隊的系列賽，將場場都是惡鬥。隊長保羅．皮爾斯是聯盟裡最頑強的競爭者之一，面對誰都不會退縮。二〇〇〇年的一個深夜，皮爾斯在波士頓一家前衛的夜店，跟一名幫派成員起了衝突。幫派成員刺了皮爾斯好幾刀，接著十幾個人圍攻皮爾斯，拿刀子砍他。其中一人在皮爾斯的太陽穴上砸破了玻璃瓶；另一人用帶刀片的黃銅手指虎毆打皮爾斯，刺破了他的肺臟，距離心臟只差一吋。皮爾斯幾乎喪命，但在襲擊發生後一個月，皮爾斯仍順利出院，並參加塞爾提克隊的賽季開幕賽，還在當晚拿下全隊最高分。

讓皮爾斯一直心懷怨恨的是，NBA選秀會上，有這麼多球員在他之前被選中。因此每次踏上球場，他都抱著額外的動力打球。外號「真理」（Truth）的他，對十八歲甫進入聯盟，就被冠上「詹皇」稱號的勒布朗沒有好感，也不屑勒布朗得到的諸多讚譽。在勒布朗第二賽季的一場比賽中，皮爾斯跟他槓上了。雙方互噴著垃圾話，事態隨後升溫，皮爾斯朝著勒布朗和騎士隊的板凳席吐了口水。

「我不確定有沒有吐到人。」皮爾斯後來回憶道：「但我確實朝那個方向吐了口水。然後……情緒開始激動起來。接下來我們來到了走廊，衝突一觸即發。」

當時皮爾斯所在的球隊積弱不振，如今，塞爾提克隊兵強馬壯。而「真理」最期待的，就是在決定東區霸主的季後賽中，把「詹皇」拉下馬。

勒布朗在波士頓的前兩場比賽中遭到嚴密防守，塞爾提克隊在系列賽爭取到二比零的領先優勢。回到克里夫蘭，騎士隊在第三戰擊敗塞爾提克隊。到了第四戰，整個系列賽演變得像一場重量級拳擊賽。

上半場，騎士隊以三九：三三領先，勒布朗衝向籃框，準備扣籃。但皮爾斯追了上來，從背後抱住他，強硬的犯規。隨著哨聲和觀眾噓聲響起，勒布朗和皮爾斯摔出界外，跌入籃框下的觀眾席，正好落在葛洛莉雅．詹姆斯旁邊。

勒布朗試圖掙脫，皮爾斯卻繼續抱著他，葛洛莉雅從座位上跳了起來，衝著皮爾斯尖叫。觀眾大聲辱罵，裁判員介入這場混戰，凱文．賈奈特則摟住葛洛莉雅，阻止她接近皮爾斯。當她推開賈奈特，並繼續對皮爾斯嘶吼時，勒布朗對她大喊：「給我坐下！」

「勒布朗．詹姆斯和保羅．皮爾斯之間，絲毫沒有情誼可言。」ＴＮＴ的凱文．哈朗（Kevin Harlan）說：「一點點都沒有！雙方的敵對關係越演越烈。」

隨著克里夫蘭球迷的辱罵越發刻薄，以及保全人員的介入，球員們解開糾纏，重新走回球場。隨後，勒布朗走到皮爾斯身邊，摟住他的肩膀，輕拍他的胸口，意思是「沒事了，我們之間沒事」。皮爾斯點點頭，觀眾們歡呼，比賽繼續進行。

隨後，勒布朗打得像是神魔附體。第四節末，騎士隊領先七分，觀眾們全都站著。勒布朗加速過掉皮爾斯，往賈奈特衝去，高高躍起，暴力的在賈奈特眼前扣籃，球以巨大的力量穿過籃框，擊中賈奈特的胸口，觀眾和播報員陷入瘋狂。

哈朗大喊：「勒布朗．詹姆斯完全殺紅眼了！他為騎士隊取得今晚最大的領先優勢。」

勒布朗在年度最佳防守球員身上爆扣，為這場激戰劃下句點。皺著眉頭的勒布朗跑過球場，投入板凳席旁隊友們的懷抱。隨著Ｑ球館情緒沸騰，他的臉上露出大大的微笑。系列賽演變成二比二平手。

比賽結束後，勒布朗因為自己在激動之際對母親說的話感到內疚。當媒體問及此事，他承認自己很後悔。「我用了不該用的字眼叫她坐下。」他說：「謝天謝地，今天不是母親節。我心裡都在想她……我了解我媽。沒關係，我們沒事。」

騎士隊和塞爾提克隊，在接下來的兩戰中各取一勝，迎來二〇〇八年五月十八日在波士頓舉行的第七戰。「我當時的想法是，拜託讓我們收到某種突發消息，像勒布朗撕裂了他的前十字韌帶之類的。」塞爾提克隊先發中鋒肯德里克．帕金斯（Kendrick Perkins）說道：「我就是那麼畏懼勒布朗。」

巨大的重擔落在皮爾斯肩上。在賭上一切的情況下，塞爾提克隊希望為皮爾斯創造些許優勢，而沒有人比波士頓在地英雄湯姆．布雷迪更能激勵皮爾斯了。他剛剛帶領愛國者隊，以十六勝零敗的完美戰績結束賽季。因此，球隊的一位副總裁安排布雷迪坐在場邊，就在騎士隊的板凳席旁，目的是激勵皮爾斯。這招雖起了作用，但布雷迪的出席卻也激起勒布朗的鬥志，造就了NBA季後賽史上最偉大的對決之一。

上半場，勒布朗和皮爾斯貢獻了一半以上的總得分。塞爾提克隊以五〇：四〇領先。皮爾斯攻下二十六分，勒布朗攻下二十三分。中場休息時，塞爾提克隊的總教練道格．瑞佛斯，為下半場制定了一套簡單的戰術——球給皮爾斯，然後不要擋路。而每當遭遇困境，騎士隊也總是在勒布朗身上執行相同戰術。

第三節的某個時刻，勒布朗和皮爾斯彷彿在一對一單挑。

倒數七分四十四秒時，皮爾斯二十五呎三分球出手——命中。

倒數六分三十三秒，勒布朗二十三呎跳投——命中。

倒數六分十七秒，皮爾斯十七呎跳投——命中。

倒數六分零一秒，勒布朗二十五呎三分球出手——命中。

倒數五分二十三秒，皮爾斯二十一呎跳投——命中。

雙方你來我往，互不相讓。

皮爾斯拿出了生涯最出色的表現，砍下四十一分，勒布朗則豪取四十五分。但到了最後，天平倒向了擁有優越支援陣容的皮爾斯。他在關鍵時刻，擁有賈奈特和艾倫這樣的球星相助，而勒布朗只有自己。塞爾提克隊以九七：九二獲勝，拿下系列賽。

賽後，在波士頓的TD花園（TD Garden）球館的地下室，騎士隊總教練麥克．布朗試圖向勒布朗的超凡表現致敬時，幾乎控制不住自己的情緒：「在我心中，勒布朗永遠是偉大的。」語畢，他需要一點時間平復，說著：「他打了一場不得了的比賽，試圖帶領球隊越過顛峰。」

同時，勒布朗向新對手致意。「保羅．皮爾斯，是我最欣賞的球員之一。」他說：「我喜歡跟最強大的球員一較高下，而保羅．皮爾斯正是其中之一。」

對勒布朗來說，輸給塞爾提克隊是個轉捩點。前一年打入NBA總決賽的騎士隊，這次未能晉級東區決賽。勒布朗的第五個賽季，騎士隊在四年穩定進步後，倒退了一步。反觀，塞爾提克隊只用了一個賽季就鹹魚翻身，從東區最差的球隊躍升為NBA總冠軍——他們在隨後的NBA總冠軍賽擊敗了湖人隊。

保羅．皮爾斯等了九年，終於等到塞爾提克隊引進，能幫助他帶領球隊登頂的球員。

勒布朗不想等那麼久。

第四部

王朝降臨

「我迷失了作為一名球員和一個人的本質。」

「我被周圍發生的一切沖昏了頭，總感覺自己必須向人們證明什麼，但我不明白原因。一切都很緊繃，充滿壓力。」

25 音樂殿堂

麗莎・塔迪奧觀看勒布朗在系列賽中，對抗塞爾提克隊時，腦中浮現的詞彙是「狠角色」。但場下的勒布朗是什麼樣子呢？她在休賽期前往阿克倫，希望找到答案。

然而，跟勒布朗相處，就代表跟卡特相處。為《君子》撰寫專題報導的早期，塔迪奧就得出結論，卡特不僅是勒布朗的商業夥伴，他扮演更為重要的角色——身為勒布朗的情緒保鏢，卡特時刻保持警惕。勒布朗越出名，卡特的警戒心就越高，沒有記者能單獨接觸勒布朗。

卡特在幾年間變得相當擅於識人。他對塔迪奧了解不多，但她顯然與多年來試圖接近勒布朗的男性體育記者不同：她並不假裝關心籃球，令她感興趣的是其他事物。卡特也喜歡她的肢體語言，這使他放下了戒備，允許她看到和聽見，通常不會對體育記者公開的事物。

在勒布朗帶領數百名孩子，騎著自行車穿過阿克倫街頭，參加他的年度兒童自行車馬拉松之後，卡特邀請塔迪奧與他、藍迪・米姆斯，和特地來支持勒布朗慈善事業的邁阿密熱火隊後衛德韋恩・韋德一起出去玩。他們去了一家酒吧，一行人坐進後方角落的座位。

讓塔迪奧感興趣的其中一個問題，是女人與權勢男性之間的互動。她曾提出這樣的觀察：「縱觀歷史，有權勢的男性獲得女友的方式，就如同一條褲子之於其上的棉絮——不經意間就會得到。就像比爾・柯林頓和他的實習生，約翰・甘迺迪和他的祕書、空姐。」就權力而言，籃球員跟自由世界的領袖，並不在同一水準。但就接觸女性而言，勒布朗這樣的頂級運動員所處的領域，就連總統們也沒辦法體驗。她想知道勒布朗如何處理這些事。

作為一名記者，塔迪奧一向擅長以不引人注目的方式融入。但面對勒布朗和他的朋友們來說，這比平常更具挑戰性。他們互相調侃的音量很大，充斥許多只有自己人才懂的笑話，並讓塔迪奧格外意識到：她是桌旁唯一的女性。然而，她希望他們把她當成男生中的一員，並說：「你們可以聊妹子和奶子，不用顧慮我。」

勒布朗的朋友們，有時會有一些調情的舉動和話語，尤其是卡特。塔迪奧形容他有一種「浪蕩公子哥的氣場」，但勒布朗剛好相反。塔迪奧從未見過勒布朗與任何人調情，而且即使周圍都是女性，她也不曾看到勒布朗的目光游移。

「勒布朗從不散發跟性有關的信號。」塔迪奧觀察道：「不僅對我如此，對周圍所有的年輕女性都如此。而且周圍的女性，似乎壓根不想吸引他注意，彷彿她們知道不該那麼做。」

同時，勒布朗讓塔迪奧感覺自己融入其中。當塔迪奧和勒布朗在一起，他總會記得把她介紹給群裡的人認識。他人真的很好，塔迪奧心想，但他並沒有對我特別好。他對每個人都是這樣。她認為，勒布朗是那種即使越來越成功，也不會改變的人。塔迪奧說：「無論在哪個地方看到他，都沒有任何跡象顯現他對莎凡娜不忠。不僅僅是每個人都能做到的那種忠誠。對他而言，他有一種專注，就像在說『**我要成為史上最偉大的球員。我不會讓任何事情——毒品、酒精、性或任何事——拖垮我**』。」

塔迪奧待在阿克倫的最後一晚，卡特邀請她去夜店跟大夥同歡。她考慮了一下，最終還是婉拒了。她正準備為勒布朗的專訪，寫下令人難忘的開頭：

宛如城市裡的童話故事，偉大的黑人大帝從王座站起，矗立於玻璃屋中。身高六呎八吋，體重兩百五十磅，宛若巨龍的他擁有無與倫比的支配力，只消微微抬頭，就能彬彬有禮、小心翼翼，但徹底的粉碎玻璃天花板。

塔迪奧並非體育記者，卻因為這篇勒布朗專訪，贏得了一項傑出體育寫作獎。

《不只是一場比賽》

二〇〇七年的某天晚上，勒布朗在家，他的高中隊友羅密歐．崔維斯來他家拜訪。勒布朗的隊友突然來訪並不罕見，他們一直保持密切關係。但這一次，羅密歐不是一個人來，他還帶了克里斯多夫．貝爾曼（Kristopher Belman），在勒布朗的記憶裡「總是拿著攝影機」的阿克倫本地人。勒布朗和聖文森─聖瑪莉高中的隊友們，從二〇〇二年開始，都稱呼貝爾曼為「攝影機男孩」。

那年，貝爾曼從洛杉磯回到阿克倫，他在羅耀拉瑪麗蒙特大學（Loyola Marymount University）學習紀錄片製作。他的一項課堂作業，是製作一部十分鐘的短片，貝爾曼希望把聖文森─聖瑪莉高中籃球隊當作這項作業的基礎，於是聯繫德魯教練並得到許可，得以在勒布朗的高二賽季拍攝一次練球。貝爾曼的存在讓球隊感到自在——他只是一個帶著攝影機的大學生——於是德魯教練允許他繼續出現。在勒布朗的高中最後兩年賽季，貝爾曼拍攝了大約四百個小時的素材，包括許多與勒布朗和隊友們的坦誠採訪。

勒布朗忘了貝爾曼曾經在自己身邊待了多久，但得知貝爾曼累積了這麼多素材，讓他感到吃驚。

貝爾曼解釋說，大學畢業後，他希望利用這些素材，製作一部關於勒布朗和他的朋友們的電影，講述他們從青少年時期一起打籃球，到在聖文森—聖瑪莉高中贏得全國冠軍的旅程，但跟他聯繫的人，全都只想取得勒布朗的影像。因此，貝爾曼選擇保留素材，並與一位大學同學合製一部紀錄片，名為《不只是一場比賽》（*More Than a Game*）。

羅密歐帶貝爾曼去勒布朗家，想讓勒布朗看看貝爾曼創作的內容。

勒布朗同意了，貝爾曼給他看了十二分鐘的片段。

十二分鐘，便足以讓勒布朗的腦海，充滿生命中珍貴的回憶。他告訴貝爾曼：「好，需要我做什麼，我都支持。」

貝爾曼最需要的是一名發行商，他聯繫的公司中沒有任何人回他電話。倘若沒有發行商，貝爾曼的電影將無法在電視或其他媒介上播放。貝爾曼認為，如果這項計畫有了勒布朗的支持，發行商就會自動找上門。

「我加入。」勒布朗告訴他：「咱們來搞定這件事。」

羅密歐與勒布朗的友誼，對貝爾曼來說是個改變大局的因素。一夕之間，許多事開始發生。卡特加入了計畫，保羅．沃特也加入。不久後，他們有一個主意：勒布朗不只可以支持這部電影，還可以擔任製作人。貝爾曼的需求，提供了機會讓勒布朗進一步拓展商業模式。

投入許多努力之後，勒布朗和卡特在二〇〇七年，成立名為春山娛樂（SpringHill Entertainment）的電影和電視製作公司，公司名稱的由來是勒布朗十幾歲時，於阿克倫居住的低收入戶公寓，並由卡特擔任總執行長。

《不只是一場比賽》成為春山娛樂的第一項投資，勒布朗請來傑斯為電影創作配樂，而卡特找了勒布朗的某些企業合作夥伴，包括可口可樂和州立農業保險公司（State Farm Insurance），一起贊助這部電影。電影計畫在當年的多倫多國際影展首映，接下來只要找到一個發行商就好。

自從葛洛莉雅因為勒布朗決定解僱經紀人，而飆罵卡特之後，已過去了三年。勒布朗和卡特走了很長一段路，現在的葛洛莉雅也為他們加油，她對他們選擇的良師益友印象深刻。

卡特也喜歡恰當給予他人應得的功勞，二〇〇八年夏天，在阿克倫舉行的年度ＬＲＭＲ行銷高峰會上，勒布朗與卡特被問及他們的商業成就。卡特告訴觀眾：「如你們所知，人們會稱讚說『你們真聰明』，但事實並非如此，我們只是擁有一些非常聰明的人在身邊。」

作為一名企業家，勒布朗最大膽的舉動，就是讓卡特全權負責ＬＲＭＲ。卡特最有吸引力的特質之一，就是願意承認自己不懂的事。他以傾聽的能力和學習的意願為傲，且始終沒有忘記勒布朗才是焦點，而他只是幕後之人。

如果他陪勒布朗造訪一家關門的餐廳，大門會為他們敞開，他們會得到座位，想吃什麼都可以。但倘若卡特自己造訪同一家餐廳，他不會得到任何特殊待遇。他對此並不介懷。畢竟卡特不是在季後賽狂砍四十八分的人。因此，他不認為自己應該和勒布朗享有同等禮遇。

勒布朗對卡特的信任——以及他們對保羅．沃特的依賴——持續帶來回報。二〇〇七年，勒布朗接受沃特的建議，投資自行車公司，並在一年後獲得鉅額報償，因為多瑞爾工業集團（Dorel Industries）以約兩億美元的價格收購了加能戴爾。在二〇〇八年初公司出售時，勒布朗和LRMR公司持有該公司一〇％的股份。因此，勒布朗的回報，是當初投資金額的四倍。卡特也賺了大約七萬五千美元，這是他首次經歷股權收入，並把一切都歸功於沃特。因為沃特不只推薦了加能戴爾，也協助處理交易。

後來，勒布朗讓卡特負責春山娛樂的營運，卡特希望確保他們的娛樂公司，有個強勁的開始。有鑑於此，他建議勒布朗寫一本書，不是自傳——這時還為時尚早——也不是生涯回憶錄。相反的，卡特認為勒布朗可以寫一本，涵蓋高中時期的青春回憶錄，這本書可以跟紀錄片相輔相成：電影跟書同時推出，兩者交叉促銷。

但勒布朗需要一位作家，不僅僅是普通的作家，卡特希望委託一位具有格局和資歷的人與勒布朗合作，以提升這本書的檔次。勒布朗和卡特信任的出版商推薦了巴茲．畢辛格（Buzz Bissinger），他是獲得普立茲獎的《浮華世界》特約作家。畢辛格的里程碑之作《星期五夜燈》（*Friday Night Lights*）賣出了兩百多萬冊，並被改編成由比利．鮑勃．松頓（Billy Bob Thornton）主演的電影。這本書還成為一部電視劇的基礎，片名一樣是《星期五夜燈》，並在國家廣播公司頻道（NBC）播出，由凱爾．錢德勒（Kyle Chandler）和康妮．布里頓（Connie

Britton）主演。

畢辛格正是卡特想為勒布朗找的人選。於是，卡特與畢辛格的經紀人合作，確保他們獲得約兩百五十萬美元的預付款，這本書將由勒布朗和畢辛格合著。這筆可觀的預付款是在明確的條件下提供的，也就是畢辛格將以勒布朗的口吻撰寫這本書。對這本書的成功來說同等重要的是，出版之後，勒布朗和畢辛格都將協助本書宣傳。

雖然畢辛格寫過很多書，但他不曾寫過自己在編輯上沒有控制權的書。然而，為勒布朗寫書實在是太過有利可圖，他無法拒絕。敲定條款之後，他於二〇〇八年夏天，飛往俄亥俄州去認識勒布朗。他們在勒布朗的宅邸見面，到時卡特也在場。

五十三歲的畢辛格不容易動容，但見到勒布朗的第一眼就令他震撼。從體育的角度來看，勒布朗簡直像藝術家李奧納多．達文西（Leonardo da Vinci）筆下的《維特魯威人》（*Vitruvian Man*）。畢辛格暗想：「天啊，他真完美。」

但他不知道，勒布朗是否能夠完成手上的任務——寫一本暢銷書。

「要寫這樣的一本書，你得投入很多時間。」畢辛格告訴他：「我們必須深入挖掘。」

勒布朗點了點頭，但他並不熟悉畢辛格所謂「深入」的定義，卡特也一樣。畢辛格因為調查報導而贏得普立茲獎，他擅長深入人心，創作出不留情面的沉浸式描繪。從這個角度看，畢辛格與勒布朗的搭檔，是個耐人尋味的選擇。這不是指勒布朗有什麼需要隱藏的，但他並不樂意讓一位記者深入挖掘自己。

儘管如此，畢辛格很有技巧。他成功的讓勒布朗，談了些許關於母親和成長背景的事。

痛恨獨處

「有時我在上床睡覺時，都不確定隔天能不能見到她。」勒布朗告訴他：「有時候，我接連幾個晚上都沒有見到她。我害怕某天醒來，她就永遠不在了。」

出於本能，畢辛格想要深入追問，但他抑制了這股衝動。反之，他提醒自己——來這裡的目的是讓勒布朗感到自在，建立適合工作的關係。為此，畢辛格小心無比。

畢辛格認為，實際看見那些對勒布朗的故事有意義的地方相當重要。所以卡特和勒布朗載著他在阿克倫遊覽，三人登上了一輛運動休旅車，卡特開車，勒布朗坐在副駕駛座擔任導覽員，畢辛格則在後座寫筆記。他們參觀的其中一站是聖文森—聖瑪莉高中。儘管時值暑假，學校沒有上課，體育館裡仍擠滿參加訓練營的九歲跟十歲孩子。當勒布朗出奇不意的現身時，孩子們開心的尖叫，朝他湧來。

勒布朗睜大眼睛、張開雙臂，孩子們緊緊摟住他的腰，彷彿他是沃巴克老爹[1]（Daddy Warbucks）。畢辛格深受感動，他暗想，即使勒布朗沒有向我透露太多，但有一點是可以確定的——勒布朗是個好人，這些孩子真心愛他。

他們在阿克倫四處打轉的時候，卡特注意到休旅車的油箱快空了。他駛進一間加油站，但卡特說他沒帶錢包，勒布朗也沒帶，兩人望向畢辛格。

1 編按：漫畫《小孤兒安妮》（*Little Orphan Annie*）中的角色，是個富有、智慧的中年男子，也是安妮的養父。

不敢置信的畢辛格付了油錢，他暗想：「這不對勁啊，口袋沒有多少錢的作家，要為身價數億美元的勒布朗付油錢？」

他們後來也沒還畢辛格這筆錢。

那天晚上，勒布朗和卡特與畢辛格共進晚餐。飯後，勒布朗和畢辛格打電動。畢辛格平常是不打電動的，但他願意做任何事跟勒布朗建立情誼。

行程尾聲，畢辛格希望確保，自己已獲得完成任務所需的資訊。對他來說，這代表他要跟葛洛莉雅坐下來談談。

畢辛格告訴勒布朗：「我必須採訪你的母親。」

勒布朗知道，她不會太樂意。

不久後，畢辛格從卡特那裡得到消息，確認可以採訪葛洛莉雅。畢辛格設計問題時，他意識到關於葛洛莉雅過往的某些事情，可能太過敏感。所以，他刻意把焦點放在那些，應該會讓她感到自在的領域，例如：成長過程中的勒布朗是怎麼樣的？他的朋友們又如何？

畢辛格共計提出十多個他認為較柔性的問題。這畢竟是勒布朗的書，畢辛格覺得沒必要拿私人問題，讓他的母親不舒服，更別說因此冒犯他。

然而，當畢辛格回到阿克倫，與葛洛莉雅坐下來對談時，他立刻意識到，這次採訪將會充滿火藥味。一開始，葛洛莉雅堅持要錄音。除了疑神疑鬼之外，她也很不配合，拒絕回答畢辛格準備的任何問題。沮喪的畢辛格突然終止採訪，並說道：「夠了，先這樣吧。」

畢辛格結束訪談，葛洛莉雅似乎略感吃驚。

「那是我做過最困難的採訪，非常不愉快。」畢辛格回憶道：「她是因為勒布朗，才同意受訪的。情況很糟。我原本覺得，她會是重要的聲音，並對這本書提供很大的幫助。但是行不通。」

畢辛格也因為無法如願了解勒布朗而灰心。儘管他盡力而為，但還是難以與勒布朗建立更深一層的關係。他推論出：寫這本書並非勒布朗的主意，勒布朗似乎更樂於支持紀錄片，他不想花費時間寫書。畢辛格總共只和勒布朗共度了約十個小時。

沮喪的畢辛格知道，自己不得不仰賴勒布朗的高中隊友。

卡特向他保證：「他們會跟你談的。」

畢辛格喜歡和卡特聊天。比起和勒布朗本人交談，和卡特說話能讓他得到更多關於勒布朗的深刻見解。卡特就曾告訴畢辛格：「勒布朗痛恨獨處。」

畢辛格不確定卡特為何這麼說，但這的確讓畢辛格留下深刻的印象。一方面，這透露出勒布朗脆弱的一面，有助於解釋他的某些行為。另一方面，這讓畢辛格更尊敬葛洛莉雅，以及她把年幼的勒布朗年安置在另一個家庭的決定。畢辛格的結論是：**葛洛莉雅意識到，勒布朗必須跟一家人同住，而這拯救了勒布朗的人生。**他就是在那段時間，學會如何生活、如何分享，學會成為家庭的一分子以及承擔責任。

畢辛格越想越覺得，葛洛莉雅應該得到更多認可。他希望自己能挖掘這個面向的勒布朗故事，但這一面被埋藏得太深了。

救贖之隊

同為奧運隊友的勒布朗和柯比相處融洽。遠征海外之前的一次美國男籃訓練中，球員們都躺在球場中央伸展，勒布朗開始模仿將在北京介紹首發陣容的播報員。

他用低沉的聲音說：「背號十號，來自費城，也來自義大利。」

所有球員——卡梅羅．安東尼、德韋恩．韋德、克里斯．波許、傑森．奇德——都笑了起來，他們知道兒時的柯比，曾在義大利生活過一段時間。

勒布朗用更低沉的嗓音繼續介紹：「神射手，人稱『黑曼巴』，柯、比、布萊恩……布萊恩……布萊恩。」

教練們笑得前仰後合，就連柯比也無法保持嚴肅的表情。勒布朗讓籃球變得好玩，美國隊的整體氛圍與二〇〇四年時完全不同。

當勒布朗在奧運訓練營與隊友們待在一起時，卡特前往洛杉磯，會見傳奇音樂大亨吉米．洛維恩，他也是新視鏡唱片（Interscoper Records）的共同創辦人。洛維恩正準備與德瑞博士，共同創辦一家名為「Beats by Dre」的企業。這個初創公司的概念，是開發能產出錄音室音質的耳機，洛維恩讓卡特試戴了一副。

卡特頗有音樂鑑賞力，但他從未聽過由德瑞博士設計的耳機呈現的音樂。顯然，洛維恩說 Beats 是款革命性的產品，並非誇大其詞。那時 Beats by Dre 還未上市，但卡特有個想法。他向洛維恩要了十五副耳機，跟洛維恩說：「看看我能拿它們做些什麼。」

勒布朗正要與奧運隊友們一起飛往海外，卡特把這些Beats耳機拿給他，然後勒布朗把耳機交到每個隊友手中。當美國隊在北京降落時，每個球員都戴著Beats耳機走下飛機。勒布朗和柯比戴著同款耳機的畫面傳遍全球，這是種時尚宣言，也是神來一筆的行銷策略。洛維恩留下了深刻印象，並且確信他和德瑞博士，應該與勒布朗和卡特合作。

甫在北京安頓，勒布朗和柯比就不得不面對，關於中國和達佛的政治提問。稍早，勒布朗曾表示，他對達佛問題有更多話要說，但在二〇〇八年八月五日，中國撤銷了前奧運競速滑冰選手喬伊・奇克（Joey Cheek）的簽證，因為他曾公開批評中國政府。隔天，柯比和勒布朗面對記者。當柯比被問起，是否對達佛問題有話要說時，他的回答很簡短：「不，沒什麼要說的。」

然後輪到勒布朗回答同樣的問題。

勒布朗說：「基本的人權始終要受到保護。」他接著補充：「有件不該做的事，就是把體育跟政治混在一起。」

柯比在處理爭議方面，比勒布朗有經驗多了。他毫不猶豫的選擇保持沉默。但達佛是勒布朗第一次面對充滿政治爭議的人權問題，經過一年多的時間，他仍然沒有弄清自己的立場，這個問題持續困擾著他。勒布朗還沒有成熟到，足以效法柯比處理問題時的作風，但他有得到K教練的提點。記者繼續追問，勒布朗回應：「我們來這裡的目的是爭取金牌。政治跟體育是兩碼子事。」

同時，K教練反擊了採訪柯比和勒布朗是否會聲援達佛的記者。「為什麼要問他們呢？」

K教練對那位記者說：「他們又不是專家。」

當那名記者暗指柯比和勒布朗迴避問題時，**K教練抱持不同的看法：「這不是迴避問題，而是專注在另一個問題。」**他說：「我希望大家能尊重這點。」

K教練希望他的團隊專注的是，抹除二〇〇四年時，美國隊被視為一群自私自大之徒的形象。實踐這點的方法，便是團結的袍澤之情，以及對金牌的堅定追求。球員們接受了「救贖之隊」（Redeem Team）的稱號，在柯比擔任隊長的情況下，他們不只要贏，他們決心要摧毀對手。

第一場比賽，美國隊以三十一分之差擊潰中國隊。之後也沒有放鬆，在七場比賽中，美國隊的平均勝分差達到三十分。但在第四戰中，柯比並未把先前任何勝利或優勢，視為理所當然。

當時美國隊的對手是西班牙隊，陣中有柯比的湖人隊隊友保羅．蓋索（Pau Gasol）。就在兩個月前，柯比和蓋索還攜手在NBA總冠軍賽力抗塞爾提克，但現在他們身穿不同球衣。柯比打算立刻把事情定調，他召集了隊友。

柯比說：「第一波進攻，我知道他們會跑什麼戰術。」他研究過對手，知道西班牙會用一系列掩護，為射手創造空檔：「蓋索會是最後一波掩護，我會直接衝過去撞倒那傢伙。」

「老哥，你瘋了吧。」勒布朗說：「他是你的隊友耶。你不會這麼做的。」

開賽不到兩分鐘，蓋索設下掩護。柯比沒有繞過蓋索，反而用力撞向他，蓋索被撞飛，背部著地。柯比居高臨下瞪了他一眼，然後才轉身離開。

「天啊！」勒布朗心想：「我們可不能輸掉這場比賽。一定要把西班牙痛宰一頓才行。」對勒布朗來說，那一刻是個轉捩點。以前的他只傾向攻擊籃框，而不是攻擊對手，但柯比的侵略性改變了他的想法。看著柯比俯視蓋索，勒布朗暗想：這傢伙心裡只有勝利。

美國隊輕取西班牙隊，然後，兩隊在金牌戰再次狹路相逢。當柯比在比賽尾聲罰球得分，為美國隊一一八：一〇七的勝利劃上句號，勒布朗第一個走向罰球線向柯比致意，碰撞胸膛，對著他呼吼。「USA，USA」的呼聲充滿整個球館。

賽後的記者會，美國隊全體勾著手臂走進房間。「每個人都想談論NBA球員的自私、傲慢，以及個人主義。」柯比說：「然而，你們今天看到的這支球隊，團結面對逆境，並在最後取得重大勝利。」

勒布朗離開中國時的心態，與四年前離開希臘時截然不同。在K教練的指導下，投身團結一致、一心贏球的菁英球員團體，影響了勒布朗的觀念。他漸漸意識到，若要為克里夫蘭贏得NBA總冠軍，他將需要更強大的支援陣容。

他不禁覺得一些美國隊的隊友，也許會是理想的NBA隊友，他尤其偏好朋友德韋恩．韋德和隊友克里斯．波許。他們三人在場上建立了絕佳的默契，在場下也相處融洽。而且，三人都將在二〇一〇年成為自由球員，勒布朗在心裡默默記下此事。

你們都知道，我會投給誰

勒布朗很少哭，但在九月初的多倫多國際影展，當他跟高中隊友和教練一起觀看《不只是一場比賽》後，勒布朗眼眶含淚。他與朋友們擁抱，他們的眼中也滿是淚水。

當晚，勒布朗與卡特、吉米．洛維恩共進晚餐，多的是值得慶祝和討論的事，多虧了卡特和勒布朗，Beats by Dre 在中國獲得巨大曝光。洛維恩對此讚賞不已，因此提供這家新創公司的股權給勒布朗和卡特。洛維恩和德瑞博士甚至決定，為勒布朗開發一款名為「Powerbeats」的個人系列產品。勒布朗打算贈送所有騎士隊隊友，一人一副 Beats 耳機，不久後，每個NBA球員都會想擁有一副。

不僅如此，多虧春山娛樂參與了《不只是一場比賽》的製作，獅門影視公司（Lionsgate）與春山簽約並成為發行商，洛維恩和新視鏡唱片也同意，與春山娛樂聯合製作這部電影。

對勒布朗來說，太多事情都發生得太快了——中國的奧運金牌、多倫多的電影首映成功、春山娛樂與獅門影視合夥，以及與吉米．洛維恩這位樂壇最具創新精神的人共事的機會。

隨著勒布朗進一步涉足音樂、電影、電視和時尚，這些領域的朋友開始將他引入政界。離開多倫多後，勒布朗和莎凡娜前往紐約，大衛．羅倫（David Lauren）為勒布朗．詹姆斯家庭基金會，在紐約的雷夫．羅倫店面舉辦一場雞尾酒派對。

現場星光熠熠，運動員、藝術家和電視名人齊聚，包括傑斯、電視明星查理．羅斯（Charlie Rose），以及網球健將小威廉絲（Serena Williams），她幾天前剛贏得第三座美國公開賽冠軍。

就連安娜．溫圖也到場支持勒布朗和莎凡娜，為低收入兒童需求所做的努力。但此刻紐約人嘴上熱議的名字，是正在競選總統的巴拉克．歐巴馬。

距離選舉日不到一個月，這位來自伊利諾州的四十七歲參議員，在民意調查中領先共和黨參議員約翰．馬侃（John McCain）。美國將選出第一位黑人總統的前景，讓勒布朗和莎凡娜派對上的眾人議論紛紛。

沒有人比傑斯更為歐巴馬的競選感到亢奮。在歐巴馬參選之前，傑斯從未想過黑人當總統的可能。傑斯回憶道：「成長過程中，如果有人跟貧民窟的黑人說，你未來可以成為總統，我一定會說：『瘋了嗎？怎麼可能？』」但歐巴馬重新點燃傑斯的熱情，讓他以美國為傲。

對傑斯來說，一切的轉折點發生在二〇〇八年四月，當時爭取民主黨提名的參議員希拉蕊．柯林頓（Hillary Clinton），在電視辯論中批評了歐巴馬。隔天，歐巴馬在演說中表示，自己對柯林頓的攻擊並不意外。歐巴馬告訴群眾：「當你競選總統時，你必須料到這一點。你只需要像這樣……。」他停頓了一下，用手拂去肩膀上想像中的灰塵，這是致敬傑斯的歌曲《逆境向前[2]》（*Dirt off Your Shoulder*）。歐巴馬這麼做的時候，群眾陷入瘋狂。

「你懂的。」歐巴馬一邊說著，一邊動手拂去另一隻肩膀上的灰塵：「你懂的。」

當傑斯看到這一幕，他對自己說：「這不可能發生在這世上，這不可能發生在美國。」但這正在發生。傑斯決定竭盡所能幫歐巴馬拉票，激勵選民在選舉日出門投票。傑斯也希望得

2 編按：該曲名直譯的意思，便是拂去肩上的灰塵，引申為擺脫問題或困境，繼續向前。

到勒布朗的幫助，他告訴勒布朗，他已經承諾在底特律、邁阿密和克里夫蘭，舉行一系列免費演場會，演出的目的便是為歐巴馬宣傳。

勒布朗同意傑斯長久以來的觀點，也就是黑人小孩脫離貧民區的唯二途徑，就是成為繞舌歌手或籃球明星。但歐巴馬激勵了傑斯，而傑斯將這份熱情傳遞給勒布朗。

紐約的募款活動之後，勒布朗和莎凡娜捐了兩萬美元給一家支持巴拉克．歐巴馬的委員會，這是他們第一次為總統競選活動捐款。隨後，在十月二十三日，勒布朗在克里夫蘭爆滿的Q球館踏上舞臺，頭戴黑色帽子，身穿黑色牛仔褲，黑色皮夾克下是一件黑色T恤，上面寫著「去投票」。騎士隊的球館裡，滿場的觀眾都是為了傑斯「改變的最後機會」（Last Chance for Change）演唱會前來。群眾歡呼雀躍，勒布朗歡迎大家，並引導眾人把眼光望向大螢幕，螢幕上現場直播了歐巴馬在佛羅里達造勢活動上的演講。

歐巴馬談論自己的成長經歷，Q球館的人們安靜聆聽。

待歐巴馬演講結束後，勒布朗對人群說：「我希望這裡的每個人，媽媽、爸爸、阿姨、叔叔都出門投票。十一月四日，是我們人生中最重要的一天。在座的每一個人，帶上你的家人去投票吧。」群眾歡呼。

「你們都知道我會投給誰。」勒布朗說：「我投歐巴馬。」

球館變暗。傑斯登臺，一道聚光燈打在他身上。

傑斯對著人群說：「羅莎．帕克斯（Rosa Parks）坐了[3]，所以馬丁．路德．金恩（Martin Luther King）才能走[4]。馬丁走了，歐巴馬才能跑[5]。歐巴馬跑了，我們所有人才能飛。所以，我們飛吧！」

音樂流瀉，勒布朗開始饒舌，而傑斯讓整座建築物為之震動。第一首歌結束後，他敦促大家早點投票。「我們今晚來這裡是為了享樂。」傑斯說：「但一場重要的選舉即將到來。我們年輕人要展現自己的力量。」然後唱了一些新的歌詞：

別再說不景氣，那只讓人喪氣
我支持歐巴馬，但我不是政治家

短短幾個月內，公開表示體育和政治是兩碼子事的勒布朗，不僅捐款支持競選，還運用自己的明星力量，動員選民支持巴拉克．歐巴馬。

已經沒有回頭路了。

---

3 編按：羅莎．帕克斯，美國黑人民權運動人士，在種族分離政策與白人優先的時空背景下，在公車上拒絕讓座給白人乘客而遭逮捕。

4 編按：馬丁．路德．金恩，美國黑人民權運動領袖，一九六四年時發動遊行「向華盛頓進軍」（March on Washington），並發表著名演講《我有一個夢》（*I have a dream*）。

5 編按：此處的跑（run），與競選（run）在英文為同一動詞。

26 光是奇蹟還不夠

巴茲．畢辛格花了一年時間，撰寫勒布朗的回憶錄。亟欲得到勒布朗回饋的他，把手稿副本寄給了勒布朗和卡特，接著畢辛格回到俄亥俄州，跟他們一起審閱內容。大夥聚在勒布朗家的廚房桌前，讀過手稿的德魯教練也加入討論。

卡特一邊在副本上做筆記，一邊引導討論，還提出一系列合理的修改意見，其中大多與上下文有關。德魯教練則添加了一些重要細節，並指出少數與事實略有出入之處。

畢辛格料想，勒布朗可能會希望他刪減部分內容——也許關於他吸食大麻的段落，或者青少年時期的某些敏感話題。

但是勒布朗並未對畢辛格寫的內容表示顧慮。然而，他希望畢辛格能添加一件事：聖文森—聖瑪莉高中的管理階層，在他十二年級被指責接受球衣時沒有力挺他。勒布朗說：「拜託，我為這所學校做了很多事。他們至少應該在我遭遇困境的時候，挺身而出。」

畢辛格意識到，六年前發生的事仍讓勒布朗傷心，他表示，一定會在敘述中加入這件事，以及勒布朗對此的感受。

「我只有一個問題。」勒布朗說：「誰是匈奴王阿提拉（Attila the Hun）？」

希望得到實質回饋的畢辛格感到沮喪，他在手稿中提及著名的匈奴帝國統治者，阿提拉在西元四五三年去世之前，曾是羅馬帝國最畏懼的敵人之一。但此時畢辛格懶得多做解釋。

「不重要。」畢辛格告訴勒布朗：「我會把他刪掉。」

勒布朗沒能感受畢辛格的沮喪。勒布朗並沒有刻意表現無禮，只不過比起這本書，他對紀錄片顯然更加投入，而且他也不知道寫書需要付出的工作量，更不明白畢辛格跟他一樣對自己的技藝自豪，作家也像運動員一樣尋求認可。

逐頁審閱手稿之後——過程大約花了五個小時——畢辛格感謝大家的建議。他尤其感激卡特的貢獻，但是畢辛格仍然不確定勒布朗的感想。

畢辛格問：「那麼，你覺得這本書怎麼樣？」

勒布朗說：「書不錯啊。」畢辛格等待他更進一步說明，勒布朗卻沒再多說什麼。

要寫一本書，他還太年輕了，畢辛格心想。他一生都活在泡泡裡，儘管經歷了那麼多，這個年紀的人又能真的有多少內省呢？

造訪阿克倫後，畢辛格根據卡特和德魯的建議修改，然後將手稿交給他的編輯。

「**我一向擅長深入挖掘人心**。」畢辛格解釋：「**但面對勒布朗，我無法突破**最初的那一層薄膜。我打不開那扇門。」

你覺得自己離顛峰還有多遠？

打從勒布朗還在讀高中時，《六十分鐘》就表現了為他做專題節目的興趣。勒布朗對此沒有太大熱忱，他從不看那個新聞節目。

隨著職業生涯發展，由於該節目採訪過於犀利，勒布朗的公關也對其抱持保留態度。但在二〇〇八－〇九賽季開始時，勒布朗終於同意花時間與記者史提夫．克羅夫特（Steve Kroft）接觸，節目最終的呈獻效果會比較像是名人側寫，而非深入採訪。

當克羅夫特抵達阿克倫時，勒布朗帶他去自己的高中母校。穿著街頭服飾、手持籃球的勒布朗，帶克羅夫特參觀聖文森－聖瑪莉高中的體育館。此時，克羅夫特問道：「你覺得自己離顛峰還有多遠？」

這算不上很有侵略性的問題，但勒布朗不打算細說自己的抱負——他離顛峰還遠得很。反之，他語帶保留。

「我不想說，自己還有很長的路要走。」他說：「但還需要一些過程。」

克羅夫特看著勒布朗手中的籃球，笑著問：「你打算拿它做什麼？」

勒布朗望著體育館另一端的籃框，然後以投壘球的姿勢拋出籃球。球在空中飛了大約六十呎，卻連框都沒有擦到，破網而入。

克羅夫特驚訝的笑了出來：「你能這樣投多少次？」

勒布朗微笑說：「有一次就好了，老兄。有一次就好。」

目睹勒布朗的神奇能力，並體認到他離顛峰還遠得很，對克羅夫特來說很有意思，卻也很難理解。二〇〇八－〇九賽季是勒布朗至那時為止，最具宰制力的賽季。他首次獲選NBA最有價值球員，並帶領騎士隊取得六十六勝，這也是當年聯盟最佳戰績。位在西區的柯比，則率領湖人隊拿下六十五勝。勒布朗和柯比，顯然是世上最傑出的兩名球員，他們似乎注定將在NBA總冠軍賽一決雌雄。

騎士隊在季後賽首輪橫掃了活塞隊，接著又在下一輪橫掃老鷹隊。勒布朗原本預期會在東區決賽遇上塞爾提克隊，然而，受傷兵問題所苦的塞爾提克隊，被奧蘭多魔術爆冷門淘汰。當時魔術隊的主將，是曾在奧運與勒布朗並肩作戰的全明星中鋒：德懷特・霍華德。

保羅・皮爾斯和塞爾提克隊退出戰局後，勒布朗和騎士隊重返NBA總冠軍賽的道路似乎更為光明。東區決賽第一戰，勒布朗制霸全場，三十次出手中命中二十球，轟下四十九分，但魔術隊仍以一分險勝。接著，在第二場比賽中，騎士隊浪費了二十三分的領先優勢，逆襲的魔術隊在比賽最後時段，取得了九五：九三的領先。

騎士隊位處系列賽二比零落後的邊緣，Q球館下層座位的觀眾全都站了起來。暫停後，勒布朗站在弧頂，等待裁判把球交給發邊線球的騎士隊控球後衛莫・威廉斯（Mo Willaims）。小時候，勒布朗曾模擬過這樣的場景，並在體育館練習過數千次零秒出手。他甚至想像對手會貼身防守，腦中也響起比賽終了的鳴笛聲。現在，真正執行的時候到了。他指著威廉斯，彷彿在說：「來吧。」

威廉斯把球拿到手的剎那，勒布朗往籃框衝，似乎打算接到隊友的空拋，並在距離籃框不遠處，嘗試扣籃，在第一時間把比分追平。但是，防守者一後退，勒布朗就急停，退回弧頂。他的雙腳一到三分線外，威廉斯傳的球就抵達勒布朗的手中。兩名防守者朝他躍起，一個從左側，一個從右側。只花了〇・六秒的時間，勒布朗便接球、起跳、越過兩隻伸展的手臂，投出一記高弧度投籃。球一離手，鳴笛聲就響起。

球飛向籃框的同時，瑪夫．阿爾伯特說：「三分致勝球！」

球在籃框裡彈了兩下，破網而入。

「進了！」阿爾伯特大喊：「勒布朗．詹姆斯投進絕殺！」

Q球館群情沸騰，觀眾們陷入瘋狂，球員們湧向勒布朗，五彩紙屑飄灑而下。記分板上的分數顯示：騎士隊九十六分，魔術隊九十五分。

阿爾伯特幾乎不敢相信自己的眼睛，繼續播報：「詹姆斯的奇蹟一擊。」

按照聯盟規定，裁判必須觀看這球的重播，以確認勒布朗是在比賽時間內出手。觀眾仍在歡呼，五彩紙屑黏在勒布朗臉上，他走到記分臺前，目光越過裁判的肩膀，跟他們一起觀看出手重播。然後，勒布朗舉起拳頭。

這球進算。他砍下三十五分，騎士隊追到一比一平手。

勒布朗高舉食指，凱旋著朝通道走去，觀眾們以歡呼喝采向他致敬。克里夫蘭球迷上次見證如此驚滔駭浪的終局，是二十年前麥可．喬丹的絕殺，那一球在該年季後賽淘汰了騎士隊。賽後記者會上，勒布朗被問起他的絕殺和喬丹當年的絕殺。

「你是在這個地區長大的。」一名記者說：「所以，你知道喬丹那一球截然不同的意義。」

勒布朗微笑回答：「嗯，但當年投進絕殺的那個男人，已經不在聯盟了。」

記者們哄堂大笑。

當晚，勒布朗收到柯比的簡訊：「不得了的一球。」

當在奧蘭多舉行第三和第四戰時，騎士隊的氣勢十足。勒布朗在第三場比賽得到四十一分，在第四場比賽得到四十四分，可說是無人能擋。然而，魔術隊卻拿下了這兩場比賽，在系列賽取得三比一領先。儘管勒布朗表現神勇，騎士隊卻敵不過對手。

回到克里夫蘭，勒布朗帶領球隊在第五戰獲勝，但魔術隊在奧蘭多輕鬆拿下第六戰，在系列賽中脫穎而出。當奧蘭多球迷高唱著「再見啦」的時候，勒布朗沒有留下來與魔術隊球員握手。震驚的他，逕直前往更衣室。

對勒布朗來說，輸掉這個系列賽難以承受。他的球隊擁有全聯盟最優秀的例行賽戰績，他在東區決賽祭出季後賽史上最偉大的個人表現之一，場均貢獻三十八分、八籃板和八次助攻。然而，這仍不足以讓他重返ＮＢＡ總冠軍賽。

與此同時，柯比率隊進軍總冠軍賽。湖人隊擊敗魔術隊，柯比第四度獲得ＮＢＡ總冠軍。在ＮＢＡ闖蕩六個賽季之後，勒布朗已然確立了聯盟頭號球員的地位，但他的手上仍然沒有冠軍戒指。

俠客：為詹皇贏得一枚冠軍戒指

騎士隊的老闆丹．吉伯特感到壓力。勒布朗的合約只剩一年。各球隊已經摩拳擦掌，準備在二〇〇九－一〇賽季後，從克里夫蘭挖走勒布朗，吉伯特必須採取行動來提高球隊明年奪冠的機會，但該怎麼做呢？

他已投入鉅資，把克里夫蘭打造為勒布朗的理想家園。最新的項目已經竣工，那是位於勒布朗豪宅附近、一座最先進的訓練場館。騎士隊的總薪資是全NBA第三高，只有尼克隊在球員合約上花了更多錢。然而，騎士隊卻沒能為克里夫蘭帶來總冠軍。如今，勒布朗的合約只剩一年，吉伯特不得不向勒布朗證明，他求勝的決心沒有動搖。

吉伯特不想解僱總教練麥克．布朗。在輸給奧蘭多之後，吉伯特聽到一些風聲——勒布朗和他身邊的夥伴對布朗心寒，希望更換總教練，但勒布朗沒有對吉伯特這麼說。而且，騎士隊才剛以六十六勝的戰績，完成傲視聯盟的例行賽季，布朗也因此獲選為NBA年度最佳教練。

吉伯特認為布朗有品格，有操守，是個聰明無私的領導者。布朗獲獎後，吉伯特公開表揚：「球隊能取得我們夢寐以求的成就，麥克．布朗絕對是關鍵因素，沒有人比他更值得拿這個獎。這也證明了一件事：好好先生也能拿第一。」

總管丹尼．費里也表明，如果布朗失去工作，他將辭職抗議。吉伯特不願冒管理部門動盪的風險，所以也支持布朗教練，並希望引進一名能增強陣容的大牌球星。

吉伯特把目光投向三十七歲的俠客．歐尼爾。儘管歐尼爾是聯盟最年長的球員，但身為未來名人堂中鋒的他，仍然是NBA裡最成功、體型最巨大的球星之一。他曾在洛杉磯與柯比聯手拿下三座NBA總冠軍，並在邁阿密與韋德贏得一座。吉伯特希望歐尼爾能與勒布朗搭檔，並為克里夫蘭爭下一座冠軍獎盃。他交易兩名先發球員——班．華勒斯和薩沙．帕夫洛維奇——並付出兩千一百萬美元，歐尼爾同意加盟騎士隊。

吉伯特知道，歐尼爾的年齡代表著一些風險，但他把這次交易看作撲克牌局——這就是梭哈的時刻。他也覺得，柯比贏得另一座冠軍這件事，會為歐尼爾——畢竟他與柯比長久以來針鋒相對——增添與勒布朗聯手奪冠的額外動力。

二〇〇九年六月二十五日，丹尼．費里走上講臺，與媒體分享這個消息。

一個記者問道：「你和勒布朗商量過嗎？」

費里討厭這個問題，但這確實問到核心。勒布朗擁有全部的權力和籌碼，騎士隊做的每一個決策，都必須圍繞著勒布朗斟酌。沒有他，騎士隊將回歸平庸，甚至更糟。

「我們和勒布朗談過。」費里說：「我們和幾個球員討論過。我們與整支團隊都保持開放的溝通。」

另一位記者問：「這個交易，對勒布朗下個賽季之後的動向，有多大影響？」

「顯然，勒布朗的未來，對球團來說很重要。」費里說：「但這次交易與我們的目標、球員們的願望一致，包括勒布朗。」

另一位記者問：「歐尼爾現在人在哪裡？」

喪氣的費里聳聳肩。「我不確定。」他說：「我還沒有和他講過話。」

幾天後，歐尼爾開著一輛帶有超人（Superman）標誌的巨大柴油卡車抵達克里夫蘭。身高七呎一吋、體重超過三百五十磅[6]的他，在記者會上告訴媒體：「我仍然是大個子球員的

6 編按：約兩百一十六公分，重達一百五十九公斤以上。

翹楚。」在丹・吉伯特、丹尼・費里和總教練麥克・布朗陪同下，歐尼爾逗樂了記者們。

俠客・歐尼爾取笑道：「我必須查電腦才知道丹尼・費里是誰。」他也向布朗教練發號施令：「別的球隊防守我們，會有對位上的問題。但我們不用對任何人包夾——永遠都不用。」

而當記者們問起他與勒布朗的合作時，歐尼爾也明確表示，自己清楚來這裡打球的目的——為了阻止勒布朗離開。「我的工作就是保護詹皇。」歐尼爾說：「這是勒布朗的球隊。假設一切順利，我們完成奪冠任務，他將別無選擇，只能續留。我的座右銘很簡單：『為詹皇贏得一枚總冠軍戒指。』」

丹・吉伯特喜歡這個說法。

視歐巴馬為榜樣

得知歐尼爾成為騎士隊一員時，勒布朗和莎凡娜正在法國蔚藍海岸（French Riviera）度假。勒布朗非常興奮，在克里夫蘭，他不曾擁有一個真正的巨星隊友。歐尼爾也許已經過了顛峰，但他在場上仍是一頭猛獸。而且勒布朗認為，自己和歐尼爾非常相似——兩人都是喜歡打球和享樂的大孩子。

勒布朗也看到，歐尼爾在克里夫蘭對媒體說的話。「感覺太棒了。」歐尼爾對記者說：「我感覺很好。我是那頭已經功成名就的老牛，現在我又遇到另一頭新的猛牛。」讓勒布朗開心的是，歐尼爾曾到過他渴望的地方。他心想，我終於找到一個能幫助我到達那裡的隊友。

在法國度過愜意假期之後，勒布朗回來面對一大堆要求。作為NBA現任最有價值球員、一部即將上映的紀錄片製片人，以及兩家公司的創辦人，勒布朗的夏天充滿商務與娛樂。

他在愛達荷州的陽光谷（Sun Valley），跟華倫・巴菲特、比爾・蓋茲打高爾夫球；在洛杉磯的黑人娛樂電視大獎（BET Awards）頒獎典禮，拿下最佳男運動員獎、前往巴黎，讓時尚攝影師馬塞爾・赫特曼（Marcel Hartmann）拍攝；與歌手蕾哈娜（Rihanna）攜手，為紐約市一家水療中心開幕宣傳；在阿克倫主持自己的耐吉籃球訓練營，同時接待林恩・梅利特。

然後勒布朗前往中國，參加耐吉贊助的一系列籃球訓練營；與查理・羅斯錄製了一小時的專訪，預計在秋季播出。另外，勒布朗還在HBO的《我家也有大明星》（*Entourage*）中飾演自己，他的角色設定是演員麥特・戴蒙（Matt Damon）的跟班。

然而，勒布朗休賽期的亮點，則是臨時起意前往橢圓形辦公室，拜訪歐巴馬總統。當時勒布朗和卡特、保羅、米姆斯一起到華盛頓，參加《不只是一場比賽》的首映。儘管勒布朗和朋友們沒有預約，歐巴馬總統還是將他們排進行程。勒布朗和朋友們，因為能夠進入白宮西廂辦公室而感到光榮。

在歐巴馬競選之前，勒布朗沒有太關注政治。但自從他與莎凡娜捐款給歐巴馬，並公開表態支持他以來，勒布朗一直密切觀察歐巴馬。勒布朗知道被眾人審視的感覺，但歐巴馬總統，可能是地表最受嚴格審視的人之一。

然而，歐巴馬卻總能帶著非凡的尊嚴待人處事。勒布朗沒有太多榜樣，但歐巴馬總統啟迪了他。跟歐巴馬在一起，勒布朗更想要努力為社區做出貢獻，並成為年輕人的好榜樣。

不上不下

巴茲．畢辛格跟《浮華世界》主編格雷登．卡特（Graydon Carter），分享了勒布朗新書《流星射手》（*Shooting Stars*）的預覽副本。格雷登覺得，畢辛格在捕捉勒布朗與高中隊友之間的羈絆方面做得非常出色，勒布朗沒有透露太多個人訊息的決定相當明智，而為本書撰寫推薦語的勒布朗友人們，也令他印象深刻：傑斯、華倫．巴菲特和麥克．沙舍夫斯基。他詢問畢辛格能做什麼事來幫忙推廣這本書。

畢辛格問：「有興趣在雜誌裡摘錄一部分嗎？」

格雷登說：「當然。」

畢辛格非常高興，《浮華世界》的摘錄，將提高這本書成為暢銷書的機會。

格雷登還提議在猴子酒吧（Monkey Bar）為這本書舉辦一場派對，那是他在曼哈頓中城開的一間特色餐廳。《浮華世界》以每年為奧斯卡頒獎典禮舉辦熱門派對而聞名，格雷登為這本書辦的派對，安排了由電影、電視和出版業知名人士組成的嘉賓名單。

勒布朗不知道，能獲得這種等級支持的新書發表有多不尋常，但他熟知身處焦點中心的感覺。二〇〇九年九月九日，也就是《流星射手》上市的那一天，勒布朗走進猴子酒吧，他像一位老練的政治家一樣在房裡四處走動，與眾人握手閒聊。每個人接近他的時候，勒布朗都沒忘記介紹，陪同他參與活動的母親和莎凡娜。

幾個晚上後，勒布朗現身喬恩．史都華（Jon Stewart）主持的《每日秀》（*The Daily*

Show）。表面上，勒布朗是來宣傳新書的，但他幾乎沒有提到《流星射手》。反之，當史都華開玩笑說，他明年可能以自由球員身分加盟尼克隊時，他順水推舟。史都華故意在桌子上放了寫有「我愛紐約」的咖啡杯，全場哄堂大笑。

「你對這座城市熟嗎？」史都華說：「我們有支叫尼克隊的隊伍，他們是職業籃球隊。」

勒布朗笑了，觀眾們也大笑。

「聽過昔客堡（Shake Shack，紐約著名速食店）嗎？」史都華一邊說，一邊在桌子上放了一包外帶餐點。勒布朗又笑了。

「你決定好了嗎？」史都華問道：「你會留在克里夫蘭？還是考慮為其他城市打球？」

「嗯，我現在人在紐約，和你在一起。」勒布朗回答：「所以，來都來了嘛。」

觀眾們喜歡這個答案。勒布朗笑著說：「讓我們拭目以待吧。」

勒布朗沒有在節目中宣傳新書，讓畢辛格感到不滿。他們兩人的名字都被印在封面上，本來就應該合力宣傳。然而，畢辛格參加了公關安排的每一場脫口秀和電視採訪，勒布朗卻對這本書的宣傳興趣缺缺。

該書的評價也不太好，《紐約時報》書評德懷特．迦納（Dwight Garner）對《流星射手》的評語是：「一本不上不下的書……讀起來略優於一般的青少年小說。」這稱不上好評。儘管書評稱讚勒布朗與畢辛格的合作是「明智」的，但隨後又暗示畢辛格把「憂思」、「火花和鋒芒」、「籃球這種殘忍的嘲弄」和「棘手的群體」等詞彙強加給勒布朗。迦納寫道：「那些是職業作家的語彙，感覺不像詹姆斯的語言。這樣一來，敘事試圖營造的魔力就被打破了。」

畢辛格感到沮喪。儘管有勒布朗的明星號召力、畢辛格的聲譽、《浮華世界》的摘錄、名流的推薦，以及大量媒體曝光，這本書的銷量依然不佳。《流星射手》並未擠進《紐約時報》的暢銷書榜。這次的經歷，讓畢辛格的心裡很不是滋味。

這是籃球的聖地

丹・吉伯特也對勒布朗不滿。他不覺得喬恩・史都華對勒布朗做的採訪，有什麼好笑的地方，這個採訪讓他覺得，勒布朗在向尼克隊示好。吉伯特也不讚賞勒布朗對未來計畫的說法。採訪勒布朗時，查理・羅斯透露了兩人在夏季早些時候的一次私下對話：

羅斯：「你和我在高爾夫球場上時，你對我說：『我會打完這個賽季，然後考慮所有的選項。這是我該為自己、媽媽和勒布朗團隊所有人做的事。』」

勒布朗：「沒錯。」

羅斯：「你會怎麼決定？這是關鍵。」

勒布朗：「嗯，我想要勝利……毫無疑問，我認為丹尼・費里、總管們以及管理團隊的所有人都做得很棒。但與此同時，你也知道，身為一名運動員和競技者，我希望持續在最高水準上取得成功。」

勒布朗的話沒有讓吉伯特心安，勒布朗的肢體語言也沒有給他鼓勵。當勒布朗抵達訓練營時，吉伯特覺得他看起來無聊且心不在焉，尤其在媒體日。勒布朗倚靠在牆上，被騎士隊的記者們圍住，強顏歡笑、機械式的回答問題。

不遠處，總教練麥克・布朗被問及他與勒布朗的關係。布朗說：「勒布朗允許我執教。」布朗的回答，讓吉伯特聽了不舒服。布朗已經擔任總教練五個賽季了，還拿過NBA年度最佳教練獎，而勒布朗「允許」布朗執教？這是在說什麼鬼？

當媒體聚集在勒布朗身邊，記者史考特・拉布（Scott Raab）找到吉伯特。拉布是克里夫蘭本地的作家，為《君子》雜誌撰稿。身為克里夫蘭的狂熱體育粉絲，拉布覺得騎士隊即將贏得NBA總冠軍。他告訴吉伯特，他計畫寫一本關於二〇〇九－一〇賽季的書。接著他問吉伯特，是否認為勒布朗會在打完這個賽季之後續留。

吉伯特聳了聳肩。「沒有人知道。」他告訴拉布：「但我認為他會留下來。」

拉布表示，勒布朗絕對不會離開克里夫蘭，不可能！

吉伯特也想這樣相信。但私底下，他心存疑慮，縱使他不會向記者坦承。

騎士隊以三勝二負的戰績開季。二〇〇九年十一月四日，勒布朗在家看了世界大賽第六戰，洋基隊球員從休息區衝出來，湧向投手馬里安諾・李維拉（Mariano Rivera），因為他讓費城費城人隊（Philadelphia Phillies）外野手謝恩・維克托里諾（Shane Victorino）擊出滾地球而結束了比賽，洋基隊贏得隊史第二十七座冠軍。

身為狂熱洋基隊球迷的勒布朗，先傳訊息祝賀洋基隊球員德瑞克・基特（Derek Jeter），接著傳訊息給艾力士・羅德里奎茲（Alex Rodriguez），然後是投手CC・薩巴西亞（CC Sabathia）。

隔天晚上，騎士隊在主場以小分差吞敗之後，勒布朗和球隊飛往紐約，入住中城的一家飯店。這座城市正在為洋基隊準備一場彩帶飄揚的遊行，但紐約人睡醒後看到的，是勒布朗在《紐約每日新聞》（*New York Daily News*）封底刊登的滿版信。信的開頭是這樣寫的：

> 感謝你們歡迎我回到紐約市，這是我最喜歡的比賽場地之一。紐約一直對我很好，所以我想做點特別的事情來表示感激。

勒布朗在信中宣布，自己已在紐約市安排了七間體育館，免費開放給高中球員練球。勒布朗的想法是在天氣轉冷之際，讓孩子們有溫暖、安全的地方可以打球。

紐約人非常興奮。洋基隊再次奪冠，而且勒布朗談起紐約時，彷彿像在說自己未來的家。洋基隊遊行期間，勒布朗都在睡覺。但當他在那天晚間，踏上麥迪遜廣場花園的球場時，洋基隊的球員們與傑斯一起坐在場邊。氛圍就像一場季後賽。尼克隊球迷穿著勒布朗的球衣、舉起勒布朗的照片，而且幫照片裡的他配上尼克隊球衣。一個穿著勒布朗尼克隊球衣和洋基隊帽子的球迷舉起一張照片，上面寫著「兩百三十六天[7]」。

比賽開始前，洋基隊的球員們被廣播介紹，並得到觀眾起立鼓掌。勒布朗也站起來鼓掌致意。音響播放著法蘭克・辛納屈（Frank Sinatra）的《紐約，紐約》（*New York, New York*）。

勒布朗第一節攻下十九分。投中一記後仰三分球之後，他跟場邊的傑斯擊掌。他在第一節時間終了前又命中一記壓哨三分球，然後他望著洋基隊的球員們，秀出三隻手指。尼克隊球迷陷入瘋狂。騎士隊以四〇：二一領先。

勒布朗正是為這樣的時刻而生。舞臺越大，他的表現越好，觀眾的反應為他帶來成就感。尼克在下半場發起反攻，但勒布朗掌管了整場比賽，他最終得到三十三分、九次助攻和八個籃板，帶領騎士隊以一〇〇：九一獲勝。在離開球場之前，他被ＥＳＰＮ的桃樂絲・伯克（Doris Burke）攔下。

「麥迪遜廣場花園。」伯克問：「描述一下這樣的舞臺，給你這樣的人什麼感覺。」

「這是籃球的聖地。」勒布朗回答：「這座建築物發生過許多令人難忘的事。這是個傳奇球場。作為競爭者和了解歷史的人，一定很愛在這裡打球。」

接過火炬——新門面

二〇〇九年十一月二十七日，凌晨兩點左右，老虎伍茲從家裡逃了出來，他的妻子手持高爾夫球桿，一路追到車道上。他駕駛一輛休旅車逃離，先撞上了消防栓，再撞上鄰居家前

---

7 編按：此時距離ＮＢＡ二〇一〇–一一賽季的第一天，也就是勒布朗成為自由球員、可能轉投他隊的第一季，還剩兩百三十六天。

院的一棵樹。他的妻子用高爾夫球桿敲碎車窗，老虎伍茲摔倒在地。伍茲的母親當時正好住在他家裡，她跑出來大喊：「發生什麼事了？」這是運動史上最大陷落的開始。

勒布朗與老虎伍茲沒有私交，但他們有一些共同之處。他們都被《運動畫刊》稱為「天選之子」。他們都不負眾望，在各自的運動中被視為世上最強。而且他們都名列最富有的運動員排行榜。伍茲是第一個賺得十億美元的運動員，而且根據《富比士》（*Forbes*）雜誌統計，他是世界上最富有的運動員。勒布朗則位列前五。他們最大的財富來源都是耐吉，他們是該品牌最重要的兩名運動員。在耐吉的位階中：伍茲第一，勒布朗第二，但這即將改變。

十一月二十七日，勒布朗在夏洛特醒來，騎士隊準備在晚間迎戰山貓隊。當他第一次看到這則新聞時，他也像伍茲的母親一樣困惑。但在幾天之內，伍茲捲入了史詩級的性事醜聞。一個接一個的女性跳出來，透露自己與伍茲的性關係，粉碎了他精心維護的形象。

起初，勒布朗沒有料想到，伍茲的處境會帶給他什麼影響，他也無法理解令伍茲陷入窘境的複雜情況。但到了聖誕節，騎士隊在洛杉磯與湖人隊比賽時，伍茲已經離開高爾夫球界，全心拯救婚姻。除了耐吉之外，幾乎所有贊助商都拋棄了他。伍茲的職業生涯陷入停滯，個人生活一片混亂。耐吉把火炬悄悄交到勒布朗手上，良好的聲譽讓他成為品牌的新門面。

勒布朗對柯比和湖人隊的關注，遠遠超過老虎伍茲的事。連續第二年，騎士隊和湖人隊似乎注定，將在NBA總冠軍賽狹路相逢。那時湖人隊的戰績是二十三勝四負，騎士隊的戰績是二十二勝八負。NBA把這場比賽宣傳為兩大球星的頂尖對決，在全美國轉播之下，勒布朗和柯比都拿出精彩表現，合計貢獻六十一分和十七次助攻。最終，勒布朗占了上風，騎士隊以一〇二：八七帶走勝利。

一個月後，換湖人隊造訪克里夫蘭，勒布朗和柯比再次正面交鋒。在第四節，勒布朗連取十二分，為球隊拉開比分。柯比攻下三十一分，勒布朗則取得三十七分。在最後二十三秒的暫停期間，克里夫蘭的球迷起立為勒布朗鼓掌，他沿著邊線蹦跳著，嘴裡哼著電影《不只是一場比賽》原聲帶中《永遠》（*Forever*）的歌詞，體育館內正在播放這首歌：

火焰裡的激情被點燃
一旦燃起就無法撲滅

騎士隊勢如破竹。

七年生涯中，只有三場糟比賽，人們很容易就會注意到

俠客．歐尼爾來到了克里夫蘭，決心贏得另一座總冠軍。他到達時就知道，勒布朗是城裡的寵兒。勒布朗在克里夫蘭的地位，讓俠客想起自己二〇〇〇年代初在洛杉磯的輝煌歲月，那時的湖人隊宰制整個聯盟。但俠客也在早期看過一些他不熟知的東西——完全受制於一名球員的組織。勒布朗的影響力過於深遠，以至於總教練無能為力。

「我們的教練麥克．布朗是個好好先生。」俠客觀察道：「但他必須小心翼翼，因為沒人

可以與勒布朗起衝突。沒人希望他離開克里夫蘭，所以他可以為所欲為。」

俠客喜歡和勒布朗同隊打球，他特別欣賞勒布朗在球員間創造的包容文化。「這是我這輩子待過最好玩、最有趣的球隊。」俠客說：「無論去哪裡，勒布朗一定都會發訊息來──『嘿，晚上八點，牛排館見；晚上去看電影；今晚有個派對。』這是個非常非常緊密的團隊。」然而，俠客也察覺到了未來可能出問題的跡象。

賽季期間某次，布朗教練帶領球隊看比賽錄影。大家一起看到勒布朗在錯失得分後，沒有及時回防的畫面。布朗教練什麼都沒說，直接跳到下一個畫面──其中莫．威廉斯基本上做了同樣的事。「嘿，莫，不能這樣。」布朗教練告誡他：「你必須更拚一點。」

此時，隊友德隆蒂．韋斯特忍不住站起來說：「等一下，你不能這樣畏首畏尾。每個人都必須對自己在場上的所作所為負責，不只是隊上一部分的人。」

「我知道，德隆蒂。」布朗教練說：「我知道。」

俠客觀察到，在二〇〇九－一〇賽季，勒布朗經常無視布朗教練，後者則盡力避免衝突。這種情況令人尷尬。儘管如此，騎士隊連續第二年，以六十一勝二十一負的聯盟最佳戰績結束例行賽。在季後賽首輪輕鬆淘汰芝加哥公牛隊之後，騎士隊看起來有望在東區半決賽中，輕取波士頓塞爾提克隊。

塞爾提克隊總管丹尼．安吉並不樂觀。塞爾提克隊在這個賽季表現不出色，只贏了五十場比賽。他們在賽季末陷入低迷，打起球來毫無激情。面對勒布朗的神勇，安吉認為塞爾提克隊難以招架。

在克里夫蘭的第一戰開打之前，塞爾提克隊總教練道格．瑞佛斯試圖激勵球員，要他們跟勒布朗和他的隊友戰到一兵一卒。「他們想要玩得開心。」瑞佛斯咆哮著：「我們的任務就是讓比賽變得不好玩。讓比賽變成他媽的惡鬥，讓比賽變得殘酷，讓比賽變得艱難，艱難到他們不得不屈服。」

塞爾提克隊在克里夫蘭的第一戰頑強抵抗。勒布朗拿下三十五分，帶領球隊獲勝，但塞爾提克隊顯然不會輕易認輸。第二戰開賽前，勒布朗獲頒二〇〇九－一〇賽季最有價值球員獎，這是他連續第二年獲得這項殊榮。但這個賽前儀式，似乎點燃了塞爾提克隊的怒火，他們在那天晚上擊敗騎士隊，將系列賽扳成一比一平手。

隨著系列賽移師波士頓，勒布朗試圖扼殺塞爾提克隊的希望。他上場狂轟，第一節就豪取二十一分。他的手感順了。勒布朗最終拿下三十七分，騎士隊以一二四：九五獲勝，送給塞爾提克隊隊史最慘痛的季後賽主場失利。波士頓的球迷們，用噓聲恭送塞爾提克隊離場。

這些都不讓安吉意外。勒布朗打出了聯盟最佳球員的表現，而塞爾提克隊隊長保羅．皮爾斯，卻不像二〇〇八年力抗勒布朗的那個球員。騎士隊在系列賽以二比一領先，塞爾提克隊非拿下第四場比賽不可。

勒布朗明明有機會掌控整個系列賽的局勢，卻在第四戰顯得心不在焉。他的傳球不精準，屢次落入塞爾提克隊手中，得分也下滑了。與此同時，塞爾提克隊的控球後衛拉簡．朗多（Rajon Rondo）拿出生涯最佳表現，拿下二十九分，搶下十八個籃板，並送出十三次助攻。

其中一次助攻更成為比賽的轉捩點。第三節末，朗多奔向塞爾提克隊的籃框，準備快攻上籃。勒布朗成名的絕技之一，就是在完美的時機祭出追魂火鍋。感受到勒布朗逼近，朗多躍起。就在勒布朗起跳封蓋的瞬間，朗多突然背後妙傳給跟進的隊友。被欺騙的勒布朗發現自己身在空中，失去防守位置。朗多的隊友把球扣進籃框，引爆了塞爾提克球迷的情緒。

塞爾提克隊越打越順，騎士隊自毀優勢。為了彌補勒布朗得分下滑的缺口，布朗教練不斷調度，希望找到能夠產出一些得分的陣容。這一切看起來混亂不堪，俠客還一度在場邊對布朗教練發怒。與此同時，塞爾提克隊的球迷們沉浸於勒布朗平淡的表現，在朗多拿球時高呼「MVP」。塞爾提克隊最終以九七：八七輕鬆獲勝，把系列賽扳成二比二平手。

勒布朗少有低迷的比賽。而在那些罕見的情況下，他總能在下一場強勢反彈。然而，第五戰開打時，他卻做出七年職業生涯中不曾做過的事——只嘗試出手一次，在第一節中沒有得任何一分。第二節則更慘——出手三次，全都沒進。在上半場結束時，勒布朗只靠著罰球拿到八分，塞爾提克隊趁勢拉開比數。

勒布朗的隊友們困惑不解，尤其是俠客。「毫無疑問的，勒布朗在第五場比賽有點失魂落魄。」俠客後來說：「我一直相信他有能力在任何時刻爆發火力，但出於某種原因，他沒有這麼做……真的很奇怪。」

到了第四節，難以想像的事情發生了——克里夫蘭的球迷們，竟然對勒布朗爆出噓聲。比賽還剩八分多鐘的時候，騎士隊以六八：九二落後，觀眾紛紛提前離場。克里夫蘭隊的老闆丹．吉伯特面無表情的坐在場邊，他鬆開領帶、解開襯衫幾顆鈕扣，雙臂在胸前交叉。在他看來，勒布朗放棄了。在本賽季最重要的比賽裡，勒布朗三投僅一中，塞爾提克隊以一二

○：八八取勝。這是騎士隊隊史最慘痛的季後賽主場失利。吉伯特快要受不了了。

勒布朗賽後的談話，也加劇了他與球隊疏遠的形象。「我給自己很大壓力，要自己成為場上最好的球員。」他說：「做不到的時候，我會為自己感到難過，因為沒有做到我知道自己可以做到的事。」

勒布朗知道自己打得很糟糕，但他也對那些，只拿一場糟糕比賽來質疑他決心的人感到不耐煩。「我的表現寵壞了很多人。」勒布朗說：「當你在七年的職業生涯中，只有三場糟糕的比賽，人們很容易就會注意到。」

那不是我在二〇〇八年看到的勒布朗

塞爾提克隊以三比二領先，系列賽回到波士頓，對勒布朗的批評聲浪越來越猛烈。被譽為「全美最知名的體育專欄作家」的比爾・西蒙斯（Bill Simmons），透過推特鼓勵球迷在勒布朗罰球時高喊「紐約尼克隊」。當勒布朗在波士頓的第六戰站上罰球線時，觀眾們齊聲用「紐約尼克隊，紐約尼克隊」的口號招呼他。這些嘲諷，整場比賽都沒放過勒布朗。

勒布朗的表現比第四戰和第五戰時好，但最後幾分鐘的戰況仍令人震驚，落後十分的騎士隊似乎放棄了。波士頓的球迷開始吟唱「勒布朗要離開了」。比賽終了，波士頓的球迷站起來，勒布朗逐一擁抱塞爾提克隊的球員，恭賀並祝他們好運。他拿下二十七分、十九個籃板和十次助攻。對於除了他以外的任何球員來說，這都是非常出色的數據。但對於當今籃壇最偉大的球員，人們有著更高的期望，尤其在如此重大的時刻。

塞爾提克隊總管丹尼・安吉坐在TD花園球館裡，試圖理解眼前發生的一切。「我不知道發生了什麼事。」安吉說：「但那不是我在二〇〇八年看到的勒布朗・詹姆斯。」與麥可・喬丹對抗多年的安吉，不曾見過喬丹在季後賽的場上神隱。安吉說：「這樣的情況從未發生在喬丹身上，無論他的球隊輸贏，他必定會是系列賽最好的球員。」

不是只有安吉觀察到勒布朗在波士頓的表現。當勒布朗走下球場，脫掉球衣，消失在通道中時，邁阿密熱火隊總管派特・萊里正透過電視看著。「他又被打敗了。」萊里暗想。勒布朗七年來，一直衝不破這堵牆。

決心讓勒布朗穿上熱火隊球衣的萊里，已經在謀畫如何從克里夫蘭挖走他。

勒布朗洗完澡、穿好衣服，走上TD花園球館樓下記者會廳的講臺。關於他未來去向的問題此起彼落，但勒布朗輕描淡寫的回應道：「你永遠無法預測未來。」他說：「但與此同時，你期望的是遠比現在光明的前景。」

他戴上墨鏡，背起後背包，離開房間。儘管勒布朗到七月一日才正式成為自由球員，NBA歷史上最受期待的休賽期已正式開始。

27 屬於我的夏天

騎士隊被塞爾提克隊淘汰的隔天，某個體育八卦網站發布了一篇文章，聲稱勒布朗的隊友德隆蒂．韋斯特，與葛洛莉雅．詹姆斯有染。該網站以某則匿名訊息來源為依據，表示勒布朗在波士頓的第四戰之前，得知了這件骯髒事。這是卑劣且無憑無據的謠言。但因為勒布朗在第四戰和第五戰的乏力表現真的無從解釋，這個故事也在網上引發迴響。

幾個小時之內，體育刊物《Barstool Sports》報導了這個故事，體育部落格《Deadspin》也來參一腳。這則謠言很快成為推特上的熱門話題。德隆蒂．韋斯特受到輿論指責，一位備受尊敬的NBA球員，在推特上發文寫道：「剛聽說了一個謠言，快說這不是真的，德隆蒂。」

勒布朗沒上過社群媒體——他一直抗拒加入推特，但他也見證了網路和推特如何把汙穢的謠言變成武器。隨著每一條推文發布，葛洛莉雅一次又一次被羞辱。這是那些八卦者的娛樂活動。勒布朗決心制止這種情況，找了他的律師出馬。

佛德里克．南斯認為這個故事可鄙而下流，也確定它符合誹謗的法律定義。但初看之下，南斯認為這個謠言過於離譜、愚蠢，不值得予以否認。然而，這則未經證實的謠言在週末持續延燒。經過進一步考慮，南斯於五月十七日，向八卦網站的擁有者發送一封停終警告信。南斯在信件的開頭寫道：「我是葛洛莉雅和勒布朗．詹姆斯的律師。我要求你停止並終止協助散布有關葛洛莉雅・詹姆斯的謊言。這些謠言明顯是錯誤且具誹謗性的。」

南斯處理八卦網站的同時，馬維里克・卡特面臨著另一個問題——巴茲・畢辛格對勒布朗的自由球員身分發表了看法。在《紐約時報》的一篇對頁版文章中，畢辛格暗示勒布朗「害怕離開家」，「為了情感方面與生涯方面的成長」，他需要離開克里夫蘭。

回顧起來，畢辛格覺得撰寫勒布朗的書，就像是出賣自我。縱使錢賺得多，畢辛格也感到羞恥。他在哈佛大學尼曼新聞基金會（Nieman Foundation）的學生面前毫不掩飾的表示，這本書是「一坨屎……但錢真的很多，所以……」。

在《紐約時報》的文章中，畢辛格批評勒布朗，在波士頓的第五戰表現「令人震驚」且「不可原諒」。接著，他論證勒布朗並不是史上最偉大的球員。

「比起最常被拿來跟勒布朗比較的麥可・喬丹和魔術強森，他從未展現同等的殺手心態，以及接管大局的態度。」畢辛格寫道：「他跟賈霸（Kareen Abdul-Jabbar）或柯比・布萊恩不在同一層次。」更在文章結尾直接對勒布朗喊話：「該是離家的時候了。」

卡特不高興，是他把畢辛格介紹給勒布朗，甚至讓畢辛格坐在勒布朗餐桌旁的。《紐約時報》的那篇文章感覺像是一種背叛，卡特的工作是保護勒布朗，而一個由他背書的作家竟對他的朋友做出這樣的事，讓他非常苦惱。

卡特和畢辛格從此形同陌路。

與此同時，勒布朗正受球評們抨擊。「勒布朗・詹姆斯為例行賽而生。」史基普・貝萊斯（Skip Bayless）在ESPN二臺的《1st and 10》節目上說：「他是例行賽的發電機。他簡直為我們的《世界體育中心》而生，總是例行賽的頭號人物。一旦到了季後賽……他是我在這一行遇到，最被高估、最被過度炒作的超級巨星。」

我們會惹惱很多人

根據NBA的規定，丹．吉伯特在爭取勒布朗續留方面，擁有一些金錢方面的優勢。騎士隊可以向勒布朗提供長達六年，總值高達一億兩千六百萬美元的合約。而其他想要挖角勒布朗的球隊，只能提供為期五年，總值九千六百萬美元的合約。這個制度旨在勸阻明星球員轉隊，但吉伯特心知肚明，要留住勒布朗，光靠錢是不夠的。他也知道，勒布朗和總教練麥克．布朗之間的關係已經失調。儘管布朗是隊史最成功的教練，吉伯特決定做出改變。他在五月下旬開除了布朗。

「我們對這個組織的期望非常高。」吉伯特透過一份官方聲明表示：「雖然改變總是帶有風險，但有時候必須冒這個險才能突破，並達到更高的新成就。而現在就是這樣的時刻。」

勒布朗未對布朗教練的解僱發表意見，但他的隊友們感到不滿。扎伊德魯納斯．伊高斯卡斯說：「如果把所有的責任都歸咎於布朗教練，認為開除他就能解決一切問題，那往後一定會遇上別的麻煩。」

「我不認為他應該被解僱。」莫．威廉斯也表達了自己的看法：「我很傷心，因為我非常喜歡他。」

但也有一位與吉伯特有聯繫的有力作家，對開除布朗的決定表示支持。「不得不這麼做。」《君子》雜誌的史考特．拉布寫道：「我從未見過一支球隊，像騎士隊在對陣塞爾提克的第六戰那樣，公然放棄支持總教練的……那是可悲、醜陋的，那顯然代表球隊——尤其是領袖勒布朗．詹姆斯——對布朗說了一句『去你的』。」

吉伯特解僱布朗之後，總管丹尼．費里辭職了。

同時，吉伯特坐立不安。自賽季結束以來，他還沒從勒布朗那裡聽到任何消息。那年，塞爾提克隊重返NBA總冠軍賽，對手是洛杉磯湖人隊。第二場比賽，卡特坐在湖人隊的板凳席附近，旁邊是阿里．伊曼紐（Ari Emanuel）和馬克．道利。阿里．伊曼紐是奮進娛樂公司的總執行長，也是好萊塢最有權勢的經紀人。他的客戶包括脫口秀天后歐普拉（Oprah Winfrey）、傳奇導演馬丁．史柯西斯（Martin Scorsese）、知名動作演員巨石強森（Dwayne Johnson）和富豪唐納．川普（Donald Trump）。被視為本世代最強經紀人的阿里．伊曼紐，還有著巨大的政治影響力——他的哥哥拉姆（Rahm）曾是歐巴馬總統的幕僚長。

在奮進娛樂公司，伊曼紐仰賴馬克．道利的戰略意見。道利是一位行銷大師，也是公司的高級合夥人。他先前參加了在阿克倫舉辦的LRMR首屆行銷高峰會，道利對卡特與勒布朗的作為印象深刻，並跟他們建立了友誼，最終發展成商務關係。勒布朗的NBA合約由里昂．羅斯負責，而奮進娛樂公司則處理勒布朗的電視廣告合約，及其他演藝機會。

卡特坐在伊曼紐和道利中間觀看湖人隊比賽，在在顯示了，他從當初在耐吉實習至今走了多遠。現在的他，與好萊塢巨頭交往甚密。第二戰中場休息期間，卡特看到播報員吉姆．

格雷走過來。格雷跟大家打了招呼，然後向卡特問起勒布朗。

格雷問道：「卡特，自由球員的事進展如何？」

「很好啊。」卡特回答：「會有很多事發生，很多人感興趣。」

寒暄閒聊過後，格雷言歸正傳：「我想在勒布朗做出決定後，第一個採訪他。」

卡特回答：「我會轉達的。」

格雷說：「我曾經在勒布朗高中時期採訪他，在選秀會上採訪他，在沙加緬度的處女秀時採訪他。我已經採訪他許多次了。」

卡特告訴他：「你不需要解釋這麼多的。」

比賽結束後，卡特和伊曼紐共進晚餐，再次遇到格雷。仍試圖參與勒布朗宣布決定過程的格雷，提出了另一個想法。「我們應該做一檔直播節目。」他說：「讓勒布朗在節目上宣布他的決定。」

卡特被激起興趣，提出了一些問題。

格雷闡釋他的想法。「你來製作節目。」格雷說：「這個節目是你的。」

伊曼紐插話：「這是個絕妙的主意。」

「我來採訪。」格雷繼續說：「你請勒布朗在節目上，宣布他要去哪裡。」

伊曼紐說：「卡特，你該這麼做。」

「好。」卡特看著伊曼紐說：「你想負責這件事嗎？」

「我們來搞定這件事吧。」格雷樂不可支。

與格雷交談後，伊曼紐和卡特打電話給道利，分享了格雷的提議。伊曼紐想知道電視臺對此有多大興趣。

伊曼紐問：「我們能把這節目賣給別人嗎？」

「是的，可以。」道利猶豫了一下說：「但我覺得，會有更上層的事要處理。」

卡特問：「什麼意思？」

「聽著，我覺得我們可以把這節目，賣給一些合作夥伴。」道利說：「但是，我認為我們應該把錢全部捐出去。」

伊曼紐：「為什麼？」

卡特也納悶：「對啊，為什麼？」

道利：「因為我覺得，我們會惹惱很多人。」

伊曼紐接納道利的觀點，並希望他能詳細闡述。

從概念上講，道利熱愛給勒布朗自己的平臺這個想法。畢竟，他已經非常成功，不須依賴體育媒體來製造並形塑新聞，他可以自己製造和形塑新聞。他可以去找ESPN這樣的電視臺，設定一小時節目的條件，但這將會是個創舉。傳統媒體可能會誤解其中原因，甚至感覺受到威脅。

伊曼紐非常理解道利想表達的意思——每當你做一些革命性的事，而**人們不理解時，最簡單的做法就是批評**。這簡直是伊曼紐職業生涯的縮影。

道利不想看到勒布朗被批評，伊曼紐和卡特也是如此。

他們三人集思廣益，想出辦法減少批評聲浪。最好的主意，就是把贊助金捐給喜愛體育的孩子，藉此為這個計畫增添另一層深度。

卡特提出男孩女孩俱樂部。勒布朗一向大力支持這個團體，他和傑斯在幕後為俱樂部貢獻良多。道利認為，如果找到企業贊助商，他們便能輕鬆負擔節目成本，還有餘力捐贈數百萬美元給男孩女孩俱樂部。

伊曼紐說：「這是個好主意。」

卡特同意了，而且他相信，勒布朗會喜歡這個概念。

道利和卡特同意合力解決所有細節，但如果要拉ESPN加入，將會需要伊曼紐的影響力。黃金時段的一小時節目是個大要求，需要電視臺內容執行副總約翰．史基普（John Skipper）的批准。

伊曼紐說：「我會打電話給史基普，設法爭取到時間。」

勝者之城

自從二〇〇七年《黑道家族》完結篇以來，詹姆斯．甘多爾菲尼和艾迪．法科都沒有合作過。但為了幫助紐約尼克隊爭取勒布朗，他們在二〇一〇年六月再次聚首。尼克隊老闆詹姆斯．多蘭（James Dolan）渴望簽下勒布朗。為了招募勒布朗，他批准了一項非傳統的噱頭：製作一部被稱為《勝者之城》（*City of Winners*）的短片，讓一系列紐約名人向勒布朗推薦這座城市的優點。

尼克隊委託了鮮為人知的獨立電影製片人羅科・卡盧梭（Rocco Caruso），他專門製作小眾的古怪電影。卡盧梭對名人毫無興趣，而且幾乎分不清籃球和棒球，但他認識艾迪・法科，兩人曾是同學。儘管法科不關注勒布朗，但她同意加入，尤其當她得知，身為忠實尼克隊球迷的甘多爾菲尼也同意參演該片後。

法科和甘多爾菲尼加盟之後，卡盧梭聯繫了喬納森・霍克（Jonathan Hock）。拍攝NFL影片出身的他，是一位經驗豐富的體育紀錄片導演。卡盧梭請霍克來執導這部片。身為紐約本地人和終身尼克隊球迷，霍克眼睜睜看著球隊在多蘭的領導下一蹶不振。有機會為球隊創作一部招攬勒布朗的短片，讓他來了精神。霍克心想，你能有多少機會，真正為自己支持的球隊做些什麼呢？

在六月的一週內，霍克瘋狂拍攝一系列紀錄片風格的採訪。演員亞歷・鮑德溫（Alec Baldwin）搭直升機，從漢普頓飛到麥迪遜廣場花園受訪。紐約市長魯迪・朱利安尼（Rudy Giuliani）和退役的洋基重砲手雷吉・傑克遜（Reggie Jackson），在同一天接連採訪。

另一天，製片人哈威・溫斯坦（Harvey Weinstein）和奧斯卡影帝勞勃・狄尼洛（Robert De Niro），在米拉麥克斯影業（Miramax）的翠貝卡辦公室接受拍攝。喜劇演員克里斯・洛克（Chris Rock）、紐約遊騎兵隊（New York Rangers）的曲棍球明星馬克・梅瑟（Mark Messier）和尼克隊傳奇球星華特・弗雷澤（Walt Frazier），都接受在鏡頭前受訪。

霍克甚至在川普大廈的辦公室採訪了唐納・川普，那是整個計畫中令人壓力最大的拍攝。

霍克的團隊安裝好燈光和攝影機之後，川普走了進來，不耐煩的問：「我們要幹什麼？」

霍克告訴他：「我們要說服勒布朗加盟尼克隊。」

「我的朋友，勒布朗。」川普一邊說，一邊坐下。

川普的工作人員已經發來，如何在採訪時為他打光的特殊指示。塗在川普頭髮上的橙色染料要有一定的厚度，才能確保色調突顯他的頭髮。不然觀眾將會透過頭髮看到他的頭皮。

當團隊忙著安排一切時，川普一直盯著手錶抱怨：「這花太多時間了。」

霍克終於準備好後，川普凝視鏡頭對勒布朗說話，彷彿他們是老朋友。回答幾個問題之後，他看著霍克。「花太多時間了。」川普說：「我得走了。」

對霍克來說，這項計畫的亮點，是前往甘多爾菲尼的公寓，和法科一起拍攝。與其他參與者不同的是，甘多爾菲尼和法科將以東尼與卡蜜拉・索波諾（Carmela Soprano）的身分登場。現場已架設好三臺攝影機和許多燈光，甘多爾菲尼蓄著一把濃密的鬍鬚走進來。

甘多爾菲尼問：「想怎麼拍？」

霍克寫了一個簡短的劇本：卡蜜拉是一位紐約房地產經紀人，東尼要卡蜜拉為他的好朋友勒布朗，在這座城市找個宜居的地方。

甘多爾菲尼用手指撥弄著他的鬍鬚，思考了一分鐘。

「好吧，」他說：「我們弄得像是我正處於證人保護計畫似的。」

霍克喜歡這個概念——東尼和卡蜜拉將延續《黑道家族》完結篇的故事。他們現在住在紐約市生活，接受證人保護。

甘多爾菲尼和法科進入角色，並開始表演——卡蜜拉坐在廚房桌旁，用 iPad 查看房地產列表，東尼從沙發上站起來，走近她一起查看選項：

卡蜜拉：「第五大道上的豪宅。」

東尼：「不夠優雅。」

卡蜜拉（點擊下一個選項）：「格雷西府邸（Gracie Mansion）。」

東尼：「不夠有歷史意義。」

東尼拒絕了幾個選項之後，卡蜜拉滑到另一個網頁，上面是麥迪遜廣場花園的資訊。

東尼：「就是這裡。這是紐約唯一適合勒布朗的地方。」

攝影機另一頭的霍克，看得目眩神迷。「他們配合得天衣無縫。」霍克回憶道：「然後在艾迪用 iPad 打電話給麥迪遜廣場花園的時候，甘多爾菲尼望向鏡頭，神情彷彿在說：『我知道這是個大玩笑，勒布朗。但如果你真的想來紐約，那將會酷斃了。』他看著鏡頭的那一刻，我碰巧站在攝影機的另一頭，渾身起雞皮疙瘩。」霍克在幾天後完成電影，把光碟交給麥迪遜廣場花園的尼克隊主管們。

無端惹上官司，遇上另一位作家

當卡特向勒布朗提議，用一小時的電視節目宣布他的決定時，勒布朗不敢置信。勒布朗問：「只要說出我要去哪裡打球，我們就能得到五百萬美元？」

聽來荒謬，但卡特並沒有誇大其詞。他和馬克・道利一直在與勒布朗的企業合作夥伴談判，他們都在排隊等候。卡特向勒布朗指出，他不會從節目中獲利，所有的收益都要捐給男孩女孩俱樂部。

勒布朗正為離開克里夫蘭的決定而掙扎。他最不希望的就是受細節問題煩擾，包括如何宣布他的決定。他把這些事情交給卡特，但對勒布朗來說，賣點是把ESPN節目賺得的資金，捐給男孩女孩俱樂部。幾個月前，勒布朗才與傑斯一起，在達拉斯的俱樂部輔導孩子們，那是勒布朗整個賽季最愉快的一天。他給了卡特繼續進行的許可。

同時，佛德里克・南斯告知勒布朗，有更多法律問題要處理。二〇〇八年突然冒出來、聲稱自己與葛洛莉雅在她還是青少年時，發生過性行為的萊斯特・斯托維爾（Leicester Bryce Stovel）決定提起訴訟。他聲稱兩年前的親子鑑定結果遭到篡改。斯托維爾還表示，勒布朗和葛洛莉雅在公開場合發表的言論——如勒布朗的父親缺席其人生等——對他構成誹謗，並為此索賠四百萬美元。

南斯相信，斯托維爾的訴訟最終會被駁回，但這場官司也不會一夕之間解決。與此同時，還有更多勒布朗家人的錯誤資訊流入公眾視野，這又是勒布朗不得不處理的一件事。

在ESPN上公布決定這件事，也遭遇一些阻力。儘管其他媒體尚未得知這個構想，但NBA總裁大衛．史騰已經聽到風聲，並且感到憤怒。史騰不熟知企業贊助，也不知道節目的收益將流向男孩女孩俱樂部。他關注的是聯盟形象，而他認為，勒布朗的計畫將會傷害NBA的形象。

史騰試圖勸阻勒布朗，但沒有成功。於是，史騰直接聯繫ESPN高層，敦促他們停止這個計畫。然而這也徒勞無功，ESPN是NBA最重要的商業合作夥伴——這家電視臺在即將到來的賽季，支付給聯盟的轉播權費用，高達四億八千五百萬美元——但網路部總裁喬治．博登海默（George Bodenheimer）和約翰．史基普，也不會放棄給勒布朗一檔節目的決定。史基普權衡了利弊。考量到與伊曼紐、卡特和勒布朗的關係，他覺得做這個節目是值得的。博登海默也同意。身為NBA總裁卻無法阻止這個節目，進一步鞏固了史騰的擔憂——勒布朗握有太大的力量，史騰對此感到不悅。

但勒布朗似乎絲毫不受身邊紛擾影響，他站在曼哈頓哈德遜河上的倉庫裡，周圍有二十幾個人忙著，為他的皮膚上粉，整理他的頭髮，確保他的衣服合身。那天是六月二十五日，勒布朗正在為《GQ》雜誌拍攝照片。當房間對面的門打開時，一個不顯眼的男人走了進來，勒布朗幾乎沒有注意到。

作家莫林格（J. R. Moehringer）從沒想過自己會身處一間倉庫。他沒有接觸過勒布朗，但莫林格是位擅長描繪超級運動員的大師級作家。拿過普立茲獎的他，寫了一本名為《柔情酒吧》（*The Tender Bar*）的暢銷回憶錄。幾年前，網球巨星阿格西（Andre Agassi）特別挑選莫林格，為自己撰寫自傳。

阿格西與莫林格合作的《公開：阿格西自傳[8]》（*Open*）一書，在勒布朗與畢辛格合作之後出版。然而，該書的迴響與勒布朗的書截然不同。《紐約時報》盛讚其為「超級明星運動員所寫過，最富激情的反體育書籍之一——尤其令人心曠神怡的是，書中沒有凱旋的感言或是美國式的感恩」。

《紐約時報》稱阿格西選擇莫林格合作是「神來一筆」，並且熱情褒獎道：「成果不僅是一本一流的體育回憶錄，還是一部真正的成長小說，黑暗而趣味橫生，痛苦又充滿靈性。」《公開：阿格西自傳》成了排名第一的暢銷書，也讓莫林格成為其他體育明星撰寫文章的熱門人選。《GQ》雜誌請他為柯比・布萊恩撰寫專文，要求莫林格在二〇〇九－一〇賽季期間，與這位以生活低調著稱的湖人隊巨星共度大量時光。莫林格請柯比坦誠講述他與俠客・歐尼爾長久以來的夙怨、他對痛苦的態度，以及讓他汲取靈感的天才——達文西和演員丹尼爾・戴－路易斯（Daniel Day-Lewis）。這篇文章充滿洞見，因此發表後不久，《GQ》雜誌就委託莫林格，在勒布朗做出決定的過程中貼身採訪他。

8 譯按：該書繁體中文版亦由本書譯者翻譯。

他對母親的奉獻，是完全而徹底的

莫林格站在門口，看著造型師和攝影助手對勒布朗殷勤服務，他想起了十九世紀的記者瑪格麗特．富勒（Margaret Fuller）說過的一句話：「**為了早熟，生活早晚會索取巨大代價。**」突然，莫林格的思緒，被一個朝他走來的人打斷。

勒布朗的公關埃斯塔布魯克告訴他，拍攝時間有些拖延，並詢問他要不要稍晚再回來。莫林格走出去買了一杯咖啡。等待期間，他拿出了《流星射手》。他為了準備採訪而閱讀這本書，他很快便注意到，這本書刻意迴避了勒布朗童年最創傷的部分。莫林格的準備工作有條有理，他與畢辛格聯繫，並詢問勒布朗與母親的關係。畢辛格告訴莫林格：「他對母親的奉獻，是完全而徹底的。」

勒布朗不認識莫林格，但在與畢辛格合作之後，勒布朗並不急著與另一位作家交談。勒布朗厭倦了別人試圖訴說他的故事，但勒布朗沒有意識到作家，尤其是那些極富才華的作家——瓦爾、塔迪奧、畢辛格，以及現在的莫林格——正是他故事的一部分。勒布朗也沒有充分意識到，這些人是有天賦的創作者，只要他稍加認可，他們就能以紋理豐富、深思熟慮的方式描繪他。但早年與《ESPN》雜誌和其他出版物的不愉快經歷，影響了勒布朗對作家的態度。因此，勒布朗似乎不看重作家，遑論將他們視為盟友。

穿著無袖上衣、戴著墨鏡的勒布朗，走進莫林格等待的房間坐下。當莫林格問他，是否因即將做出的決定感到壓力時，勒布朗堅稱自己的心態恰恰相反。他說：「對我而言，這是個非常令人亢奮的時刻。」

事實上，勒布朗承受著巨大的壓力。俄亥俄州是他的家鄉，他從不曾在其他地方生活，他的家人在那裡安居，親密圈子的人也在那裡。然而，勒布朗非常渴望贏得冠軍，他做出的結論是：為了實現目標，他必須去別的地方、與其他球星聯手。勒布朗告訴莫林格：「我的情緒不會牽扯其中，也不會影響我的最終決定。」

莫林格想知道勒布朗的一些重量級朋友，例如巴菲特，是否曾在選擇球隊方面給予建議。勒布朗說，他的朋友們都沒有表示意見。

莫林格對此存疑，但繼續問了別的問題。他提到勒布朗在對陣塞爾提克的系列賽中，說過的一句話：「我的表現寵壞了很多人。」這句話當初被解讀為自我中心的表現，勒布朗可以藉此機會提供其上下文的線索。

然而，勒布朗選擇把話說得更絕。「我愛我們的球迷。」他說：「克里夫蘭的球迷很棒。但我的意思是，看著我在場上和場外做的事，就連我的家人有時也會被寵壞。」

勒布朗堅稱自己不理解被寵壞的人，並補充，成長經歷令他養成對失望保持沉默的習慣。「這讓我保持謙遜，因為我知道自己的背景，知道母親經歷了什麼。」他說：「我從不因為自己的地位或能力而得意忘形。我媽總這麼說，我的朋友們也說：『你是個維護成本極低（low-maintenance）的傢伙。』」

「維護成本極低」一詞激起了莫林格的興趣，他接著提到乘坐私人直升機往返主場和自家的柯比。聽到柯比，勒布朗讓墨鏡下滑。他露出的表情，莫林格解讀為：沒有人比柯比的維護成本更低了。勒布朗一句話都沒有說，又把墨鏡戴回原位。

莫林格觀察到，**最偉大的運動員都受憤怒所驅動**。喬丹以帶著怒火打球著稱；湯姆・布雷迪因為在NFL選秀被跳過，總是懷著巨大的復仇之心參賽。莫林格指出，柯比對俠客心懷怨恨，然後在科羅拉多性侵醜聞後，對其他人也心懷怨恨。也許勒布朗還不夠憤怒。

勒布朗問道：「你是運動心理學家嗎？」

莫林格提醒勒布朗，他之前承認，自己可能沒有柯比那種殺手本能。莫林格問：「現在還是如此嗎？」

「我希望不是。」勒布朗說：「我不這麼認為。我覺得自己已經到了生涯的一個階段，讓我確實覺得自己擁有殺手本能。」

莫林格分享了他的理論：在運動領域，憤怒就等於成功。

勒布朗說：「這理論很棒啊。」

莫林格打量著勒布朗，心想：「他聽起來就像個大孩子。」

他們終究談起了葛洛莉雅。

「她總是憋不住自己的話。」勒布朗告訴他：「如果葛洛莉雅看到一些她認為對或不對的事，她就會馬上說出來。」勒布朗也說道，他最近拜託母親不要去紋身，但她還是去了。

莫林格問：「她紋了什麼？」

他回答：「詹后（Queen James）。」

基斯・埃斯塔布魯克打斷了兩人談話——時間到了。

他們同意在七月的第一週，在阿克倫進行第二次採訪。

這可會天翻地覆哦，老弟

除了騎士隊之外，還有五支球隊在爭奪勒布朗——布魯克林籃網、紐約尼克、邁阿密熱火、芝加哥公牛和洛杉磯快艇（Los Angeles Clippers）。每支球隊的代表都計畫在七月一日，自由球員市場開始之際向勒布朗提出邀請。那天，籃網隊和尼克隊的高層前往克里夫蘭。上午十一點，傑斯帶領一群籃網隊高階主管，進入市中心一棟辦公大樓。在八樓的會議室裡，傑斯介紹他們認識勒布朗。

勒布朗認識籃網隊的總教練艾佛瑞．強森（Avery Johnson）和總裁羅德．索恩（Rod Thorn），他被視為聯盟中最聰明的高層之一。但勒布朗最感興趣的，是與籃網隊老闆米哈伊爾．普羅霍羅夫（Mikhail Prokhorov）見面，他是一位身高六呎八吋的俄羅斯億萬富翁。

在經紀人里昂．羅斯和卡特的陪同下，勒布朗聚精會神的聽著普羅霍羅夫描述球隊光明的未來願景，亮點是布魯克林正在興建的新球館。普羅霍羅夫甚至訴諸勒布朗的虛榮心，明白表示，自己希望幫助他成為一位億萬富豪運動員並擁有更廣泛的全球影響力。傑斯也向勒布朗推銷，但沒有強迫他選擇。他們是親密的朋友，這份友誼不會因勒布朗的決定而變質。勒布朗明白傑斯的感受，儘管他把傑斯當作兄弟，他也決心不讓這件事影響他的決策。

兩個小時後，籃網隊的高層離去，尼克隊的代表團進入會議室。球隊老闆詹姆斯．多蘭帶著球隊總裁唐尼・沃爾許（Donnie Walsh）、總教練麥克・狄安東尼（Mike D'Antoni）、麥迪遜廣場花園體育總裁史考特・歐奈爾（Scott O'Neil），以及當時擔任主管的前尼克明星球員艾倫・休士頓（Allan Houston）一同前來。

尼克隊試圖推銷給勒布朗的想法是：倘若他加盟尼克隊，薪資加上代言費，共可賺進十億美元。球團甚至特地委託一家諮詢公司研究，證明勒布朗只有在紐約，才能將自己的賺錢能力最大化。勒布朗喜歡在麥迪遜廣場花園打球。他熱愛紐約市，但他對詹姆斯・多蘭沒什麼好感。自從多蘭接手尼克隊後，球隊基本上都處於災難。在勒布朗心裡，他的存在是種阻力。

但勒布朗沒有表露他的疑慮，羅斯和卡特也沒有。

到了某個時刻，尼克隊代表團向勒布朗展示了那段影片。

勒布朗看得很樂。他對川普這樣虛偽的人不感興趣，也不喜歡溫斯坦充滿負面的氣場。不過他喜歡看到狄尼洛——維托・柯里昂[9]（Vito Corleone）！其中，勒布朗對甘多爾菲尼最感興趣——他媽的東尼・索波諾，向他提出了一個無法拒絕的提議。

當影片結束，勒布朗笑容散去，他向尼克隊提了一個問題：他們如何在薪資上限之下，安置他和另外兩位球星？

尼克隊沒有給出令人滿意的答覆。

當勒布朗與尼克隊人馬共處一室時，德韋恩・韋德和克里斯・波許在芝加哥，與有意延攬的球隊分別會面，但是韋德和波許的自由球員會議並沒有引起籃壇關注。勒布朗才是《紐約時報》筆下的「二十五歲的地球王子」，所有目光都集中在他身上。當他與卡特、里昂・羅斯在傍晚從辦公大樓走出來時，街上滿是攝影師和記者。騎士隊的球迷擠在人行道上，舉著請求他續留克里夫蘭的標語。勒布朗戴著深色墨鏡，目光直視前方，沒有流露任何情緒。

當晚，勒布朗獨自坐在家裡，用 iPad 觀看邁阿密熱火隊傳給他的一段以密碼保護的影片。這是隔天會議的預覽片段，與尼克隊的名人推銷截然不同，熱火隊的影片比較像是華爾街公司製作的，內容滿是數據、統計、圖表和圖形。像準備考試一樣，勒布朗觀看了好幾次，把內容都背了下來。

勒布朗認真研究的同時，里昂．羅斯與邁阿密熱火隊總裁派特．萊里私下會面。羅斯知道勒布朗、德韋恩．韋德和克里斯．波許幾個月來，一直在討論同隊打球的事。這個想法在北京奧運期間形成，然後在二〇〇九－一〇賽季強化。萊里認為，這給了他一個優勢。

在爭奪勒布朗的諸多球隊中，熱火隊是少數具備足夠薪資空間，能同時簽下他、韋德和波許的球隊。關鍵是說服勒布朗，這就是萊里在正式招攬之前，想私下先找羅斯討教的原因。

萊里知道他的排序在尼克隊之後，但他與詹姆斯．多蘭完全相反。首先，萊里了解籃球，他知道偉大球員渴望的是什麼——總冠軍。萊里多年來一直計畫，讓勒布朗穿上熱火隊球衣，他相信金錢不會是決定性的因素，地點也不是重點。萊里認為，為了贏得總冠軍，勒布朗甚至願意搬到南達科他的黑山（Black Hills）。可以為勒布朗提供南灘，正是萊里的優勢。

---

9 編按：這是勞勃．狄尼洛在一九七四年的黑幫電影《教父二》（*The Godfather Part II*）中飾演的角色——紐約黑手黨老大的年輕時期。

七月二日上午十一點，勒布朗來到ＩＧＭ大樓的八樓會議室，坐在大型會議桌的一側。他面對熱火隊老闆米奇・艾瑞森（Micky Arison）、總教練史波爾史特拉（Erik Spoelstra）、總管安迪・艾里斯伯格（Andy Elisburg）、籃球運營副總裁尼克・艾瑞森（Nick Arison）和前熱火隊球星阿隆佐・莫寧（Alonzo Mourning）。

大家都坐著，但萊里站在後方，雙手放在椅背上，看著勒布朗說：「我們希望你明白，我們會確保主要的事，始終是主要的事。」

勒布朗盯著他看：「主要的事，就是確保主要的事，始終是主要的事？」

卡特笑了。他認出這句話出自史蒂芬・R・柯維（Stephen R. Covey）的暢銷書《與時間有約》（*First Things First*，書名直譯為：最優先的事優先處理）。

萊里對勒布朗說：「這是那本書的開頭。」勒布朗點了點頭。

萊里看著身邊的人說：「現在，對我們來說，主要的事就是贏得總冠軍。」

勒布朗凝視萊里的眼睛，彷彿房裡只有他們兩個人。

他說：「我們認為你可以跟波許和韋德，成就一些非凡的事。」

然後，艾瑞森和史波爾史特拉講述了球隊的長期目標，並播放了一個簡短的影片。影片結束，萊里從公事包取出一個小網袋，放在桌上。

勒布朗問：「裡面是什麼？」

萊里將袋子推到桌子的另一端。

勒布朗打開袋子，一堆戒指滾落出來，他拿起一個戒指問：「這些是什麼戒指？」

萊里說，這些戒指是他的個人收藏，包括全明星戒指、冠軍戒指，以及名人堂戒指。他以球員和教練的身分，在湖人隊贏得六座總冠軍，在熱火隊贏得另一座。萊里解釋道，他參與的每支冠軍球隊，都擁有一位球星和兩位超級球星。

勒布朗明白萊里的意思——波許是球星，而他和韋德是超級球星。他們三人可以齊聚邁阿密為一支球隊效力，而這支球隊由一個手握七冠的人掌舵。

「這是必要的。」萊里說：「光憑引進球員，不足以贏得冠軍。克里夫蘭試圖為你做了一切，卻無法找來贏得冠軍所需的球員。」

對勒布朗來說，萊里比他會見的所有人都突出。他知道贏得冠軍需要什麼，那堆戒指就是證據。為了容納勒布朗、波許和韋德，他也在薪資方面做足功課。毫無疑問，通向冠軍最明確的道路，就是邁阿密。

會議持續了三個小時。最後，萊里有信心自己已成功招攬到勒布朗。但他也心知肚明，勒布朗離開克里夫蘭前往邁阿密，這個消息會像炸彈一樣衝擊NBA。他希望勒布朗和他的團隊準備好應對後果，也想知道他們是否害怕。

「害怕？」卡特問道：「我們會害怕？」

萊里說：「這可會天翻地覆哦，老弟。」

馬克．道利唯一還沒想清楚的，是要在哪裡舉辦勒布朗的ESPN節目。距離宣布決定的日子只剩不到一週，道利最終提議他的家鄉——康乃狄克州的格林威治。那裡靠近一座地區機場，他的家可以充當準備場地，鎮上還有一個男孩女孩俱樂部。

卡特同意了這個提議。

於是，在七月四日，道利致電男孩女孩俱樂部的會長，開始安排相關事宜。其中時間點和保密度至關重要。他們有四天的時間來籌備一切，道利不希望媒體在這段期間聽到風聲。

當道利與格林威治當地官員通話時，勒布朗在思考他的選擇。在與公牛隊和騎士隊的最後一輪會議之後，他知道自己想要做什麼。那天下午，他發了訊息給韋德：「嘿，你能在接下來的一個小時內通話嗎？」

韋德回覆：「沒問題。」

韋德聯繫了波許。

他們三人都已經與可能投靠的球隊主管們見過面，同隊打球的夢想似乎觸手可及。

韋德邀請勒布朗和波許三方通話，勒布朗主導了對話。

勒布朗說：「如果我們三個都願意去的話，邁阿密有足夠的薪資空間。」

韋德喜歡這個消息。他整個職業生涯都以邁阿密為家。有兩個朋友加入他的球隊，堪稱心目中的理想情景。

韋德問：「你會加入熱火隊嗎？」

勒布朗說：「我加入。」

韋德說：「我也加入。」

波許說：「我也加入。」

事情決定好了。但勒布朗沒有提到，他打算在ESPN的節目上宣布決定。

故作平淡

七月六日，莫林格走進阿克倫大學的籃球館。埃斯塔布魯克在大廳攔住他、對他說，他將在體育館採訪勒布朗，勒布朗則會同時觀看一場ＮＢＡ球員與高中菁英球員的練習賽。

在喧鬧的體育館裡採訪勒布朗？莫林格想不出更爛的地點了。難怪勒布朗不太看重作家，他的公關似乎也不怎麼理解作家這個職業。

莫林格和埃斯塔布魯克花了幾分鐘，在體育館裡尋找更合適的地方，他們走進一間有空調的安靜房間，莫林格覺得這個地方很完美。然而，埃斯塔布魯克表示，這個地方對勒布朗來說不合適，他不喜歡在陌生的房間、陌生人待在一起。

於是，埃斯塔布魯克帶領莫林格去更衣室。那裡聞起來像巨大的汗臭護檔，但埃斯塔布魯克說，勒布朗待在那裡會比較自在。而且房裡有電視，勒布朗可以一邊受訪，一邊觀看世界盃。莫林格不禁想起法皇拿破崙（Napoleon Bonaparte），他曾答應讓畫家為自己繪製肖像，卻不願意坐著不動。

在離開更衣室之前，埃斯塔布魯克壓低聲音，叫莫林格問勒布朗關於芝加哥、紐約，及邁阿密的問題。困惑的莫林格反過來說，自己覺得勒布朗可能會去尼克隊。

埃斯塔布魯克的眼睛瞪大。他沒有明說勒布朗將加盟哪支球隊，只向莫林格保證一件事——媒體熱議中的勒布朗與韋德、波許聯手一事，並不會發生。

莫林格不知道該相信什麼。《紐約時報》報導說，麥可・喬丹以前的顧問「全球人脈王」

（Worldwide Wes）威廉・衛斯理正試圖促成一項交易，讓勒布朗與紐奧良黃蜂隊[10]（New Orleans Hornets）的全明星控球後衛克里斯・保羅組成搭檔。

眾所皆知，勒布朗和保羅關係密切。還有傳言指稱，與勒布朗有私交的衛斯理，將在決策過程中扮演重要角色。被惹毛的卡特致電《紐約時報》，告訴一名記者：「所有關於衛斯理的傳聞都不是真的，他不會參加任何會議。衛斯理跟勒布朗的去向毫無關係。」

莫林格等候的同時，勒布朗正在體育館與克里斯・保羅分隊打球。德韋恩・韋德則從邁阿密發訊息給勒布朗，但勒布朗沒有回覆。韋德因為勒布朗音訊全無而感到焦躁，於是發訊息問波許：「你有跟勒布朗聯繫嗎？」

波許回覆：「沒有，我還沒跟他說上話。」

三人同意在邁阿密聯手以來，已過去兩天。韋德和波許開始懷疑，勒布朗是否有所動搖。勒布朗終於走進了更衣室，他癱坐在一張皮沙發上，看著他的黑莓手機。他收到很多訊息，其中一些來自韋德。

莫林格感謝他抽出時間受訪。勒布朗沒有說話。

莫林格問他，自由球員市場的進展如何。

「令人疲憊。」勒布朗回答，然後把注意力轉向電視上正在進行的世界盃足球賽。

在一些沒有太多深入見解的問與答之後，莫林格準備提出他列表中最敏感的問題——你會不會想到你的父親？就在他提問前，勒布朗的三歲和五歲兒子衝進房間，撲到沙發上。

勒布朗很高興見到他們，他叫他們在採訪期間保持安靜，但孩子們不聽。

「留下來並保持安靜。」他告訴兒子們：「或是出去大聲吵鬧。你們選哪個？」

勒布朗二世說：「大聲。」

勒布朗說：「好，出去吧。」

他們衝出去的同時，莫林格抓住機會詢問勒布朗，為人父會不會讓他想到自己的父親。

「不會。」勒布朗淡淡的回答，視線又回到足球賽。

莫林格擅長辨別謊話，他非常確定勒布朗在對他說謊。畢辛格告訴莫林格，問勒布朗敏感問題——尤其當牽扯到他的母親，或任何與他的生父有關的事——的時候，勒布朗的聲音會變得空洞。畢辛格稱之為「故作平淡」，而這正是莫林格現在聽到的。

然而莫林格並不知道，勒布朗和他的母親，才剛被一位聲稱是勒布朗生父的男子控告。這名男子堅稱，勒布朗和葛洛莉雅多年來在媒體上發表的誹謗性言論，詆毀了他的名譽。目前，這起訴訟尚未公開，勒布朗也不打算提及此事。

「我不會貶低我的父親或是抨擊他。」他對莫林格說：「因為我不知道他當時可能經歷了什麼。我不是那種會不了解情況就批判別人的人。我還太小，還無法理解。」

勒布朗一直把目光放在電視上，但繼續談論他的父親。「首先，沒有他，我就不會存在這世上。」他說：「再者，我可能從他那裡繼承了很多基因，這也是我能成為現在這個樣子的部分原因……我的意思是，我的情緒並不全然是憤怒，一點也不。」

---

10 編按：現已改名為紐奧良鵜鶘隊（New Orleans Pelicans）。

在職業生涯裡重大的決定即將到來之際，勒布朗對一個他不曾見過的男人思慮良多。多年來，勒布朗努力展示自己在沒有父親的陪伴下，長大成人的堅強形象。但在內心深處，他有很多脆弱的地方。莫林格成功踏入了畢辛格無法觸及的領域。

莫林格問：「你會想跟你的父親見面嗎？」

勒布朗回答：「不會。」

「真的嗎？」

「現在嗎？」勒布朗問：「在二十五歲的時候？不會。」

「也許以後？」

勒布朗準備結束這個話題。「也許吧。」他說：「也許會吧。」

幾分鐘後，埃斯塔布魯克回來，通知他們時間到了。勒布朗鬆了口氣，走回體育館。

莫林格採訪勒布朗的過程中，突然傳出勒布朗將在七月八日，透過ESPN宣布決定的消息。德韋恩．韋德和克里斯．波許馬上通了電話。韋德問：「現在是怎樣？」波許也在納悶。他們擔心的是，也許勒布朗會改變心意。

莫林格不知道ESPN節目的消息已經洩露。訪問之後不久，埃斯塔布魯克悄悄走近，告訴他勒布朗將在兩天後宣布決定。莫林格說他希望到場，埃斯塔布魯克環顧體育館，確保沒有人近到足以聽到他說的話。然後，他低聲說：「飛去紐約。」莫林格追問細節。埃斯塔布魯克要莫林格抵達紐約之後打電話給他，他會給他更多指示。

那天下午，莫林格離開後，勒布朗啟動他的推特帳號，首度發文：「大家好，真正的詹皇『終於』駕到。我的兄弟@oneandonlycp3（克里斯・保羅的推特帳號）叫我快加入，所以我來了。哈哈哈。」

到了晚上，勒布朗的推特已經有九萬人追蹤。

震撼世界的時刻

七月七日上午，勒布朗出席他在阿克倫大學舉辦的籃球訓練營。有一位高中生從芝加哥搭了整整一夜的巴士來參加，勒布朗和他握手，這位高中生自我介紹：他名叫安東尼・戴維斯（Anthony Davis）。

當勒布朗跟戴維斯分隊打球時，紐約尼克隊的母公司股價下跌，因為一些已發布的報導暗指，勒布朗可能會棄尼克而擇熱火。稍後中午時分，德韋恩・韋德和克里斯・波許在ESPN的《世界體育中心》現身。在麥可・威爾邦（Michael Wilbon）的現場直播採訪中，韋德宣告他將與熱火隊續約，而波許則宣告，他將在邁阿密跟韋德聯手。

威爾邦提問：「德韋恩，有報導說你們已經和勒布朗談過了，跟他說『來這裡加入我們』。那些討論目前進展如何？你認為你們能拉到他嗎？」

不再確定的韋德微笑著說：「我們三個是很好的朋友，這不是祕密。當然，我們非常希望勒布朗能加入邁阿密……但是勒布朗會做出自己的決定。而我們所有人，明天都會坐在電視機前等待這個決定。」

韋德和波許剛剛宣布自己的動向，歐巴馬總統的發言人勞勃．吉布斯（Robert Gibbs）走上講臺，發表白宮的每日簡報。當天的主要議題是，墨西哥灣的英國石油公司漏油事件。其中一名記者舉手提問道：「我有個極其重要的問題。總統認為勒布朗應該去哪裡打球？」

吉布斯回答：「今天稍早我們正在討論這個問題。在邁阿密獲得克里斯．波許的消息之後，我認為總統仍然認為，勒布朗穿上公牛隊的球衣會很好看。但我希望這不會導致NBA提出干擾的指控。」

另一名記者問：「說認真的，您是否擔心，這可能會惹惱克里夫蘭的人們？」

吉布斯說：「我相信會的。」

笑聲充滿整個房間。

吉布斯繼續說道：「我認為克里夫蘭的人們……我們都看到了……。」

吉布斯試圖提醒大家，歐巴馬總統一直是公牛隊的球迷。記者們繼續追問。

又一名記者問：「有個比較嚴肅的後續問題。克里夫蘭的人們確實有點……他們在這些事情上非常敏感——總統做出對他們不利的表態。他們沒得到喘息的機會。沒錯，總統支持公牛隊。但這實際上可能會讓人們非常不滿。」

吉布斯回答：「再說一次，我相信會的。」

連白宮都對勒布朗的決定發表看法，由此可見，情況有多麼失控。與此同時，在網路和社交媒體上出現越來越多，對ESPN計畫給勒布朗一小時黃金時段節目的抨擊。一位知名體育評論員在部落格寫道：「一個小時的節目？什麼鬼啊？」

ＥＳＰＮ也受到攻擊。《紐約時報》的記者唐・馮・納塔二世（Don Van Natta Jr）在推特上發文：「ＥＳＰＮ堅稱他們沒有把電視臺交給勒布朗，他只是挑選了時段和採訪者，並且把所有廣告贊助款，用於自己的慈善機構。」

七月八日上午，勒布朗先進了體育館，然後與卡特和里奇・保羅碰頭。今天是決定日。他們三人即將離開俄亥俄州，展開新的生活。卡特一直與阿里・伊曼紐、馬克・道利和ＥＳＰＮ合作，籌備勒布朗宣布決定的所有細節。保羅則與里昂・羅斯一起負責勒布朗與各支球隊的會面，以及與派特・萊利和熱火隊的談判。而勒布朗則讓自己成為ＮＢＡ歷史上，最炙手可熱的自由球員。

三人意氣風發，莎凡娜隨後加入他們，一行人登上前往格林威治的私人飛機。震撼全球的時候到了。

28 戴著頭帶的眾矢之的

在全美擁有NBA球隊的城市，球迷們聚集在家裡和運動酒吧的電視機前。德韋恩・韋德和所有人一樣，迫不及待想知道勒布朗的去向，他在邁阿密舉辦一場觀看直播的派對。韋德跟一位友人說：「我不知道到底會發生什麼，我在選秀會上都沒這麼緊張。」但韋德告訴自己，無論勒布朗做出什麼決定，他和波許都會讓邁阿密熱火隊變成一支勁旅。

突然，韋德在螢幕上看到勒布朗的身影，他坐在吉姆・格雷對面，舞臺搭建在男孩女孩俱樂部的體育館中央。勒布朗看起來有些無精打采。然後，格雷終於問了：「勒布朗，你的決定是什麼？」

勒布朗欲言又止，韋德越來越緊張。

他終於說出口：「嗯，今年秋天，我會把我的才能帶到南灘，加盟邁阿密熱火隊。」

邁阿密的派對爆發歡呼。「天啊！」韋德向客人們宣告：「好戲上場了！」

體育館裡的孩子們失望嘆氣。男孩女孩俱樂部外的人群發出噓聲。

在克里夫蘭，心靈受創的球迷們走上街頭。社群媒體上，勒布朗受到冷嘲熱諷。

派特・萊里的警告——天翻地覆——正在發生。

來到格林威治記錄這個晚上的莫林格，無法相信眼前所見。他覺得有更多、更好的方法來處理這件事，並責怪勒布朗身邊的人。莫林格匆匆離開體育館，找到公關埃斯塔布魯克，問他為什麼要在格林威治舉辦「決定日」。

他回答：「這是個中立場地。」

莫林格指出，他們身處紐約尼克隊的地盤。體育館裡大多數的孩子和場外的每個人，都希望勒布朗為尼克隊效力，格林威治根本稱不上是中立場地。

埃斯塔布魯克只是聳了聳肩。

重點不是離開，而是不敬

之後，勒布朗和他的團隊，與肯伊．威斯特在格林威治待了一陣子，聽他即將發行的新專輯《我的奇特幻想》裡的曲目。與此同時，克里夫蘭的情勢升溫，球迷們放火焚燒勒布朗的球衣，警方逮捕了一些人。丹．吉伯特在騎士隊網站上發布一封尖刻的信件，火上加油。吉伯特痛批勒布朗「懦弱」而「自戀」，並且擔保騎士隊會比勒布朗更早贏得ＮＢＡ總冠軍。

「好消息是，這種沒心沒肺的冷酷行徑，會成為俄亥俄州克里夫蘭『詛咒』的解藥。」吉伯特寫道：「這位自稱的『王』將把『詛咒』帶到南方。在他善待克里夫蘭和俄亥俄州之前，詹姆斯（和他所在的城市），將不幸擁有這種可怕的魔咒和厄運。」

吉伯特並未就此止步。當天稍晚，他與《美聯社》記者的對話，越來越針對勒布朗。「他有免責權。」吉伯特告訴《美聯社》：「人們袒護他太久了。今晚，我們看到他的真面目。」

吉伯特擁有克里夫蘭騎士隊，但他表現得就像他擁有勒布朗一般。如今，勒布朗選擇離開，吉伯特毫不猶豫的抖出話語刺傷勒布朗。「他放棄了。」吉伯特告訴《美聯社》：「不只在第五戰，還有第二戰、第四戰，以及第六戰。去看錄影吧。對一個超級巨星來說，對陣波士頓系列賽的軟弱表現，是體育史上前所未見的。」

吉伯特對勒布朗的攻擊如此直接而公開，就連對手塞爾提克隊也感到震驚。丹尼・安吉說：「看到丹・吉伯特那樣做，我永遠不會忘記自己當時心想：『你為什麼要這樣？』在職業運動中，球員來來去去，教練也來來去去，這就是這一行的本質。當球員以自由球員身分離開，他先前效力的球隊應該表現大度，感謝他曾為球團付出的一切。」

安吉繼續說：「重點不是誰比較好，或誰對誰錯。重點是保持正面的態度，因為你永遠不知道未來可能會發生什麼。」

群情激憤的時刻，吉伯特無暇展望未來。他忙於燒毀連結勒布朗與克里夫蘭間的每座橋梁。「重點不是他離開。」吉伯特告訴《美聯社》：「重點是不敬。是時候了，人們應該要求這些運動員，為自己的行為負責。你們是這樣教育孩子的嗎？我已經憋在心裡很久了。」

勒布朗習慣展現堅強的外表，但在內心深處，他是敏感的，尤其當涉及他被看待的方式的時候。吉伯特攻擊了勒布朗情感上的脆弱之處。

對葛洛莉雅來說，吉伯特的鋒利言辭已經砍到見血，她準備與任何攻擊她兒子職業道德和操守的人開戰。

莎凡娜也很不開心。勒布朗團隊中的每個人都很難過。那天晚上飛往佛羅里達的航班上，他們受到來自球迷和媒體的巨大敵意所震懾，什麼話都說不出來。

一行人在凌晨抵達邁阿密，並在停機坪接受派特．萊里迎接後，勒布朗和莎凡娜在W飯店睡了幾個小時。當勒布朗在早上醒來，他的聲譽已經敗壞。體育記者、專家、部落格寫手和新聞主播都在抨擊他，除了邁阿密之外，每個城市的球迷都在推特上對勒布朗發動猛攻。除了熱火隊的球迷之外，幾乎找不到任何人對他有好話可說。

幾乎每個擁有平臺的人，都一窩蜂的追隨媒體。ESPN的比爾．西蒙斯正是領頭人物之一。幾年前，當投手羅傑．克萊門斯（Roger Clemens）離開波士頓紅襪隊，轉投多倫多藍鳥隊（Toronto Blue Jays）時，身為忠實紅襪隊迷的西蒙斯寫了一篇專欄文章，題為〈克萊門斯是敵基督嗎？〉（*Is Clemens the Antichrist?*）。

在勒布朗宣布加盟邁阿密的隔天早晨，西蒙斯提到自己關於克萊門斯的那篇專欄文章。「我痛恨那個傢伙，在沒讓事情變得詭異的狀況之下，我用盡全力的恨這個職業球員。」西蒙斯說：「但你知道嗎？勒布朗昨晚對克里夫蘭做出的事情更惡劣。惡劣多了。」

把西蒙斯的「敵基督」言論貶為誇飾並不難，但西蒙斯擁有龐大的追蹤群體。跟丹．吉伯特一樣，他的批評針對勒布朗個人。「我怪罪他身邊的人。」西蒙斯說：「我怪罪他的生活中，缺少一個父親般的人。」

里奇．保羅向來不喜歡西蒙斯，西蒙斯對勒布朗的批評也不讓他意外。西蒙斯與勒布朗的淵源，要回溯到二〇〇三年的NBA選秀會，當記者麥克．提里科在直播中說：「這是勒布朗和他的媽媽葛洛莉雅。葛洛莉雅做了很多犧牲。她年僅十六歲就生下勒布朗……十九歲就獨力帶著兒子過活，仰賴救濟金和食品券，現在他們走到這裡……這是偉大的美國故事。」

作為回應，西蒙斯寫道：「那些維繫婚姻、努力工作、供養孩子，並讓他們一路受教育的父母，又怎麼樣呢？從什麼時候開始，因為沒有避孕而中了獎，竟成了人們口中的『犧牲』？」

在保羅眼裡，西蒙斯露出了他的真面目。「這很大一部分跟種族有關，」保羅談到西蒙斯時表示：「他絕對不會這樣說大鳥柏德[11]。」

「不只兩座，不只三座，不只四座……」

儘管整個籃球界都在批評他，勒布朗仍前往新的工作地點——邁阿密熱火隊的美國航空球場（American Airline Arena）——簽他的合約。當勒布朗到達時，有人告訴他，球隊將在當晚為球迷舉辦一場盛大的派對，主角是勒布朗、韋德和波許。

「什麼？」勒布朗心想，他根本不知道有這個計畫。他已筋疲力盡，距離他在格林威治的男孩女孩俱樂部接受吉姆．格雷訪問，甚至還不到二十四小時，而且他正受各方猛烈抨擊。

儘管如此，他同意參加派對。

球館外面，數千球迷高呼：「熱火隊，加油！熱火隊，加油！」球館內座無虛席。連球場上都擠滿球迷。派特．萊里身穿黑色西裝和白色襯衫，繫著黑色領帶，與球隊老闆米奇．艾瑞森坐在距離舞臺不遠的座位上，而舞臺設立在球場的一端。

邁阿密電視臺和 ESPN 都現場直播這個活動。電視臺的一個分支機構從球館外報導：

「邁阿密新的夢幻隊——勒布朗、韋德和波許——今晚以宏大的方式登臺，球迷們陷入瘋狂。」

勒布朗戴著白色頭帶，穿著全新的熱火隊六號球衣，站在韋德和波許旁，聽著一位活動組織者指示。「我會帶你們到舞臺後面。」那個人告訴他們：「然後把你們三個放上升降臺。」幾分鐘後，勒布朗、韋德和波許升到舞臺上。雷射閃爍、火焰噴射、煙霧彌漫，三人如同搖滾巨星轉身面向觀眾，並從升降臺走下來，漫威（Marvel）英雄電影般的音樂響起，數千球迷狂亂嘶吼。他們以「熱火三王」稱號被介紹出場，坐在高背椅上向人群發表談話。

「這不只是美夢成真而已。」韋德率先開口：「這可能是籃球史上最強大的三人組，有幸成為其中的一分子，簡直太神奇了。」

考量到勒布朗和波許還沒拿過總冠軍，而韋德只拿過一座，這是很大膽的宣言。但勒布朗說起話來比韋德更狂妄，他開始預測三人將聯手拿下多少座總冠軍。勒布朗對觀眾們說：「不只兩座，不只三座，不只四座，不只五座。」韋德和波許狂笑，人群轟然歡呼。勒布朗繼續數下去：「不只六座，不只七座……。」

勒布朗吹噓得越多，球迷們越為之瘋狂，韋德和波許也笑得越厲害。勒布朗繼續說：「說這些話的時候，我是真心的。我不是為了取悅球迷而說這些空話，我不是那樣的人。我以事業為重。我們相信，只要做好該做的事，並用正確的方式去做，就能贏得好幾座總冠軍。」

勒布朗做出預測時，萊里是唯一沒有笑容的人。這就是讓球員在沒有劇本和彩排的狀況

11 編按：即前文提及之賴瑞・柏德，在華語圈外號「大鳥」的他，是白人籃球員。

下，登臺的風險。萊里嚴肅的盯著舞臺，雙手在下巴下交叉。他的歷練夠多，知道熱火隊眼前仍有漫長而艱難的道路。聯盟裡的每支球隊都會衝著他們來，而勒布朗的豪語，正好給了對手擊敗熱火隊的額外動力。

邁阿密的集會進一步加劇針對勒布朗的批評聲浪，這很快蔓延到體育版面之外。從CNN到各大電視臺的晚間新聞，所有媒體都對勒布朗的決定發表評論。就連《紐約時報》的政治專欄作家瑪倫．道德（Maureen Dowd）也批評了勒布朗。

在一篇名為〈邁阿密的籃球壟斷〉（*Miami's Hoops Cartel*）的專欄文章中，道德痛斥勒布朗的「自戀宣告」。她引用勒布朗的話——「你知道的，我想為勒布朗．詹姆斯做出最好的決定」——道德寫道：「當一個人開始用第三人稱談論自己時，通常不是一個好跡象。他似乎沒有意識到，他為自己帶來的公關傷害。」

勒布朗不太在乎專家們說些什麼，但他非常在意NBA傳奇球員怎麼看待他。在他宣布決定之後不久，體育記者們抓住了麥可．喬丹一些未多加思索的言論。

在內華達州參加名人高爾夫球賽之後，有人詢問喬丹對於勒布朗與韋德、波許聯手的看法。「回過頭看，我絕對不會打電話給賴瑞．柏德，或打給魔術強森，跟他們說：『嘿，我們去同一支球隊打球吧。』」喬丹說：「老實講，我一心只想擊敗那些傢伙。」

但事實是，喬丹確實擁有一位未來的名人堂成員隊友——史考提．皮朋，更不用說公牛隊陣中數名貨真價實、可以助他一臂之力的明星球員。此外，勒布朗的主要競爭對手是保羅．皮爾斯和柯比．布萊恩，他並沒有打電話給他們說：「我們來組隊吧。」反之，勒布朗打電話給兩位親密好友兼奧運隊友，共築一支強隊來力抗丹尼·安吉組建的明星球隊，以及在柯比·布萊恩與菲爾·傑克森（Phil Jackson）教練率領下，已奪得五座總冠軍的湖人隊。

然而，喬丹的朋友，TNT的查爾斯·巴克利公開批評勒布朗。在勒布朗宣布決定幾天之後，巴克利表示：「他永遠不會成為喬丹，這顯然將他排除在討論之外……如果他留在克里夫蘭，並試圖以『一哥』之姿贏得總冠軍，那會是一種榮耀。」

勒布朗注意到巴克利的評論。他也注意到巴克利整個職業生涯中，都是所屬球隊——費城七六人、鳳凰城太陽和休士頓火箭隊——的「一哥」，而這些球隊都沒有拿到總冠軍。

NBA總裁大衛·史騰並不介意傳奇球員之間的辯論，但他討厭損害聯盟形象的公關失誤。在史騰眼裡，**宣告決定的節目是出於傲慢的重大失誤**。他將大部分責任，歸咎於勒布朗的團隊。「這糟透了。」史騰說：「我們可以說，我們知道這會很糟糕，所以努力避免發生這種情況。」他還補充：「勒布朗得到的建議相當差勁。」從史騰的觀點看，大張旗鼓的電視宣告引出某些球迷最糟糕的一面，並迫使本應更為明智的人們做出不當言行。

史騰對焚燒球衣的球迷無計可施，但他公開譴責了丹·吉伯特，並對騎士隊球團罰款，原因是吉伯特的公開信和他對《美聯社》發表的言論。史騰還對傑西·傑克森（Jesse Jackson）牧師表示不滿，後者舉行記者會公開斥責吉伯特。傑克森說：「他的背叛感表現出奴隸主的心態，他將勒布朗視為逃跑的奴隸。」

但史騰認為，奴隸相關的言論有點過頭了。

這裡就是我的家

在預測自己和新隊友，將在邁阿密贏得七座總冠軍的五天之後，勒布朗在阿克倫郊外的豪宅起床，前往聖文森－聖瑪莉高中的體育館訓練。勒布朗感覺整個世界都與他為敵，所以跟朋友、家人一起回到熟悉的地方，讓他感到開心。內心深處，他已經開始思索，倘若再次回到騎士隊打球會怎麼樣？

訓練結束後，勒布朗在電話上與莫林格交談，這是莫林格交稿前的最後一次通話。莫林格提到了吉伯特的信，勒布朗承認他讀過那篇文章。「我和我的家人見識到那個人的品格。」勒布朗告訴他：「那封信讓我更確定，自己做出了正確的決定。」

莫林格知道，勒布朗在俄亥俄州打造了夢想之家。他納悶，勒布朗在成為熱火隊的一員之後，能否繼續在那裡居住。

「我現在就在阿克倫啊。」勒布朗說：「這是我的家。我會在這裡度過很多夏季時光。」

莫林格感到驚訝。

勒布朗繼續說：「這裡是我的家。俄亥俄州的阿克倫就是我的家，我永遠會在這裡。我仍然在我的高中母校訓練。」

聽著勒布朗說話，莫林格想起畢辛格在邁阿密集會上，對勒布朗跟韋德、波許同臺做出的觀察。「當我看到他跟韋德和波許坐在那裡的表情，在所有人的憤怒之中，勒布朗顯然已經死了，上了天堂。」畢辛格說：「流行心理學總是危險的，但他真的在複製自己的高中經歷。」

畢辛格的結論與莫林格的感覺一致——**高中生涯可能是勒布朗一生中，唯一感覺完全安全的時期，而想要重新喚起那段時期的願望，可能影響了他找韋德和波許同隊打球的決定。**

對於勒布朗這種等級的巨星，很難區分真相、謠言，或神話。但勒布朗本人坦率承認，自己不喜歡獨處。然而，他對周圍的人也非常挑剔。早在中學時期，他就精心挑選身邊的人，細心擇友，並招募特定的球員，例如讓羅密歐．崔維斯轉學到聖文森—聖瑪莉高中。組建內部圈子的時候，勒布朗也做了同樣的事情，招募了保羅和米姆斯來跟他與卡特共事。

儘管需要陪伴，但勒布朗並非來者不拒，人們必須通過他的考驗。如今，相互了解幾年，並且在國家隊攜手作戰之後，勒布朗選了韋德和波許作為一起奪冠的隊友。

在接觸柯比這樣一個與隊友保持距離的獨行俠之後，莫林格欣賞勒布朗對朋友的忠誠。莫林格還認為，勒布朗的團隊並沒有給他幫助。他在《GQ》雜誌上發表的文章於八月刊登，題名為〈瘋狂的三週〉（*Three Weeks in Crazyville*），莫林格在文中把勒布朗宣布決定的公關災難，形容為可預見的「火車失控」。

他寫道：「你真的可以看到乳牛在鐵軌上閒晃，聽到列車的尖銳聲響，感受到車廂分離、車尾噴飛。」他還寫道：「據說他的團隊試圖為他打造品牌。他們成功了，勒布朗現在根本是戴頭帶的海斯特．白蘭[12]（Hester Prynne）。」

看到最好的朋友，被比喻為納撒尼爾．霍桑（Nathaniel Hawthorne）的小說《紅字》（*The*

12 編按：小說《紅字》的主角，在誤以為丈夫身亡後，海斯特．白蘭與一名牧師交好，最後被判通姦罪，並受眾人唾棄。

Scarlet Letter）的主角，卡特的內心被刺痛了。是他提議在ESPN上宣布勒布朗的決定，卡特對勒布朗聲譽受損感到愧疚。他告訴自己，我真的搞砸了摯友兼商業夥伴的事情。

卡特視批評為失敗的表徵。「決定日」之後，他的信心動搖。正常情況下，卡特是以目標為導向的高效人士。他沉迷於完成任務，與向上攀登的成就感。如今他突然意識到：「這真的會讓我偏離軌道，並阻止我完成生活中的許多事。」他感到自己的人生目標岌岌可危。

新的戰火

沒有任何NBA球員，比保羅．皮爾斯更想打掉勒布朗的頭帶了。當皮爾斯得知勒布朗加入韋德和波許在邁阿密的行列，他告訴幾個親密的朋友：「沒有人能擊敗他們。」但皮爾斯絕不會公開承認這一點。當塞爾提克隊在二〇一〇年十月二十六日的新賽季開幕賽，迎戰熱火隊時，他一步都不會退讓。《波士頓環球報》的資深籃球記者鮑勃．萊恩（Bob Ryan），稱這場邁阿密和波士頓之間的比賽為「聯盟史上最受矚目的開幕戰」。

勒布朗在熱火隊的首秀地點，正好是他的騎士隊生涯在五個月前恥辱告終的球場，這是波士頓球迷樂見的。更添戲劇性的是，俠客．歐尼爾在休賽期間加盟了塞爾提克隊。

韋德和波許並沒有完全體認到，波士頓球迷對勒布朗的敵意。當勒布朗踏上TD花園時，噓聲迴盪整個球館。介紹先發陣容以及勒布朗觸球時，噓聲沒有斷過。勒布朗攻得全場最高的三十一分。但到了第四節，當塞爾提克隊逐漸拉開與熱火隊的比分差距，「被高估了！被高估了！」的呼聲響徹全場。塞爾提克隊以八八：八〇獲勝。

「一切都是過程。」勒布朗賽後表示：「我們都知道羅馬不是一天建成的。」

「這只是八十二場比賽中的一場。」韋德說：「如果每個人都以為，我們會拿到八十二勝零負的戰績，我很抱歉，那是不可能的。」

兩週後，熱火隊在邁阿密主場迎戰塞爾提克隊。又一場激鬥下，塞爾提克隊再次獲勝。賽後，皮爾斯發了一條推特：「很開心可以把我的才能帶到南灘。」

勒布朗對皮爾斯的伎倆習以為常，他的隊友們卻不是如此。在皮爾斯發出那條推特隔日，熱火隊的硬漢烏杜尼斯．哈斯倫（Udonis Haslem）被問及此事。哈斯倫對媒體說：「哪個保羅？」然後哈斯倫告訴記者們，該如何更了解皮爾斯：「去查查『錄音室黑幫』（studio gangster）的定義吧。」不止一名記者上網查詢，他們發現在嘻哈文化中，所謂的「錄音室黑幫」指的是那些只能在歌詞裡大唱凶狠的黑幫生活，卻根本成不了黑幫匪徒的饒舌歌手。

騎士隊與塞爾提克隊之間的世仇告一段落，而熱火隊與塞爾提克隊間的戰火才正要開始。

阿克倫的娼妓

十一月的某個週日下午，勒布朗在邁阿密的家中，觀看克里夫蘭布朗隊對陣紐約噴射機隊（New York Jets）的美式足球賽。他同時在推特上談論該場賽事。《君子》雜誌的作家史考特．拉布也邊看比賽邊發推特，但拉布在推特上談論的是勒布朗，他稱勒布朗為「魯蛇」和「窩囊廢」。熱火隊注意到了拉布的推特，也注意到了拉布在《君子》雜誌的部落格上，稱勒布朗為「阿克倫的娼妓」。

當天稍晚，拉布收到邁阿密熱火隊媒體關係主任提姆．多諾萬（Tim Donovan）的電子郵件。多諾萬寫道：「拉布，你不再受到我們球館歡迎，往後也不會再獲得媒體證。」

第二天，拉布公布了多諾萬的電子郵件。「我懷疑，提姆對我昨天寫的某些內容有意見。」他說：「我說勒布朗．詹姆斯是阿克倫的娼妓——也許這就是原因。」

勒布朗還在適應推特，但他的追蹤人數已接近一百萬。他不喜歡自己和其他運動員在這個社群媒體上受到的攻擊，所以決定轉發一些關於他的種族主義和仇恨言論推文。其中一條推文稱他為「大鼻大嘴大眼的黑鬼。你很貪婪，你試圖隱藏自己的貧民窟特質」。其他推文稱他為「婊子」，並建議勒布朗：「你發文的同時，怎麼不把頭放到行駛的汽車底下呢？」

這些推文只是勒布朗自「決定日」以來，所經歷的冰山一角。公眾對他的反應，與老虎伍茲在不倫醜聞後經歷的明顯不同。伍茲連續十九天登上《紐約郵報》的封面——超越了九一一恐怖攻擊的紀錄——搭配的頭條包括〈我是出軌獵豹〉（*I'm a Cheetah*）和〈老虎的妻子掉頭就走〉（*Tiger's Wife Turns Tail*）。

媒體對老虎伍茲冷嘲熱諷，但他的情況相當個人，他坦然承認自己犯的錯，並在電視上向家人和高爾夫球界道歉。當老虎伍茲在短暫休息後、重返高爾夫球場時，龐大的人群給了他熱烈的歡呼。

然而，勒布朗成了整個體壇最受憎恨的人。**他在全國各地的體育館，遭受無情的噓聲和**

嘲諷，似乎連平常不關注籃球的人，也開始為他和熱火隊的對手加油。

當勒布朗首度重返克里夫蘭時，球館發放了兩百五十張媒體證。

二〇一〇年十二月二日，熱火隊抵達克里夫蘭的Q球館，現場還安排了額外的安全措施。熱火隊的板凳席附近站著十四名保全人員，員警也在更衣室通往球場的走廊上排排站。當勒布朗和隊友們依序從通道向球場跑去，近得能觸碰到勒布朗的球迷們衝著他尖叫。

一個球迷大喊：「騙子！」

另一個人罵：「混蛋！」

又一個人說：「阿克倫也恨你！」

一位手持手機，另一手拿著啤酒的男子湊近勒布朗，對他狂飆粗言穢語，魁梧的員警站在附近默默旁觀。勒布朗知道Q球館會充滿敵意，但這次的情況有所不同。一名球迷舉起一張拙劣繪製的火柴人畫，上面是跪倒在地的勒布朗，標語寫著：「你該怎麼辦？乞求寬恕吧。」

另一張牌子上寫著：「有其父必有其子。」

勒布朗直視前方，不發一語。

「這是我見過最巨大的仇恨，史無前例！」熱火隊的保全負責人回憶道：「標語和球迷的表情。我們在比賽前三個小時抵達，現場已經人滿為患。氣氛緊張，空氣中瀰漫著憤怒。」

「我儘量把目光放在勒布朗身上，比平時更謹慎，無論當他去計分臺撒滑石粉，還是上場比賽時，我都不斷觀察球迷可能闖入的破口。」他接著說：「回想起來，那是純粹的仇恨……我從未在任何室內體育館，見過那種情景。」

現場的噓聲，甚至大到蓋過TNT的解說。「我在籃球界混了二十五到三十年，從未見過例行賽現場充滿如此能量，氛圍如此緊張。」其中一位播報員說：「感覺起來就像是NBA總決賽的第七戰。」

對於熱火隊球員來說，這裡的氣氛比冠軍賽可怕多了。那個晚上的Q球館彷彿變成羅馬競技場。克里斯．波許回憶道：「那是我最害怕的比賽之一。」跟著勒布朗一起投靠邁阿密的伊高斯卡斯，因為前東家的球迷而感到不安。「那是我見過最具敵意的球館。」伊高斯卡斯說：「感覺一有機會，他們就會把我們撕成碎片。」

勒布朗有一種怪異的感覺。然而，一旦跟隊友開始賽前的上籃熱身後，他就感覺安全多了。觀眾們用「混蛋、混蛋」的喊聲招呼他，但勒布朗渴望上場比賽。他第一次持球，一個球迷大喊：「把他的頭砍下來。」但勒布朗投籃命中。然後再進一球，接著又進一球。

暫停期間，球迷向熱火隊的板凳席扔東西，甚至有位球迷丟了一顆電池。但到了中場休息時，熱火隊已經領先二十分，而且勒布朗表現出色。怒不可抑的丹．吉伯特離開座位，下半場也不再回來。

勒布朗在第三節持續發威，狂轟二十一分。在球隊領先三十分時，他從底角命中一記後仰三分球，就在騎士隊的板凳席前方，然後轉身怒視前隊友，同時慢跑經過他們。有人對勒布朗喊道：「他媽的閉嘴。」

球隊遙遙領先，史波爾史特拉教練讓勒布朗休息整個第四節。他最終還是得到三十八分、八助攻和五籃板。熱火隊以一一八：九〇獲勝。賽後，丹．吉伯特與《君子》雜誌的史考特．

拉布對話，解釋自己為什麼沒有回到座位，觀看下半場比賽。

「我是真的害怕走回場上。」吉伯特告訴拉布：「我知道那個混蛋在幹什麼，而我不想……有時候我就快忍不住……他在嘲笑，他享受每一秒。我不會對他動粗，但可能會說出一些令自己後悔的話、做出一些令自己後悔的事，所以我沒有出來。」

勒布朗重返克里夫蘭，對兩支球隊來說都是賽季轉捩點。那場比賽後，騎士隊開始紀錄性的連敗，熱火隊則在接下來十九場比賽中拿下十八勝。但眾人對勒布朗的敵意並沒有消退。

當熱火在十二月十七日造訪紐約出戰尼克隊時，《紐約每日新聞》的頭版刊登了一張勒布朗的照片，標題是〈我們應該叫他勒廢物〉（*LeBum's the Word*）。《紐約郵報》提醒讀者，勒布朗本可以成為紐約王者，「但他選擇走一條安逸的道路，轉投邁阿密，現在他將永遠是……勒弱雞（LeCHICKEN）」。

熱火連勝十場，勒布朗重返麥迪遜廣場花園的比賽門票炙手可熱。場邊座位眾星雲集：饒舌歌手德瑞克（Drake）、歌手暨製作人麥斯威爾（Maxwell）、知名演員連恩．尼遜（Liam Neeson）、民謠歌手保羅．賽門（Paul Simon）、知名作家暨電視主持人比爾．歐萊利（Bill O'Reilly）、饒舌歌手神奇小子（Fabolous）、名模潔西卡．懷特（Jessica White）、喜劇演員克雷格．羅賓森（Craig Robinson）、DJ 克魯（DJ Clue）、流行歌手喬．強納斯（Joe Jonas）、喜劇演員崔西．摩根（Tracy Morgan）、知名演員馬修．莫汀（Matthew Modine）、史派克．李、奧斯卡得獎導演伍迪．艾倫（Woody Allen）。這是最完美的舞臺，尼克隊的球迷們蓄勢待發，準備向勒布朗傾瀉他們的不滿。

美國國歌奏畢的同時，一位球迷大喊：「勒布朗，去你的！」

熱火隊第一波進攻，勒布朗命中一記三分球，震耳欲聾的噓聲戛然而止。熱火隊建立起領先優勢，但尼克隊在第二節吹起反攻號角。勒布朗隻手抵擋對手攻勢。他切入，扣籃，命中一記記跳投。對尼克隊球迷來說，這是個令人痛苦的提醒，讓他們回憶起曾經可能實現的榮景。他最終貢獻三十二分、十一個籃板和十次助攻。熱火隊以二十二分之差輕取尼克隊。

當熱火隊昂首闊步，開始宰制其他球隊時，更多NBA球評抨擊勒布朗找韋德和波許聯手的決定。其中最常見的批判是，塞爾提克隊傳奇球星賴瑞・柏德和湖人隊傳奇魔術強森——長久以來的宿敵——永遠不可能聯手。這個類比其實相當荒謬，因為柏德和強森效力的都是充滿未來名人堂成員的球隊。而**柏德終究站出來為勒布朗辯護**。

「他去邁阿密不會讓我生氣。」他說：「這傷害了很多人的感情。但是拜託一下，那是他的生活，球也是他在打的。」當一位記者試圖引導柏德，批評勒布朗公布決定的方式，柏德回應道：「你知道嗎？他只是個孩子。幫個忙吧，我們都犯過愚蠢的錯誤，我就犯了無數個。為什麼小題大作呢？」

未竟之業

二〇一一年一月十一日，勒布朗剛滿二十六歲，他正在洛杉磯的飯店房間裡，觀看騎士隊出戰湖人隊的比賽。隔天晚上，熱火隊將對陣快艇隊，但勒布朗關注的是他過去曾效力的隊伍。湖人隊以一一二：五七痛宰騎士隊，給他們帶來隊史最慘痛的敗仗。勒布朗在推特上寫道：「因果報應真可怕。」

少了勒布朗，吉伯特的球隊就崩潰了。騎士隊在二〇一〇－一一賽季，以十九勝六十三負的戰績作收，是NBA史上第二糟的紀錄。反觀，熱火隊在例行賽中，以五十八勝二十四負的戰績位列東區第二。季後賽第一輪輕鬆過關之後，邁阿密將在東區準決賽迎戰波士頓。這是籃球迷們引頸期盼的對決。

例行賽期間，塞爾提克隊可說對熱火隊予取予求。系列賽第一戰，皮爾斯和他的隊友採取熟悉的戰術——惡霸籃球。當熱火隊替補球員詹姆斯．瓊斯（James Jones）接連命中三分球時，皮爾斯對他胸貼胸防守，用頭撞瓊斯的臉。然後，皮爾斯和韋德發生推擠衝突，皮爾斯的嘴吵嚷不休，裁判吹了他技術犯規，並將他驅逐出場。但熱火隊的節奏顯然被打亂了。

場邊，勒布朗接管球隊的聚商，力勸隊友們不要理會這些花招。「他們會盡一切籃球以外的伎倆讓我們失去冷靜。」勒布朗喊道：「我們只需要用籃球擊敗他們！」

熱火隊發動反擊，以九九：九〇拿下第一場比賽的勝利。

第二戰，勒布朗懲治了塞爾提克隊，他攻下全場最高的三十五分，熱火隊再下一城。

回到波士頓，塞爾提克隊取得第三場比賽的勝利。第四戰演變成勒布朗和皮爾斯之間的飆分對決。就在塞爾提克隊即將把系列賽扳成二比二平手之際，勒布朗帶領熱火隊把戰局逼入延長賽，最終以九八：九〇獲勝，系列賽取得三比一的絕對領先。

回到邁阿密，德韋恩．韋德在第五戰，拿出個人系列賽中的最佳表現，成為全場得分最高的球員。但在比賽還剩兩分十秒時，兩隊戰成平手。勒布朗在皮爾斯的防守下旱地拔蔥，三分出手命中。接著，他又在皮爾斯面前投進另一記三分球，讓邁阿密領先六分。熱火隊的球迷歡呼雀躍，勒布朗模仿著火車頭，在皮爾斯旁邊噴氣喘息。

塞爾提克隊請求暫停。邊線球發進場，勒布朗從皮爾斯手中搶斷，皮爾斯只能呆立原地，勒布朗則衝向對面籃框，雙手戰斧式爆扣，全場觀眾陷入瘋狂，熱火隊取得八分領先。再度暫停後，塞爾提克隊再次失誤，球又落入勒布朗手中。最後一波進攻，勒布朗持球消耗時間，他注視著皮爾斯，然後突破他的防守，上籃得分。他連得球隊最後的十分，全部都是單吃皮爾斯。勒布朗終於戰勝了波士頓的三巨頭，熱火隊挺進季後賽下一輪。

在東區決賽輕取芝加哥公牛隊之後，勒布朗率熱火隊晉級NBA總冠軍賽，對手是達拉斯獨行俠隊。

在韋德和波許的強勢表現下，熱火隊在邁阿密取得第一勝。韋德在第二戰領軍，熱火隊再次占了上風。第四節還剩七分多鐘時，韋德命中一記三分球，完成一波十三比零的攻勢，讓熱火隊以八八：七三領先。勒布朗和韋德在達拉斯的板凳席前慶祝，ABC的播報員說：「熱火隊已經把比數拉開了。」

暫停之後，一分鐘過去，雙方都沒得分。然後獨行俠隊命中一記跳投，接著上籃得手，又投進幾顆罰球。比賽時間還剩四分三十秒，熱火隊的領先優勢被縮減到七分。

勒布朗罰中兩球，將領先優勢重新擴大到九分。然後，奇德命中一顆三分球，把差距縮小到六分。傑森．泰瑞（Jason Terry）隨後上籃得分，讓獨行俠在最後三分鐘僅落後四分。

熱火全隊手感冷卻，但更令人在意的是，勒布朗竟然在獨行俠隊的反攻中神隱了。他為了贏得總冠軍來到邁阿密，這正是他抓住機會證明自己的時刻。

獨行俠隊看板球星德克．諾威斯基（Dirk Nowitzki）的招牌動作是後仰跳投。在他七呎的身高之下，這種投籃幾乎無法防守。他也在爭取個人第一座總冠軍。這名現年三十二歲的德國人，在達拉斯度過整整十三年的ＮＢＡ生涯。

和勒布朗一樣，諾威斯基也在二〇一〇年成為自由球員，但他悄悄與達拉斯續了約，他說：「歸根結柢，這裡是我心之所在。」他也覺得自己在達拉斯仍有「未竟之業」——身為球隊的主將，諾威斯基先前只有一次闖入ＮＢＡ總冠軍賽的經歷，那是二〇〇六年，當年他們輸給了德韋恩．韋德和邁阿密熱火隊。諾威斯基決心為達拉斯贏得總冠軍。

第二戰的比賽時間還剩兩分四十三秒，諾威斯基出手得分，追至兩分差。

在另一端的進攻中，勒布朗兩次三分出手沒進。

接著，諾威斯基上籃得手，扳平比數。

韋德三分球失手，諾威斯基命中一記三分，完成獨行俠隊一波驚人的二十比二攻勢，在比賽還剩二十秒時，讓獨行俠隊以九三：九〇領先。

暫停之後，熱火隊的馬利歐．查莫斯（Mario Chalmers）快速命中三分，將比數扳平。

最後二十四秒，諾威斯基再次持球。這位七呎球員在三分線外耐心等待，讓時間流逝，然後突破，在比賽還剩三秒時上籃得分，讓獨行俠隊取得九五：九三的領先。邁阿密的觀眾席鴉雀無聲。

熱火隊進攻，勒布朗把球傳給韋德，近乎絕望的遠距離投籃未能命中。在比賽還剩六分鐘時，還落後十五分的獨行俠完成驚天逆襲，諾威斯基攻下球隊最後的九分。自一九九二年，麥可．喬丹的芝加哥公牛隊以來，獨行俠隊成為首支在NBA總冠軍賽第四節，落後十五分還逆轉獲勝的球隊。

系列賽還有很長的路要走，但派特．萊里心懷憂慮。他在總冠軍賽打球與執教的經驗夠多，深知一點小事，也可能給不被看好的球隊帶來希望，進而扭轉系列賽的結果。

第三戰，熱火隊在達拉斯以兩分險勝，在系列賽取得二比一領先。然而，連續三場比賽，勒布朗都在第四節神隱。賽後被問及此事時，他的防衛心油然而生。接著在第四戰，達拉斯再次施展第四節逆襲，最終以八六：八三取勝，將系列賽扳平為二比二。

韋德和波許在該賽中發揮出色，但勒布朗則打出季後賽生涯中最糟的一場比賽，全場僅得八分。「我打得不好，尤其在進攻端。」他在賽後承認：「我明白這一點。我必須在幫助球隊獲勝方面做得更好，尤其在比賽後段，無論用什麼方式。」

沒有捷徑

在第四戰後，勒布朗在第四節的神隱，成為總冠軍賽的主要故事。《紐約時報》稱他為「聯盟最令人搞不懂的超級巨星」，並指出：「最令人擔憂的是，在熱火隊最需要他的時候，也就是一連串扣人心弦的第四節中，詹姆斯在場上銷聲匿跡。詹姆斯在第四節平均僅得到微不足道的二・三分，十二投僅三中。」ＥＳＰＮ指出，勒布朗在第二、第三和第四場比賽的最後十分鐘都沒有得分。

勒布朗把熱火隊看作韋德的球隊。雖然勒布朗是更大牌的球星，但韋德整個生涯都效力於邁阿密。勒布朗覺得，自己有責任幫助朋友贏得總冠軍。「顯然，他覺得他讓我失望了。」韋德在第四場比賽後說：「同樣的，我知道他會對此作出回應。」

但獨行俠隊在主場拿下關鍵的第五戰勝利，而且韋德在比賽中臀部受傷。熱火隊以三比二落後，系列賽回到邁阿密。第六戰前夜，勒布朗和韋德在球館裡一起訓練，試圖找回節奏。

當晚，ＥＳＰＮ發布一份圖表，顯示幾乎全美各州都力挺達拉斯贏得第六戰。勒布朗不願承認，但是對他來說，不斷被提醒每個人都支持他的對手，已然成為一種阻力。

諾威斯基在第六戰上半場手感冰冷，十一次出手只命中一球。儘管如此，獨行俠隊在中場休息時，仍保有兩分領先。韋德在得分上施展不開，勒布朗和波許分擔進攻責任，但兩人都沒有接管比賽。反觀，諾威斯基把最好的表現留到最後，在第四節攻下十分，讓獨行俠隊在比賽還剩八分鐘時，取得十二分領先。零星散布在體育館的獨行俠隊球迷開始高喊：「獨行俠，加油！」熱火隊的球迷則紛紛朝出口走去。

比賽結束的鳴笛聲響，獨行俠隊在熱火隊的主場歡慶，勒布朗一臉茫然。在通往邁阿密更衣室的隧道裡，波許趴倒在地。他跪在地上，雙手捂臉，抽泣不止。工作人員走過波許身邊，就好像他是擁擠街頭上的遊民。最後，韋德攙扶著波許站起來，帶著他走到更衣室。「這跟我想像的不一樣。」波許後來說：「我以為我們會贏。」

熱火隊的更衣室，此刻感覺就像傷患診間。史波爾史特拉教練試圖穩定球員的情緒。「你們是一支非常努力的團隊，做出犧牲，做了所有正確的事。」史波爾史特拉對大家說：「你們把自己放在可以贏下一切的位置。只是這次沒有成功。」

勒布朗什麼都聽不進去，在社群媒體上，他已經被轟爆了。一個球迷在推特上寫道「勒布朗，你這個手軟的婊子」。就連丹・吉伯特也在推特上幸災樂禍。「獨行俠隊從未停下腳步，現在整支球隊都得到了總冠軍戒指。」他寫道：「老生常談的教訓：沒有捷徑。真的沒有。」

身著藍色西裝和領帶、胸袋放著一塊手帕，勒布朗走進媒體室面對記者。他坐在韋德旁邊，手肘置於桌上，雙手交握。

一個記者問道：「你介意這麼多人想要看你失敗嗎？」

「絕對不介意。」勒布朗一邊說，一邊壓抑情緒：「歸根結柢，所有希望我失敗的人，明天醒來還是擁有和今天一樣的生活。他們還是要面對和今天一樣的個人問題。而我會繼續過我想要的生活，繼續和家人一起做我想做的事情，而且心滿意足。」

29 暗影之地

輸掉ＮＢＡ總冠軍賽的隔天，德韋恩・韋德沒有起床。他整天賴在房裡，飯菜也直接送到房間。他拒絕見任何人，也拒絕與任何人交談。當他的孩子們在午後敲門，試圖找父親出來打球時，他大喊：「現在不行。」

幾個小時後，孩子們再次帶著同樣的請求回來，他也給出同樣的回答。韋德窩在房裡看他最喜歡的電影《來去美國》（*Coming to America*）。這讓他記住，儘管輸給獨行俠隊是沉痛的失敗，他仍須繼續做一個父親。當孩子們在晚餐時間回來，其中一個說：「爸爸，我們趁天黑之前出去玩吧。」韋德終於步出臥室，和孩子們一起出門。

第二天早晨，韋德醒來，接受了ＮＢＡ總冠軍賽的結果不是一場惡夢的事實。這是現實。「好了，兄弟。」他告訴自己：「你還有責任在身，該回到日常生活了。」

但勒布朗無法這麼快振作，他處在更為黑暗的境地。輸掉總冠軍賽讓他感到羞愧，尤其考量到「熱火三王」的炒作，以及他在季前「不只六座、不只七座總冠軍」的誇誇其談。但恥辱並不是勒布朗心裡唯一的感受，這是他職業生涯裡第一次失去對球場的掌控，也是籃球員的身分第一次讓他沒有安全感。

「把我的才能帶到南灘」引起的眾怒，讓勒布朗成為職業運動中最具爭議的人物。日以繼夜的仇恨，使二〇一〇－一一賽季淪為一段悲慘而勞苦的經歷。這個局面，迫使勒布朗扮演不適合自己的角色——反派。

所有的刻意演出——怒視、皺眉——都是終究讓他厭倦的偽裝。當熱火隊進軍總冠軍賽後，**勒布朗過度思考，導致在比賽的關鍵時刻神隱**。如今，賽季終於結束了，精神和情感上都筋疲力盡的他，不想見任何人。

然而，在暑假來臨、球員各奔東西之前，派特·萊里已安排與每位熱火隊球員面談。勒布朗的面談被排在下午三點。雖不情願，但勒布朗準時抵達萊里的辦公室。那時萊里還在跟波許談話，工作人員請勒布朗坐著等候，但勒布朗拒絕，他並不打算等。反之，他直接走進萊里的辦公室。

「你遲了。」勒布朗一邊告訴萊里，一邊走向窗戶，茫然的望著外面。

波許站起來跟萊里說：「我們可以晚點再繼續。」勒布朗繼續望著窗外。

波許離開了，勒布朗開始在萊里辦公桌前踱步。

「如果想走，你可以走。」萊里說：「我們不一定要做這個會談。」

勒布朗搖搖頭，繼續踱步。

萊里說：「聽著，你有一個傑出的賽季。」

勒布朗不想聽。他們本應贏得冠軍，但他沒有說出口，他一句話也沒說。

萊里結束了會談。

當籃球不再有趣

勒布朗已經墜入谷底。莎凡娜試圖和他談話，卡特也是，葛洛莉雅也是，韋德也是，但勒布朗全都無視。突然間，那個無法忍受獨處的人關上手機，將自己隔離在椰林（Coconut Grove）的住所。他獨自沉浸思緒，深陷悲痛，發現籃球不再有趣。「我整個人生都建立在籃球帶給我的快樂上……我總是滿懷喜悅上場打球。」勒布朗說：「然後在一年之內，因為發生的一切，我開始為了證明別人錯誤而打球。」

勒布朗最想要證明的是丹・吉伯特的錯誤。吉伯特以自私之名，來攻擊他的要害。從籃球的角度看，沒有什麼比自我中心的指控更讓勒布朗痛心。早在高中時期，他就以團隊精神自豪。他在NBA也秉持這種精神，在騎士隊建立了無私球員的聲譽。然而，吉伯特卻為他貼上自戀的標籤。

在勒布朗的心中，他的作為跟自戀正好相反——離開以他為球隊門面的克利夫蘭，轉投以其他人為門面的邁阿密。為了贏得總冠軍，勒布朗願意在韋德的球隊充當副將。為了反駁自私的形象，勒布朗強迫自己在邁阿密扮演配角，有時刻意避免自身鋒芒蓋過球隊領袖。

然而，當球隊失敗後，錯都在勒布朗身上，至少他的感覺是如此。從《運動畫刊》到《紐約時報》再到《Slam》雜誌，每一份刊物都在剖析勒布朗的表現。他成了推特上的熱門話題、頻繁登上ESPN和CNN，公眾的關注與細查已經令他不堪負荷。一個人能夠承受的就只有那麼多。於是他關掉手機，關閉社交媒體，避開電視，花很多時間聽貝瑞・懷特（Barry

White）和寇帝・梅菲（Curtis Mayfield）的靈魂樂。

「大約兩個星期的時間，我陷入了真正黑暗的地方。」勒布朗回憶道：「我沒跟任何人說話，就只是待在房間裡。我看起來像電影《浩劫重生》（*Cast Away*）裡的湯姆・漢克斯（Tom Hanks），滿臉鬍鬚恣意亂長。」

這段期間，NBA沒有任何人可以供勒布朗尋求指引。麥可・喬丹或柯比・布萊恩本該是理想人選，但勒布朗跟他們兩個都不是那麼熟。聯盟裡沒有其他人，在才能和名氣方面能與勒布朗相提並論。因此，勒布朗轉而求助，唯一能理解他以及這種處境的朋友——傑斯。

傑斯能夠同理勒布朗。他長久以來最欣賞勒布朗的一點就是，**勒布朗在塑造聲譽上付出的努力，跟在球場上一樣多**。作為出身單親家庭的年輕人，勒布朗意識到法蘭克・沃克和德魯教練這樣的角色，對他的人生所發揮的作用，他把這些人視為救星。

自從加入NBA以來，勒布朗就擔起作為其他年輕人表率的責任，尤其對於那些跟他在相似環境中成長的孩子們。在刻意的努力下，他避開許多同儕陷入的名利陷阱，全無醜聞的他打造了完美形象。然而，一失足成千古恨，他辛苦建立的聲譽瞬間蕩然無存。

在傑斯的觀點中，勒布朗一直謹慎的過活，從聖文森—聖瑪莉高中一年級開始踏上籃球明星之路，從此不曾偏離正軌。他一直在阿克倫及周邊地區生活，一切都如此熟悉。前往邁阿密是個巨大的改變，他曾天真的以為這會很有趣，而且總冠軍會手到擒來。現在他知道實情並非如此。去邁阿密的決定，摧毀了勒布朗在俄亥俄州為自己打造的幸福之繭。

傑斯的個人經歷給了他幫助勒布朗的能力。當兩人在二〇〇三年成為朋友時，傑斯自己也處於生涯的十字路口，他對自己和未來有許多疑問。他不得不提醒自己：「我愛音樂。音樂每天都在拯救我。」在二〇一一年的夏天，傑斯提醒勒布朗他有多愛籃球，籃球每天都拯救他。傑斯向他的朋友強調的關鍵字是「記得」。

「記得你來自哪裡，記得是什麼讓你走到今天的位置，記得你為什麼熱愛這個運動。」

這是一位世界級娛樂家，給另一位世界級娛樂家的建議，簡單而深刻。

不犯同樣的錯

即使銷聲匿跡，勒布朗依然是新聞焦點。邁阿密的媒體幾週以來，一直在猜測他的下落和現況。在六月二十九日當晚，勒布朗再次露面，他帶著莎凡娜前往永明體育場（Sun Life Stadium），觀賞愛爾蘭搖滾樂團U2的演唱會。之後，他們和U2團長波諾（Bono）一起度過一段時間。對於聚光燈下的生活，以及應對隨之而來的極端起伏，波諾擁有比勒布朗更多年的經驗。

隔天，勒布朗發布了一張他和莎凡娜與波諾的合照，寫上「昨天過得很不錯」。這是自NBA總冠軍賽以來，勒布朗首次公開露面，也是首次在社群媒體上發聲。邁阿密的一家報紙刊登了這樣的標題〈勒布朗還活著，他去看U2演唱會〉。

演出結束後，勒布朗和莎凡娜回到俄亥俄州，勒布朗回溯自己的根源，並加倍努力提升自己。他強化了訓練計畫，有時在阿克倫郊外的小徑上，一天騎單車近一百英里。他還聯繫了高中教練基斯・丹布羅特，並和他一起訓練。

高中之後，他與丹布羅特的往來不多，但勒布朗想要變回生活失控前的那個籃球員，而他認為，丹布羅特實事求是的風格，正是他需要的。

「你必須做更多自己不想做的事。」丹布羅特在那個夏天告訴他：「更多進攻和防守籃板，更多無球跑動，那些讓你打從一開始，就很出眾的基本功。」

最終，勒布朗看了對陣達拉斯獨行俠隊的總冠軍賽錄影。他不喜歡第四戰和第五戰的自己，他的得分基本上停滯了。剩下的夏季，他專注於希望加強的領域——腳步、控球，以及低位單打。

休賽季期間，勒布朗接到韋德的電話。韋德已經去度假了，他邀請勒布朗一起，以便一起訓練，並商討一些要做出的改變。

當勒布朗抵達，韋德說他一直在思考，該是讓勒布朗放手一搏的時候了。勒布朗必須接管比賽，不要再被「熱火是韋德的球隊」這種想法束縛。與韋德的對話是個突破口，不只深化了勒布朗與韋德的友誼，也改變兩人作為隊友之間的態勢。往後的熱火隊將會改頭換面。

儘管沒有明說，勒布朗非常後悔在ＥＳＰＮ接受吉姆・格雷的採訪。那是個天大的錯誤，他決心不再重蹈覆轍。這個決定的後果，**讓勒布朗確信自己需要的已不只是公關。他需要一位更具備戰略思維的溝通專家**，一個更能幫助他修復形象，並應對隨名人地位而來危機的人。合適的人選，其實就在眼前不遠。

在二〇一一年初，勒布朗和卡特與芬威體育集團，建立策略性的商業合作關係，這是世上最大的體育、媒體和娛樂公司之一。邁阿密的紛紛擾擾讓眾人分心，沒有注意到勒布朗的這個新盟友。

芬威旗下的公司包括波士頓紅襪隊、利物浦足球俱樂部[13]（Liverpool Football Club）、魯什・芬威車隊[14]（Roush Fenway Racing）、新英格蘭體育網（New England Sports Network），以及體育界最著名的兩個場館——波士頓的芬威球場（Fenway Park）和利物浦的安菲爾德球場（Anfield Stadium）。

芬威體育集團和LRMR的合作，代表勒布朗未來在全球的所有商業、市場行銷、代言和慈善事業，都將由娛樂界最具戰略思維的人掌舵，包括芬威集團的創始人湯姆・華納。

作為協議的一部分，勒布朗和卡特將獲得利物浦足球俱樂部的股權，《富比士》將這支足球隊評為世上價值第六高的體育團隊。這個機會讓勒布朗成為，第一位擁有職業體育團隊股份的現役運動員。

與芬威集團合夥帶來的另一個意外收穫，是讓勒布朗結識亞當・孟德爾森（Adam Mendelsohn），他是世界級的公共關係戰略家，曾為華納麾下工作。在創辦自己的傳媒公司水星公共事務（Mercury Public Affairs）之前，孟德爾森是阿諾・史瓦辛格州長的副幕僚長。水星公司專為政治人物與名流提供危機管理服務。在二〇一一年，美國體育團隊中，沒有一位

---

13 編按：英格蘭足球超級聯賽中的一支足球俱樂部。

14 編按：NASCAR盃系列賽中的賽車隊伍之一。

運動員擁有像亞當・孟德爾森這樣，經驗豐富且手腕高超的人專職公關營運。

就在勒布朗開始為下個賽季訓練時，NBA封館事件發生了。當時的勞動協定中，將籃球相關收入的五七％分配給了球員，而球隊老闆希望減低這個比例。丹・吉伯特是最積極推動降低比例的老闆之一，吉伯特對球員的不滿，部分源自他的球隊透過選秀得到了勒布朗，卻眼睜睜看著他在生涯顛峰時，轉投另一支球隊。

勒布朗花了七年時間，才成為不受限制的自由球員，他有膽識在球隊老闆們設定的體系下，行使他日漸累積的影響力，這一點並沒有讓吉伯特心生讚賞。從許多方面來看，勒布朗加盟邁阿密的舉動撼動整個聯盟，而且餘波盪漾。在球場上，他成為頭號全民公敵；但在場外，NBA的每一位球員——尤其是明星球員——都有望獲益於勒布朗為了與其他球星聯手，而願意減薪的創舉。

球場解放位置、情場修成正果

NBA封館期間，哈潑柯林斯（HarperCollins）出版集團出版了史考特・拉布的書《阿克倫的娼妓》（*The Whore of Akron*）。這本書的開頭描寫拉布和勒布朗在二〇一〇年四月，於Q體育館更衣室碰面的情形。

當時，拉布堅信勒布朗會與騎士隊續約。他走近勒布朗說：「我看過顛峰時期的奧斯卡・羅伯森（Oscar Robertson）、麥可・喬丹、魔術強森，我全都見識過，但你是我見過最好的籃球員。非常感謝你。」

勒布朗回答：「你的讚許對我來說意義重大。謝謝。」

拉布接著寫道：「我對在更衣室與勒布朗相見的那個晚上感到悔恨。我相當、真心的感到遺憾，我當時沒有一腳踢爆他的蛋蛋……。詹皇、天選之子、阿克倫的娼妓，在他轉投邁阿密熱火隊之後，我親自為他加上最後一個稱號。」

這本書大受歡迎，而且廣受好評。《美聯社》說它「讓人捧腹大笑」；《運動畫刊》認為它「活潑而粗俗」；就連巴茲．畢辛格也發表評論，稱這本書「既搞笑又真摯，而且毫不避諱」。拉布對勒布朗的批評火力猛烈，但他在書中對自己人生的無畏揭示更為有力。

正是拉布的自我揭露，讓這本書有別於其他體育回憶錄，並使《Slate》雜誌將其評為年度最佳書籍。「這個人不喜歡勒布朗．詹姆斯。」斯蒂凡．法茲斯（Stefan Fatsis）寫道：「但籃球員之於這本《阿克倫的娼妓》，就像鯨魚之於《白鯨記》（*Moby Dick*）。」

在寫作的過程中，拉布多次與吉伯特交談。雖然拉布謹慎選取可以在書中分享的內容，但關於吉伯特對勒布朗離開的想法，拉布直言不諱。「這令人震驚。」吉伯特告訴拉布：「我不敢相信那傢伙真的這樣做了。簡直不像是真的。他操翻了這座城市，然後還在你的墳上跳舞——難以置信，難以言喻——讓人憤怒到了極點。」

勒布朗正在學習，不要太過在意關於他的言論和文章，但很難忽視一本撕開自己傷疤的書。然而，他從家人身上獲得了力量，繼續勉力前行。當封館終於結束，縮水的二〇一一－一二賽季於十二月二十五日展開，勒布朗前往達拉斯打開幕戰，邁阿密熱火隊準備在客場對陣獨行俠隊。勒布朗眼看著諾威斯基和他的隊友領取冠軍戒指，然後比賽開始。勒布朗在這場比賽，僅憑一人就摧毀了對手。

休季期間，史波爾史特拉找教練團開會，告訴他們，必須停止在勒布朗身上強加任何籃球模式。他說，勒布朗是一名非典型球員，而他們一直試圖讓他在傳統的系統中打球。未來，史波爾史特拉希望給勒布朗更多揮灑的自由，讓球隊系統圍繞他運作。史波爾史特拉告訴助理教練們：「我們必須打開自己的思維，建立一套體系，讓勒布朗．詹姆斯每晚都能成為地表最強球員。」

在對陣達拉斯的開幕戰中，勒布朗就像被解放的野獸。他可以自由選擇打任何位置——有時他像控球後衛把球帶過半場，有時像大個子球員般低位單打，有時則即興發揮——勒布朗攻下全場最高的三十七分，主宰了比賽的每個階段，衛冕冠軍獨行俠隊毫無招架之力。

十二月三十日，在痛宰獨行俠隊幾天後，勒布朗迎來了二十七歲生日。第二天晚上，他邀請五十位最親密的親朋好友，來到南灘一間高級飯店，參加私人跨年派對。封館期間，勒布朗覺得跟莎凡娜結婚的時候到了。自高中以來，她就一直是他的靈魂伴侶。他們像夫妻一樣生活——撫養兩個孩子，攜手打造家庭。但勒布朗還沒向她求婚，莎凡娜也不打算催他。

「我絕對沒有給他火燒屁股的急迫感。」莎凡娜在勒布朗轉投邁阿密後告訴《哈潑時尚》（*Harper's Bazaar*）：「我們對現狀非常滿意。這不是我能決定的。該發生的時候就會發生。」

對勒布朗來說，時候已經到了。他說：「就像需要邁出作為球員的那一步，我也需要邁出作為男人的那一步。」

午夜時分，勒布朗去找了韋德，訂婚戒指在他那邊。緊張的勒布朗向韋德要了戒指。

韋德問：「你準備好了嗎？」

勒布朗告訴他：「你要是不趕快把戒指給我，我就不求婚了。」

片刻之後，在親朋好友的注視之下，勒布朗單膝跪地，仰望莎凡娜。

不再是反派

熱火隊勢如破竹，勒布朗打出生涯最具統治力的賽季。儘管在邁阿密之外的每個球館，他仍飽受噓聲，但隨著二〇一一－一二賽季進行，勒布朗悄悄褪去了反派的形象。

當球隊在奧克拉荷馬市的機場候機時，勒布朗注意到一些身穿軍裝的直升機飛行員，走向熱火隊的保全，表示希望與球員們合照，那時大部分熱火隊的球員正在打盹，所以保全人員拒絕了這個請求。但勒布朗說：「嘿，這些軍人可以和我們合照。」然後勒布朗叫醒隊友。

「嘿，大家，快起來。」他說：「來這裡站成一圈。」

他後來解釋自己為什麼這麼做。「這些人每天都冒著生命危險。」他說：「如果沒有他們，我們就不會有自由……他們為美國，為我們所有人做了很多偉大的事。我們能報答的不多，至少能跟他們拍一些照。」

即使在球場外，勒布朗也挺身而出擔任球隊領袖。二〇一二年二月二十六日，在奧蘭多舉行的NBA全明星賽上，勒布朗與凱文．杜蘭特上演飆分對決，最終他們都得到三十六分。

但勒布朗的隊友們，更欽佩他在接下來幾週做的事。

勒布朗得知一個名叫特拉文．馬丁（Trayvon Martin）的十七歲黑人青年，在明星賽期間被槍殺。馬丁與母親住在邁阿密，但當時他人在奧蘭多郊外的桑福德（Sanford）與父親共度。他穿著一件灰色連帽衫，在中場休息時到附近的 7-Eleven 買糖果，但他再也沒有回來。

雨水紛飛，穿著連帽衫的馬丁與名叫喬治．齊默曼（George Zimmerman）的社區巡邏義工相遇，齊默曼打電話報了警。「嘿，我們社區最近有一些闖空門事件。」他告訴調度員：「有個人看起來非常可疑。」提供幾項特徵——灰色連帽衫，看起來鬼鬼祟祟——之後，齊默曼被要求進一步描述。他告訴調度員：「他看起來是黑人。」警方隨後派出人馬，但當員警趕到時，齊默曼已經開槍擊斃了馬丁，他趴在草地上，口袋裡放著一包彩虹糖（Skittles）。

抗議者要求逮捕齊默曼，但他聲稱自己是根據佛羅里達州的《堅守陣地法》（*Stand Your Ground Law*）行使自衛權。勒布朗從德韋恩．韋德的女友那裡，聽聞馬丁的死訊。原來，熱火隊是馬丁最愛的球隊，而勒布朗則是他最愛的球員。

勒布朗和韋德花了幾天討論，如何運用自身影響力引起人們對馬丁枉死的關注。同時，民權領袖們舉行集會，數百萬人在全國各地示威遊行，司法部也對這起殺人案展開聯邦調查。

三月二十三日，熱火隊在底特律迎戰活塞隊。當天上午，歐巴馬總統在白宮玫瑰園介紹了下一任世界銀行的負責人。一名記者詢問總統有關特拉文．馬丁的問題。總統並沒有準備好發表正式聲明，只發出了由衷之言。

「我認為所有人都需要自我反省，弄清楚為何會發生這樣的事。」歐巴馬說：「這代表我們要檢視相關的法律和背景，以及具體的事件細節。」最後，他補充道：「如果我有一個兒子，他可能就會長得像馬丁。」

總統的話引起了勒布朗的共鳴。他有兩個兒子，而且他們看起來的確就像特拉文．馬丁。任何一個穿著灰色連帽衫的年輕黑人，都可能是馬丁，這個想法令人不寒而慄。在歐巴馬總統談話之後，勒布朗和韋德邀請所有隊友在飯店拍攝團隊照——他們都穿著灰色連帽衫。

這是幅極具煽動性的畫面。當天下午，勒布朗在推特上分享這張照片，並配上標籤：#WeAreTrayvonMartin（我們都是特拉文．馬丁）#Hoodies（連帽衫）#Stereotyped（刻板印象）#WeWantJustice（我們要正義）。

對於勒布朗來說，這是他作為行動主義者發展的轉捩點。世上沒有任何運動員，比勒布朗擁有更多推特粉絲。勒布朗透過自己的社交媒體平臺，引起眾人對手無寸鐵的黑人少年枉死的關注，他冒險涉足了美國其他與之同等地位的運動員——喬丹、柯比、老虎伍茲、湯姆．布雷迪——不敢涉足的領域。而他也意識到，這樣的決定是沒有回頭路的。

最有價值球員

大約在勒布朗加盟熱火隊的時候，記者李．詹金斯（Lee Jenkins）接手了《運動畫刊》的ＮＢＡ報導。在勒布朗聘請亞當．孟德爾森之後不久，詹金斯聯繫了他。那時場上的勒布朗不斷打出ＭＶＰ級別的數據，詹金斯希望能專訪他。詹金斯隱約透露，這篇報導將嚴格局限於籃球領域的敘事。

經過詹金斯一番糾纏，孟德爾森對他有了足夠的信任，於是安排他採訪勒布朗一個小時。這個採訪排在熱火隊於紐約地區，連續兩天對陣尼克隊和籃網隊期間。

疲憊的勒布朗，在二〇一二年四月十四日走下球隊巴士，進入澤西市（Jersey City）的威斯汀飯店。當隊友們辦理入住手續時，勒布朗在飯店餐廳與詹金斯對坐。勒布朗戴著一頂毛帽，點了一杯加蜂蜜的洋甘菊茶。

勒布朗問：「你是哪裡人？」

詹金斯回答：「聖地牙哥（San Diego）。」

勒布朗說：「那是我世上第二喜歡的城市。」

詹金斯很吃驚，接著問：「那你最喜歡的城市呢？」

勒布朗臉上閃過困惑的表情。他回答：「嗯？阿克倫啊。」

詹金斯與先前幾位採訪勒布朗的專題作家不太一樣，他敏感而溫和，對籃球有深入的理解。但他真正的優勢，在於作為一名作家具備的同理心。這是新聞學院無法傳授的特質。

同時，勒布朗也進化了，他不再是那個坐在格蘭特．瓦爾租來的車裡的青少年，不再是與麗莎．塔迪奧一起進入赫斯特大廈電梯的年輕人，更不再是讓巴茲．畢辛格支付油錢的人，或者在二〇一〇年被莫林格貼身採訪的人。他在許多方面都更為成熟，如今與孟德爾森合作後，勒布朗更願意與一位想記錄他轉變的作家交談。與詹金斯見面的一個小時內，勒布朗反思了自己在邁阿密的第一個賽季。

「**我迷失了作為一名球員和一個人的本質。**」勒布朗告訴他：「我被周圍發生的一切沖昏頭，總感覺自己必須向人們證明什麼，但我不明白原因。一切都很緊繃，充滿壓力。」

他甚至向詹金斯敞開心扉，講述自己對生父的觀念轉變。「小時候，我的父親不在身邊。」他告訴詹金斯：「我經常自問：『為什麼是我？為什麼我沒有爸爸？他為什麼不在我身邊？為什麼他要離開我媽？』但隨著年齡增長，我看得更深，開始思考：『我不知道父親經歷了什麼，但假設他一直在我身邊，我會成為現在的我嗎？』這樣的經歷讓我更快長大，幫助我更負責任。若非如此，也許我現在就不會坐在這裡。」

詹金斯印象深刻。他向勒布朗保證，勒布朗越願意透露，他就越能寫出一篇好文章。

勒布朗啜飲著茶，在心裡默默記下這點。

採訪結束時，詹金斯感謝勒布朗抽出時間受訪，然後告訴他：「等你在幾個月後贏得第一座總冠軍時，我想再做一次這樣的採訪。」

勒布朗喜歡這個說法。

兩天後，在紐瓦克（Newark）的普天壽中心（Prudential Center），籃網球迷用猛烈的噓聲迎接勒布朗。然而，在韋德因傷缺陣，而且球隊於第四節落後的情況下，勒布朗接管了比賽，在最後四分鐘連取十七分，帶領熱火隊逆轉獲勝。這是絕對宰制力的展現，而當觀眾開始高呼「MVP！MVP！」的時候，坐在場邊的傑斯不禁讚嘆。熱火隊贏得了比賽，而勒布朗贏得了籃網球迷的認可。

掌聲讓勒布朗振奮。比賽結束後，他取下頭帶和球鞋，遞給傑斯的侄子，讓那個孩子露出笑容，然後他擁抱傑斯。李．詹金斯在場見證了一切。勒布朗看到他，走了過去，想起兩天前的對話，以及允許詹金斯更貼近了解自己的重要，勒布朗問：「這樣可以嗎？」

詹金斯向他保證沒問題。

開心的勒布朗穿著襪子離開。

詹金斯寫出的報導——〈邁阿密動盪的第一年過後，勒布朗以嶄新姿態歸來〉——讓人們用全新的角度看勒布朗，並論述他如何完成「現代NBA史上最出色的全能球季之一」。體育記者和播報員們也一致認同，以壓倒性的票數將勒布朗選為NBA最有價值球員。

他只是喘了口氣，然後繼續終結對手

熱火隊以東區最佳戰績完成例行賽，並被視為最可能贏得總冠軍的球隊。然而，到了東區準決賽時，熱火隊以一勝兩負落後溜馬隊。勒布朗知道，如果在印第安那輸掉第四戰，以三比一落後，他們幾乎必然會輸掉系列賽。這不是團隊合作的時候，這是扛起全隊的時候。

在第四場比賽中，勒布朗不曾鬆手。到了下半場，當溜馬隊的球員們累到喘不過氣時，勒布朗打得就像備有額外油箱的汽車。「你是個馬拉松選手！」總教練史波爾史特拉向他吶喊：「你本來就不應該累。」

那晚，派特．萊里仔細觀察勒布朗，知道自己正在見證關鍵時刻。「這是我第一次看到他徹底精疲力盡。」萊里說：「但他沒有累倒。他只是喘了口氣，繼續上場，然後終結對手。」

勒布朗以單場四十分的表現結束比賽，熱火隊獲勝。更重要的是，他粉碎了溜馬隊的戰鬥意志。熱火隊贏得接下來的兩場比賽，淘汰溜馬隊，晉級東區決賽，決賽的對手是塞爾提克。

幾乎所有人都看好熱火隊。皮爾斯和賈奈特年事已高，而且塞爾提克隊也面臨傷病問題。塞爾提克隊總教練瑞佛斯坦言：「我們又累又老，傷痕累累。」

前兩場比賽打完，熱火隊以二比零領先。但當比賽移師波士頓後，塞爾提克隊連勝兩場，把系列賽扳平。接著，在關鍵的第五戰，熱火隊在比賽還剩一分鐘時，仍以八六：八七落後。在勒布朗的貼身防守下，皮爾斯在三分線外拿到球。當天，皮爾斯整晚的手感都欠佳。然而他後退一步，投出一記遠距離三分球，打板球進，讓球隊取得四分領先，並且鎖定勝局。塞爾提克隊連勝三場。

在系列賽以二比三落後、返回波士頓進行第六戰時，勒布朗和熱火隊看起來大勢已去。圍繞球隊的爭議不斷，球評們猛烈抨擊，勒布朗成了笑柄。大家開始質疑球隊是否會解僱史波爾史特拉，甚至有人談論起「三巨頭」的解散。ESPN的史蒂芬．A．史密斯（Stephen A. Smith）說：「不只是系列賽完了，邁阿密的一切都完了。」

然而，當勒布朗於二〇一二年六月七日踏上波士頓的球場，他已經不是一年前在NBA總冠軍賽，面對獨行俠隊的那個球員。勒布朗雙腳站在硬木地板上，眼神流露殺氣。他完全不笑、沒對任何人說一句話，就只是怒視一切。萊里看著他心想，勒布朗看起來充滿野性。

這正是萊里想要看到的勒布朗。

比賽開始不久，勒布朗突破皮爾斯的防守，用一記爆扣撼動TD花園球館。下一波進攻，他旱地拔蔥，在皮爾斯面前跳投命中。然後勒布朗再次扣籃。接著轉身得分、試探步得分、上籃得分。頭十次出手，勒布朗命中九球，但他還是沒有露出微笑，依舊一句話都沒說，就只是一直怒視對手，然後持續得分。

在一次爭搶進攻籃板時，他高高躍起，頭幾乎碰到籃框，然後猛力把球在第一時間扣入籃框。甚至連他的隊友們也集體發出驚嘆：「我的天啊！」勒布朗在上半場就轟下三十分。

塞爾提克隊被逼入絕境，而勒布朗繼續攻擊。比賽剩下七分十五秒，皮爾斯和賈奈特癱坐在板凳席上汗流浹背，這時勒布朗突破防線，攻進個人第四十五分，讓熱火隊取得二十五分領先，也讓整座花園球館靜默了下來。皮爾斯用毛巾蒙住了頭。

萊里看得如痴如醉。「他是一條眼鏡蛇。」萊里後來這樣形容勒布朗：「他是一隻獵豹，是蹲伏在獵物身上的猛虎。」

勒布朗全場貢獻四十五分、十五個籃板和五次助攻。這是自一九六四年以來，第一次有NBA球員在季後賽端出這樣的數據。上一位做到的球員是張伯倫，他得到五十分、十五個籃板和六次助攻。

當勒布朗終於離開球場時，通往更衣室的走道兩旁站滿了波士頓員警。球迷們衝著他噴髒話，勒布朗從員警中間穿過。突然，他感到頭部被液體擊中。一個球迷朝他扔了打開的啤酒罐，但勒布朗什麼都沒說，舔了舔嘴唇，默默走進廊道。他後來告訴《運動畫刊》：「假如我是球迷，而有人來到我們的主場做出我對他們做的事，我大概也會朝他扔一罐啤酒。」

勒布朗在第六戰的表現，是個人生涯最具關鍵決勝力的一次。他展現了無與倫比的身體條件和精準技術，隻手改變兩支球隊往後的命運。當年的東區決賽，是塞爾提克隊三巨頭最後一次聯手，而熱火隊的三巨頭則開始統治NBA。

從個人角度看，勒布朗讓批評者們無話可說。《紐約時報》稱他的第六戰表現為「輝煌職業生涯中最輝煌的演出之一」。ESPN的史蒂芬．A．史密斯表示：「這可能是我們見過最偉大的表演。這是我第一次看到，一個人擊敗整支球隊。」但最能表達這點的，還是保羅．皮爾斯的眼神——第六戰最後幾分鐘，皮爾斯坐在板凳上看著勒布朗，清楚明白自己的球隊已被地表最強球員擊潰。

回到邁阿密後，塞爾提克隊奮勇戰鬥。到了第三節結束，兩隊戰成七三：七三平手，但皮爾斯、賈奈特和艾倫都已筋疲力盡。反觀勒布朗、韋德和波許，在比賽末段接管戰局。灌籃、衝刺、助攻，邁阿密的三巨頭在最後一節，貢獻熱火隊全部得分中的二十八分，並讓塞爾提克隊在最後九分鐘只得到六分。

在塞爾提克隊俯首稱臣的同時，勒布朗從三分線外一大步投出一記大號三分球。進攻計時器結束倒數，球破網而入，刺穿了塞爾提克隊的心臟，現場觀眾陷入瘋狂。整個球館都在震動，勒布朗彷彿凝固般站在原地，投籃的手臂伸直，手腕下垂。這感覺實在太美好，他想要細細品嘗這一刻。

熱火隊重返NBA總冠軍賽，但是這一次，勒布朗的心境明朗。

他知道自己即將贏得第一座NBA總冠軍。

30 接管比賽

ABC把二〇一二年，邁阿密熱火隊與奧克拉荷馬雷霆隊的NBA總冠軍賽形容為「兩名地表最強球員間的正面對決」——勒布朗和二十三歲的凱文．杜蘭特。這是杜蘭特第一次打總冠軍賽，兩位超級巨星閃耀奪目。

當晚，杜蘭特展示令人眼花繚亂的進攻，同樣僅二十三歲的羅素．衛斯特布魯克（Russell Westbrook）不停攻擊籃框，而二十二歲的詹姆斯．哈登（James Harden）則投籃神準。年輕的雷霆隊在第一戰拿下勝利，顯示他們並沒有被熱火隊嚇倒。

但勒布朗的心態，與二〇一一年在總冠軍賽、對陣獨行俠隊時截然不同。儘管輸掉了第一場比賽，勒布朗卻有著前所未見的自信。在奧克拉荷馬的第二戰，他一開賽就快攻灌籃得分，點燃一波十八比二的攻勢，此後熱火隊一路領先。他們贏得第二場比賽。隨後回到邁阿密，熱火隊又拿下第三戰，取得二比一領先。

勒布朗認為，第四戰將決定系列賽的走向。倘若雷霆隊獲勝，氣勢將會回到他們身上，一切都有可能發生。反之，如果熱火隊贏了，系列賽就結束了。史上沒有一支球隊在三比一落後的情況下，逆轉贏得NBA總冠軍。因此，當雷霆隊在第一節火力全開，取得十七分領先後，勒布朗挺身而出，帶領熱火隊一路追趕，扳平比分。

去年發生在我身上最好的事

第四節還剩不到六分鐘，雙方九〇：九〇平手，勒布朗在突破杜蘭特防守的過程中失足摔倒，導致失誤。雷霆隊發動快攻，勒布朗緩慢起身。在球場另一端的混亂後，韋德重新拿到球，並將球長傳給勒布朗。他出手的姿勢有些笨拙，但球還是進了，讓熱火隊領先兩分。

勒布朗向板凳席示意換人，然後跪倒在球場上。

勒布朗跪倒的場景，讓整座球館陷入寂靜。

勒布朗知道自己沒有受傷，但他的確遇上了麻煩。他的腿部肌肉緊縮，抽筋嚴重到無法行走。一名隊友和防護員將他抬離球場，讓他躺在板凳席前面。勒布朗痛到扭動，大叫：「該死！」訓練師跨在他身上，深層按摩他的股四頭肌。

勒布朗在場邊接受治療並補充水分時，熱火隊連續四波進攻未能得手。這段期間，杜蘭特連取四分，雷霆隊奪回領先，比數九四：九二。

座位上的派特．萊里不動如山，沉著的觀察局勢。他心知此刻是勒布朗的關鍵時刻，雷霆隊取得氣勢，時間正在流逝。如果勒布朗不振作起來，就會輸掉這場比賽——甚至輸掉整個系列賽。

帶著決心，勒布朗起身，一瘸一拐的走向計分臺，球迷們爆發出熱烈的掌聲。勒布朗一上場，波許就成功得分，雙方以九四：九四平手。隨後，雷霆隊發生失誤，韋德將球傳給弧頂的勒布朗，他距離三分線一大步。比賽時間所剩無幾，球迷們高喊著「熱火隊，加油！」

勒布朗知道雙腿已經不允許他切入，於是，他直接起跳出手。

「進！」ＡＢＣ的麥克・布林大喊：「勒布朗・詹姆斯遠距離三分命中！」

整座體育館群情沸騰。勒布朗的三分球，讓熱火隊取得三分領先。

勒布朗齜牙咧嘴的轉身，瘸著腳回防。他剛剛投進職業生涯最關鍵的一球，但痛楚讓他無心慶祝。他擔心自己可能無法繼續留在場上。

布林在噪音中大喊：「全場都被點燃了！」

又一次防守成功之後，韋德得分，讓熱火隊以五分領先。

熱火隊七比零攻勢的小高潮，為情況提供了足夠的緩衝。比賽只剩一分鐘，勒布朗的股四頭肌抽筋得太嚴重，以至於他不得不要求換人。熱火隊守住了領先優勢，最終以六分之差獲勝，在系列賽取得三比一的絕對領先。

兩天後，勒布朗坐在整潔有序的更衣櫃前，緩慢的穿上球衣。他在品味這一刻，他知道熱火隊即將了結雷霆隊。經過四場艱苦激鬥，邁阿密已經粉碎了奧克拉荷馬的意志。戲碼即將落幕，冠軍近在眼前。

第五場比賽顯得有些反高潮。勒布朗攻下全隊最高的二十六分，波許添了二十四分，韋德貢獻了二十分。腳踏實地的表現、均衡的團隊合作下，熱火隊在第四節一度領先二十五分，最終以統治級的演出取得系列賽的勝利。

毫無懸念的，勒布朗獲選為總冠軍賽最有價值球員。然而，當比賽結束的鳴笛聲響，勒布朗找到杜蘭特，雙臂環繞著他，緊緊擁抱。他沒有沾沾自喜，沒有歡天喜地，只有對杜蘭特實力的深深尊敬，以及對對方當下感受的同理心。

賽後，熱火隊更衣室裡的氣氛歡快。當勒布朗走進媒體室、參加賽後記者會時，他的嗓音嘶啞，亢奮也已退去。「我夢想這一刻很久了。」他一邊說著，思緒飄回到一年前身陷的黑暗境地：「我很感激自己有一個家庭——未婚妻和兩個孩子……等到墜入谷底時，我才意識到自己需要做些什麼，無論是作為一名運動員，還是作為一個人。」

勒布朗沒有對贏得冠軍多加討論，而是反思自己的成長。「去年發生在我身上最好的事，就是輸掉總冠軍賽。」他清了清嗓子說：「這件事讓我謙卑……讓我知道，作為籃球員的我必須改變，作為一個人的我也必須改變。」

突然間，勒布朗看起來更成熟，說話也更睿智。他回顧從小學時期，住在沃克家開始的籃球旅程。「沒人走過那樣的旅途。」他說：「所以我必須靠自己學習。所有的起起落落——隨之而來的一切——基本上都是我獨力摸索出來的。」

感恩湧上心頭，儘管如此，勒布朗沒有忘記丹·吉伯特一路上尖酸刻薄的話語。吉伯特在一年前，熱火隊輸給獨行俠隊時發的推特內容——「沒有捷徑」——至今仍清晰印在勒布朗的腦海。勒布朗坐在金光閃閃的NBA總冠軍獎盃，和總冠軍賽最有價值球員獎盃中間，他調整了總冠軍帽的帽簷，凝視鏡頭。「我用正確的方式做到了。」他說：「我沒有走捷徑。我付出很多努力，全心投入，而辛勞終究會有回報。」

幾個晚上之後，勒布朗跟兒子們，一起坐在椰林麗斯卡爾頓飯店的露臺。他伸手拿起手機，發訊息給馬維里克·卡特：「一切終於成真了。我拿了總冠軍。」

從邁阿密飛往紐約的旅程，感覺像是個新階段的開始。兩年前，大衛・萊特曼曾狠批他轉投邁阿密，而萊特曼的嘲諷傷到了勒布朗。儘管如此，總冠軍賽之後，萊特曼邀請他再次上節目，勒布朗還是答應了。

勒布朗穿著運動外套、牛仔褲和球鞋，站在蘇利文劇院（Ed Sullivan Theater）後臺等待出場。他不知道觀眾會有什麼反應。他知道會有幾個舞臺工作人員拿著牌子，指示觀眾鼓掌。但是，觀眾們會有多熱情？

萊特曼說：「各位女士，各位先生，在週四晚上，我們的第一位來賓率領他的球隊，戰勝了奧克拉荷馬雷霆隊，贏得個人首座NBA總冠軍。各位女士，各位先生，來自你們的邁阿密熱火隊，讓我們歡迎總冠軍賽最有價值球員——勒布朗・詹姆斯。」

觀眾爆發熱烈掌聲，當樂隊奏起電力站合唱團（Power Station）的《熱情似火》（*Some Like It Hot*），勒布朗從陰影處走出來，踏入聚光燈下。工作人員放下鼓掌的牌子後，觀眾仍然站立歡呼。勒布朗對著觀眾微笑揮手，心想：「哇！樂隊停止演奏後，觀眾還在繼續鼓譟。」

勒布朗終於坐下。

萊特曼問：「這座總冠軍，改變了你生活中的許多事情，對吧？」

「毫無疑問。」勒布朗笑容滿面的回答：「週三晚上，我的手上還沒有冠軍戒指；到了週四晚上，我的手上就有了一枚。」

但轉變遠不只是一枚冠軍戒指。兩年前，他曾是職業體壇的反派，嘲笑和仇恨的眾矢之的，他的經歷超越了體育的範疇。他的目標一直是贏得NBA總冠軍。如今，他終於登上生涯之巔，更大的成就也造就個人名譽的浴火重生。他贏得了同儕、對手甚至批評者的尊敬。

把美國隊交給這個人就對了

NBA總冠軍賽結束後幾週，美國男籃隊就為了二〇一二年倫敦夏季奧運集結，總教練沙舍夫斯基以新的眼光看待勒布朗。他認為在所有球員中，勒布朗是獨一無二的。「我在勒布朗身上看到的進化，是巨大的變革。」K教練表示：「到了二〇一二年，就連柯比也會明白，這支美國隊是勒布朗的球隊。」

勒布朗帶領的陣容包括杜蘭特、衛斯特布魯克和哈登——他們才剛剛在總冠軍賽敗給勒布朗，但他們都迫不及待與其並肩作戰，還有新加入的凱文．洛夫（Kevin Love）和十九歲的安東尼．戴維斯。而那些曾參加二〇〇八奧運的老將們——柯比、克里斯．保羅和卡梅羅．安東尼——都用不同的眼光看待勒布朗。

那個夏天，K教練對待勒布朗的方式也不一樣了。每天，他都會制定一套訓練計畫。但在執行之前，他會先讓勒布朗看過計畫，並問他：「你覺得怎麼樣？」勒布朗會提出建議。某幾次，勒布朗的建議，大大改變了K教練的訓練方式。但K教練不是溺愛勒布朗，而是與他合作。勒布朗也給予回饋。他每天都會問K教練：「你今天需要我為球隊做什麼？」

K教練清楚看出，勒布朗在全球舞臺上的形象，也發生了變化。到了二〇一二年，他很可能是世上最著名的運動員。七月十六日，美國男籃在華盛頓特區的威瑞森中心（Verizon

Center），與巴西隊打一場熱身賽，當時的總統歐巴馬偕第一夫人蜜雪兒（Michelle Obama）出席，時任副總統的拜登（Joe Biden）也與他們同行。賽前，歐巴馬想在更衣室與球隊講講話。

勒布朗和每一位球員站在各自的更衣櫃前，等待特勤局人員就位。總統一進來就走向勒布朗，笑著握住他的手說：「冠軍，最近怎樣？」

勒布朗能感覺到，隊友們的目光都在他身上。杜蘭特、衛斯特布魯克和安東尼．戴維斯是聯盟的後起之秀。但在這一刻，他們對勒布朗的地位和舉止感到敬畏。自由世界的領導人出現在他們的更衣室，像個朋友一樣跟勒布朗交談。

隨後比賽開打，總統、第一夫人和副總統，坐在靠近美國隊籃框的前排。勒布朗不曾在如此尊貴的觀眾眼前表演。他意識到這個時刻的重要，在防守球員的包圍下衝向籃下。勒布朗感覺自己彷彿可以飛翔，他用力量壓過防守者，起跳後眼睛幾乎與籃框齊高，並用單手將球扣進，引爆整座體育館，也讓第一夫人露出微笑，意思是「你看見了嗎？」勒布朗著地後轉身回防，歐巴馬總統看著拜登，並揚起眉毛笑了。把美國隊交給這個男人就對了。

在倫敦，以勒布朗、柯比和杜蘭特為首的先發陣容展現宰制力。擁有一眾ＮＢＡ球員的西班牙，是唯一能與美國隊抗衡的隊伍。但當兩隊在金牌戰狹路相逢時，美國隊的實力顯然太過強大、難以擊敗。此外，美國球員之間的團隊精神，也比勒布朗效力過的任何一支隊伍都強。他們以一〇七：一〇〇擊敗西班牙。

樂不可支的勒布朗找到Ｋ教練。他們彼此擁抱，Ｋ教練像父親對待兒子一般跟他說話。Ｋ教練暗示，在二〇〇四年希臘奧運後，沒有一個球員在重塑美國男籃聲譽上，比勒布朗做出更多貢獻。八年的時間內，K教練和勒布朗改變了奧運籃球的文化，讓身披紅、白、藍戰袍成為NBA球星引以為傲的愛國象徵。特別是在倫敦奧運上，正如一位籃球作家指出的，勒布朗「做盡了所有事，只差沒有親手雕刻金牌了」。

K教練的讚揚，讓勒布朗滿心自豪。片刻後，在頒獎臺上，勒布朗站在杜蘭特和衛斯特布魯克中間。一名奧運工作人員走了過來，勒布朗低下頭，讓他把金牌掛在自己的脖子上。除了麥可・喬丹之外，勒布朗是唯一在同一年拿下奧運金牌、NBA總冠軍和NBA最有價值球員獎的球員。勒布朗仔細看著金牌，感覺自己站在世界之巔。

保羅只有一個客戶，但恰好是勒布朗

當勒布朗回到家後，他與自己的內部圈子見了面——藍迪・米姆斯、里奇・保羅和馬維里克・卡特。他們一起經歷了很多，走了很長的路。

米姆斯打從一開始就擔任勒布朗的個人助理，這份工作的複雜程度在過去九年大幅增加。米姆斯是終極的心腹，他與NBA、熱火隊、美國男籃、勒布朗的各種電影和電視專案、商業夥伴、廣告夥伴、律師、經紀人，以及朋友們密切合作。

勒布朗提拔米姆斯為幕僚長，沒有任何為其他NBA球員工作的人，享有這樣的頭銜。然而，也沒有其他NBA球員，像勒布朗一樣有那麼多要求。隨著勒布朗的地位提升，米姆斯的責任也加重了，但他擁抱這個角色，並且將其做到臻至完美。

保羅和卡特則想要另外闖出一片天。保羅一直渴望創立自己的體育經紀公司，他覺得自己在創新藝人經紀公司受到忽視，也沒有得到善用。他渴望向世人展現自己的才能。

「我在創新藝人經紀公司，沒有學到什麼東西。」保羅後來告訴《紐約客》雜誌：「因為沒有人投資在我身上，沒有讓我學習的計畫。我用的都是從小培養出來的個人技能。」到了二〇一二年夏天，保羅終於準備好邁出這一步。他決定離開好萊塢的大型機構，成立克拉奇體育集團（Klutch Sports Group）。

勒布朗能夠理解保羅的感受。他相信保羅的成長背景和獨特的人生經歷，使他能擔任年輕黑人球員的傑出經紀人。「很多孩子被帶入這種處境，然後進入選秀，他們是家族裡第一代創造財富的人，他們來自貧民區。」勒布朗說：「他們來自我們口中的街頭。保羅和我也是如此，所以他能對這些孩子產生共鳴。他們見識過的一切，保羅全都見識過。」

保羅心中謀畫的，遠不止於成立一間經紀公司那麼簡單。**他想要改變ＮＢＡ的商業模式**，但他知道這會是一場艱苦的戰鬥，尤其在起步階段。光是說服球員跟他簽約就很難了，縱觀歷史，黑人體育經紀人非常稀少。黑人社群存在一種根深柢固的心態，年輕球員們預期會在決定自己未來的會議室，看到白人總教練和白人經紀人。保羅說：「我們必須改變這一點。」

勒布朗也同意。他準備做一些事來加速保羅的追求，而且讓他的經紀人身分立刻得到可信度。勒布朗告訴保羅，如果他準備離開創新藝人經紀公司，勒布朗也準備和他同進退。

二〇一二年九月十二日，震撼的消息在ＮＢＡ傳開，勒布朗與他的經紀人里昂・羅斯分道揚鑣，離開創新藝人經紀公司，加入克拉奇體育集團。ＮＢＡ主席和其他知名經紀公司，都了解這件事情的含義。

里奇．保羅在克里夫蘭初創的機構只有一個客戶，照理來說，很容易被認為不值一提。然而，里奇．保羅唯一的客戶，恰恰是全ＮＢＡ最有影響力的球員，這代表克拉奇體育集團成為一股不容忽視的力量。別的ＮＢＡ經紀人不禁暗想，要不了多久，其他球員也會開始跟克拉奇體育集團簽約。

這個消息也在好萊塢引起一些關注，因為創新藝人經紀公司之所以能建立體育部門，勒布朗功不可沒。在勒布朗與里昂．羅斯一同加入創新藝人經紀公司之後不久，其他體壇超級巨星也紛紛加入，包括美式足球員培頓．曼寧（Peyton Manning）、洋基隊球員德瑞克．基特和皇家馬德里（Real Madrid）足球俱樂部的克利斯蒂亞諾．羅納度（Christiano Ronaldo）。勒布朗的最新舉動，是否會引發新趨勢？

起初，勒布朗和保羅對他們的意圖保持沉默。但在他們的新計畫公開後二十四小時，勒布朗透過推特，向數百萬名追蹤者發出強力的訊息：#THETAKEOVER（接管）。

很快，全ＮＢＡ的球員都注意到了。一些之前在創新藝人經紀公司與保羅合作過的球員，紛紛轉與克拉奇體育集團簽約。

保羅在克里夫蘭拓展事業的同時，卡特讓春山娛樂在好萊塢插旗。一年前，春山娛樂成功推出第二個計畫，關於一家四口的動畫影集《勒布朗一家》（*The LeBrons*），該影集的靈感來自耐吉的熱門廣告《泳池》，其中探索了勒布朗人格的四個面向：「小孩」、「運動員」、「生意人」和「智者」。該影集於二〇一一年四月在YouTube上首播，總共播出三季。

隨後，當勒布朗忙著率領熱火贏得ＮＢＡ總冠軍時，卡特接到了芬威集團總裁湯姆．華納的電話。華納提出一個想法，經過一連串討論後，這個想法演變成了一部情景喜劇，關於一名籃球員跟新球隊簽約後，帶著家人搬遷到新環境的故事。他們將其命名為《倖存者的悔恨》（*Survivor's Remorse*），並向頂級有線電視網Starz推銷。Starz訂購第一季，並於二〇一四年首播。

對卡特來說，好萊塢是個擁有獨特語言的陌生世界，但與芬威集團共事的好處之一，就是有機會與華納近距離合作。華納在製作電視節目上擁有輝煌的履歷。此外，卡特也繼續與奮進集團的阿里．伊曼紐以及馬克．道利緊密合作。就像他在耐吉的林恩．梅利特身邊學習一樣，現在的卡特也透過與業界最有經驗的專家一起工作，學習如何在好萊塢闖盪。他的願景，是把春山娛樂打造成一間創意公司，為電影、電視，以及數位平臺製作內容。

勒布朗、卡特、保羅和米姆斯正一起做著非常美國的事——創造機會。勒布朗是新興超級運動巨星，身處個人生涯顛峰時期，他有改變ＮＢＡ商業模式以及在好萊塢權傾一方的願望，而且擁有經濟實力以實現這些願望。沒有任何運動員能在維持場上表現的同時，實現如此宏偉的抱負。

比起贏球，被稱為好父親更值得驕傲

丹尼．安吉知道塞爾提克隊有個問題：球隊的和諧表象已出現裂痕。得分後衛雷．艾倫感覺自己沒被看重。數年來，他一直在保羅・皮爾斯和凱文・賈奈特身旁默默擔任配角，但現在連拉簡・朗多在更衣室裡，都取得了更大的話語權，艾倫受夠了。況且，職業生涯接近尾聲的他，希望在退役前再贏得一座冠軍。若待在塞爾提克隊，無法實現這個目標。

派特・萊里意識到，艾倫在波士頓過得不開心。他抓住機會，把這位NBA最好的三分射手招攬到邁阿密。他知道如何做到——讓艾倫相信他被需要。萊里向艾倫明確表示，勒布朗想要他加盟邁阿密、韋德想要他加盟、波許也想要他加盟。他們組建這支球隊，就是為了贏得更多座總冠軍，而艾倫精準的三分投射，可以對三連霸產生關鍵效用。

安吉喜歡艾倫這個球員，他們也是親密的朋友。為了把艾倫留在波士頓，安吉給他的報價幾乎是邁阿密提出的兩倍，但艾倫還是選擇了熱火隊。到頭來，安吉並不意外艾倫跑去跟勒布朗並肩作戰。他祝福艾倫一切順利，並且維持與對方的朋友關係。

然而，艾倫的隊友感覺被拋棄了，尤其是皮爾斯和賈奈特。五年來，他們一起勇赴戰場，一起贏得總冠軍。他們互相傾訴，在彼此家中共度時光。皮爾斯說：「我以為我們在波士頓建立了兄弟之情。」

艾倫離開的方式——沒有事先知會皮爾斯和賈奈特——刺傷了他們。他們以為艾倫至少會打通電話。事實上，艾倫離開他們、去邁阿密投靠勒布朗，感覺就像背叛。他們痛恨邁阿密，而勒布朗是他們的宿敵。他們才剛在東部決賽史詩級的浴血七戰中，輸給那些傢伙。

二〇一二年十月三十日，熱火隊在主場的開幕賽迎戰塞爾提克隊，艾倫轉隊帶來的情緒還未散去。賽前，塞爾提克隊的球員們必須坐下來，觀看熱火隊從史騰總裁手上獲頒冠軍戒指。當艾倫在第一節末段被換上場後，他走到塞爾提克隊的板凳席，向前隊友們打招呼。艾倫伸出了手，但被賈奈特無視，皮爾斯也避開。

片刻後，艾倫在底角接獲傳球，投進一記三分球。勒布朗和韋德領軍，替補上場的艾倫貢獻了十九分，熱火隊輾壓了塞爾提克隊。熱火隊似乎準備打出比上一季更好的成績。

二〇一三年一月二十一日，歐巴馬總統在總司令的就職舞會上，得到男女軍人們的熱烈歡呼，他說：「我有個約會對象……她讓我成為一個更好的人，一個更好的總統……也許會有人對我們總統的品質有意見，但沒有人會對我們第一夫人的品質存疑。」蜜雪兒．歐巴馬穿著紅寶石色的禮服登上舞臺。兩人慢舞的同時，珍妮佛．哈德森（Jennifer Hudson）唱著艾爾．格林（Al Green）的《讓我們長相廝守》（*Let's Stay Together*）。

沒有幾個男性能被勒布朗視為榜樣，但歐巴馬總統位居該名單之首。勒布朗和莎凡娜為歐巴馬的連任競選做出了貢獻，他們非常高興歐巴馬將繼續擔任四年的總統。

就職典禮過後幾天，熱火隊造訪白宮，因為在前一年贏得ＮＢＡ總冠軍而接受表揚。勒布朗穿著一套藏青色的西裝，搭配藍色格紋襯衫、繫上領帶，配上時尚的黑色墨鏡，在總統背後跟隊友們站在一起。總統表揚了球隊成就，開了幾個玩笑，但他有更嚴肅的事情要提。

「讓我說一件關於這些人的事情。」歐巴馬說：「大家都把焦點放在球場上的表現，但場外的行為也同樣重要。我不認識全隊每個人，但我確實認識勒布朗、韋德和波許。」

歐巴馬說話的同時，勒布朗內心波濤洶湧。

「我最以他們為傲的一點是，他們認真看待為人父親這件事。」歐巴馬繼續說道：「對於一直把他們當作榜樣的所有年輕人來說，看到一個關心自己的孩子、日復一日陪在孩子身邊的人，是非常好的示範。這是正面的訊息，我們因此為他們感到非常驕傲。」

聽眾們報以掌聲。沒有什麼比被表彰為一個好父親，更令勒布朗驕傲了。這樣的話語來自美國總統，令他想起自己走過的艱辛路程。

突然，總統轉身看著勒布朗，示意他上前。他說：「來吧，勒布朗。」

勒布朗走到講臺前，手上拿著要送給總統的籃球，球上簽滿了所有球員的名字。勒布朗問：「我該說些什麼嗎？」

「只要你想說，你就可以說。」歐巴馬一邊接過球，一邊說：「這世界是你的啊，兄弟。」

大家都笑了出來。

勒布朗走到麥克風前，面對總統說：「我代表自己和我的隊友們，感謝您的款待，感謝您允許我們進入白宮。」

勒布朗停頓了一下，回頭看看自己的隊友，說道：「我想說的是，我們可是在白宮耶！」

大家都笑了。

勒布朗和歐巴馬相視而笑。然後勒布朗再次轉身面對隊友們。

「我的意思是，我們來自芝加哥、德州的達拉斯、密西根、俄亥俄和南達科他的孩子。」房裡爆出歡呼，勒布朗接著說：「但現在我們在白宮！這簡直……，」他停頓了一下，幾乎控制不住情緒：「媽媽，我做到了！」

歐巴馬總統鼓掌，其他人也跟著鼓掌。

魔術強森：你是唯一可能成為史上最偉大球員的人

對勒布朗來說，「決定日」似乎已經是上輩子的事。二〇一二－一三賽季，是他迄今最享受的一年。他和隊友們一度連續五十三天沒有輸球，熱火隊在這段期間取得二十七連勝，創下NBA史上第二長的連勝紀錄。

熱火隊贏得越多，別的球隊就越想打倒他們。在一場對陣芝加哥公牛隊的比賽中，公牛隊後衛柯克．韓瑞克（Kirk Hindrich）用手臂纏繞進攻的勒布朗，把他拉倒在地。勒布朗以為裁判會判惡意犯規，但裁判沒有。接著在第四節，防守者再次勾住勒布朗的肩膀，把他弄倒。這次裁判判了惡意犯規，但在檢視重播之後，改判為普通犯規。

勒布朗抗議。他認為這兩次犯規都不是籃球動作，比較像摔跤動作。幾分鐘後，勒布朗在防守韓瑞克時，看到公牛隊前鋒卡洛斯．布瑟要過來掩護。勒布朗穩住自己，壓低肩膀撞向布瑟的胸膛。裁判響哨，判了勒布朗一次惡意犯規。

勒布朗和熱火隊認為這是雙重標準，他們怒不可抑。幾天後，塞爾提克隊總裁丹尼．安吉發表了自己的看法。在廣播節目中，被問及這幾次爭議判決時，安吉回應：「我認為這兩次犯規都不是惡意犯規，我認為這一次犯規——勒布朗在布瑟身上的舉動——才是惡意犯規。我覺得勒布朗的抱怨，幾乎丟人現眼。」

派特．萊里受夠安吉了。兩天後，一群記者正在與艾瑞克．史波爾史特拉教練交談，熱火隊的公關長從更衣室走了出來，帶著一份萊里的正式聲明。聲明寫道：「丹尼．安吉需要閉上他的臭嘴，管好自己的球隊。他還在打球的時候，就最愛抱怨鬼叫了，我很清楚，因為當時我是敵隊的教練。」

安吉也透過正式聲明反脣相譏：「我堅持自己的說法……我才不管派特．萊里。他可以說任何想說的話。但我可不想弄亂他的亞曼尼（Armani）西裝和頭上那層厚厚的髮膠，那對我來說太名貴了。」

當安吉和萊里在媒體上隔空交火，雷．艾倫在邁阿密大顯身手，塞爾提克隊與熱火隊的競爭逐漸收尾。二〇一二－一三賽季結束後，安吉將皮爾斯和賈奈特交易到布魯克林籃網隊，塞爾提克隊正式進入重建期。與此同時，熱火隊以全聯盟最佳戰績結束常規賽。勒布朗連續第二年獲選為聯盟最有價值球員，並加入麥可．喬丹、比爾．羅素（Bill Russell）、張伯倫和賈霸的行列，成為少數贏得四座或更多ＮＢＡ最有價值球員獎的一員。

熱火隊順理成章的連續三年打進ＮＢＡ總冠軍賽，這一次的對手是馬刺隊。對勒布朗來說，這是與老對手提姆．鄧肯的重逢，鄧肯曾在二〇〇七年的總冠軍賽，帶領馬刺隊橫掃騎士隊，此時的馬刺隊仍保有當時另外兩名核心球員，也就是東尼．帕克和馬紐．吉諾比利。但他們還添了一位正要綻放的新星，年僅二十一歲的科懷．雷納德（Kawhi Leonard）。馬刺隊企圖爭取鄧肯時代的第五座總冠軍，而熱火隊要追求二連霸。

兩支球隊難分軒輊，前五場比賽勝負相間，當系列賽回到邁阿密進行第六戰時，馬刺隊以三比二領先。到了第四節末段，馬刺隊掌握局面。比賽剩下二十八秒，吉諾比利兩罰俱中，讓球隊取得九四：八九的領先。

派特．萊里表情僵硬的咀嚼口香糖，雙臂在胸前交叉，熱火隊的球迷們紛紛湧向出口，保全人員開始在球場周圍設置黃色警戒線，防止人們干擾即將到來的馬刺隊奪冠慶祝。邁阿密熱火隊的播報員說：「邁阿密將很難接受這樣的結局。」

幾秒鐘後，勒布朗投中一顆三分球，將馬刺隊的領先優勢縮小到兩分。

然後鄧肯將球傳給雷納德，他是球隊罰球最穩定的人之一。雷納德立即被犯規，有機會透過罰球鎖定勝局。但他第一罰失手，只命中第二罰，讓馬刺隊領先三分。熱火隊仍有活路。

比賽只剩九秒，為了追平比分，勒布朗再次出手三分球。球彈框而出。波許力抗三名馬刺隊員，拚命搶到籃板球。在重重包圍下，他將球傳給站在底角的雷．艾倫。面對防守球員，艾倫投出一記三分球，連籃框都沒碰到，破網而入。比賽還剩五秒，這位前塞爾提克隊的射手從落敗邊緣救回熱火隊，將賽事逼入延長賽，熱火隊最終以一〇三：一〇〇獲勝。

第七場比賽更是一場經典之戰。第一節結束時兩隊平手，半場結束時兩隊平手，到了第四節時兩隊還是平手。最終，勝負取決於勒布朗和鄧肯。

比賽還剩四十秒，鄧肯在距離籃框不遠的位置出手落空，接著又錯失一次補籃。無論哪個球命中都能扳平比分。鄧肯對自己很氣惱，並用雙手大力拍擊地面。

賽場另一端，面對撲過來的雷納德，勒布朗沒考慮傳球。他挺身而出，命中一記跳投，讓熱火隊領先四分。接著，在馬刺隊暫停後，勒布朗抄下傳給鄧肯的球，保住勝果。勒布朗砍下神勇的三十七分——追平一九五〇年代創下的，總冠軍賽第七戰獲勝方單場得分紀錄——同時貢獻十二個籃板。熱火隊完成二連霸，勒布朗再次獲選總冠軍賽最有價值球員。

熱火隊球迷歡慶的同時，勒布朗和鄧肯在球場中央擁抱。七年前，鄧肯曾告訴勒布朗：「不久後，這個聯盟會是你的。」讓鄧肯驚艷的是，勒布朗從此大幅改變自己的打法。他成為聯盟中最穩定的外線射手之一，而逆天的身體素質依舊無人能及。

賽後，勒布朗接受魔術強森、傑倫・羅斯（Jalen Rose）和比爾・西蒙斯的場邊採訪。與西蒙斯一起分享這個凱旋時刻有些諷刺，因為多年來，他曾以不少過份的言辭攻擊勒布朗和他的母親。這點勒布朗心知肚明，但他保持風度。當魔術強森和羅斯談起勒布朗的表現，並指出他連續兩年獲選總冠軍賽最有價值球員時，勒布朗轉移了讚美之辭。

「我只是個來自阿克倫的孩子。」他說：「從統計上來說，我甚至不應該出現在這裡。」

魔術強森和羅斯點頭。

勒布朗指著羅斯說：「你懂。」他指著魔術強森說：「你也懂。」他接著說：「所以，我竟然可以走進NBA更衣室，看著背後繡上詹姆斯的球衣……。」

採訪即將告一段落，魔術強森轉向勒布朗。

強森說：「勒布朗，我是認真的。我見過所有球員打球。我認為你是唯一可能成為史上最偉大球員的人。」勒布朗咬著嘴唇，低下了頭。

魔術強森問：「你接下來有什麼打算？」

魔術強森指的是，勒布朗需要為了熱火隊的三連霸做些什麼。

但勒布朗思考的是更遠大的事情。

31 鎮定一點

勒布朗是個夢想家。二十八歲的他，許多籃球夢想都實現了。然而，對事業的投入，耽誤了他自小擁有的另一個夢想——一個由丈夫、妻子和孩子組成，充滿愛和溫暖的大家庭。

早年間，勒布朗對家庭生活的理想願景，受到電視節目《新鮮王子妙事多》和《天才老爹》的影響。而某種程度上，勒布朗在阿克倫郊外建立的宅邸和邁阿密的奢華住所，正好反映了威爾・史密斯和休斯塔伯一家，在劇中居住的虛構房屋。但在更真實的意義上，勒布朗和莎凡娜培養了一段，抵禦名聲陷阱和誘惑的堅實關係。他們已經在一起十二年了，勒布朗希望兩人的婚禮，有如他們攜手創造的童話故事一樣美好。

二〇一三年九月十四日，勒布朗和莎凡娜邀請了最親近的朋友，來到勒布朗除了阿克倫之外最愛的城市——聖地牙哥——見證他們的婚禮。新聞直升機在大戴瑪爾飯店上空盤旋，但勒布朗和莎凡娜費盡心思，保密婚禮的每一個細節。

他們沒興趣讓名人雜誌的攝影師獨家拍攝，不僅設置了巨大的帳篷來保護賓客隱私，就連教堂和宴會場地都被帳篷遮蔽。所有名單上的嘉賓都被要求關閉手機，並避免在社交媒體發布現場的照片。

對於勒布朗和莎凡娜來說，這是場理想的婚禮，兩人的好友傑斯和碧昂絲還錦上添花，為他們獻唱了《瘋狂愛戀》。實在很難相信，兩人在阿克倫澳美客牛排館的初次約會，竟然會發展至此刻。如今，他們已經習慣了有彼此的生活，獨一無二。他們也熟知這首歌中，代表生活新階段的歌詞：

我們正在寫下歷史
第二階段，又要瘋起來了

婚禮結束後，勒布朗和莎凡娜飛往義大利度蜜月。

一旦插手，便會有政治反應

勒布朗和莎凡娜，已經完全適應了邁阿密的生活。他們在那裡有個漂亮的家，孩子們也已適應生活步調。莎凡娜投入社區，幫助弱勢兒童。此外，邁阿密的熱帶氣候比克里夫蘭舒服多了，在冬天更是如此。

籃球場上發生的事也很棒。勒布朗連續兩年贏得總冠軍，熱火隊正努力追求三連霸。縱觀NBA歷史，只有三支球隊——一九六〇年代，比爾．羅素的塞爾提克隊、一九九〇年代麥可．喬丹的公牛隊，以及二十一世紀初柯比和俠客的湖人隊——實現過這樣的壯舉。勒布朗希望他和隊友們，能加入這個頂尖的行列。

進入二〇一三－一四賽季，派特．萊里將熱火隊比作一部已在百老匯上演四年的大戲：球隊擁有當今籃壇最偉大的主角，也有各個大配角。無論造訪哪座城市，熱火隊都會吸引最龐大的觀眾。他們成為聯盟人人掛在嘴邊的話題，球團在全國的名聲甚至超越了籃球本身。

球季進行到一半時，熱火隊於二〇一四年一月十四日重返白宮，為第二次奪冠接受表彰，球員們看起來就像回家一樣自在。在此之前，總教練史波爾史特拉、韋德和雷．艾倫同意一起錄製一段公共服務公告，聲援蜜雪兒的「動起來！」（Let's Move!）反肥胖倡議。在鏡頭前，史波爾史特拉扮演電視記者的角色，手持麥克風詢問韋德和艾倫健康飲食的重要性。

韋德說：「聽我說的準沒錯，選擇正確的食物，可以讓你成為更優秀的運動員。」

突然間，勒布朗和第一夫人悄悄走到韋德、艾倫和史波爾史特拉的身後。勒布朗舉起一個小籃框，而蜜雪兒則用一顆小籃球扣籃。

「哇！」她大喊一聲，打斷了這段採訪，韋德和艾倫轉過身來。

勒布朗接著說道：「好一記顏扣！」所有人都笑了出來。

勒布朗和蜜雪兒把白宮變成一座遊樂園。那天下午，時任總統的歐巴馬表揚他們的二連霸之後，雷．艾倫贈送一件熱火隊的官方球衣，給歐巴馬上面繡著「POTUS」和四十四號背號[15]。史波爾史特拉教練則贈送歐巴馬一座冠軍獎盃的複製品，上面除了所有球員的簽名之外，也包括歐巴馬的名字。

身為芝加哥公牛隊鐵粉的歐巴馬開玩笑道：「你們快讓我倒戈了。」

勒布朗與歐巴馬一家的聯繫也越來越深。在訪問白宮後不久，歐巴馬請勒布朗幫忙推動他的立法成果——《平價醫療法案》（*the Affordable Care Act*）。

《平價醫療法案》也被稱為歐巴馬健保（Obamacare），這項普羅大眾皆可享受的醫療倡議，包括政府成立的網站：HealthCare.gov。二〇一三年十二月起，申請人可以透過該網站簽訂醫療保險。而根據法案，登記的截止日是二〇一四年三月三十一日，但仍有數百萬合格的申請者——其中許多是少數族裔——尚未註冊。歐巴馬希望請勒布朗協助，鼓勵人們註冊。

亞當．孟德爾森，勒布朗內部圈子的一員，負責保護和提升勒布朗的公眾形象，而勒布朗也時刻關注著與自身相關的政治事務。孟德爾森知道，共和黨曾反對歐巴馬的醫療保健法。勒布朗也明白，一旦插手，他可能會面臨一些政治上的激烈反應。

實際上，當參議院少數黨領袖米奇．麥康諾（Mitch McConnell），得知歐巴馬政府正在招募知名運動員，鼓勵人們註冊健保後，他便與NBA和NFL聯繫，勸阻他們這麼做。同時，眾議院內的高階共和黨員史蒂夫．史卡利斯（Steve Scalise）也寫信給聯盟，對歐巴馬政府的努力做出警告：「我建議你們（運動員們）不要被迫為他們做這些髒活。」

但勒布朗不認為這是髒活。在職業生涯的此時此刻，他每年透過代言賺進數千萬美元，他希望無酬的奉獻時間，利用自己的知名度來幫助總統。勒布朗知道，許多非裔美國人都需要醫療保險，他希望能透過自己的聲量，鼓勵他們註冊。他錄製了一則公益廣告，並於二〇一四年三月在ESPN、ABC、TNT和NBA電視臺上播出。

---

15 編按：POTUS是美國總統（President of the United States）的縮寫，而歐巴馬是美國第四十四位總統。

歐巴馬讚揚了勒布朗的參與意願，並對媒體說道：「想想我們最偉大的體育英雄們——穆罕默德．阿里、比爾．羅素、亞瑟．艾許——他們都選擇在關鍵時刻，為重要的議題發聲。」

是什麼造就了球賽？

隨著二〇一三－一四賽季進入尾聲，勒布朗在邁阿密的未來，引起越來越多猜測。當勒布朗在二〇一〇年與邁阿密簽約時，合約中包含了一項條款，允許他在二〇一四賽季結束後跳出合約，成為無限制的自由球員，而韋德和波許的合約也有相同的條款。

但實際上，勒布朗是邁阿密「三巨頭」中，唯一動向備受關注的人。到那時為止，韋德在邁阿密度過了整個職業生涯，從沒打算去其他城市打球。波許也希望留在邁阿密，繼續與勒布朗和韋德並肩作戰。反觀，勒布朗則可能再次成為，全ＮＢＡ最炙手可熱的自由球員。

當里奇．保羅準備為勒布朗即將到來的合約談判時，孟德爾森也在管理對媒體釋出的資訊。他的原則很簡單：什麼都不要透露。

但私底下，孟德爾森與《運動畫刊》的李．詹金斯在幕後交流。到了這個時間點，詹金斯已透過孟德爾森得到多次採訪機會，並寫了幾篇關於勒布朗的文章。他贏得了孟德爾森的信任，以及勒布朗的敬重。詹金斯知道，勒布朗在二〇一四年續留邁阿密與否的決定，可能會和他在二〇一〇年離開克里夫蘭時，一樣引起軒然大波。考慮到這一點，詹金斯希望能寫一篇獨家報導。他想了一個點子。

在二〇一四年四月中旬，《運動畫刊》刊登了杜克大學一年級籃球員賈貝瑞・帕克（Jabari Parker）寫的一篇文章。與召開記者會的慣常做法不同，帕克選擇在運動畫刊官網上宣布，他將離開大學、進入NBA選秀。人們對這篇文章的反應非常正面，詹金斯則用電子郵件，把帕克文章的連結傳給孟德爾森，建議勒布朗在賽季結束時，可以參照這樣的方法宣布動向。

孟德爾森在心中默默記下這個想法。

熱火隊以東區第二名的戰績結束例行賽季。這支蓄勢待發的衛冕軍，在季後賽首輪出戰夏洛特山貓隊，並取得前兩場比賽的勝利。

但當球隊在夏洛特為第三戰準備時，爆發了一樁醜聞。八卦新聞網站TMZ公布了以下的錄音檔，內容是洛杉磯快艇隊八十歲的老闆，已婚的唐納・史特靈（Donald Sterling）與三十一歲的情婦V・斯蒂維亞諾（V. Stiviano）的對話。後者在自己的Instagram頁面上，發布了一張與前湖人隊球星魔術強森的合照：

史特靈：「你不必在你該死的Instagram上，大秀特秀自己和黑人在一起。你巴不得讓大家都知道你與黑人往來，這點讓我很困擾。」

斯蒂維亞諾：「你知道，你自己就有一支全由黑人組成的球隊嗎？」

史特靈：「我知不知道？我給了他們支持，提供他們食物、衣服、汽車和房子。是誰給他們這些？是別人給的嗎？是誰造就了球賽？是我造就了球賽，還是他們造就了球賽？」

斯蒂維亞諾用手機錄下這段對話，以及許多其他內容。

當這些錄音被TMZ曝光後，NBA季後賽突然變得岌岌可危。快艇隊球員考慮罷賽，而他們的對手——勇士隊——也準備加入罷賽行列。這對亞當．席佛（Adam Silver）來說是個天大的危機，他在幾個月前才剛接替大衛．史騰成為新任NBA總裁。NBA表示這些言論「令人不安而且十分冒犯」，並宣布聯盟正在調查錄音檔中的聲音，是否真的出自史特靈。

錄音公開幾個小時後，勒布朗抵達夏洛特的球場。熱火隊的記者詢問他對此事件的看法，勒布朗不用諮詢孟德爾森或其他任何人，毫不猶豫的表示：「倘若報導屬實，這實在令人無法接受。這在我們的聯盟是無法忍受的，無論你是黑人、白人、西班牙人，或任何人種……作為聯盟總裁，他們必須採取立場，他們必須大刀闊斧處理這個問題……我們就是不能容忍聯盟中有這樣的行為。」

勒布朗提到他最好的朋友之一，效力於快艇隊的克里斯．保羅。「我只能想像他此刻心裡在想些什麼，」勒布朗說，並指出NBA受到太多人關注，不能對此事置之不理：「我們的聯盟容不下唐納．史特靈。」在場的記者，立刻感受到這一刻的重大意義。勒布朗是熱火隊的球員，但他也是籃球世界的大使。他知道自己的言論多有分量。

一名記者向勒布朗提出進一步的問題。

「我們只有三十個老闆和四百多名球員，」勒布朗回答道：「想像一下，換作一名球員跳出來說了這樣的話，身為球員的我們，會遭遇什麼樣的後果。所以我相信亞當．席佛總裁，我相信NBA，他們必須採取行動，而且要當機立斷，以免局勢失控。正如我所說的，我們的聯盟容不下唐納．史特靈。就是這麼簡單。」

幾分鐘後，《太陽哨兵報》（*Sun Sentinel*）體育專欄作家艾拉．溫德曼（Ira Winderman）在推特上寫道：「勒布朗．詹姆斯：『我們的聯盟容不下唐納．史特靈。』」其他記者也紛紛發推。隨著各大頭條刊出，勒布朗的觀點迅速瘋傳。

當晚，熱火隊贏了球，但那不是重點。在北卡羅來納州一間狹小的更衣室裡，一名黑人運動員呼籲體育聯盟的管理階層，剝奪一名白人億萬富翁的球隊擁有權。這是美國體壇歷史的一個轉捩點，代表著運動員和老闆之間的權力關係產生了變化。

史特靈在種族相關問題上，有著不光彩的過去。隔天，體育主播布萊恩．甘博（Bryant Gumbel）在NBC的《與媒體見面》（*Meet the Press*）節目上說：「唐納．史特靈在種族主義議題上前科累累。大衛．史騰和NBA老闆們，早就知道唐納．史特靈是什麼樣的人。」

這次的不同之處在於，籃壇最偉大的球員正在呼籲聯盟採取行動。球員們也認真討論，是否要拒打季後賽。

勒布朗發聲三天後，NBA對史特靈判處終身禁賽，亞當．席佛更表示，聯盟將試圖迫使他出售球隊。這個前所未有的舉措，需要全聯盟四分之三球隊老闆的批准。《紐約時報》報導寫到：「這在北美職業體育聯盟中，就算不是前所未見，也是相當罕見的情形——更不尋常的是，NBA也因為史特靈先生私下發表的言論而開罰。」

但席佛心意已決，他說：「我們一致譴責史特靈先生的觀點，它們在NBA沒有存在的餘地。」在球隊老闆們投票前，史特靈把球隊賣給了微軟總執行長史蒂夫．巴爾默（Steve

Ballmer）。

熱火隊在季後賽勢如破竹。在勒布朗的帶領之下，他們再次闖入ＮＢＡ總冠軍賽，等著他們的又是馬刺隊。

這整個賽季，聖安東尼奧只有一個目標——為去年ＮＢＡ總決賽輸給熱火隊的失利報仇雪恨。沒有人比提姆．鄧肯更有動力，他一直沒有忘記去年第六戰末段的兩次失手——原本可以讓他們獲勝的兩次出手。三十七歲的鄧肯知道，這可能是他最後一次將功贖罪的機會。

對於勒布朗來說，這是他第三度與鄧肯在總冠軍賽交鋒。當兩人於二〇一四年六月五日，在聖安東尼奧的第一戰賽前握手時，勒布朗對鄧肯說道：「又是你跟我了。」

鄧肯以微笑回應，但他這一次鐵了心要贏。

馬刺隊後來以十五分的優勢，贏得第一場比賽的勝利。勒布朗在第二戰扛起熱火隊，攻下全場最高的三十五分。熱火隊以兩分之差贏球，並扳平系列賽。

接下來的兩場比賽都將在邁阿密舉行，派特．萊里有信心熱火隊正朝著三連霸邁進。但馬刺隊主宰了第三戰與第四戰，分別以十九分與二十一分之差取勝，在系列賽以三比一聽牌。接著，熱火隊在第五戰一度大幅領先，但馬刺發動反攻，解決了熱火隊，並贏得總冠軍賽。鄧肯在十五個賽季中，獲得生涯第五座總冠軍。

當歡慶的彩帶在聖安東尼奧落下，熱火隊的更衣室內鴉雀無聲。

勒布朗的未來動向立刻成了焦點。賽後記者會上，勒布朗一在韋德旁邊坐下，記者立刻發問：「顯然，你即將面臨非常重要的抉擇。你認為自己大概會在什麼時候決定？」

勒布朗說：「我還沒認真想過那個問題。」

片刻之後，另一名記者問：「勒布朗，你在三月分曾說過，無法想像自己離開邁阿密。你現在還是這麼認為嗎？」

勒布朗猶豫了一下，回答道：「我的意思是，當時候到了，我自然會處理我的夏季。」他又停頓了一下。「你們試著在我身上找到答案，」他說：「但我現在沒打算回答你們。」

再次離去的徵兆

派特・萊里在NBA打滾了超過四十五年。這段期間，他發展出建立籃球王朝的理念——讓核心球員留在一起，尤其在落敗的時候。而體育王朝的定義，通常是由同一組核心成員，贏得三座或更多總冠軍。

一九八〇年代，湖人隊憑藉魔術強森和賈霸，贏得了五座總冠軍。萊里以總教練的身分參與了其中四次奪冠。他總喜歡指出，在那段偉大的湖人時代，魔術強森和賈霸也曾五度獲冠失利。但落敗的時候，他們總是重新振作，並在下個賽季捲土重來。

同理，塞爾提克隊也被視為一九八〇年代最偉大的球隊之一，球員包括大鳥柏德、羅伯特・派瑞許（Robert Parish）和凱文・麥克海爾（Kevin McHale）。他們贏得了三座總冠軍，但這也代表他們曾九度奪冠失利，核心球員始終沒有拆夥。

麥可・喬丹和史考提・皮朋一起打了十一年球，並聯手贏得六座總冠軍。

然後是聖安東尼奧馬刺隊，在十七年的時間內，他們贏得了五座總冠軍。這段期間，他們曾有十二個球季未能奪冠，但他們一直留住提姆．鄧肯和核心球員。而在七年的冠軍乾旱期後，他們又贏了一座總冠軍，這便是球星們團結一心的重要的終極證明。

當萊里在二〇一四年總冠軍賽後評估熱火隊的狀況，他覺得，他們即將打造出另一個王朝——他們在四年內四度進軍總冠軍賽，並完成二連霸。如果勒布朗、韋德、波許能像喬丹和皮朋，或是魔術強森和賈霸一樣一起奮鬥那麼久，熱火隊沒有理由贏不到五或六座總冠軍。

考量到這點，在輸給馬刺隊幾天後，萊里安排了與熱火隊球員的暑假前會談。會談的氛圍低迷，這不讓萊里訝異，他跟球員們一樣痛恨失敗。但這些一對一會談，也有一些鼓舞人心的面向——韋德和波許都表示，希望繼續一起打球、爭奪更多座總冠軍，他們只是需要一些時間恢復元氣。

然而，萊里與勒布朗的會談內容，卻不太一樣。

跟球隊裡的每個人一樣，勒布朗因為輸給馬刺隊而沮喪，但他不像二〇一一年輸給獨行俠隊後那樣心如死灰。這一次，勒布朗接受了萊里的觀點，了解到在NBA贏得總冠軍，是極其困難的任務。熱火隊連續四年打進總冠軍賽，並贏得兩座總冠軍，已經值得欽佩了。

但勒布朗還沒準備好決定續留邁阿密。他告訴萊里，他需要一些時間思考該怎麼做。他想和自己的團隊會面。他沒有做出任何承諾，也沒有給出時程表。

萊里沒有逼迫勒布朗，他覺得這樣做也無濟於事。萊里與勒布朗沒有親密的私交，這讓他無法訴諸勒布朗的義氣。身為球隊的最高主管，萊里選擇與勒布朗保持一定的距離。他們通常透過簡訊交流，不然就是在練球後或廊道裡簡單聊幾句。對萊里來說，這是個策略性的決定。在勒布朗加盟邁阿密之初，他就決定，不要像騎士隊那樣，逢迎隊上最大牌的明星。

會談結束，沒有溫暖的擁抱。過去兩年贏得總冠軍後，萊里得到了擁抱和親吻。但如今，只有握手。

那天晚上，萊里回到與他結婚四十多年的妻子，克莉絲．倫斯特倫姆（Chris Rodstrom）身邊，倒了一杯蘇格蘭威士忌。然後，他從封套中取出最愛的黑膠唱片之一，置於唱片機上，放下唱針。聽著靈魂歌手詹姆斯．殷格朗（James Ingram）的《僅此一次》（*Just Once*），兩人回憶起年輕時光，當他們滿心抱負、追求成就的時候：

我們又成了陌生人
不知道應該留下
還是該開門離去

萊里不禁擔心，勒布朗正要離去。

比起冠軍連霸，家鄉的首個冠軍最重要

隔天早上，萊里安排與媒體見面。萊里努力掩飾，因為勒布朗可能離開而感到的挫折，

他坐在熱火隊總部的媒體室，深呼吸了幾口。

「早安，各位。」他看著記者團，輕笑了一聲。「想來點爆點嗎？」他用雙手拍打桌子說：「我很不爽！好嗎？好了，快點開始吧。」

萊里用舌頭推擠臉頰，等待第一個問題。

一名記者問起在他的球團內部，三巨頭是否續留的擔憂。萊里料到會出現這個問題，但他不打算讓媒體主導這段對話，他計畫用這場記者會，向勒布朗傳遞訊息。

萊里說：「容我花點時間說清楚，我認為我們需要對事情有個正確的認知。我認為每個人都需要鎮定一點。媒體、熱火隊球員、球團、所有的球迷，你們得理解偉大和團隊的重要。」萊里列舉了先前的NBA王朝，並指出聯盟史上最偉大的球隊，輸掉總冠軍的次數比奪冠的次數還多。

「這事不簡單，」萊里告訴媒體：「你們得堅守在一起，如果你有膽識的話，不要想抓到第一個機會就逃之夭夭。」

一反常態的是，萊里聽起來，反而像是失去鎮定的那個人。

「去年在聖安東尼奧發生了什麼？」他說：「他們逃跑了嗎？不！他們選擇面對現實，然後強勢回歸。而我們一同見證了結果。我們在這樣的時刻，得看清自己的本質。重點不是選擇，不是自由球員身分。我們有機會做一些大事，我們有個巨大的機會實現長遠的成功，但別以為我們不會再次被打敗。所以鎮定一點，各位。這也是我要傳遞給球員們的訊息。」

一個記者問：「你和他們說過了嗎？」

萊里說：「他們現在不就聽到了嗎。」

勒布朗清楚的聽到了萊里說的話，但他不喜歡別人對他說教。讓勒布朗不滿的是，當球員有機會決定自己的未來時，卻得面對質疑和批評。反觀，當球隊管理階層賣掉或裁撤球員時，就是在商言商。

勒布朗對王朝的看法跟萊里一樣。他深諳籃球歷史，對湖人隊、塞爾提克隊和公牛隊瞭若指掌。在邁阿密度過四年之後，勒布朗親自體驗了贏得總冠軍的過程。

勒布朗也明白，邁阿密熱火隊有望拿下更多座總冠軍。若想贏得跟魔術強森或喬丹一樣多的總冠軍，和韋德、波許繼續在邁阿密聯手，將會是他最大的機會。

但勒布朗跟魔術強森和喬丹不一樣。儘管勒布朗希望累積更多的總冠軍戒指和獎盃，他更希望為克里夫蘭帶來一座總冠軍。在長大的過程中，他曾幻想成為超級英雄，俯瞰城市和打擊惡棍的場景。成年後，他心中的這些「惡棍」，包括貧困、被遺棄和絕望。他認為自己所處的位置獨一無二，他有能力對抗這些問題。

為了實現這個目標，他必須回家。

32 我憑什麼記恨？

六月二十四日，勒布朗選擇跳脫熱火隊的合約，正式成為自由球員。

萊里快要瘋了，但勒布朗的沉默更令他抓狂。早在二〇一〇年，萊里就曾與里昂・羅斯打過交道，這個熟悉的對手助他組成熱火隊的「三巨頭」，但現在輪到里奇・保羅管事了。他的做法與羅斯不同。儘管保羅還年輕，尚在業界學習，但他可是位經驗豐富的撲克牌手。關於勒布朗的意圖，保羅從未透露任何端倪。他沒有提供任何資訊，也沒有做出任何承諾。

保羅知道勒布朗想去哪裡，也理解背後原因。但要讓勒布朗重返克里夫蘭，還需要克服很多障礙。

首先，勒布朗需要說服家人們。

莎凡娜已經習慣了邁阿密，且仍然沒有忘記，克里夫蘭球迷們放火焚燒勒布朗球衣一事。然後是葛洛莉雅，她強烈反對勒布朗再次為丹・吉伯特效力。在葛洛莉雅心中，吉伯特對她兒子的人身攻擊已經超過底線，而現在勒布朗又想去為那個人打球？

「去他的，」葛洛莉雅說：「我們才不回去。」

勒布朗對吉伯特不抱任何幻想。在內心深處，他認為吉伯特在二〇一〇年的言行，蘊含著種族歧視，但重返克里夫蘭的驅動力，壓過了與吉伯特的不合。

「媽，你知道嗎？」勒布朗告訴她：「重點其實不是這個。」

葛洛莉雅難以理解，勒布朗為何會想再次為騎士隊效力。

「重要的是更大的願景。」勒布朗說：「那些孩子和人們需要激勵，需要一條出路。而我相信，我就是那條出路。」

「去吧。」她告訴他：「但我不會跟著你回去。」

勒布朗也收到來自卡特的強烈反對，後者在四年前隨勒布朗搬到邁阿密。勒布朗和卡特的關係之所以能持續，部分原因在於，卡特從來就不是唯命是從的人，他從不害怕說出自己的想法。兩人在勒布朗重返克里夫蘭的願望上意見分歧。卡特認為這是個錯誤，而勒布朗表示，這是視未來展望大於自尊的選擇。最終，他們尊重彼此的意見。但卡特不打算追隨他的好友回到家鄉。

卡特告訴勒布朗：「這次我不會回去克里夫蘭。」畢竟，不是只有勒布朗懷有個人抱負。

小時候，卡特並沒有拍電影的夢想，也沒有成為電視和電影製作人的計畫。但既然他們創立了春山娛樂，他也開始在好萊塢穿梭。卡特發現，他真正想做的是講故事。他想為運動員搭起一座平臺——一座可以繞過記者的平臺——讓他們講述自己的故事。然而，為了實現這個目標，他不能待在克里夫蘭。

卡特告訴勒布朗：「我要去洛杉磯。」

在一起的時間越長，勒布朗越珍視卡特的直覺。正是因為卡特與吉米·洛維恩建立了聯繫，進而讓勒布朗在二〇〇八年與洛維恩和 Beats 合作。二〇一四年春季，當熱火隊正在打季後賽時，蘋果以三十億美元收購了 Beats。在蘋果收購的時候，勒布朗在這家音訊產品公司的股權價值三千萬美元。在勒布朗看來，與 Beats 合作，是自他高中畢業前與耐吉簽約以來，最明智的財務決定。

他支持卡特前往好萊塢。

不能向任何人透露

勒布朗宣布自由球員身分之後，丹．吉伯特開始出招。他知道重新簽回勒布朗的機會渺茫，但他決心盡一切可能，讓騎士隊看起來更具吸引力。

這可不是件小任務，當時的騎士隊是一支缺乏經驗的球隊，在二〇一三－一四賽季中，他們只拿到三十三勝四十九負的戰績。但他們的選秀籤運非常好，莫名其妙的獲得狀元籤，並用它選中前途光明的新星安德魯．威金斯（Andrew Wiggins）。騎士隊也解僱了總教練，聘來歐洲籃球史上最成功的教練之一，大衛．布拉特（David Blatt）。

然而，吉伯特最重要的任務，是說服球隊的明星控球後衛凱里．厄文（Kyrie Irving）續約。厄文是年僅二十二歲的奇才，騎士隊在二〇一一年用狀元籤選中了他。他曾獲得NBA年度最佳新秀，並兩度入選全明星賽。但厄文將進入新秀合約的最後一年，如果騎士隊有任何機會簽回勒布朗，當務之急就是確保厄文的續留。

二〇一四年七月一日，自由球員時期正式開始，吉伯特在午夜過後一分鐘走進厄文家裡，與厄文和他的經紀人會面。不到兩個小時後，吉伯特在推特發文：「期待@KyrieIrving（凱里·厄文的推特帳號）在克里夫蘭度過的下一個六年。我們剛握手談妥一切，預計在十日簽約。」

接著，厄文也在發推表示：「克里夫蘭，我要久留這裡了！」

吉伯特提供厄文一紙五年九千萬美元的續約。

勒布朗的未來去向，跟希拉蕊·柯林頓（Hillary Clinton）是否參加二〇一六年美國總統大選一樣，引起公眾極大的關注與揣想。《紐約客》雜誌將勒布朗和希拉蕊，雙雙稱為「決定者」（the Deciders）。

二〇一四年夏天，該雜誌的伊恩·克勞奇（Ian Crouch）寫道：「當他們思索著未來動向——詹姆斯要去哪裡打球、希拉蕊要不要參選——全美國都在屏氣凝神觀望，媒體則急於揭示，這兩位重要人物在適當時機公布的消息。」

但李·詹金斯並不急。他已經花了四年時間打通內部。NBA總冠軍賽之後，詹金斯再次聯繫孟德爾森，建議勒布朗考慮以一篇詹金斯協助撰寫的第一人稱文章公布決定。七月四日，當詹金斯和家人一起參加聖地牙哥的遊行時，他接到了孟德爾森的電話。

「我們喜歡這個構想，」孟德爾森告訴他：「我覺得這麼做沒問題。」

詹金斯非常興奮，想知道接下來的行動。

孟德爾森告訴詹金斯：「準備好在下週初，飛往邁阿密、里約[16]（Rio），或是拉斯維加

16 編按：全名里約熱內盧（Rio de Janeiro），巴西第二大城。

斯。」邁阿密和拉斯維加斯還說得通，但是里約？

詹金斯被告知，勒布朗可能會去里約看世界盃足球賽。

孟德爾森沒有透露勒布朗傾向支持哪支球隊，但他們都同意，勒布朗將在《運動畫刊》的網站上公布決定。在掛電話之前，孟德爾森叫詹金斯隨時待命，等待前往與勒布朗一起撰寫文章的確切地點與指示，他還給了詹金斯一些建議。「你不能跟任何人說，你為什麼要飛去那裡，」孟德爾森指示：「你不能向任何人透露任何資訊。」

這不是協商，而是「不要就拉倒」

萊里因為勒布朗音訊全無而沮喪。但里奇・保羅則把注意力集中在丹・吉伯特身上。在保羅看來，吉伯特曾對自己的客戶——勒布朗——說了不少難聽話，在保羅探討勒布朗是否能回到克里夫蘭的前景之前，吉伯特需要跟勒布朗釐清誤會，而唯一的做法就是面對面交談。

吉伯特抓緊這個機會。他在七月六日飛往邁阿密會見勒布朗、保羅和卡特。

對吉伯特來說，這是個夢幻般的情景。他神不知鬼不覺的飛進派特・萊里的後院，並希望透過正確的話語，讓勒布朗回到曾經放火燒他球衣的城市。吉伯特想要收回他說過的一切。至少，他終於從球隊網站撤下那封尖酸的信。現在，他打算乞求寬恕。

他們在邁阿密的一棟房子集合，這是自「決定日」以來，兩人首次共處一室。一開始，吉伯特向勒布朗表示歉意。吉伯特表示，他們有過七年的美好時光，以及一個可怕的夜晚。

「當下的情緒和激憤讓我失控了，」吉伯特說：「真希望我沒那麼做……我希望能收回那些話。」勒布朗承認自己也犯了一些錯，若能重來一次，有很多事情可以做得不一樣。但是勒布朗此時更傾向展望未來，而非回首過往。

勒布朗沒有透露自己偏好哪一方，他問起吉伯特的奪冠計畫。吉伯特感到意外，也鬆了一口氣，因為勒布朗願意跟他談論未來。他列舉出球隊在該夏已經完成的事項，包括簽下狀元安德魯·威金斯，聘請總教練大衛·布拉特和助理教練泰隆·魯（Tyronn Lue），並與凱里·厄文續了長約。他跟勒布朗說，所有事情都水到渠成。

勒布朗沒有做出承諾，保羅也沒有。

之後，吉伯特飛往愛達荷州，出席艾倫公司（Allen & Company）在太陽谷（Sun Valley）舉辦的峰會。勒布朗則飛往拉斯維加斯，主持自己的耐吉籃球訓練營。

七月八日，共和黨全國委員會宣布，克里夫蘭將成為二〇一六年該黨全國代表大會的主辦地。佛羅里達州參議員馬克羅·魯比奧（Marco Rubio）隨即在推特發文：「恭賀克里夫蘭獲得 #GOP2016 大會主辦權。但是你們仍然無法把 @KingJames（勒布朗的推特帳號）請回來！」當天下午，李·詹金斯收到通知，要他飛往拉斯維加斯，入住永利酒店（Wynn Hotel）等待進一步的指示。

隔天，丹·吉伯特被請到拉斯維加斯，與勒布朗團隊會面。不知道會發生什麼的吉伯特，從太陽谷登上飛往沙漠的飛機。後來，他在一個房間裡，與勒布朗和保羅待了三個小時。

保羅清楚表示，這不是協商，並概述勒布朗的條件。他想要一份為期兩年的合約，並在第一年之後有權跳出合約。如果這一年，騎士隊沒有照勒布朗所願進展，他可以自由離開、轉投他處。這讓勒布朗擁有全面的靈活性和主導權。

二〇一〇年，勒布朗離開克里夫蘭之後，吉伯特發誓，絕不讓球員再次從他身上獲取那麼大的權力。但吉伯特知道，若想請回勒布朗，唯有妥協一途。吉伯特不禁佩服勒布朗，有膽識提出「不要就拉倒」的條件，並且有智慧堅持每年重新續約。

勒布朗的團隊通曉薪資上限的種種細節，並預見到了二〇一七年，隨著聯盟與電視網簽署新的轉播協定，球員薪資將會大幅上升。不像凱里．厄文鎖定的長期合約，勒布朗有望透過一年一簽賺到更多錢。

會談結束後，吉伯特讓保羅知道，他將接受勒布朗開出的條件。吉伯特立即啟動一項三方交易，為騎士隊減去幾名球員的薪資負擔，騰出可以簽下勒布朗的薪資空間。

在勒布朗和保羅跟吉伯特會面的同一天，他們也安排與萊里和熱火隊總管安迪．艾里斯伯格會面。在離開邁阿密前，萊里請艾里斯伯格打包，勒布朗在熱火隊贏下的兩座總冠軍盃。萊里計畫把它們當作激勵勒布朗的象徵，艾里斯伯格將獎盃放進保護盒。萊里還準備了一瓶納帕郡（Napa Valley）酒莊的葡萄酒，上面寫著「信守承諾」。勒布朗當初與熱火隊簽約時，卡特也送給萊里同一座酒莊的葡萄酒。

然而，當萊里和艾里斯伯格抵達勒布朗的套房後，萊里失望的發現，他敬重的卡特不在場。現場只有勒布朗、保羅和藍迪．米姆斯，他們正在觀賞世界盃足球賽。會議開始時，他們甚至沒有關上電視。萊里暗示艾里斯伯格，不用把冠軍盃拿出來了。

會談大約持續了一個小時。萊里再次強調，邁阿密是贏得更多座總冠軍的最佳途徑。熱火隊有足夠的資金和意願，引進另外幾名球員來輔佐勒布朗、韋德和波許。萊里一度惱怒，要求他們把電視關成靜音。會談結束後，萊里感覺不太妙。

當晚，孟德爾森打電話給李．詹金斯，讓他隔天早上去勒布朗的房間一趟。

我憑什麼記恨呢？

勒布朗戴著黑色針織帽、穿著短褲和背心，坐在沙發上享用炒蛋、挑著水果吃。房內的電視被轉到ESPN頻道，從永利酒店五十八樓的套房，勒布朗可以俯瞰整個拉斯維加斯大道。但遠處的霧靄，讓他難以看清地平線的山峰。

然而，勒布朗在腦海中清晰的看見未來。莎凡娜將在十月迎來第三個孩子，一個小女孩。她將在俄亥俄州出生，勒布朗打算在那裡重新安頓家人，並為克里夫蘭帶來一座總冠軍。

顯然，勒布朗選了一條難走的路。騎士隊最多只能算是一支平庸的球隊，總教練不曾在NBA執教，陣容經驗與實力遠遠不及他放棄的熱火隊。勒布朗已感受到這個決定的重量。

李．詹金斯走進套房，向孟德爾森和卡特打招呼後坐了下來，他注意到勒布朗看起來，比四年前宣布加盟熱火隊時輕鬆得多。

勒布朗一邊喝胡蘿蔔汁，一邊說：「對啊，輕鬆多了。」

但詹金斯不輕鬆。他的手上握著體育史上最大的獨家新聞之一，他非專注不可。他必須向勒布朗提出正確的問題，然後把答案化為一篇文章。

詹金斯問：「對你來說，家鄉的意義是什麼？」

勒布朗開始說話。一個小時後，他停了下來。詹金斯覺得，勒布朗給的素材夠多了。

「我不知道這是不是童話故事，」勒布朗告訴詹金斯：「但我希望它會有童話故事般的結局。」接著，詹金斯回到自己的房間開始寫作。時鐘滴答作響。

七月十一日，太陽還沒升起，勒布朗就起床了。他即將在四年內第二次震撼全ＮＢＡ，他計畫早點開始。

詹金斯幾乎沒睡，但他的腎上腺素滿溢。在得到勒布朗的批准後，他在美東時間的早上十點半左右，將文章發送給《運動畫刊》在紐約的編輯。

當《運動畫刊》紐約總部的團隊，準備在其官網上發布勒布朗的文章時，勒布朗和他的團隊登上一架飛往邁阿密的私人飛機，德韋恩．韋德也同行。

他們一起度過了輝煌的四年。這段期間，兩人變得更親密，甚至會像兄弟間表達感情一樣，對彼此說「我愛你」。韋德最想要的，莫過於兩兄弟能繼續待在同隊。但他不曾請求勒布朗回心轉意，他知道，勒布朗下定決心了。

他對勒布朗說：「這四年還滿好玩的，對吧？」

勒布朗十分嚴肅。邁阿密那段時光的確很好玩，但是時候，在克里夫蘭做一些難事了。

計畫公諸於眾之前，勒布朗想親自告訴萊里。保羅負責撥通電話，萊里接了起來，保羅把電話遞給勒布朗。

勒布朗開口說：「我要為了過去四年向您致謝。」

萊里不需要聽下一句了，都結束了。他氣憤得說不出話，他本以為自己還能與勒布朗合作八年。**他以為他們最終會打造，超越一九八〇年代湖人王朝的熱火王朝**，勒布朗卻選擇走出了那扇門。該死，熱火隊甚至沒辦法贏得第三座總冠軍，真他媽該死！

與此同時，保羅也打電話給吉伯特。「丹，恭喜。」他說：「勒布朗要回家了。」

二〇一四年七月十一日中午後不久，《運動畫刊》官網上發布了，勒布朗九百五十二字的文章。文章開頭寫道：

「在有人曾關心我會在哪裡打球之前，我只是來自俄亥俄州東北部的一個孩子。那是我走過的地方、我奔跑的地方、我哭泣的地方、我流血的地方。它在我的心裡占據特殊的位置，那裡的人看著我長大，我有時覺得，自己是他們的兒子。」

不需要繼續讀下去，也能知道勒布朗正在做著不可思議的事。他即將重返克里夫蘭。

勒布朗請李．詹金斯協助撰寫宣告的決定，是一步高明的棋，這與四年前吉姆．格雷轟動的現場直播形成鮮明對比。兩次最重要的籃球生涯決定宣布方法，都來自媒體成員的提議，但兩位記者的做法截然不同。

格雷的工作是爭取重要採訪，他樂於與勒布朗在電視上同框；但對於詹金斯來說，他的獎賞就是為這一代最偉大的運動員寫作。詹金斯知道，沒有人會記住他在這個過程中扮演的角色，但他知道是他提出了這個想法，而勒布朗信任了他，請他協助改變自己的敘事。其中最讓勒布朗改頭換面的段落，也就是勒布朗表達原諒丹・吉伯特的意願。勒布朗在文中說道：

「我跟丹見過一次，面對面、男人對男人。我們把事情說開了。每個人都會犯錯，我也犯過錯，我憑什麼記恨呢？」

我憑什麼記恨？只用六個字，勒布朗就扭轉了故事情節，比單場轟下五十分還要令人印象深刻。在ESPN，香農・夏普（Shannon Sharpe）承認自己不能原諒吉伯特，尤其是在他說勒布朗「半途而廢」之後。夏普在《一鏡到底》（*First Take*）節目上說道：「勒布朗・詹姆斯的氣度比我大。」

「換作是我，我也不會原諒丹・吉伯特。」史蒂芬・A・史密斯說：「他對勒布朗做出的言論，顯然已超過可以接受的範圍。」

就連常常批判勒布朗的史基普・貝萊斯，也承認勒布朗回到騎士隊的意願，讓他「大吃一驚」。貝萊斯在節目中說：「我本以為他們之間的橋梁，已經徹徹底底的毀了。」

沒有人可以責怪想回家的人

勒布朗知道，他對吉伯特的立場會讓許多人訝異。但他有足夠的自知之明，並意識到自己在離開克里夫蘭時處理得不恰當。為了實現他和吉伯特共同的目標——為克里夫蘭帶來一座總冠軍——兩人都需要妥協。勒布朗的文章發布後不久，他便在Instagram和推特上與七千五百萬名追蹤者分享，並發了一張自己穿著騎士隊球衣的照片，寫下：「我要回家了。」

在邁阿密，派特・萊里亂了方寸。德韋恩・韋德成了沒有主將的副手。克里斯・波許則認真考慮跟休士頓火箭隊簽約。同樣成為自由球員的雷・艾倫，則考慮追隨勒布朗、投奔克里夫蘭。萊里的左右手安迪・艾里斯伯格，覺得自己彷彿置身電影《征服情海》（*Jerry Maguire*）裡，所有客戶紛紛離去的場景。

萊里想要發洩對勒布朗的憤怒。「對我而言，這是私人恩怨，」萊里後來解釋道：「就是這樣。但我有個非常好的朋友勸解，他阻止了我去公開說些像丹・吉伯特那樣的話。」

反之，當天結束之前，萊里對外發表正式聲明：

「縱使我對勒布朗離開邁阿密的決定感到失望，沒有人可以責怪一個想要回家的人。過去四年對南佛羅里達、熱火球迷、我們的球團，以及所有參與其中的球員來說，都是不可思議的旅程。勒布朗是個出色的領導者、運動員、隊友，也是一個出色的人。我們都對他的離去感到遺憾。」

私底下，萊里怒火中燒。艾理斯伯格則因憤怒和情緒感到胸痛，擔心自己會心臟病發。為了尋求心靈的平靜，他上了車，一路往北開。熱火隊似乎突然走上了一條沒有方向的路。

反觀克里夫蘭，人們對勒布朗的宣布反應迅速，情緒激昂，不亞於四年前勒布朗宣布轉投南灘時的景象。只不過這一次，街道上充滿歡呼聲和喇叭聲。廣播電臺放著吹牛老爹的《回家》（*Coming Home*）、肯伊・威斯特的《返鄉》（*Homecoming*），和邦・喬飛（Bon Jovi）的《誰說你不能回家》（*Who Says You Can't Go Home*）。

致電騎士隊票務單位的球迷，都只能聽到自動答覆音：「所有線路忙線中。」八個小時內，騎士隊的季票銷售一空。根據《富比士》預估，騎士隊的市值在一天之內暴漲了一億美元。拉斯維加斯的賭盤，將騎士隊奪下二〇一五年總冠軍的賠率設為一賠四。

站在Q球館外的球迷對電視記者說：「克里夫蘭沒發生過這樣的事。」

就連歐巴馬總統也發表了意見。「總統是勒布朗的忠實粉絲，」白宮新聞祕書長喬許・厄尼斯特（Josh Earnest）在白宮簡報室說道：「對於自己視為家之所在的價值，我認為，這是相當有力的表態。」在ABC的《今夜世界新聞》（*World News Tonight*）節目中，主播戴安・索耶（Diane Sawyer）宣告：「大帝將要歸來。」

在丹・吉伯特的家裡，他八歲的兒子走到他面前說：「爸爸，這是不是代表，我終於可以再次穿上我的勒布朗球衣了？」

「是的，兒子。」吉伯特說：「是的，沒錯！」

33 權力角力

勒布朗在邁阿密學到了很多，尤其了解達到NBA頂峰並奪得總冠軍，需要付出多少代價。他不會重蹈加入熱火隊時的覆轍——狂傲的預測球隊至少會贏得七座總冠軍。這次，他想管理好眾人的期望。

「我不能承諾奪冠，」勒布朗在《運動畫刊》官網的文章寫道：「我知道那是多艱難的目標。我們現在還沒有準備好。」

即使對於超級巨星和資深球員組成的熱火隊陣容來說，登頂也是一段艱難的旅途。如今除了勒布朗之外，騎士隊沒有任何人，曾經呼吸過頂峰的稀薄空氣。組建一支具有奪冠實力的球隊，並將其調整至足以走到終點，是個漸進的過程。

第一步，是建立由明星球員組成的核心。

勒布朗毫不懷疑，二十二歲的凱里．厄文將成為一名絕佳的副手。儘管厄文缺乏韋德的經驗，卻擁有罕見的天賦。厄文是籃球場上的魔術師，運球技術傲視全NBA。身為身高六呎二吋的控球後衛，厄文攻擊籃框的能力超乎尋常。勒布朗看見了栽培厄文的機會，能助他成為貨真價實的超級球星。

但騎士隊需要第三名球星，勒布朗知道自己想要誰。

在宣布回到克里夫蘭的幾個小時後，他聯繫了明尼蘇達灰狼隊的大前鋒凱文・洛夫。他們曾一起代表美國隊，在倫敦獲得奧運金牌。儘管洛夫並非自由球員，但勒布朗知道，三度入選全明星賽的洛夫，在明尼蘇達一直感到氣餒。

在二〇一三－一四賽季，洛夫在聯盟的得分榜上名列前茅，場均得分超過二十六分，每場還能抓下十二個籃板。儘管洛夫的數據令人印象深刻，但勒布朗對他出色的籃球智商更感興趣。洛夫搭配勒布朗和厄文，將會相得益彰。勒布朗心想，他是一塊很棒的拼圖。

勒布朗從在聖文森－聖瑪莉高中讀一年級時，就開始招攬優秀球員加入球隊，但把球員視為奪冠拼圖的能力，是他培養出的全新視角。在與萊里共處四年後，**勒布朗已經發展出球團總經理的心態**。他知道如何辨識出陣容的空缺，找到能夠填補空缺的球員，並設法在遵循聯盟薪資上限的情況下，吸引他們加盟。

為了從明尼蘇達挖走洛夫，克里夫蘭必須付出很多。但勒布朗首先必須得到洛夫的首肯。他的做法是提供洛夫渴望的東西——贏得冠軍戒指的機會。

接到勒布朗的電話，讓洛夫精神為之一振。世界上最偉大的球員親自來電邀請，他感到受寵若驚。洛夫對勒布朗說：「我加入。」

不是勒布朗需要吉伯特，而是吉伯特需要勒布朗

勒布朗的生活節奏飛快。在組建球隊、家人搬遷、迎接第三個小孩，以及前往中國參加

年度夏季耐吉籃球營之間，他還爭分奪秒背臺詞。早在決定回到克里夫蘭之前，他就被演員艾米．舒默（Amy Schumer）選中，一起出演電影《姐姐愛最大》（*Trainwreck*）。勒布朗的鏡頭定於二〇一四年七月，在紐約市拍攝。

這個時機並不理想，但勒布朗必須集中精力。這是他首度在電影大片中演出，他的表現十分關鍵。多虧了卡特透過春山娛樂公司鋪的路，許多電影已在考慮讓勒布朗尬上一角。從許多方面看來，《姐姐愛最大》就像是他的試鏡。

勒布朗很少緊張。但想到要跟舒默、馬修．柏德瑞克（Matthew Broderick）、比爾．哈德（Bill Hader）等人同臺演出就讓他焦慮，他們都是成就斐然的喜劇演員。勒布朗不習慣照劇本演出，但當導演賈德．阿帕托（Judd Apatow）一喊「開拍」後，勒布朗就擁抱當下。即使忘詞，他也透過自嘲讓每個人發笑。對舒默來說，勒布朗顯然是為鏡頭而生的。勒布朗的即興演出也讓阿帕托確信，他們的選角非常正確。

但是勒布朗沒有忘記派特．萊里在二〇一〇年跟他說過的話：「主要的事，就是確保主要的事始終是主要的事。」對勒布朗來說，主要的事就是為克里夫蘭帶來總冠軍。因此，他在幕後繼續為騎士隊安排人事。計畫的第二步，是招募幾個有冠軍經驗的資深球員來輔佐他、厄文與洛夫。

勒布朗認為麥克．米勒（Mike Miller）和詹姆斯．瓊斯，是熱火隊在二〇一二、二〇一三年奪冠的關鍵成員。他們並非明星球員，但曾在關鍵時刻替補上場，並為球隊貢獻重要的得分。他們展現了何謂團隊籃球。勒布朗認為，米勒和瓊斯正是騎士隊所需，能夠穩定軍心的球員。而且，他們正好都是自由球員。

米勒和瓊斯得知勒布朗將前往克里夫蘭，都表示願意追隨。勒布朗也喜歡簽下自由球員尚恩・馬里安的想法，他是擁有十五年經驗的老將，曾在二〇一一年和達拉斯獨行俠隊一起奪得總冠軍。勒布朗跟馬里安老早就有交情，兩人在二〇〇四年時一起效力過美國奧運隊。三十六歲的馬里安是出色的職業球員，他渴望在退役前再拿一座總冠軍。與勒布朗一起在克里夫蘭打球，給了他最好的機會。

丹・吉伯特盡了本分，完成這些交易。四年前，吉伯特覺得派特・萊里偷走勒布朗，害騎士隊一落千丈，現在則換熱火隊落入深淵了。當勒布朗願意利用影響力，把人才吸引到克里夫蘭後，丹・吉伯特反而成了受益者。

該年夏季，騎士隊簽下米勒、瓊斯和馬里安。然後吉伯特授權進行一筆重磅交易，為了得到凱文・洛夫，他將二〇一三年的狀元安東尼・貝內特（Anthony Bennett）和二〇一四年的狀元安德魯・威金斯送往明尼蘇達。

騎士隊捨不得放棄威金斯，他是另一個明日之星，但灰狼隊堅守他們的要求，而騎士隊也明白勒布朗對洛夫的偏愛。騎士隊一宣布洛夫的交易，勒布朗立刻在推特上對他寫道：「歡迎來到克里夫蘭。」

四年中第二度轉隊，勒布朗再次重塑了ＮＢＡ的生態平衡。

到了秋季，當《運動畫刊》發表年度預覽專刊時，封面上是勒布朗、凱里・厄文和凱文・洛夫，標題則是〈王的諸臣〉（*All the King's Men*）。

二〇一四年十月三十日，騎士隊在主場迎戰尼克隊，開啟二〇一四－一五賽季，這是場全國轉播的比賽。這一天，耐吉發布了自二〇〇三年，與勒布朗簽下九千萬美元合約以來，最雄心勃勃的勒布朗廣告。

當時，勒布朗鞋款的銷售額已超過三億四千萬美元。但是球鞋的銷售數字，還不足以衡量耐吉和勒布朗間的共生關係。過去的十多年來，耐吉透過精心製作的宣傳活動，在美國詮釋勒布朗的職業生涯。而在中國，勒布朗已連續十個夏季，擔任耐吉的首席品牌大使，讓公司和他自己都在全球最大的兩個經濟體中受惠。

耐吉把勒布朗重返家鄉，視為他個人故事的史詩篇章。這一次，勒布朗詮釋自己的故事。藉此機會，耐吉找來了好萊塢製作團隊，協助創作類似迷你紀錄片的廣告。這部名為《一起》（*Together*）的兩分鐘傳記影片，有著鼓舞人心的主題：一座城市、一個目標、一座總冠軍。製片人在克里夫蘭拍攝，動用了五百多名當地人作為臨演。勒布朗的母親和德魯教練也在片中現身，帶領球迷們從看臺走進球場，加入勒布朗與他的隊友們。在廣告中，勒布朗激勵著隊友：「我們要為這座城市打拚，克里夫蘭這座城市，就是意義所在。該為他們帶來特別的東西了。」

耐吉於開幕賽前，在TNT和ESPN播放這支廣告；騎士隊也於開打前，在球館的巨型螢幕上播放。勒布朗對克里夫蘭的致敬如此振奮人心，讓球館裡的球迷們拭淚，滿懷自豪的歡呼。廣告的結尾，勒布朗帶領滿場的球迷高喊。

勒布朗：「數到三喊克里夫蘭。一，二，三！」

球迷們：「克里夫蘭！」

對丹・吉伯特來說，這局面令人興奮。他的陣容星光熠熠，門票再次銷售一空。球隊也回到全國轉播的電視螢幕上，騎士隊的周邊商品是全ＮＢＡ賣得最好的。克里夫蘭重返籃球世界的中心，城市的球迷們欣喜若狂。

吉伯特和所有人一樣興奮，然而，他顯然沒有掌控權。吉伯特是球隊老闆，但感覺就像是搭便車，而握著方向盤的人是勒布朗。在邁阿密待了四年之後，勒布朗累積了足夠的權勢，能在追逐另一座總冠軍的城市，施加自己開出的條件。

勒布朗、卡特以及保羅都發現了球隊老闆早已明白，但多數球員未能了解的道理：**在NBA，主導權屬於場上的才能**。沒有人會為了看丹・吉伯特或其他老闆的輸贏，而購買季票或打開電視機。人們收看比賽，是為了看球星表演。

勒布朗是籃球運動最大的球星，任何一支球隊和城市都會鋪上紅地毯歡迎他，但他選擇了克里夫蘭。勒布朗是唯一能靠一己之力，讓騎士隊瞬間變成奪冠熱門的球員。從這個角度看，不是勒布朗需要吉伯特，而是吉伯特需要勒布朗。

勒布朗知道自己正處上風，而他將其視為機會。當賽季開始，ＮＢＡ宣布與ＥＳＰＮ和ＴＮＴ簽訂，價值高達兩百四十億美元的全新轉播合約時，**勒布朗發聲了。他希望聯盟的每個球隊老闆都明白，下一輪雇主和球員之間的集體談判將會有所不同**。上一次談判，球隊老闆們堅持，聯盟無法接受球員工會的某些提議，最終迫使球員工會讓步。勒布朗在二〇一四年十月對《紐約時報》表示：「老闆們之前跟我們說他們總在虧錢。現在，他們不可能坐在那裡說出這樣的話了。」

勒布朗和他的團隊研究了數據，得知聯盟的電視收入已翻了三倍，NBA球隊的市價也同時飆升。洛杉磯快艇隊最近（二〇一四年）才以史無前例的二十億美元天價售出。透過公開警告球隊老闆，勒布朗正在改變老闆與球員之間的經濟關係。

史考特．拉布，《阿克倫的娼妓》一書的作者，在勒布朗離開克里夫蘭轉投邁阿密時，對他發表了許多尖刻的批評。但是拉布越來越欣賞他，也欣賞馬維里克．卡特和里奇．保羅。「我認為丹．吉伯特或派特．萊里，從來沒有認真對待他們。」拉布說：「我認為他們沒有意識到，也不理解勒布朗、卡特和保羅自己建立帝國的手段和決心。等到吉伯特和萊里發現自己被智取後，一切為時已晚。」

現在，拉布轉而為勒布朗加油。「勒布朗歸來的時候，他談到超越籃球的使命。」拉布對全國公共廣播電臺說：「所以，當他回來後，我真的感覺希望也回來了。我曾不公平的批評他並不像摩西[17]。結果猜怎麼樣？他真的以摩西之姿歸來了。」

暴力不是答案，報復也非解決之道

賽季進行一個月時，騎士隊作客紐約、出戰尼克隊。就在同一天，史泰登島（Staten

17 編按：Moses，聖經故事中帶領受奴役的希伯來人離開埃及，前往應許之地的領袖。

Island）的大陪審團決定，不起訴一名白人員警，他對一名手無寸鐵的黑人艾瑞克・加納（Eric Garner）使出了「勒頸」動作，導致後者窒息死亡。勒布朗被問及大陪審團的決定，及其背後更深遠的含義。

「這是我們的國家，自由之地，卻不斷發生這類事件。」勒布朗在球隊投籃熱身訓練時告訴記者：「他們都是無辜的受害者，或不管其他什麼情況。總之，許許多多的家庭正在失去他們親愛的人。」

勒布朗與記者交談的同時，抗議者走上紐約街頭。

「現在這是個敏感的議題。」勒布朗繼續說：「暴力不是答案。報復也不是解決之道。」

兩天後，勒布朗注意到，芝加哥公牛隊後衛德瑞克・羅斯（Derrick Rose）在對陣金州勇士隊的賽前熱身時，穿著一件印有「我不能呼吸了[18]」字樣的黑色T恤。NBA嚴格禁止球員在熱身期間，穿著聯盟公發服裝以外的衣服。羅斯的T恤引起一些人的疑慮，尤其在聯盟辦公室內。然而，勒布朗喜歡這件T恤，也因羅斯穿上這件衣服而敬重他。

隨後，勒布朗接到傑斯的電話。騎士隊將在十二月八日作客布魯克林對陣籃網隊。一群社會正義倡導人士，計畫當晚要在巴克萊中心（Barclays Center）外抗議。抗議活動的組織者正在印刷「我不能呼吸了」的T恤。他們希望借助傑斯的幫助，把T恤交到勒布朗手中。

勒布朗意識到這一刻的意義重大。騎士隊對陣籃網隊的比賽本來就備受關注。威廉王子[19]（Prince William）和他的妻子，時為劍橋公爵夫人的凱特・密道頓（Kate Middleton）正在美國進行為期三天的探訪，並預計出席比賽。他們特地來觀賞勒布朗打球，比賽結束後，勒布朗還會私下與他們會面。

在眾多外國媒體前來報導皇室訪問的情況下，勒布朗權衡著，是否要穿上一件帶有政治色彩的T恤。他經常被要求支持社會理念，但多數都會拒絕。勒布朗參與的門檻，在於議題是否打中他的痛點。倘若沒有，他就會放手不再糾結。反之，如果某件事令勒布朗產生共鳴，他就會行動。勒布朗已經接受，自己無論做出什麼決定，都會遭到批評的事實。所以他決心聽從內心直覺，勇敢面對後果。這次，他打算到了賽前再做出決定。

在傑斯的協助下，T恤被偷偷運進體育館。然後籃網隊的一名球員，將幾件T恤送到騎士隊的更衣室。場外，名為「黑人的命也是命」（Black Lives Matter）的新興運動抗議者高呼口號「我投降，別開槍」（Hands up, don't shoot），其他人則在街上「靜躺抗議」。紐約員警在抗議者和巴克萊中心入口之間，組成一道人牆。出於安全考量，英國皇室夫婦將延後抵達。

大約在比賽開打前三十分鐘，勒布朗從更衣室走出，身披一件黃色的騎士隊熱身外套。當勒布朗走進球場，脫下外套，秀出身上印有白色文字的黑色T恤時，所有人的目光都聚焦在他身上。凱里・厄文也決定穿上相同的T恤。兩人沒有討論這件事，但在熱身時，勒布朗跟厄文眼神交會，點了點頭。厄文也向勒布朗點了頭。

18 編按：I can't breathe，艾瑞克・加納的遺言，他在被逮捕過程中多次重覆此句話。

19 編按：於二〇二二年，威廉王子的父親查爾斯三世（Charles III）登基英國國王後，頭銜也更改為威爾斯親王，凱特王妃頭銜也改為威爾斯王妃。

好幾名籃網球員也穿上這件T恤，包括勒布朗的老對手凱文・賈奈特。在這一刻，他們因為比勝負更重要的事而團結一心。

突然之間，比賽變得無足輕重，有線新聞頻道的鏡頭紛紛切到巴克萊中心。

「紐約剛剛出現不得了的畫面。」MSNBC的克里斯・海耶斯（Chris Hayes）播報，螢幕上播放的是勒布朗在熱身的直播畫面：「騎士隊球星勒布朗・詹姆斯穿著這件T恤走上球場熱身，T恤上面寫著『我不能呼吸了』，這是艾瑞克・加納最後說的話，他在被警察鎖喉時，重複說了十一遍。」

比賽進入下半場，威廉王子和凱特王妃入坐場邊座位。幾分鐘後的暫停時間，傑斯和碧昂絲走過來與他們打招呼，引起觀眾歡呼。接二連三的盛況令人目不暇給。勒布朗和厄文表現精采，率領騎士隊取得勝利。

賽後，媒體包圍勒布朗的更衣室，試圖引誘他對導致艾瑞克・加納死亡的員警暴行做出更多評論。一個記者問：「勒布朗，你穿這件T恤，想傳遞的訊息是什麼？」

「向他的家人表達哀悼，向他的妻子表達遺憾。」勒布朗回答：「這才是重點。每個人都因為其他面相的事情分心，卻忘了是誰真正在感受這份悲痛：他的家人。」

記者問：「難道沒有更大的訊息……」

勒布朗打斷了他的話：「還能多大？」

記者說：「我只是想說……」

「還能有什麼訊息，比向家人致哀更大？」勒布朗再次打斷他：「顯然，我們知道社會需要進步。但正如我之前所說的，暴力不是答案，報復也不是解決之道。」

皇室夫婦在一間私人房間等候勒布朗。勒布朗走了進去，代表ＮＢＡ贈送禮物給他們。三人合影時，勒布朗像家人一樣對待他們，把手搭在公爵夫人的肩膀上。勒布朗搭上公爵夫人肩膀的畫面，在社群媒體上造成軒然大波，引發了國際爭議。

英國小報抨擊勒布朗違反皇室禮儀。在美國，ＣＮＮ的皮爾斯．摩根（Pierce Morgan），一名英國人，也批評了他。「你不該把出汗的手臂，搭在未來的英國王后身上。」摩根說：「勒布朗．詹姆斯，你可能自稱詹皇，但你不是真正的國王……請勿觸摸公爵夫人。」

為平息騷動，白金漢宮採取了不尋常的措施，發布一份正式聲明：

「劍橋公爵和公爵夫人非常享受待在美國的時間，包括參加ＮＢＡ球賽，以及跟勒布朗見面。皇室成員盡力讓遇到的人感到自在，沒有所謂的皇家禮儀。」

勒布朗無視皇室相關的爭議，更關心聯盟對他穿著印有訊息Ｔ恤的反應。「我尊重德瑞克．羅斯和所有球員，對重要的議題表達個人觀點。」聯盟總裁亞當．席佛向媒體表示：「但我希望球員們遵守場上的著裝規定。」席佛這一步，正走在政治鋼索上。

然而，隔天柯比．布萊恩便安排湖人隊全體，在洛杉磯一場比賽前穿著「我不能呼吸了」的Ｔ恤熱身。除了勒布朗之外，柯比是全聯盟最有影響力的球員。他鮮少發表言論，但在這個議題上，他特意釐清自己穿著這件Ｔ恤，並非是針對美國的種族關係。

「我認為把這件事局限於種族議題，有弊而無利，這其實是攸關正義的議題。」柯比對媒體說：「在社會議題上，你會看見一個轉捩點。」

在美國，湯姆．布雷迪和老虎伍茲，是唯二在知名度與成就上，能與勒布朗相提並論的男性運動員，但他們從未在社會議題或政治議題上發表言論。由於勒布朗的地位，他的發聲引起許多注意。騎士隊與籃網隊之戰幾天後，歐巴馬總統談及了這件事。

「很長一段時間以來，那些薪酬豐厚的運動員總覺得，自己應該『保持沉默，得到代言機會，不要興風作浪』。」歐巴馬說：「勒布朗是個表率，這個年輕人試圖用自己的方式和謙恭的態度表達：『我也是這個社會的一分子。』然後，讓大家把注意力聚在這樣的議題上。」

歐巴馬補充道：「我希望看到更多的運動員這麼做。不僅限於這個問題，而是各式各樣的議題。」亞當．席佛意識到，阻止潮流是徒勞的，NBA正在成為社會變革的平臺。

不要自動認為我們和警察勢不兩立

二〇一五年二月，一個寒冷陰沉的早晨，勒布朗踏著超過一呎高的積雪，他身穿耐吉拖鞋和襪子、棉褲、T恤和外套，來到他在阿克倫的家庭基金會辦公室。前一晚，騎士隊戰勝了七六人隊，單季戰績來到三十勝二十負。疲倦且不悅的他寧願待在家裡休息，但亞當．孟德爾森安排了他跟《好萊塢報導》（*Hollywood Reporter*）的專題作家會面。

瑪麗莎．葛斯麗（Marisa Guthrie）已追求勒布朗的封面故事近兩年之久。葛斯麗是好萊塢最受尊敬的作家之一，勒布朗和卡特創立的製片公司讓她留下深刻印象。孟德爾森知道，葛斯麗曾採訪許多娛樂界的名人。她想專訪勒布朗。

但先前，孟德爾森不希望勒布朗，在從邁阿密轉隊至克里夫蘭的過渡期，登上好萊塢最具影響力的雜誌封面，這樣的做法可能傳遞錯誤的資訊。所以當時孟德爾森推遲了葛斯麗的請求。如今，賽季已經進行許久，而且《姐姐愛最大》也即將在電影院上映，孟德爾森認為現在正是合適的時機。

勒布朗帶著莎凡娜和十一週大的女兒祖莉（Zhuri），一起參與這次採訪。

葛斯麗知道莎凡娜通常不接受採訪、保持低調，因此看到她和孩子現身時有些吃驚。莎凡娜像老朋友一樣問候葛斯麗，擁抱了她，並在她的臉頰上親了一下。

葛斯麗馬上感覺到親近。她最近也剛生下一個小女孩，生日比祖莉晚一天。莎凡娜脂粉未施，還帶著一個尿布包，讓葛斯麗很有共鳴。

為了和勒布朗聊開，葛斯麗問他會不會懷念還沒成名的日子。

勒布朗回答：「已經太久了，我不記得了。」

葛斯麗察覺勒布朗似乎沒有心情說太多，為克里夫蘭帶來一座總冠軍的重擔，似乎快要把他壓垮。在孟德爾森旁觀下，葛斯麗逐一問完她的問題，勒布朗也按部就班的回答。最後，葛斯麗提到近期過世的十二歲黑人少年塔米爾・萊斯（Tamir Rice）。他在公園揮舞玩具槍，結果被克里夫蘭員警開槍射殺。勒布朗的神態瞬間變得不同。

「我和兒子們談過這些事。」勒布朗說：「他們有數不清的玩具槍，但沒有一把看起來像真槍。我們有一些綠色、紫色和黃色的玩具槍，但我甚至不讓他們把這些玩具槍帶出家門。」

葛斯麗詢問，勒布朗和莎凡娜是否曾與兒子們談過，被員警攔下的狀況。

「當然。」勒布朗說：「我們說的是：『態度要恭敬，按照要求行事，讓警察做他們的工作，剩下的交給我們來處理。不需要吹噓什麼，也不要自動認為我們和警察勢不兩立。』」

葛斯麗觸及了勒布朗內心深處，在乎的一些議題。

「從小到大，我與警察有過幾次接觸，沒有任何問題。」他繼續說：「但有時候你必須閉上嘴。就是這麼簡單，安靜讓他們做他們的工作，然後繼續過你的生活，希望一切順利。」

莎凡娜附和道：「希望每個人都順利。」

葛斯麗做好萊塢報導很久了。像勒布朗這樣的人物，竟能坦率談論已經如此兩極化的議題，令葛斯麗感到耳目一新。「勒布朗的感受，是中產階級白人女性所不能體會的。」葛斯麗說：「我從不需要用他的方式面對世界。而他想要談論這些事，因為他知道自己的言論可能會帶來影響。」

二月底，勒布朗首次登上《好萊塢報導》的封面。葛斯麗撰寫的三千四百字專題報導名為〈勒布朗．詹姆斯透露打造好萊塢帝國的雄心〉，重點放在勒布朗和卡特正透過春山製片公司，籌備的一系列計畫。

他們製作的喜劇《倖存者的悔恨》已被有線電視網 Starz 相中。勒布朗已經簽約，將與喜劇演員凱文．哈特（Kevin Hart）一起出演環球影業的電影《球員們》（*Ballers*）；而卡特正在與華納兄弟（Warner Bros.）討論，要勒布朗主演經典電影《怪物奇兵》（*Space Jam*）的續集。

葛斯麗的報導將勒布朗、卡特和春山娛樂，定位為電影和電視產業中，嶄露頭角的新興力量。但葛斯麗還隱約指出勒布朗最重視的一點——首要任務，是為克里夫蘭贏得總冠軍。

口出惡言的人，都不用承擔後果

騎士隊以五十三勝二十九負的戰績完成例行賽，名列東區第二。賽季末段，勒布朗、厄文和洛夫找回了狀態。為強化陣容，球隊在季末也簽了一些約，為隊上加入經驗豐富的J・R・史密斯（J. R. Smith）、伊曼・尚波特（Iman Shumpert）和肯德瑞克・帕金斯（Kendrick Perkins）。

騎士隊在季後賽首輪橫掃塞爾提克隊，但在第四場比賽中，凱文・洛夫與一名塞爾提克隊球員糾纏在一起，對方用力拉扯洛夫的胳膊，導致他的肩膀脫臼。洛夫痛得直接從球場跑了出去，這個傷勢使他必須動手術，剩餘的賽季都不能再上場。

洛夫的缺陣是重大損失。少了他的騎士隊，在下一輪對陣公牛隊的系列賽中陷入困境。二比一落後的情況下，騎士隊在芝加哥的第四戰，面臨非贏不可的局面。比賽還剩一・五秒，兩隊八四：八四平手，騎士隊總教練大衛・布拉特設計出一套戰術，要求勒布朗從騎士隊的籃框下發出邊線球。但勒布朗無視了布拉特，跟隊友們說：「把球給我就對了。」

替補後衛馬修・德拉維多瓦（Matthew Dellavedova）完全按照勒布朗的話做。當裁判把球交給他後，德拉維多瓦飛快的把球傳給勒布朗，勒布朗佯裝要往籃框突破，卻突然變向，衝往公牛隊的板凳席，接獲傳球、起跳、後仰出手，一氣呵成。

ESPN的麥克・布林播報道：「勒布朗出手。」

球還在半空，終場鳴笛聲響，勒布朗在界外落地。

「球進！」布林大喊：「勒布朗・詹姆斯壓哨絕殺！」

聯合中心球場（United Center）的觀眾驚呆了，勒布朗的隊友們在計分臺前把他團團圍住。系列賽被扳回了二比二平手，戰線移師克里夫蘭。

公牛隊從此沒再取回氣勢，騎士隊接著連勝兩場，晉級東區決賽，等著他們的是東區第一種子——亞特蘭大老鷹隊。

在亞特蘭大的第一戰，凱里・厄文因為左膝肌腱炎問題，不得不減少上場時間。J・R・史密斯填補了這個空缺，攻下二十八分。勒布朗則貢獻三十一分。騎士隊取得勝利。後來，厄文的肌腱炎迫使他錯過第二戰和第三戰。馬修・德拉維多瓦代替他先發上場。其他角色球員也挺身而出。

勒布朗扛起了進攻重任，場均超過三十分。打完前三場比賽後，騎士隊取得了三比零的絕對領先，厄文在第四場比賽回歸，騎士隊以三十分之差大獲全勝，橫掃亞特蘭大老鷹隊。

勒布朗已經連續五年闖進NBA總冠軍賽。除了一九六〇年代的比爾・羅素和他的塞爾提克隊隊友外，沒有人完成過這樣的壯舉。然而，騎士隊贏得總冠軍的機會非常渺茫。

二〇一四－一五賽季，金州勇士隊，無疑是全NBA最強大的球隊。由新任總教練史蒂夫・科爾（Steve Kerr）和三名年輕的明星球員領銜——二十四歲的克萊・湯普森（Klay

Thompson）、二十四歲的卓雷蒙．格林（Draymond Green），以及二十六歲的NBA最有價值球員史蒂芬．柯瑞（Stephen Curry）——勇士隊在該例行賽季，拿下六十七勝十五負的戰績，NBA史上，只有五支球隊曾經取得更好的成績。

柯瑞和湯普森因為擅長狂轟三分球，擁有「浪花兄弟」（the Splash Brothers）的美稱。兩人在奧克蘭甲骨文球場（Oracle Arena）舉行的第一戰皆有發揮，合得四十七分。但勒布朗無人可擋，獨得四十四分。厄文則貢獻了二十三分。四節打完後，兩隊平手。

進入延長賽，厄文在進攻端面對克萊．湯普森，卻在切入時弄傷膝蓋。厄文上場了四十四分鐘，現在卻不得不被攙扶離場。X光顯示，他的膝蓋骨折了。

勇士隊在延長賽中獲勝，系列賽以一比零領先。

在洛夫已確定缺席後，勒布朗認為失去厄文將重創球隊，尤其在這階段，擊敗勇士隊的挑戰突然變得加倍艱鉅。但勒布朗並不害怕，執著為克里夫蘭帶來總冠軍的他環顧更衣室，採取了「下一位補上空缺」（next man up）的態度。

馬修．德拉維多瓦必須擔任先發控球後衛，與柯瑞對位。J．R．史密斯和伊曼．尚波特必須分擔更多得分。崔斯坦．湯普森（Tristan Thompson）必須搶下更多籃板球。每個人都要傾盡全力防守，在外線互相幫忙。

與此同時，勇士隊在第二戰嗅到勝機。然而，德拉維多瓦全程緊貼柯瑞，勇士隊最佳球員在得分遇上了麻煩。另一端，勒布朗不斷透過切入和扣籃攻擊籃框。其中一波進攻成了整場比賽的縮影：勒布朗往籃框切入，被卓雷蒙．格林犯規，兩人在空中碰撞，格林用前臂猛擊勒布朗的臉部。然而，被撞飛在地板上的卻是格林。

勒布朗以萬夫莫敵之姿，拿下三十九分、十六個籃板和十一次助攻。騎士隊在延長賽以兩分之差險勝勇士隊，震撼奧克蘭的觀眾。當比賽結束鳴笛聲響，勒布朗猛力把球砸向地面，握緊拳頭，從喉嚨深處發出一聲咆哮。

筋疲力盡的勒布朗步下球場，往通道走去。此時，一名穿著勇士隊衣服的白人女性，衝著他大喊：「勒布朗，當個孬種渣滓感覺怎麼樣啊？」

勒布朗停下腳步怒視她。

「喂！」一名場館保全人員喝止：「管好妳的嘴，女人。」

讓勒布朗惱怒的是，隨便一個陌生人，竟然可以對一個有妻子和三個小孩的人，說出如此惡毒的話，而且不用承擔後果。但他保持沉默，繼續朝更衣室走去。系列賽戰成一比一平手，勒布朗急著想回家。

為了生存而戰

在騎士隊主場進行的第三戰，勒布朗跟柯瑞和湯普森展開一場飆分大戰。勒布朗攻下四十分，柯瑞和湯普森合力得到四十一分。德拉維多瓦祭出生涯最佳表現，貢獻二十分。終場比數九六：九一，騎士隊再次獲勝，系列賽以二比一領先，這是令人難以置信的局面。

《紐約時報》認為，勒布朗已經將系列賽變成他的「個人遊樂場」。在前三場比賽中，他出手一百零七次，得到一百二十三分，把隊友和克里夫蘭扛在肩上。

「我知道我們的球隊是為了生存而戰。」勒布朗在第四戰賽前說：「我們陣容不如對方，實力不如對方。但我們仍在奮鬥。」

對於克里夫蘭球迷而言，這樣已經夠了。勒布朗和一群以藍領精神[20]為特點的球員，把一支兵強馬壯的超級球隊逼到絕境。勇士隊在第四戰做出回應，贏下此戰，將系列賽扳平。第五戰回到奧克蘭，柯瑞在該賽第四節狂轟十七分，全場攻下三十七分。勇士隊還有其他四名球員得分上雙。勒布朗雖無人可擋——得到四十分，搶下十四個籃板，送出十一次助攻。但勇士隊仍以十三分之差獲勝，在系列賽取得三比二領先。

隨後，媒體指出儘管厄文和洛夫都因傷缺陣，勒布朗似乎仍帶著非常強大的自信打球。一名記者問道：「這次總冠軍賽，你會不會因為球隊人手短缺，打起來反而比較沒有壓力？」

「我之所以有自信，是因為我是世界上最好的球員。」勒布朗語畢，停頓了一下，隨著相機的閃光不斷亮起，他繼續說道：「就是這麼簡單。」

勒布朗和柯瑞之間的競爭成了注目焦點，並催生出自麥可．喬丹時代以來，最具娛樂性的NBA總冠軍賽。勒布朗的表現雖優於柯瑞，但到頭來，柯瑞擁有一支更優秀的團隊。

在克里夫蘭舉行的第六戰，勒布朗在全場四十八分鐘裡上場四十七分鐘，得到三十二分、十九個籃板和九次助攻。柯瑞得到二十五分，有四名隊友得分上雙，金州勇士隊擊敗了騎士

20 編按：指低調、努力、拚勁十足的球風。

隊，奪得總冠軍。

儘管安德烈・伊古達拉（Andre Iguodala）獲選總冠軍賽最有價值球員，許多體育記者卻指出一個罕見的狀況：在本次系列賽中，敗方有名球員更配得上此殊榮。

勒布朗成為NBA總冠軍賽史上，首位在整個系列賽中得分、助攻和籃板數都居兩隊之冠的球員。他三度攻得四十分以上，場均超過三十五分、十三個籃板和九次助攻。這是歷史上最具宰制力的總冠軍賽表現之一，也是勒布朗生涯中，最偉大的總冠軍賽拚搏。

然而，這一切都無法減輕，看著勇士隊在Q球館歡慶的痛苦。在所有隊友離開球場後許久，勒布朗獨自坐在更衣室，肩上披著一條毛巾。他氣力放盡，一個人陷入沉思。為克里夫蘭贏得總冠軍，遠比他想像的艱鉅。已三十歲的他只會越來越老，勇士隊卻才剛開始起飛。

34 救贖

二〇一五年夏天，勒布朗回顧重返家鄉的決定。大多如他所願。莎凡娜和孩子們在俄亥俄州東北部，這個受保護的熟悉環境中悠然自得。他的大兒子在一支AAU球隊中表現出色。他的家庭基金會對社區產生深遠的影響——他跟大通銀行（Chase Bank）和阿克倫大學合作，提供阿克倫高中成績平均積點[21]三．〇的畢業生四年獎學金。超過一千名學生在這個計畫實施的第一年，便獲得全額獎學金。

重返家鄉並沒有減損勒布朗在商業上的追求。二〇一五年，他和卡特與華納兄弟簽了一紙發展合約，讓春山娛樂得以跟頂尖好萊塢製片公司合作，開發電影和電視節目。

華納兄弟和透納體育（Turner Sports），在媒體公司 Uninterrupted 投資超過一千五百萬美元。Uninterrupted 是勒布朗和卡特為運動員設計的數位媒體平臺，讓運動員可以像他在《運動畫刊》的文章中那樣暢所欲言。同時，他也正在與耐吉商談一紙史無前例的終身代言合約，據報導價值高達十億美元。在好萊塢的諸多事務之間，他和莎凡娜還以兩千一百萬美元，在

21 編按：大學及高等教育院校採用的一種學生成績評估制度，美國大多數大學、高中，與國立臺灣大學、國立臺灣師範大學等院校皆使用此制度。

布倫特伍德（Brentwood）購置了一棟占地九千四百平方英尺的豪宅。

但他回到克里夫蘭的主要目標——帶來一座總冠軍——還沒有實現。金州勇士隊阻礙了他離開邁阿密時構想的童話結局。他覺得勇士隊只會變得更強，並成為更大的障礙。然而，一個夢境卻夜夜出現——為克里夫蘭贏得一座總冠軍獎盃，會是什麼感覺？

休息一段時間後，勒布朗準備再次為總冠軍奮鬥。首先，他確保騎士隊跟凱文．洛夫、崔斯坦．湯普森，以及伊曼．尚波特續約。然後，他自己同意續簽一年。勒布朗還加強個人訓練計畫，精煉原本就很嚴格的飲食，並與核心隊友一對一面談，讓他們在賽季前做好心理準備。當洛夫為了肩部手術復健時，勒布朗鼓勵他，告訴他球隊有多需要他滿血回歸。

二〇一五－一六賽季開打，勒布朗密切關注勇士隊的情況，在深夜觀看他們的比賽錄影。他已非常習慣聽到播報員反覆說出同樣的三個詞：「柯瑞，三分出手，球進。」隨著柯瑞以破紀錄的步調不斷命中三分球，勇士隊看起來就像一支永遠不會輸的球隊。

NBA開季的連勝紀錄是十五場，並從一九四九年保持至今，但勇士隊粉碎了這項紀錄。一直到十二月中旬，勇士隊的戰績是二十四勝零負。「他們擁有史蒂芬．柯瑞，也就是當今最好的球員。」NBA分析師大衛．奧爾德里奇（David Aldridge），對全國公共廣播電臺表示：「我知道勒布朗．詹姆斯實力超群，是一名出色的球員，但柯瑞正在做的事情非比尋常。」

與此同時，騎士隊難以達到勒布朗的標準。他們是東區的頭號勁旅，然而在賽季中途，球隊解僱了總教練大衛．布拉特，在球員中更有聲量的助理教練泰隆．魯取而代之。下半季，在魯執掌兵符的情況下，球隊輸掉的比賽比布拉特領軍時還多。勒布朗已經無計可施。

儘管住在洛杉磯，並為了春山娛樂忙得不可開交，馬維里克．卡特還是密切關注克里夫蘭的情況。他意識到正在發生的事。某些騎士隊球員的投入程度，遠不及勒布朗的要求，卡特也明白，勒布朗是個完美主義者。季末時，卡特打了電話給勒布朗。

「**你賺了很多錢，是因為你籃球打得比世界上任何人都好。**」卡特告訴他：「所以，你只要專注做好自己擅長的事。不要擔心這個人或那個人，不要擔心任何人。專心打球就對了。」

保持格調很難，但我做了十三年

騎士隊以五十七勝二十五負的戰績結束例行賽，名列東區第一名。然而，勇士隊卻拿下七十三勝九負的NBA史上最佳戰績。柯瑞不僅是聯盟得分王、創下NBA賽季三分球命中數的紀錄，並且連續第二年獲選最有價值球員。

勇士隊是唯一一支，有三位成員入選二〇一六年全明星賽的球隊，分別是柯瑞、湯普森和格林。此外，史蒂夫．科爾獲選年度最佳教練。勇士隊強大無比，人氣也超高，一些作家甚至開始把他們稱為美國隊。

關於勇士隊有多偉大的言論，勒布朗已經聽夠了。他對柯瑞被塑造為世上最佳球員感到不滿。柯瑞是新崛起的球星，聞名絕技包括超準的遠距離投射、溜溜球般的控球技巧以及抄截。他是大師級的表演者，並端出了兩個極具看頭的賽季，最有價值球員的榮譽當之無愧。

但勒布朗在過去十三年，一直是地表上最有實力的籃球員。大部分的時間裡，他必須扛起球隊。能在五個不同位置打球的能力，讓勒布朗難以被歸類。而且，勒布朗在NBA和奧運的整體成就，跟柯瑞根本不在同個層次。在勒布朗看來，「最有價值」一詞可以各自表述，而「最有價值球員」和某個特定賽季的「最佳球員」之間是有區別的。

福斯體育的科林．考沃德（Collin Cowherd）也抱持相同觀點。他認為柯瑞對球隊成功的重要，並不如邁阿密或克里夫蘭的勒布朗。考沃德說：「我不確定聯盟裡是否曾有跟勒布朗．詹姆斯同樣有價值的球員。」他補充道：「史蒂芬．柯瑞應該贏得的是『年度最佳球員』，而勒布朗才是貨真價實的最有價值球員。」

騎士隊在正確的時間完成磨合，並在季後賽中輕鬆過關，連續兩輪橫掃對手，沒有受到挑戰。反觀，勇士隊在西部決賽差點被凱文．杜蘭特和奧克拉荷馬雷霆隊淘汰。勇士隊在系列賽一度以一比三落後，但仍捲土重來，拿下賽事。

騎士隊與勇士隊的再次對決，對NBA及轉播合作夥伴來說就像一座金礦。二〇一六年NBA總決賽，讓史上最佳球隊之一，對上史上最佳球員之一。勇士隊試圖完成二連霸，而勒布朗則為克里夫蘭追求一座總冠軍。至於誰是更優秀球員的爭論——柯瑞還是勒布朗——將在賽場上解決。從收視率的角度來看，ABC可說握有電視上最膾炙人口的戲劇。

勇士隊在奧克蘭的前兩戰擊潰騎士隊，兩場總共贏了四十八分。在克里夫蘭的第三戰，騎士隊做出回應，以三十分之差大勝勇士隊。但在六月十日的關鍵第四戰中，柯瑞爆發了，命中七顆三分球，狂轟三十八分。湯普森貢獻了二十五分，讓全場觀眾鴉雀無聲，勇士隊在系列賽取得三比一的絕對領先。離開克里夫蘭Q球場的時候，「浪花兄弟」笑容滿面。

騎士隊看來窮途末路。沒有任何球隊曾在總冠軍賽中，以三比一的落後局面反敗為勝，而勇士隊在整個賽季中從未連輸三場。但是，在第四場比賽的末尾，勒布朗和卓雷蒙．格林之間的衝突，成了系列賽的轉捩點。

格林整場比賽持續在言語和肢體上騷擾勒布朗。比賽還剩不到三分鐘時，勇士隊領先十分，勒布朗受夠了。格林設下掩護，勒布朗硬闖過去，格林倒地，勒布朗跨過他繼續打球。但在勒布朗跨越格林的同時，試圖起身的格林用手揮打勒布朗的下體。勒布朗怒意爆發。兩人胸膛相貼嗆聲，然後開始互推。兩名球員都被吹了犯規，但這並沒有影響比賽的勝負。

勒布朗和格林之間的衝突，在賽後記者會上升級。被問及勒布朗對卓雷蒙．格林的反應時，克萊．湯普森嘲諷勒布朗，說ＮＢＡ是「男子漢的聯盟」，垃圾話是比賽的一部分。

「我是不知道他的感受啦。」湯普森說：「但顯然，人們是有感受的。人們的感受可能會受傷。我猜他的心靈受傷了。」

湯普森與媒體交談的同時，勒布朗在更衣室裡向隊友們保證，他們已經把勇士隊逼到他們想要的位置。他告訴隊友們，騎士隊不會再輸掉一場比賽。

然後，當勒布朗進入媒體室，一名記者提到湯普森說的話，問勒布朗是否願意發表評論。

勒布朗問：「你說克萊（湯普森）說了什麼？」

記者複述：「克萊說：『我猜他的心靈受傷了。』」

勒布朗拿著麥克風，下巴垂到胸前，笑了起來。媒體們也跟著笑。

「天哪。」他笑著說：「我不會評論克萊說的話。」他停頓片刻，又笑了起來。然後他凝視記者們的眼睛。

「**保持格調真的很難。**」勒布朗微笑著說：「**我已經這樣做了十三年。繼續這麼做很不容易，但我會再一次這麼做。**」

勒布朗並不需要額外的動力，但湯普森，剛剛為他製造了些許。

如果不覺得我們會贏，就別上那架飛機

深夜，勒布朗和莎凡娜一起放鬆。凌晨兩點半左右，他們觀看艾迪．墨菲的《野馬秀》（*Eddie Murphy Raw*）。在開懷大笑九十分鐘之後，勒布朗在破曉前，向隊友們發了一封群組訊息。他們將在當日稍晚登上飛往奧克蘭的班機。但在此之前，勒布朗有個想法想傳達給隊友：「我知道我們正以三比一落後，但如果你認為我們不能拿下這個系列賽，就他媽的不要上那架飛機。」

勒布朗在比賽中玩起另一種遊戲。他已經七度參加NBA總冠軍賽，明白三連霸有多麼困難。他也明白七戰四勝的系列賽是一種消耗戰，而心理素質將決定誰勝誰負。勇士隊打得就像會理所當然的拿下總冠軍，而勒布朗認為，他們將因此鑄下大錯。

騎士隊抵達奧克蘭後，NBA宣布卓雷蒙．格林在第五戰被禁賽。他在比賽中對勒布朗「報復性的攻擊下體」，事後被評定為惡意犯規。單看這次惡意犯規，不足以造成禁賽，但格林是個愛引起衝突的傢伙。

在該次季後賽稍早，他曾兩度吞下惡意犯規，一次是把一名休士頓火箭隊球員摔到地上，一次則是踢了一名奧克拉荷馬的球員下體。根據NBA規定，格林在季後賽期間的第三次惡意犯規，將自動觸發一場禁賽。

刻意跨過格林的勒布朗知道這些規定。《紐約時報》的資深體育專欄作家哈威・阿拉頓（Harvey Araton）認為，勒布朗基本上是在向格林說：「要不要看看我的下面？」透過激怒格林，勒布朗以其人之道治其人。甚至有籃球寫手戲稱格林為「踹鳥俠」（Nutcracker）。

但對勇士隊來說，格林的禁賽可不是鬧著玩的。作為頑強的籃板球員和封阻高手，格林是防守端的中堅力量。他也是球隊的情緒領袖，把苦工髒活都攬在身上，好讓柯瑞和湯普森盡情發揮。

第五戰賽前，勒布朗觀賞電影《教父二》調整心態。其中一幕——決心報復的黑幫老大麥可・柯里昂，突然拜訪手下法蘭克・潘坦居利（Frank Pentangeli）——捕捉了他對格林和勇士隊的感覺。

法蘭克：「我希望你事先讓我知道你要來。我可以為你準備些東西。」

柯里昂：「但我不想讓你知道我要來。」

格林缺陣的情況下，騎士隊懲治了勇士隊。在有長人控制內線的情況下，勒布朗和厄文各得四十一分。這是聯盟史上，首次在總冠軍賽中有同隊隊友在一場比賽中，各自得到四十分以上。騎士隊最終以十五分之差獲勝。

隨著比賽結束的鳴笛聲響，柯瑞做了一個無意義的上籃。即使比賽已經結束，勒布朗還是封蓋了柯瑞的上籃，向這位聯盟最有價值球員，傳達了一個不太含蓄的訊息。事後，《紐約時報》宣稱，勒布朗「依舊是這個星球上，最會打籃球的人類」。

勇士隊仍然以三比二領先，但現在他們不得不回到克里夫蘭。勇士隊的教練史蒂夫．科爾擔心，勒布朗會藉此控制整個系列賽。科爾曾以球員身分贏得五座ＮＢＡ總冠軍，包括在麥可．喬丹時代的芝加哥公牛隊三連霸。科爾知道三連霸需要多少心理強度。「那可不是說來就來的。」科爾在第五戰賽後告訴他的球員：「比那難多了。」

對騎士隊來說，第六戰是球隊史上最重要的比賽。受到觀眾能量的加持，他們一開賽就取得三一：九的大幅領先。卓雷蒙．格林歸隊，打得綁手綁腳。騎士隊打得更為強硬，勇士隊追不上他們的能量水平。勒布朗在下半場一度連取十八分，此時的他不只是宰制勇士隊，他是在霸凌勇士隊。

到了第四節時，勒布朗本應喘息片刻，但他告訴魯教練：「我不下場。」接著，在比賽還剩四分鐘，騎士隊領先十三分時，柯瑞往籃框切入，試圖用假動作把勒布朗騙離地面，但勒布朗沒有上當。

反之，他等著柯瑞嘗試出手，然後把他的上籃搧到界外。他怒視柯瑞，咆哮道：「把那種弱爆的球，拿出我的地盤！」觀眾席爆發歡呼。當個騎士隊球迷，感覺從沒像此刻那麼好。

片刻之後，在球場另一端，柯瑞試圖撥掉勒布朗手上的球，結果被吹第六次犯規。柯瑞怒不可抑，把嘴裡的牙套扔出去，打到場邊一位球迷。裁判吹判柯瑞技術犯規，並把他驅逐出場。這是柯瑞職業生涯中第一次被驅逐出場。觀眾用嘲笑聲歡送他離場。

作為對比，勒布朗出場四十三分鐘，連續兩場攻得四十一分。騎士隊以十四分之差獲勝，將系列賽追成三比三平手。隨後，史蒂夫．科爾痛批裁判對待柯瑞的方式。

「他是聯盟最有價值球員。」科爾說：「裁判吹了他六次犯規，其中三次無比荒謬。最後一次則來自勒布朗的假摔，傑森．菲利普斯（Jason Philips）被那假摔騙了。這可是聯盟最有價值球員，我們到了NBA總冠軍賽，卻還在處理這些輕手輕腳的犯規。」同時，柯瑞的妻子在推特發文說，這場比賽有黑箱操作。她說：「我不會保持沉默。」

科爾因對裁判指名道姓而被NBA罰款；柯瑞也因扔牙套打到球迷而被罰款，他的妻子則刪除了推特發文。勇士隊正在潰散。

騎士隊的更衣室裡，勒布朗露出笑容。「他們搞砸了，心理上跟身體上都是。」他跟隊友們說：「我告訴你們。他們搞，砸，了。」

長達五十二年的冠軍荒，在我手中結束

在奧克蘭進行的第七戰，是系列賽中最激烈的一場。比賽中出現了二十次互換領先和十八次平手。比賽還剩不到兩分鐘時，比數八九：八九，凱里．厄文持球切入，拋投出手。接下來，即將出現定義勒布朗的傳奇，並扭轉克里夫蘭體育史的一球。

厄文的拋投沒進。勇士隊前鋒伊古達拉抓下籃板球，迅速推進到前場，把球傳給柯瑞。面對防守球員的柯瑞，意識到伊古達拉正衝向籃框，便傳出彈地球。伊古達拉距離籃框只有十四呎，接獲柯瑞傳球後，邁出兩步，起跳上籃。

勒布朗從球場的另一端開始追著球跑，伊古達拉接到球時，勒布朗距離籃框二十一呎。他告訴自己，我可以封到這一球。勒布朗加速，起跳離地三呎。他必須在空中越過三個障礙——避免碰到籃框、避免對伊古達拉犯規，並在球觸碰籃板之前封蓋。當勒布朗把球釘在籃板上時，他的胸膛與伊古達拉的頭齊高。然後，球彈到J．R．史密斯的手上。勇士隊的領先上籃中途受阻。

這一幕發生得太快了——後來的分析揭示，勒布朗在二．六七秒內奔跑六十呎，估計最高時速達到二十英里[22]——播報員透過慢動作重播，才意識到這一壯舉的重要。

「哦……我的……天哪。」ＡＢＣ的傑夫．范甘迪（Jeff Van Gundy）說：「柯瑞的傳球到位，伊古達拉全力跟進，但勒布朗．詹姆斯的防守撲救，簡直是超人。」

另一端，進攻二十四秒時限迫近，柯瑞在三分線外盯防厄文。厄文後撤步出手，命中關鍵一擊，讓球隊以九二：八九領先。接著柯瑞無法甩開凱文．洛夫的防守，強行出手三分球，球碰到籃框後方彈出，落入勒布朗手中。勒布朗被犯規，兩罰中一，讓克里夫蘭在比賽時間僅剩十秒時領先四分，確保了勝利。隨後，勇士隊近乎絕望的最後一擊失手，比賽結束的鳴笛聲響起。

「結束了！結束了！」ＡＢＣ的麥克．布林，在凱文．洛夫把勒布朗抱離地面時大喊：「克里夫蘭再次成為冠軍之城。騎士隊拿下了NBA總冠軍。」

騎士隊成員團團圍住勒布朗。混亂之中，馬維里克・卡特衝上球場，擁抱他的朋友。情緒潰堤的勒布朗跪倒在地。

在熱火隊贏得首座總冠軍時，他沒有失去冷靜；在邁阿密完成二連霸，他也沒有流淚。但這一次不一樣，這遠比他夢想中的更具史詩色彩。從三比一的絕境中掙扎而出，戰勝一支近似無敵的球隊，排除萬難為俄亥俄州東北部的人民帶來總冠軍。克里夫蘭長達五十二年的冠軍荒結束了。這就是他回家的目的。

勒布朗把臉貼在地板上，喜極而泣。

22 編按：約時速三十二・二公里。

35 相信之地

二〇一六年NBA總冠軍賽是勒布朗的代表作，第七戰甚至創下ABC電視臺NBA比賽收視率的紀錄。當勒布朗用一記追魂鍋封阻伊古達拉，為克里夫蘭結束長達五十二年的心痛時，創紀錄的四千五百萬名觀眾正在收看。

長久以來，克里夫蘭被一些惡名昭著的時刻定義——「那波進攻」、「那次掉球」、「那記跳投」，以及「決定日」。如今，克里夫蘭擁有了一個新的傳奇時刻——「追魂鍋」（The Block）。這是史上最具代表性的阻攻，也是勒布朗生涯的招牌表現。勒布朗喜歡這樣的結果，以幫助球隊贏得總冠軍的防守動作，來定義自己的傳奇。

六月二十二日，當超過一百三十萬人，湧入克里夫蘭市中心參與冠軍遊行時，勒布朗仍懷疑自己在做夢。新聞臺的直升機在空中盤旋，喇叭與鳴笛聲響，人們攀上建築物、樹木、路標和路燈，只為一睹球隊成員。

勒布朗、莎凡娜和孩子們一起坐在敞篷車後座，車子緩緩停下，高舉雙手的人群湧上前來。勒布朗叼著雪茄，起身張開雙臂，環視對準他的無數手機鏡頭。這是個狂喜的時刻。他跟莎凡娜說：「我們真的做到了。」

遊行結束後，會議中心前的舞臺上，隊友們坐在身後，全場迴盪「MVP」的呼喊，勒布朗向球迷們發表感言。

「現在正在發生的事，對我來說仍然很不真實，還沒有什麼實感。」他說：「因為一些瘋狂的原因，我仍覺得自己會驚醒，然後發現正要去打第四戰，心想：『媽的，我們還以二比一落後耶。』」克里夫蘭布朗隊的傳奇球員吉姆．布朗站在舞臺上，微笑點頭，表示讚許。

接下來，勒布朗花了十五分鐘談論隊友，一一指出每個人，逐一感謝他們的貢獻，讚揚他們的才能。他沒有談到自己。

「倘若沒有這支隊伍的支持，我什麼也不是。」勒布朗說：「該死，準備好迎接明年吧。」

他放下麥克風，群眾歡欣狂吼。

唱國歌時，站或不站？

從二〇一〇年全美最受憎惡的運動員，轉變為NBA最受欽慕的球員，勒布朗完成了這樣的蛻變。就算跟克里夫蘭毫無關聯，你也會被勒布朗的成就鼓舞。回到家鄉、信守諾言，讓勒布朗鞏固了體育英雄的傳奇地位。《紐約時報》宣稱：「詹姆斯的生涯，已然成為一部成長小說的素材。」在籃球方面，接下來會發生什麼幾乎無關緊要。三十一歲的勒布朗已經歷了人生中決定性的階段。

勒布朗的影響範圍從未如此廣大。那年夏天，他勇於聚焦個人歷史地位的另一方面。就在總冠軍賽期間，傳奇拳擊手穆罕默德．阿里去世了。隨著年歲增長，勒布朗越發欣賞阿里的勇氣，也越發驚嘆他所承受的一切。當勒布朗獲邀在年度卓越運動獎（ESPY）頒獎典禮登臺時，他想要做些事情來表彰阿里。

當年夏天，越來越多黑人男性死於警察之手，其中包括費蘭多．卡斯蒂爾（Philando Castile）。他是一個三十二歲的餐廳員工，因為車尾燈損壞，在明尼蘇達州聖保羅市被警方攔下。當卡斯蒂爾伸手拿駕照和車輛註冊證時，員警朝他連開了好幾槍。卡斯蒂爾的女友和她四歲的女兒也在車上。事件被錄影記錄了下來，卡斯蒂爾後來在醫院裡去世。

勒布朗早已積極參與由NBA和歐巴馬政府組建的合作方案，旨在消除社群之間的分歧，並緩解緊張局勢。他計畫把年度卓越運動獎頒獎典禮當作平臺，發表關於這個議題的演說。德韋恩．韋德、卡梅羅．安東尼和克里斯．保羅同意加入。四人一同站上了洛杉磯微軟劇院的舞臺，呼籲所有體育項目的運動員採取行動，反對針對有色人種的種族主義、槍支暴力和不公不義。勒布朗告訴觀眾：

> 我們都對暴力感到無助和沮喪。我們的感受是如此，但這是不可接受的。是時候照照鏡子，捫心自問我們為了創造改變做了什麼……。
>
> 我知道，今晚我們要向史上最偉大的穆罕默德．阿里致敬。但為了不辜負他的功業，讓我們用這個時刻，呼籲所有職業運動員採取行動，教育自己，關注這些議題。發出聲音、發揮我們的影響力、棄絕一切暴力。
>
> 最重要的是，回歸我們的社群，投入時間與資源，幫助它們重建，幫助它們強化，幫助

它們改變。我們全都必須做得更好。

隨著勒布朗越來越傾向把NBA當作社會變革的力量，聯盟生態發生天翻地覆的變化。看到騎士隊克服一比三落後的劣勢，而勒布朗奪得第三座總冠軍之後，自由球員凱文・杜蘭特決定離開奧克拉荷馬雷霆隊，與勇士隊簽約。

回首二〇一〇年，當勒布朗宣布離開克里夫蘭、轉投邁阿密時，杜蘭特因為與奧克拉荷馬續約，而被譽為「勒布朗・詹姆斯的反面」。但是，在NBA打滾九個賽季仍拿不到總冠軍後，這名二十七歲的超級巨星有了不同的看法。在西部決賽不敵柯瑞和勇士隊的杜蘭特，準備帶槍投靠。他效仿勒布朗的做法，於七月初在「球員論壇」（Players' Tribune）網站上發表文章，宣布自己的決定。

在杜蘭特和柯瑞的聯手之下，勇士隊基本上成了一支全明星隊。聯盟前三強的球員之中，有兩名在勇士隊陣中。《紐約時報雜誌》（*New York Times Magazine*）的山姆・安德森（Sam Anderson），將此情此景比作吉米・亨德里克斯[23]（Jimmy Hendrix）在樂隊比賽中輸給滾石樂隊[24]（Rolling Stone），於是加入後者。ESPN的史蒂芬・A・史密斯則稱，杜蘭特的決定是「超級巨星做過最軟弱的舉動」。

23 編按：美國迷幻藍調吉他樂手，被認為是史上最偉大的吉他手之一。
24 編按：英國搖滾樂團，被認為是史上最偉大的搖滾樂團之一。

然而，這也證明了勒布朗對ＮＢＡ的深遠影響。他投奔邁阿密的舉動，引領了一個新時代：組建超級球隊的權力下放到球員手上，不再單由球隊老闆和管理階層把持。儘管杜蘭特受到一些批評，但程度有限，而且持續時間短暫。在職業體育的經濟中，ＮＢＡ仍處於賦權給球員的最前線。

同樣的，勒布朗願意利用自己的資源和平臺推動社會變革，使他成為一名領袖，他的聲量遠遠超出ＮＢＡ的範疇。勒布朗在年度卓越運動獎發表談話幾週之後，美式足球隊舊金山四九人隊（San Francisco 49ers）的四分衛科林．卡佩尼克（Colin Kaepernick），在一場季前賽賽前的國歌演奏時單膝下跪。

「我不會為一面壓迫黑人與有色人種的國家旗幟起立，並表現驕傲。」他對ＮＦＬ媒體表示：「對我來說，這比美式足球更重大。如果我對此視而不見，就是自私。那些屍體橫在街上，而凶手不僅從謀殺罪脫罪，還能帶薪休假。」

數名職業運動員，包括ＷＮＢＡ的球員，開始在演唱國歌時單膝跪下，表示支持卡佩尼克的理念。但是勒布朗選擇不同的做法，在演唱國歌時起立。跟ＮＦＬ不同，ＮＢＡ規定球員要在國歌演唱時起立。但這並非勒布朗選擇站著的原因。

「這就是我。這是我所相信的。」勒布朗說：「但這不代表我不尊重或不贊同科林．卡佩尼克的作為。人們有權表達自己的意見，堅持自己的理念，而他以我見過最和平的方式這麼做了。」

史蒂芬．柯瑞也選擇在演唱國歌時起立。跟勒布朗一樣，他表示尊重卡佩尼克的決定，並稱其為「大膽之舉」。

在更衣室，我們絕不會以任何方式對女性不敬

運動員在國歌演唱時抗議的爭議，恰逢總統選舉的最後幾個月。共和黨候選人唐納・川普採取分裂性的競選策略。他指責墨西哥政府，向美國南部邊境輸入強姦犯和毒販。造勢集會上，他承諾修建一堵阻止移民的牆，鼓勵支持者「揍扁」反對者，並帶領支持者高喊「把她關起來」。

這裡的「她」指的是川普的對手——民主黨候選人希拉蕊・柯林頓。

當川普在民調中勝過希拉蕊，勒布朗覺得，一定要盡己所能幫助她勝選。在他準備公開支持希拉蕊的同時，《華盛頓郵報》公布川普針對女性的粗鄙言論影片錄音。

這段錄音來自二〇〇五年九月，川普的妻子梅拉妮雅（Melania）當時懷有身孕，川普在電視劇《我們的日子》（*Days of Our Lives*）客串登場時，在片場吹噓自己如何誘惑已婚婦女。

「我千方百計的想上她，」川普說：「像個婊子一樣纏著她。」然後川普對《走進好萊塢》（*Access Hollywood*）的比利・布希（Billy Bush）吹噓：「當你是個大明星時，女人都任你擺布。你可以為所欲為，抓住她們的私處。」

這番言論引發公憤，許多共和黨參議員和州長都要求川普退選，但川普拒絕。幾天後，

川普在與希拉蕊的辯論中，把自己的言論稱為「更衣室閒聊[25]」（locker room talk）。

無論政治傾向如何，對於川普聲稱，自己吹噓性侵一事只是更衣室閒聊，所有運動員全都表示憤怒。他們認為川普把運動員跟自己混為一談，是一種侮辱，勒布朗是少數公開挑戰川普的運動員之一。

「在我們的更衣室裡，我們絕不會以任何方式對女性表達不敬。」他告訴記者：「我有岳母、妻子、母親和女兒，那種談話就是不會出現在我們的更衣室裡。」

勒布朗更進一步在《商業內幕》（*Business Insider*），發表一篇支持希拉蕊的專題文章。儘管勒布朗跟希拉蕊沒有私交，但他認為希拉蕊非要擊敗川普不可。基於與歐巴馬的往來，他相信希拉蕊將延續歐巴馬的國內政策。此外，勒布朗也認為，選出一位女性總統對國家有益。他寫道：

「我們必須解決各種暴力，尤其是非裔美國人社群在街頭上經歷的、在電視上看到的。我相信，藉由專注於處境危險的兒童來重建社區，是解決問題的重要部分之一。然而，我不是政治家，也不知道終結暴力所須的所有手段。但我知道的是，我們需要一位能讓我們團結一致的總統。那些分裂我們的政策和想法，並非解決之道。」

讓勒布朗困擾的是，希拉蕊在俄亥俄州的選情落後川普。勒布朗希望能助她一臂之力，於是決定與她一同競選。選舉前兩天，他們在克里夫蘭的公共禮堂後臺見面。希拉蕊對他說：

「這麼偉大、這麼忙碌的人，還願意抽出時間來做這件事，令我感到謙卑。」

勒布朗回答：「這是應該的。」

片刻後，他與希拉蕊一同登臺，臺下掌聲震耳欲聾。

「我希望人們知道，我是在貧民區長大的。」勒布朗說：「我曾是那些孩子之一，周圍的人們都認為：『我們那一票沒有用。』但事實上，它有用。它真的，真的有用。」

勒布朗讓社區群眾充滿能量。勒布朗明確表示，為什麼他認為投票給希拉蕊至關重要，並提及他的慈善基金會，以及其透過教育幫助兒童進步的使命，勒布朗說：「希拉蕊・柯林頓總統，能讓他們的夢想成為現實，這對我來說非常重要。而我相信站在這裡的女士，將可以繼續這麼做。」

選舉之夜，騎士隊在主場輸給老鷹隊。賽後，勒布朗和莎凡娜幾乎徹夜未眠，密切關注選舉結果。看到川普贏得一個又一個關鍵的搖擺州，尤其看到他在俄亥俄州取勝，讓勒布朗心情沉重。隔天早上，希拉蕊向川普承認敗選。

「我們應該給予他（川普）一種開放的心胸和一個領導的機會。」她說：「我們的民主憲政保障了政權的和平轉移。我們對此不只尊重，而且珍惜。」

勒布朗心灰意冷。歐巴馬一直以來，都是他兒子和許多其他年輕人的偉大榜樣。同樣的，勒布朗認為，希拉蕊將成為他女兒和無數其他年輕女性的偉大榜樣。但川普如此分裂人心，

25 編按：男性之間的粗鄙、失禮、通常涉及性的談話，本詞彙表示此種對話僅是男性之間的說笑，不應認真以對。

以至於勒布朗很難想像，他成為任何年輕人的榜樣。吃早餐時，勒布朗告訴莎凡娜，他們必須加倍努力，利用自己的影響力，成為促進更多正面變革的催化劑。

勒布朗知道ＮＢＡ的球員和教練們，都因為川普而憂心忡忡。

「你一走進房間，望著球員們的臉，他們多數因為少數族裔的身分而直接感到受辱。」勇士隊的教練史蒂夫．科爾說：「這非常令人震驚。突然之間，你面對的現實是，國家的領導人三不五時會使用種族歧視、仇女和侮辱性的言語。」馬刺隊的教練葛格雷格．波波維奇和快艇隊的教練道格．瑞佛斯也表達類似看法。但勒布朗在社交媒體上有兩億多粉絲，其中有很多年輕人。他覺得自己有責任，發出更鼓舞人心的聲音。

「所有的少數族裔和女性，請知道這不是終點，這是我們終將克服的，非常有挑戰性的障礙！」他在 Instagram 上說：「我對所有年輕人承諾，我不會遲疑，每一天都會繼續引領你們！是時候了，我要更用心教育並塑造我的孩子，讓他們在能力可及的範圍內，成為最優秀的模範公民！」

你可以透過打球的方式，了解一個人的品格

二〇一六年十一月十日，川普夫妻造訪白宮，會見歐巴馬夫婦並交接職務。巧合的是，同一天，騎士隊前往白宮接受歐巴馬總統的表彰。儀式之前，勒布朗和隊友們在羅斯福室，與歐巴馬政府的成員會面，討論如何改善克里夫蘭地區執法部門和社區成員間的關係。勒布

朗也與第一夫人共處了一段時間。沒有人提到川普的名字，但他在每個人心中都陰魂不散。

歐巴馬總統心情愉悅，他跟副總統拜登請全體球員，在白宮南方草坪熱情的觀眾前集合。「歡迎來到白宮，請大家為世界冠軍克里夫蘭騎士隊鼓掌。」他微笑著說：「你們沒聽錯，我把世界冠軍和克里夫蘭放進了同一個句子裡。」

大家都笑了。

他繼續說：「談到希望和改變的時候，我們想要看到的就是這個。」

大家又一次笑了。

歐巴馬總統開了球員們的玩笑，也調侃了自己，然後他變得嚴肅。他說：「你可以透過打籃球的方式，了解一個人的品格。」球員們挺直身子。

「當你看到勒布朗．詹姆斯，不僅看到他的力量、他的速度，以及他的彈跳。」歐巴馬繼續說：「還有他的無私、他的工作態度，以及他的決心。」

勒布朗低頭陷入沉思。

歐巴馬說：「當你看到這個阿克倫的孩子崩潰跪倒時，是因為他意識到，自己終於實現多年前許下的承諾——將總冠軍帶回俄亥俄州東北部。始終如一，克里夫蘭（Cleveland）一直都是『相信之地』（Believeland）。」

勒布朗珍視這些白宮訪問。與隊友們並肩站在一起，受到自己崇敬的領導者讚揚，讓他感到非常滿足。沒有任何一位美國總統像歐巴馬那樣，把黑人運動員引入國家的政治進程、讓他們參與自己的競選活動，並在實現國內政策的過程中尋求他們的幫助。

在亞歷山大・沃爾夫（Alexander Wolff）的著作《無畏的籃框：籃球與歐巴馬的時代》（*The Audacity of Hoop: Basketball and the Age of Obama*，中文書名暫譯）中，他認為歐巴馬將籃球作為一種工具，「比任何前任總統運用的任何一項運動，都更有成效」。

對於聯盟而言，歐巴馬的時代恰逢NBA球員在經濟實力，與文化影響力方面前所未有的崛起。對勒布朗來說，歐巴馬的總統任期是個黃金機會，讓他從這位大師級的政治家身上學到不少，並成為他的朋友和盟友。

歐巴馬把籃球視為激勵和團結人民的工具，他也沒忘記最後一次傳遞這個訊息。「這些騎士隊的球員展現了日益壯大的，利用自己平臺發聲的一代運動員。」歐巴馬說：「凱文・洛夫對抗校園性侵。勒布朗則關注槍支暴力等問題，並與蜜雪兒聯手幫助更多的孩子上大學。」

勒布朗希望時間能停留在這一刻。勒布朗知道，這將是他與曾對他生活產生巨大影響的總統夫婦，最後一次一同出席白宮活動。

36 你這爛透了的傢伙

勒布朗回到克里夫蘭的第三個賽季，他在每個主要數據上都有所提升。比起前兩個賽季，他平均每場得了更多分、抓下更多籃板、傳出更多助攻。三十二歲的勒布朗，平均上場時間接近三十八分鐘。然而，球場外的行動，才真正讓他在ＮＢＡ的第十四個賽季中獨樹一格。

騎士隊在二〇一六年十一月，該季首次前往紐約與尼克隊交手時，勒布朗選擇不入住川普紐約酒店（Trump SoHo）——這是球隊早在總統選舉前很久，就預定好的住所。勒布朗自己找了一家飯店，一群隊友也加入他。此舉成為全國頭條新聞，《紐約時報》宣稱：「勒布朗．詹姆斯抵制了唐納．川普的酒店。」

勒布朗告訴記者，他並不是在表達對川普的意見。「說到底，為了每個人好，我希望他會是史上最好的總統——為了我的家人，為了我們所有人。」他說：「但這只是我的個人喜好。就像我去餐廳用餐時，決定點雞肉而不是牛排一樣。」

整個生涯，我始終以正確的方式代表ＮＢＡ

自信滿滿的勒布朗，明白運動員有各種經濟手段可以施展，而他樂於使用這些手段。在造訪紐約的職業體育隊伍之間，川普酒店非常受歡迎。在勒布朗公開選擇下榻其他酒店後，約有二十支體育隊伍和幾家企業停止在那裡住宿。一年之內，川普集團與該酒店達成協議，撤下川普的名字。與此同時，數支NBA球隊在其他城市，也分別停止下榻川普旗下的酒店。

勒布朗刻意避免公開批評川普總統，甚至避免提及他的名字。但當尼克隊總裁菲爾・傑克森用帶有種族歧視的字眼貶低他的朋友時，勒布朗採取了不同的做法。

在ESPN二〇一六年十一月播出的一次訪談中，傑克森稱勒布朗離開邁阿密的決定，等於對派特・萊里和熱火隊球團「賞了一巴掌」。然後傑克森認為，勒布朗預期自己會擁有特殊待遇。「勒布朗在熱火隊打球時，球隊作客克里夫蘭，他想留宿一晚。」傑克森告訴ESPN：「但他們不會留宿。球隊就是這樣……不能因為你和你媽還有你的『狐群狗黨[26]』（posse）想在克里夫蘭多留一晚，就耽誤整個隊伍。」

馬維里克・卡特對此感到憤怒。他在推特上標記了傑克森，並附上「posse」一詞字典定義的截圖：「一群男人，通常帶著武器，由警長召來協助執法。」卡特覺得，如果傑克森使用的字眼改為勒布朗的「經紀人」或「商業夥伴」，那整件事就是另一回事了。卡特說：「但因為我們是年輕黑人，他就能對我們使用『posse』這種詞。」卡特心想，我們邁出每一步，他們都在提醒我們：「你們是貧民窟的人。」

勒布朗贊同卡特的看法。在思考如何回應的同時，勒布朗得知傑克森先前在二〇〇四年寫的書《最後一季》（*The Last Season*）中也用過「posse」一詞。傑克森在書中寫道：

儘管勒布朗看起來確實很有天賦，我並不相信任何十九歲的人應該在NBA打球。這些年輕人過於依賴他們的『狐群狗黨』（posse），來幫他們取車、找女伴，讓他們無法成長為成熟且自給自足的大人。我相信，我們總有一天會發現，這種狀況造成的心理傷害有多嚴重。

勒布朗長久以來一直很敬重傑克森，他作為教練、帶領公牛隊贏得六座總冠軍，後帶領湖人隊贏得五座總冠軍。傷害勒布朗的是，傑克森如此不尊重他的朋友，更不用說他自己了。當勒布朗成為職業球員時，他讓卡特、保羅和米姆斯有機會取得成功。但這不是施捨，而是大量的辛勤與堅持。他們花了十四年的時間，才爬到今天的位置。

如今，卡特已是好萊塢一家成功娛樂公司的創辦人兼總執行長。保羅則是克拉奇體育集團的創辦人兼總執行長，正在簽下越來越多NBA球員。而米姆斯則是騎士隊球團的專案和後勤總管。

勒布朗對記者說：「這真的很糟糕，直到今天，年輕非裔美國人的稱號仍是『狐群狗黨』這樣的詞彙。如果你去查查它的定義，就會知道那不是我在職業生涯中建立起的，不是我所代表，也不是我的家人代表的一切。我相信他之所以使用這個詞，是因為他看到年輕的非裔美國人試圖帶來改變。」

傑克森曾執教傳奇球員麥可．喬丹和柯比．布萊恩，然而，這兩位都沒有為他辯護。不

---

26 編按：該詞原意為民兵、團夥等，在帶有歧視意味的意思中，也指帶有非正當意圖的一群人，如幫派、狐群狗黨等。

過尼克隊的明星球員卡梅羅．安東尼，並不害怕多加解釋傑克森的言論。「對某些人來說，『狐群狗黨』這個詞，可能沒什麼特別的含義。」安東尼說：「但對於其他人來說，它可能帶有貶意。這全都取決於你對誰用這個詞，以及你拿這個詞來指稱誰。在這個例子裡，傑克森指的是五名黑人男子。」雖然安東尼的說法委婉，但明確表示他認為所處球隊的總裁在判斷上出現失誤。

到了這個時候，卡特和保羅都因為商業本事，而受到NBA球員們敬重，其中許多球員都力挺勒布朗。尼克隊疲弱不振，媒體猛烈抨擊傑克森的傲慢。勒布朗明確表示，自己已對傑克森徹底失去尊敬，卻也說他並不尋求道歉，只會繼續前進。但當碰上TNT的查爾斯．巴克利時，勒布朗就沒那麼寬容了。

巴克利曾批評勒布朗「行為不當」且「愛發牢騷」。緊接在傑克森的評論之後，巴克利在NBA的轉播中影射勒布朗糾纏丹．吉伯特，公開呼籲球隊應該再添一名組織進攻者。「他已經有了凱里．厄文和凱文．洛夫。」巴克利說：「他想要所有球員。他不想競爭。他想要永遠都是最被看好的。如此偉大的球員卻不願意競爭，這真讓我生氣。」

巴克利愛批評NBA球星是出了名的。幾年前，他對好友麥可．喬丹的負面評論終結了兩人的關係，而喬丹後來完全不理睬巴克利，也是眾所皆知。巴克利也與其他球員交鋒過，但勒布朗經常成為巴克利的目標——巴克利曾說，勒布朗決定加盟邁阿密是「懦夫之舉」，而且三不五時提醒TNT觀眾，勒布朗將永遠不會被視為NBA史上排名前五的球員——勒布朗一直置之不理。在多年的忍讓後，他決定讓巴克利搞清楚自己的位置。

「我不是那個把別人扔出窗戶的人。」勒布朗告訴ESPN：「我沒有對小孩吐口水，也沒在拉斯維加斯欠債，更沒說過：『我不是榜樣。』我沒有因為在拉斯維加斯狂歡，而在全明星賽週末的星期日姍姍來遲[27]。**整個生涯，我始終以正確的方式代表NBA。十四年了，從沒惹過麻煩，始終尊重比賽。**去把這些話印在報紙上吧。」

一名球員如此直率的談論NBA家族的另一名成員，讓人感到刺耳，媒體預料巴克利將會報復。幾天後，巴克利在TNT的節目《NBA內幕》（*Inside the NBA*）上回應：「勒布朗說的話，對我來說完全沒問題……我在人生中的確做過一些蠢事。話雖如此，我說話從來不會針對任何人，永遠不會！」

巴克利在TNT的轉播夥伴俠客・歐尼爾在節目中提醒，當巴克利表示勒布朗不喜歡競爭時，就已經是在針對勒布朗了。「你的確說了些針對那傢伙的話。」歐尼爾說：「而那傢伙只是也說了些針對你的話。」

重點不一定都是勝利

騎士隊以東區第二名的成績，結束二〇一六－一七賽季的例行賽。他們在季後賽前兩輪都橫掃對手，然後在東區決賽對上塞爾提克隊。塞爾提克隊總裁丹尼・安吉重整了球隊，透過

27 編按：此段敘述皆為巴克利生涯中做過的不當行為。

選秀找來正在崛起的年輕球星，例如二十歲的傑倫・布朗（Jaylen Brown）和二十二歲的馬庫斯・史馬特（Marcus Smart），並使波士頓成為東區第一種子。但克里夫蘭展現宰制力，晉級總冠軍賽，連續第三年與金州勇士隊對決。

又一次，NBA和ABC端出了膾炙人口的總冠軍系列賽，集結當今最大咖的籃球明星。然而，當勒布朗在奧克蘭為總冠軍賽第一戰做準備時，他聽說洛杉磯當局正在調查一起仇恨犯罪事件，就發生在他布倫特伍德的住宅——住宅的大門上被噴上了「黑鬼」一詞。

好在，莎凡娜和孩子們已經回到俄亥俄州。確認妻小的安危後，勒布朗想起了瑪米・提爾（Mamie Till），她曾堅持不闔上十四歲兒子愛默特（Emmett）的棺材——她的兒子在一九五〇年代，遭到兩名白人男子殘忍毆打後殺害。

勒布朗抵達了球館，面對媒體時坐立難安。「這真的讓我內心十分痛苦。」他說：「無論你有多少錢，有多出名，有多少人敬仰你，在美國當個黑人是……是很難的。」

然後他提到愛默特・提爾的母親：「她想讓全世界看見兒子遭受的仇恨犯罪，以及黑人在美國的處境。」對籃球記者來說，這與他們先前參加過的NBA總冠軍賽記者會截然不同。

勒布朗說：「顯然，你們看得出我不是平常精力充沛的狀態。會過去的，沒關係。我正在消化這個問題。」

勒布朗的話引起全壘打王漢克・阿倫（Hank Aaron）的共鳴。阿倫在第一戰賽前告訴《亞特蘭大憲法報》（*Atlanta Journal-Constitution*）：「我能理解勒布朗說的，因為我也感同身受。」在一九七〇年代初，當阿倫快要打破貝比・魯斯（Babe Ruth）的全壘打紀錄時，他收到無數死亡威脅和仇恨郵件，全都來自那些不願看到黑人達到棒球神聖里程碑的人。

「隨著年歲增長，我能把這些事情處理得更好。」阿倫說：「但我晚上回家時，還是會想：『我到底做錯了什麼？』即使到了現在，我已經八十二歲了，還是會想起一些以前發生的事。當時的我只是想打棒球而已。」

勒布朗也曾只是想打籃球而已，但那些日子早已過去。身為美國最著名的黑人運動員，他肩扛無盡的壓力。

勒布朗在第一戰表現出色，整個系列賽都是，凱里．厄文也一樣。作為雙人組的他們達到了顛峰狀態。厄文在總冠軍賽場均得分超過二十九分；而勒布朗則成為NBA史上，首位在總冠軍賽場均大三元的球員，平均每場貢獻三十三．六分、十二個籃板和十次助攻。

但是騎士隊最終還是不敵勇士隊。杜蘭特、柯瑞、湯普森、格林和勇士隊全體球員力壓克里夫蘭，用五場比賽拿下了總冠軍。杜蘭特也獲選為總冠軍賽最有價值球員。

隨著比賽結束、嗚笛聲響，勒布朗擁抱了杜蘭特。NBA球評普遍批判杜蘭特加盟勇士，是為了走一條更容易奪冠的路。但勒布朗不這麼看，他喜歡和杜蘭特及勇士隊競爭。勒布朗認為勇士隊能歷久不衰，他們的四名全明星球員都只有二十多歲。反觀，勒布朗剛打完個人第十四個賽季。如果克里夫蘭想跟上金州的步伐，騎士隊就必須為勒布朗和厄文找到幫手。

但在同年夏天，勒布朗忽然得知，騎士隊要把厄文交易到塞爾提克隊。二〇一七年總冠軍賽之後，厄文去找了丹．吉伯特並要求交易自己，吉伯特沒有知會勒布朗，厄文也沒有。

當塞爾提克隊總裁丹尼．安吉透過厄文的經紀人，打聽到厄文想離開克里夫蘭後，他非常感興趣。塞爾提克隊剛透過選秀得到傑森．塔圖姆（Jason Tatum），強化了冠軍級別的陣容。而騎士隊是唯一能阻止塞爾提克隊重奪東區霸權的球隊。

若能從克里夫蘭陣中減去厄文，並在波士頓陣中將其加入，將會帶來此消彼長的成效。二十五歲的厄文已四度入選全明星賽，並發展成為NBA最頂尖的菁英球員之一。從安吉的角度來看，厄文在未來還大有可為。

厄文想離開勒布朗，和一支連續三年闖進NBA總冠軍賽的球隊，安吉並不感到意外。「重點不一定都是勝利。」安吉說：「表面上，厄文想離開勒布朗和騎士隊似乎沒有道理，但人們為了一些蠢事離婚也沒有道理啊。情緒是真實存在的。我們在談的是二十多歲的年輕人，情緒扮演了非常大的角色。」

一年前，當騎士隊贏得總冠軍時，厄文將勒布朗比喻為譜寫交響樂的貝多芬。但與勒布朗共處三年後，厄文不想繼續在他的陰影下打球。他在波士頓似乎可以成為最耀眼的明星，並且帶領球隊奪冠。

勒布朗不希望騎士隊執行這筆交易。厄文的合約還有三年，所以他缺乏迫使交易的籌碼。然而，等到勒布朗插手時，厄文的交易只差通過體檢以及聯盟批准了。勒布朗親自悉心指引的球員就這樣走了，而且是不告而別。

私底下，勒布朗受傷了，但他還是公開在推特上祝願厄文順利：「孩子，這是唯一的路！特別的才華，特別的人！我對你只有尊重。那是段特別的旅程，我們共度的三年……。」

當勒布朗漸漸接受失去副手的事實，川普總統在阿拉巴馬州亨茨維爾（Huntsville）舉行了一場政治集會。在以白人為主的群眾面前，川普談起那些在國歌演奏期間，單膝跪地抗議員警暴行和種族不公的運動員。

造訪白宮本來是個榮譽，直到你出現

「當遇到有球員不尊重我們的國旗時，難道你不想看到某個ＮＦＬ老闆說：『叫那個混蛋現在就離開球場！滾！他被開除了！』」川普如此說道，隨著群眾歡呼，他再次喊道：「他被開除了！」讓人群更加激動。

到了這個時候，卡佩尼克已經離開ＮＦＬ，圍繞國歌演奏期間跪地抗議的爭議也已經平息，但川普的砲火重新點燃了議題。擁護他的群眾在社交媒體上表示支持。與此同時，許多ＮＦＬ球員認為，總統的言論相當危險，會撕裂族群。為了緩和局勢，ＮＦＬ總裁羅傑·古德爾發表一份措辭謹慎的聲明支持球員。但川普在推特上抨擊了古德爾：「叫他們站起來！」

勒布朗不敢相信。一個月前，一場白人民族主義者的「團結右派」集會，在夏綠蒂鎮（Charlottesville）演變成致命事件。當時，一個新納粹主義者故意開車衝撞反對人群，導致一名女性死亡和數十人受傷。川普堅稱「兩邊都是非常好的人」。

現在，比起白人至上主義者在夏綠蒂鎮的遊行，川普更激動的回應和平抗議種族主義的黑人運動員跪地示威。勒布朗對這個情況已經很不爽了，當他在二〇一七年九月二十三日起床時，又發現川普把矛頭轉向史蒂芬·柯瑞。

川普在阿拉巴馬州發表談話之後，柯瑞在九月二十二日告訴記者，如果決定權在他，勇士隊將不會去白宮接受表揚。「我不知道他為什麼覺得有必要針對某些人，而不是其他人。」在球隊新賽季第一次訓練後的記者會上，柯瑞說：「對此，我心中有個解釋，但一個國家領導人走這樣的路線，實在有失格調。這不是領袖該做的事。」

隔天早上，東部時間八點四十五分，川普在推特上發文：「對於一支奪冠球隊來說，造訪白宮被視為極大的榮譽。史蒂芬・柯瑞對此猶豫不決，因此邀請被撤銷了！」

柯瑞是勒布朗的對手，但勒布朗已經看夠了。總統根本是用體育來借題發揮。那天早上，東部時間十一點十七分，勒布朗在推特上回應川普：「你這爛透了的傢伙（bum），@StephenCurry30（柯瑞的推特帳號）說他不去！所以邀請也就不存在！造訪白宮本來是個極大的榮譽，直到你出現！」

其他運動員與教練先前也曾對川普言行表示不滿，但勒布朗是第一個如此強烈且直接槓上川普的，反應相當立即且深遠。當天下午，卓雷蒙・格林被記者問及對勒布朗推文的看法。「他說他爛透了。」格林笑著說：「我尊重這點。」柯比・布萊恩發推特寫道，一名總統「用言論激起分裂和仇恨，絕不可能『讓美國再次偉大[28]』」。北卡羅萊納大學的全國冠軍籃球隊宣布，他們將不會造訪白宮。次日，NFL球員在國歌演奏期間，團結一致的跪地抗議。

二十四小時之內，勒布朗的推文得到一千五百萬人點讚，以及六十二萬次轉發，遠遠超過川普最受歡迎的推文——他在選舉日全用大寫寫成的勝利推文，被轉發了三十三萬五千次。勒布朗的推文最終成為二〇一七年，全球最多轉發的運動員推文。《Slate》雜誌揶揄道：「事實證明，這位籃球巨星遠比三軍統帥，更擅長團結美國人民。」

只用了三個字，這篇「爛透了」的貼文重新定義運動員參與政治言論的方式。儘管這並非他的本意，但勒布朗正代表運動員，在種族和社會正義議題上跟總統鬥爭。《紐約時報》下了標題〈川普攻擊勇士隊的柯瑞，勒布朗·詹姆斯反攻：『你爛透了』〉（*Trump Attacks Warriors' Curry. LeBron James's Retort: 'U Bum.'*）。《紐約客》雜誌的大衛·雷姆尼克（David Remnick）寫道：「怎麼可能反駁勒布朗·詹姆斯，那則簡潔貼文背後的情緒『你爛透了』？不可能反駁嘛。」

對於自己發表的言論，勒布朗沒有退縮。當騎士隊在訓練營期間舉行媒體日時，記者問他會不會後悔稱總統爛透了，勒布朗表示並不後悔。

「他不明白身為這個美麗國家領袖的力量。」勒布朗說：「他不明白，無論種族，有多少孩子把美國總統視為榜樣，尋求他的指引、領導，以及鼓勵的話語。」

勒布朗停頓片刻後說道：「比起任何事情，最讓我感到噁心的是，我們出了這樣一個人，這可是世界上最高的職位。你們同意嗎？」勒布朗環顧房間裡的記者們。

「美國總統是世界上最有權力的職位。」他繼續說：「而我們正處於最有權力的職位，有機會能讓所有人團結一致的時刻。激勵年輕人，讓年輕人感到安心，讓他們知道自己走在街上，不會因種族或膚色而受到評判。他沒有意識到這一點，他甚至根本不在乎！」

28 編按：Make America Great Again，為川普競選總統期間所使用的口號。

勒布朗回到最初的問題，關於他是否後悔稱總統爛透了。

「我不後悔。」他說：「如果我後悔的話，我就會刪掉貼文。」

勒布朗選擇的措辭，為其他發聲的運動員提供了保護。他的聲明也揭示了，許多黑人球員與白人老闆間不被明說的分歧。許多NFL和NBA老闆都給予川普財務支援，包括丹·吉伯特，他的快速貸款公司為川普的就職典禮，捐了七十五萬美元。

勒布朗在「你爛透了」貼文之後，沒有收到吉伯特的消息，但吉伯特從不滿勒布朗評論的人們那裡，聽到了不少回應。吉伯特語音信箱裡的留言，滿是他所聽過最惡劣、最種族歧視的言論。吉伯特也因此大開眼界。

「這個國家存在著一種，我甚至沒有意識到的種族主義元素。」吉伯特在消費者新聞與商業頻道（CNBC）的《財經論壇》（*Squawk Box*）節目中說道：「那些話語是我聽過最令人噁心的東西。而且你可以從他們的聲音聽得出來，那些根本與問題本身無關，他們只是展現了自己的本性。」

吉伯特不是唯一一位，在勒布朗的推文和職業體育界的抗議後，大開眼界的球隊老闆。總統呼籲球迷，如果球員繼續在國歌演奏期間跪下，就抵制NFL比賽。儘管如此，許多NBA和NFL的老闆都公開支持球員。

二〇一七－一八賽季時，NBA和NFL的球員，在抗議活動中更加振奮。費城老鷹隊（Philadelphia Eagles）在二〇一八年的超級盃擊敗新英格蘭愛國者隊之後，許多老鷹隊球員明確表示不會造訪白宮。作為回應，川普取消了球隊的來訪。

真正幫助我為人父的是——我沒有父親

二〇一八年一月十四日，俄亥俄州的阿克倫下著雪。這是騎士隊在主場迎戰勇士隊的前一晚，勒布朗帶著凱文·杜蘭特遊覽他的故鄉。兩人坐在運動休旅車的後座，開車的是ESPN播報員卡瑞·查平（Cari Champion）。儀表板上安裝了攝影機，查平試著催化勒布朗和杜蘭特之間的對話。

起初，他們談論彼此競爭的感受。但是話鋒一轉，勒布朗提到穆罕默德·阿里因為拒絕參加越戰，而被剝奪拳王頭銜並鋃鐺入獄。杜蘭特對勒布朗願意談及這類話題表示欽佩。查平瞥了一眼後照鏡說：「我們正處於這個國家的分水嶺。勒布朗，你說總統爛透了。」

勒布朗回答：「確實如此。」

杜蘭特也笑著說：「確實如此。」

查平問：「具備影響力的運動員，試著透過自己的平臺，談論世界上正在發生的事。該怎麼形容這樣的狀況呢？」

勒布朗說：「美國最重要的工作，現在由一個不理解人民，而且他媽的一點都不在乎人民的人來擔任……儘管我們無法改變那個人說出口的話，但我們可以繼續提醒那些看著我們的人——聽著我們說話的人——並告訴他們這是不正確的。」

「我們在談的是領導力以及國家的狀況。」杜蘭特說：「我覺得，如果把國家比喻為一支籃球隊，現在可沒有一個優秀的教練帶領這支隊伍。」

查平表示，有些人以為，身為富裕黑人的勒布朗和杜蘭特，能避免遭受種族歧視。

勒布朗說：「我這個黑人有不少錢，還有一座位於布倫特伍德的房子。但還是有人用噴漆，在我的門上寫上『黑鬼』。」

杜蘭特說：「這真是瘋了。」

「不管你在生活中，成為一個多麼有錢或多麼有地位的非裔美國人，他們總是會想方設法讓你知道，你的地位還是在他們之下。」勒布朗說：「你可以順從這種想法，或者從經驗中學習，然後說：『知道嗎？我會把這該死的大門重新上漆，然後我會把它蓋得更高。』」

青少年時期的杜蘭特曾把勒布朗視為偶像。現在，他則有了其他欽佩勒布朗的原因。杜蘭特問道：「你有了第一個兒子，然後有了第二個兒子，接著又有了一個女兒。對我來說，我甚至還沒到達人生的那個階段。你是如何在每一天，試著成為一位更好的父親和丈夫的？」

「真正幫助我為人父的是兒時的經歷——我沒有父親。」勒布朗解釋自己的為父之道：「我有三個孩子，但我仍在學習如何當一個更好的丈夫，如何當個更好的父親。」

杜蘭特說：「所以這是個持續的過程。」

「這沒完沒了的，兄弟。」勒布朗說：「你只能希望在道路的盡頭時，你已經給了孩子們足夠的生活經驗，讓他們在過自己的生活時，能夠獨立茁壯。」

杜蘭特點頭，查平也是。

「當一個丈夫也是一樣。」勒布朗說：「當你知道自己已全心投入後，其他事情自然會水到渠成。」

「天哪。」杜蘭特說：「說得真好。」

這是兩個地表最強球員間的非凡對話。一個月後，福斯新聞主播蘿拉．英格拉漢姆（Laura Ingraham），緊抓住勒布朗關於川普的發言。她嘲笑勒布朗和杜蘭特的話「幾乎讓人聽不懂」而且「不合文法」，並在自己的節目《英格拉漢姆觀點》中嘲笑他們。

「他們非得這樣滿嘴屁話嗎？」她說：「不幸的是，許多孩子——和一些成年人——都認真看待這些無知的評論……向每年靠著拍拍球，就賺進一億美元的人尋求政治建議，並不是明智之舉。」

從許多層面看，英格拉漢姆正如勒布朗所敘述的那樣——想方設法讓他們知道，他們仍在她之下。但在這樣做的過程中，她刻意忽視了兩位全國知名的黑人運動員間，關於婚姻、為人父母，以及忠於自我的，真摯而動人的對話。英格拉漢姆竭力貶低他們。

她說：「哦對了，勒布朗和杜蘭特，你們是很棒的球員，但沒有人投票給你們。數百萬人投票希望川普當他們的教練……所以把政治評論放在自己心裡就好，或者像有人曾經說過的，閉上嘴乖乖運球。」

英格拉漢姆的抨擊，在NBA全明星賽前幾天播出，並很快出現反彈。《紐約時報》專欄作家瑪倫．道德寫道：「關於那些在總統利用體育煽動種族敵意，並刺激支持者時敢於發聲的運動員，『閉上嘴乖乖運球』這句話概括了唐納．川普及其追隨者對他們的態度。」

全美各地的運動員及教練，都對英格拉漢姆的評論感到遺憾。杜蘭特則稱其為「種族歧視」。但勒布朗把英格拉漢姆的無知視為機會。她的節目播出隔天，勒布朗在全明星賽前召開了一場記者會。

「她做的最好的事，就是幫助我引起更多關注」勒布朗說：「我可以坐在這裡談論社會不公和平等。所以感謝她，無論她叫什麼名字。我甚至不知道她的名字是什麼。」

籃球記者們非常喜歡勒布朗不知道主播名字的發言。馬維里克．卡特也不知道她叫什麼，但他有個構想——借用「閉上嘴乖乖運球」這句話，作為電視節目的基礎，勒布朗同意了。他們開始腦力激盪，最後想出分成八個部分的紀錄片影集，名叫《不只是一個運動員》（*More Than an Athlete*）。ESPN+同意播出，勒布朗跟卡特都是製作人。

我的時候到了

儘管身處球員行動主義的最前線，勒布朗在個人第十五個賽季，表現並沒有減弱。當勒布朗在賽季中年滿三十三歲時，他的進球數領先全聯盟，並在得分和上場時間名列全聯盟第二。勇士隊教練史蒂夫．科爾認為，三十三歲的勒布朗，可能比二十八歲的勒布朗更厲害。

「有多少球員能在生涯第十五個賽季，打得比第十個賽季更好的？」科爾說：「讓我們細數那些偉大球員：喬丹、柏德、魔術強森、張伯倫、賈霸、比爾．羅素。他們之中有些人甚至沒有打到第十五個賽季。其中有哪個人能在第十五個賽季，表現得比第十個賽季更好的？我無法想像。」

然而，騎士隊度過了動盪的一年，他們難以穩定獲勝。泰隆・魯教練因工作帶來的焦慮不得不請假。騎士隊在球季中進行多次交易，送走不少冠軍陣容的球員。在如此混亂的情況下，騎士隊以東區第四種子之姿進入季後賽。圍繞球團的主要問題是：勒布朗在克里夫蘭的日子，是否即將告一段落？

這也是勒布朗思考良久的問題。他與吉伯特的關係純粹奠基於交易，球隊正處於動盪時期。勒布朗還有孩子們要考慮。他的大兒子布朗尼正在讀中學，勒布朗和莎凡娜正在考慮兒子就讀高中期間的住所。洛杉磯是選擇之一，勒布朗在賽季期間，又在布倫特伍德購置了另一處房產。但與此同時，勒布朗也準備在克里夫蘭，踏上最後一次季後賽的征途。

騎士隊陣容殘缺不全，數名球員正在養傷，他們在季後賽首輪對陣印第安納，打滿慘烈的七戰。勒布朗在第七場比賽攻下四十五分，帶領球隊獲勝。接著，他隻手擊敗第一種子多倫多暴龍隊，一次次投進充滿戲劇張力的球，包括第三戰的絕殺，以及在第四場比賽終了前一記傾盡全力的後仰跳投——從籃板後方出手，人在界外落地。史蒂芬・A・史密斯在ＥＳＰＮ稱讚勒布朗的表現「超凡入聖」，並且補充道：「你已經找不到形容詞，來描述這個男人正在做的事情了。」

橫掃多倫多之後，克里夫蘭騎士隊在東區決賽面對波士頓。凱里・厄文因傷缺席整個系列賽，波士頓仍取得三比二的領先優勢。然而，勒布朗在第六戰豪取四十六分，率領球隊獲勝。隨後第七戰，凱文・洛夫因腦震盪缺陣，勒布朗在波士頓打滿了四十八分鐘，獨得三十五分、十五個籃板和九次助攻，讓克里夫蘭在可能性渺茫的情況下晉級。

這是NBA史上，波士頓塞爾提克隊首次在主場輸掉第七戰。「沒有任何人比他（勒布朗）扛下更多責任，並帶領球隊殺進總冠軍賽。」分析師傑夫．范甘迪說：「不會有比帶領這支球隊打進總冠軍賽，更偉大的成就。」

對勒布朗來說，這是他連續第八年進入NBA總冠軍賽。史上前所未見的是，連續四年的總冠軍賽戲碼，都是騎士隊對上勇士隊。儘管雙方實力懸殊，勒布朗仍希望自己的團隊能最後一次翻轉局面，找到擊敗金州的方法。在第一場比賽中，勒布朗狂轟五十一分，但騎士隊仍在延長賽落敗。史蒂夫．科爾讚嘆道：「他們陣中那名球員（勒布朗），我不確定是否有人曾見過他那種籃球水準。」

勇士隊最終橫掃了騎士隊，但勒布朗仍繳出他在騎士隊最偉大的表現之一：四戰都幾乎打滿全場，場均貢獻三十四分、八．五個籃板和十次助攻。

然而最重要的是，騎士隊和勇士隊的最終對決，展現出兩支球隊在政治上的團結，尤其是勒布朗和柯瑞之間。《紐約時報》在總冠軍賽期間的頭條標題——〈勒布朗．詹姆斯和史蒂芬．柯瑞聯手反對訪問白宮〉——標誌了NBA的政治氛圍，在四年間發生了多大的變化。勒布朗說：「我知道無論誰贏得這個系列賽，都沒有人希望收到白宮邀請。」

在克里夫蘭的第四戰即將結束，勇士隊在比賽僅剩四分三秒的時候，還領先二十五分，球出界。看到騎士隊的替補球員在計分臺前等待上場，勒布朗知道，他的時候到了。

觀眾起立歡呼，勒布朗與卓雷蒙．格林、凱文．杜蘭特、安德烈．伊古達拉，以及克萊．湯普森擊拳致意。掌聲越來越響亮，「MVP」的呼喊在整個球館內迴蕩，勒布朗走向柯瑞，柯瑞拍了拍他的背，然後和克里夫蘭球迷們一起鼓掌。勒布朗在板凳上坐下之後，比賽繼續進行，「MVP」的呼喊卻越來越大聲。

勒布朗人生中又一個篇章即將完結，球迷們感受到了、勒布朗也感受到了。二〇一七－一八賽季，是勒布朗職業生涯最艱難的一段時期。他很高興自己回到了家，遠比以往都高興。

現在，他可以追求其他夢想了。

37 完整的人

二〇一八年七月一日，里奇．保羅的經紀公司，在推特發布新聞稿：「四次NBA最有價值球員，三次NBA總冠軍賽最有價值球員，十四次NBA全明星，兩次奧運金牌得主勒布朗．詹姆斯，已同意與洛杉磯湖人隊，簽下一紙四年一億五千四百萬美元的合約。」

這則就事論事的簡潔宣告，與勒布朗上一次離開克里夫蘭的公布方式截然不同，丹．吉伯特的反應也大不相同。幾個小時之內，他發表自己的聲明。

「勒布朗，你回了家，並且實現了終極目標。」吉伯特寫道：「那座總冠軍連結了克里夫蘭的世世代代，無論現在還是過去……對於你穿著騎士隊球衣付出的每一刻，我們只有讚賞與感激。我們期待著未來某一天，退役舉世聞名的二十三號騎士隊球衣。」

這足以傳世的英雄返鄉故事，迎來了一個典雅的結局。

朋友，是阻止我誤入歧途的原因

儘管即將前往洛杉磯，勒布朗表示，俄亥俄州東北部永遠都是他的家。二〇一八年七月三十日，勒布朗與家人朋友回到阿克倫，宣布一件比在Q球館的冠軍旗幟，改變更多生命的事——他和莎凡娜建立的「承諾學校」（I Promise School）開幕，專為弱勢兒童提供教育。

勒布朗西裝畢挺，站在新建學校的舞臺上，環顧社區成員和支持這項事業的教育工作者。然後，他低頭看見坐在第一排的馬維里克．卡特、里奇．保羅和藍迪．米姆斯。他們的存在讓勒布朗憶起往事。他說道：「當你在俄亥俄州阿克倫長大，而且身邊有這麼多問題發生，槍支暴力和毒品等，問題層出不窮。是什麼阻止你誤入歧途？現在從這裡望去，我看到我的朋友們，我從六、七歲起就跟他們在一起。」卡特、保羅和米姆斯注視著他。

「他們就是阻止我誤入歧途的原因。」

承諾學校開學時，有兩百四十名學生。每個人都獲得全額學費補助，包括制服、兩英里內的交通接送、早餐、午餐、點心、自行車和自行車頭盔。學校還為學生家庭提供食品儲藏空間，為學生父母提供普通教育發展證書（GED）課程以及求職服務，並為所有畢業生提供阿克倫大學的學費。

開學典禮結束後，勒布朗接受CNN的唐．雷蒙（Don Lemon）採訪，討論這所學校以及他在兒童教育付出的努力。採訪中，雷蒙把話題轉向川普總統。

雷蒙問：「假如他就坐在這，你會對總統說些什麼？」

勒布朗回答：「我永遠不會跟他坐在一起。」

雷蒙問：「你不想和他談談嗎？」

「不想。」勒布朗說：「不過我想和歐巴馬坐在一起。」

這是個歷史性的時刻。全美最著名的運動員表示，他不願跟美國總統交談。

勒布朗進一步解釋：「我們的總統某種程度上，在試圖分裂我們。」

雷蒙說：「某種程度上？」

「對，我不想說『某種程度』，他就是在分裂我們。過去幾個月裡，我注意到他用體育來分裂我們。這是我無法認同的，因為我只知道，體育讓我第一次跟白人相處。」勒布朗回答。

勒布朗利用這個機會表示，體育有種魔力能消除種族的隔閡，正如他在青少年時期與白人學生相處那樣。「我因此有機會認識他們，了解他們。」勒布朗說：「而他們也因此有機會了解我，我們成了非常好的朋友。」

這段採訪播出後幾個小時，川普總統在推特上發文：「勒布朗．詹姆斯剛剛接受了電視上最愚蠢的人——唐．雷蒙的採訪。那傢伙讓勒布朗顯得聰明，這可不容易。但我更喜歡麥克（Mike，指麥可．喬丹）！」

在這一波攻擊中，總統同時貶低兩位黑人的智力，將麥可．喬丹——「麥克」——拖入爭端，並再次把勒布朗置於國家種族議題的風暴中心。隔天，ＣＢＳ的《週六早晨》（*Saturday Morning*）節目一開場就報導：「今早的頭條新聞，川普總統連夜透過推特抨擊ＮＢＡ超級巨星勒布朗．詹姆斯……。」這在全國都成為了頭條新聞。勒布朗保持格調，在推特上發了貼文：「孩子們，加油！愛你們。」並在推文附上承諾學校的連結。

洛杉磯湖人隊老闆珍妮．巴斯（Jeanie Buss）發表了聲明：「勒布朗．詹姆斯成為湖人大家庭的一分子，這讓我們驕傲不已。他是深思熟慮且智慧過人的領袖，顯然非常了解體育有能力團結社區，並激勵更好的世界。」

勒布朗的競爭對手史蒂芬．柯瑞也發表了意見：「繼續做你自己 @kingjames！」就連第一夫人也站出來為勒布朗辯護。二〇一八年八月十六日，沃爾夫．布里澤在CNN的《戰情室》（*The Situation Room*）節目說：「第一夫人梅拉妮雅．川普再次與丈夫出現矛盾，在她的丈夫抨擊勒布朗之後，她讚揚了勒布朗．詹姆斯的慈善工作。」第一夫人發布一份正式聲明，表示想參訪承諾學校。

但最大的驚喜是，麥可．喬丹加入了戰局。

喬丹或勒布朗，誰是史上最偉大的籃球員？這個議題將在未來數年持續爭論不休。然而，兩者之中誰在影響社會變革上做得更多，卻沒有辯論的必要。勒布朗利用自己的地位和資源，投身各種政治議題，從槍支暴力，到種族歧視，再到投票權。喬丹在職業生涯期間以及退休之後，都以迴避政治聞名。川普在推文中提到喬丹，喬丹卻給了勒布朗高度讚許：「我支持LJ（指勒布朗．詹姆斯），他為社群的付出相當了不起。」

因為有妳，才有今天的我

隨著川普的攻擊在美國持續引發迴響，勒布朗前往中國，他穿著印有「不只是運動員」字樣的T恤，在上海戲劇學院向群眾發表談話。接著，他把運動員行動主義的訊息，帶到巴黎和德國。在參觀柏林圍牆遺址時，勒布朗對媒體說：「人們只是需要一些希望。」

回到美國後，勒布朗因為慈善事業獲頒哈林時尚獎（Harlem's Fashion Row award），於是在紐約停留。他利用這個機會，發表個人最新耐吉鞋款，那是一款女鞋，靈感來自堅強的非裔美籍女性。勒布朗偕母親、妻子和女兒站在臺上，向她們致敬。勒布朗感謝母親獨力把他養大，指出新款耐吉鞋的鞋墊上，寫滿了描述他母親的詞——堅強、忠誠、尊嚴和勇氣。

勒布朗說：「每當有人穿上這雙鞋，她們就站在這些詞彙上。因為有妳，葛洛莉雅．詹姆斯，我才能有今天的地位，才可以回饋，並展示我為什麼相信非裔美籍女性，是世上最有力量的女性。」

勒布朗環顧一屋子的女性。「這裡有個漂亮的女孩。」勒布朗對著女兒點頭，說道：「她是我的支柱。人們總是告訴我：『假如你有了一個女兒，她會改變你。』我當時的反應是：『不，不可能。沒人可以改變我。』然後三年前，我們家出現了這個亮點。她不僅改變了我，而且讓我成為一個更好的人——一個更投入也更堅強的人。我猜我也成了一個更敏感的人，並意識到自己對全體女性有更多的責任。所以，謝謝你祖莉。我愛你，我的寶貝女兒。」

莎凡娜滿臉笑容。勒布朗看著她，停頓片刻。在滿屋子女性的注視之下，勒布朗透露了許多關於自己個性的事，以及為什麼他跟妻子之間的羈絆如此穩固。他說：「在我一無所有的時候，莎凡娜陪在我身邊，跟我一起在體育館投籃。」

想到兩人攜手走過多遠的路，以及兩人共同經歷的種種，勒布朗不禁情緒激動。

然而，反思的時刻已經結束。湖人隊的訓練營即將開始，他必須前往洛杉磯，開啟生命的下一個篇章。

後記

二〇一八年九月中旬，一個溫暖晴朗的下午，勒布朗走進新家附近一間受歡迎的壽司餐廳。他穿著短褲和T恤，帶著一個腰部支撐枕，跟亞當．孟德爾森以及《好萊塢報導》的瑪麗莎．葛斯麗坐下。孟德爾森遞給勒布朗一瓶葡萄酒，那是給勒布朗的結婚紀念日禮物。隔天就是紀念日了，孟德爾森問勒布朗，會不會從訓練計畫中放自己一天假。

勒布朗給了他一個奇怪的表情。

「這就好像問『我明天會不會呼吸？』一樣，」勒布朗說：「我當然會照常訓練啊。」

儘管將進入個人第十六個賽季，勒布朗的訓練比他在新秀球季時還要刻苦。葛斯麗非常欽佩勒布朗的工作態度。前一天，她與勒布朗一起在柏本克（Burbank）的華納兄弟拍攝基地度過一段時間，在該處一棟藍色海角風格的房屋裡，設有勒布朗和卡特的辦公室，那個屋子曾是影集《吉爾莫女孩》（*Gilmore Girls*）的拍攝場景。

距離葛斯麗第一次為勒布朗撰寫專訪，已過去四年。現在她正在撰寫一篇封面故事，主題是勒布朗、他的春山娛樂，以及他的運動員賦權品牌Uninterrupted的成長。Uninterrupted製作了HBO的《理髮店聊是非》（*The Shop: Uninterrupted*）節目。勒布朗在NBA維持菁英水準的表現，同時也在洛杉磯建立了一個帝國。

「來吧。」勒布朗一邊說，一邊將支撐枕放在腰後：「妳可以發問了。」

葛斯麗拿出錄音設備。但是周圍的人們一看到勒布朗就走過來，想要跟他合照。

「現在不行。」勒布朗禮貌回應：「我們正要開始採訪。」

葛斯麗問勒布朗，是否曾經渴望默默無名。

「我就不是那樣的人。」勒布朗告訴她：「妳必須明白，我是獨生子。我喜歡人群。」

葛斯麗問及勒布朗和卡特已經策劃好的一系列新計畫。那個星期，NBC和CW電視臺都宣布，將與春山娛樂合作推出新節目。卡特還與HBO簽署新計畫的協議，其中包括一部關於穆罕默德．阿里的紀錄片。勒布朗和卡特正在與網飛（Netflix）合作開發一部犯罪影集，還有一部由奧塔薇亞．史班森（Octavia Spencer）主演的迷你影集。

此外，卡特還為葛斯麗的文章提供一條獨家新聞：他剛剛說服電影《黑豹》（*Black Panther*）的導演萊恩．庫格勒（Ryan Coogler），製作華納兄弟公司的新版《怪物奇兵》電影。即將擔綱主角的勒布朗，迫不及待想要開拍。

「庫格勒給了這一代的孩子，我小時候沒有的東西。」勒布朗說：「那就是一部由非裔美國人卡司主演的超級英雄電影。」

對勒布朗來說，有機會與庫格勒一起拍攝《怪物奇兵》，是童年夢想的實現。「我一直想成為一個超級英雄。」他說：「我最喜歡蝙蝠俠。但我知道，我永遠無法成為布魯斯．韋恩。我不認為自己能成為價值數十億美元公司的總裁。」

如今，勒布朗的身價估計已達十億美元，華納兄弟選擇他在現實與動畫結合的電影中飾演自己，與兔巴哥（Bugs Bunny）、達菲鴨（Daffy Duck）和其他《樂一通》（*Looney Tunes*）卡通角色一起演出。從許多方面看，勒布朗搬到洛杉磯，等於為傳奇籃球生涯創造了一個真人版的好萊塢結局。

勒布朗和葛斯麗交談時，里奇．保羅出現了，並坐在他們旁邊的桌子旁。保羅也很忙碌，除了為勒布朗跟湖人隊，交涉那紙四年一億四千五百萬美元的合約外，他還吸引了許多新客戶加入克拉奇體育集團。

在保羅接聽手機來電的同時，他也幾近成功簽下聯盟中最重要的超級巨星之一：紐奧良鵜鶘隊的中鋒安東尼．戴維斯。戴維斯幾天前剛剛解僱了他的經紀人。葛斯麗無意中聽到電話上的對談。保羅掛斷電話後，他轉頭向葛斯麗說：「什麼都別說出去。」

葛斯麗向保羅保證，他不需要擔心，這不是她要寫的故事內容。

一週後，勒布朗和春山娛樂及Uninterrupted團隊的二十八名成員，登上了《好萊塢報導》的雜誌封面，標題為〈勒布朗攻占洛杉磯〉（*LeBron Takes L.A.*）。雜誌稱勒布朗為「這座城市最炙手可熱的製片人之一」。

第四座總冠軍，和總統大選

同樣的，保羅也是NBA最炙手可熱的經紀人之一。就在同一週，克拉奇體育集團宣布安東尼．戴維斯已跟保羅簽約。很快的，保羅將開始跟戴維斯討論，是否加盟湖人隊、與勒布朗聯手。

然而，當勒布朗首次穿著湖人隊球衣上場比賽時，他夢想的是另一位未來隊友——他的大兒子布朗尼。布朗尼已經引起一些大學籃球招募人員的興趣。一段時間以來，勒布朗都一直想像，與布朗尼在NBA同場打球的情景。然而，勒布朗還沒準備好向大眾分享這個夢想。在二〇一八賽季開始時，他向全世界表達了對布朗尼的感受。他在Instagram上寫道：

祝我的大兒子布朗尼十四歲生日快樂！知道你是我的兒子，讓我每一天都很自豪。繼續為你的弟弟、妹妹樹立榜樣，繼續在爸爸因工作出門在外時，擔任家裡的男子漢。你長大了，我喜歡你這個年輕人，而這只是開始！期待在你做的每一件事上，繼續看到你的成長！愛你，布朗尼！#ProudDad（驕傲的父親）。

二〇一八－一九賽季是令人沮喪的一季。湖人隊未能打進季後賽。但在二〇一九年夏天，保羅策劃了一筆交易，將安東尼．戴維斯帶到洛杉磯。同年，保羅離開克里夫蘭，搬到比佛利山（Beverly Hill），他在那裡購置了一棟價值數百萬美元的房子。同年稍晚，他在派對上遇到英國歌手兼詞曲創作人愛黛兒（Adele）。她走近對保羅說：「想簽下我嗎？」兩人成為朋友，後來開始交往。

勒布朗和安東尼．戴維斯在二〇二〇年，帶領湖人隊贏得NBA總冠軍。這是勒布朗的第四座總冠軍，他也成為史上第一位在三支不同的球隊，獲選總冠軍賽最有價值球員的球星。

總冠軍賽後不久，勒布朗和莎凡娜在比佛利山，買下原本屬於知名演員凱瑟琳・赫本（Katharine Hepburn）的房產。與此同時，勒布朗在阿克倫開設三三〇房屋（House Three Thirty）。那是占地六萬平方英尺的設施，配有銀行家和財務顧問，為低收入家庭提供財務規畫協助。此計畫由勒布朗・詹姆斯家庭基金會，與摩根大通集團合作資助。

勒布朗也積極參與二〇二〇年的選舉。他成立了名為「不只是一張選票」（More Than a Vote）的政治組織，透過說服少數族裔註冊，並將他們帶到投票站來打擊選民壓制，直接對抗共和黨領導的喬治亞州等各州，阻止有色人種投票的舉措。

二〇二一年一月六日，勒布朗在電視上看到一群川普支持者硬闖美國國會大廈。勒布朗不禁注意到，這些暴徒幾乎都是白人，而且沒有部隊或增援來幫助不堪負荷的國會員警部隊。

隔天，勒布朗在一場賽後記者會穿著的T恤上印著「你們現在懂了嗎？」。他告訴媒體：「我們活在兩個美國。看到昨天發生的事之後，如果你還不明白，或者視而不見，那你真的需要退一步看看全局。」他思索著前一天的暴力畫面，補充說：「假如衝進國會大廈的人們是我這個人種，結果會怎樣呢？我想我們都知道。沒有『如果』，沒有『然後』，沒有『但是』──我們都心知肚明，假如我的同胞們靠近國會大廈，更別說衝了進去，他們會發生什麼事。」

最後的夢想：與兒子同場打球

二〇二一年，勒布朗和卡特於二〇〇七年成立的製作公司，價值接近十億美元。透過與芬威體育集團合作，他們已在二〇二一年，成為波士頓紅襪隊，和利物浦足球俱樂部的共同所有人。

「對我和我的夥伴卡特來說，成為所有權團隊裡的第一和第二位黑人男性……真的滿酷的。」勒布朗說：「這給予了我以及膚色跟我一樣的人希望和啟發，他們也可以爬到這樣的位置，這是可以實現的。這也給承諾學校的孩子們，帶來越來越多啟發。」

二〇二一對保羅來說，也是重要的一年。他的克拉奇體育集團已在NBA和NFL，經手價值十八億美元的合約。保羅和愛黛兒也決定，藉由聯袂出席NBA季後賽來公開兩人的戀情。保羅問她：「人們會怎麼說？」愛黛兒回答：「他們會說你簽了我。」

保羅和愛黛兒坐在場邊。相隔幾個座位之外，勒布朗則坐在藍迪·米姆斯旁邊。那年湖人隊沒有打進季後賽，但勒布朗審視自己的處境，四騎士仍在一起，定居洛杉磯，體驗巨大的成功。莎凡娜和孩子們在西岸如魚得水。生活正如他所希望的那樣。籃球為他帶來無法估量的益處，縱使他很快就要滿四十歲了，他覺得自己還能再打很多年的籃球。

二〇二二－二〇二三賽季，勒布朗加入湖人隊的第五個賽季，也是個人職業生涯的第二十個賽季——勒布朗滿三十八歲了。不到兩個月後，二〇二三年二月七日，勒布朗達成三萬八千三百八十八分的里程碑，超越賈霸，成為NBA歷史總得分王。

勒布朗的籃球夢想，只剩下一個尚未實現——與十八歲的兒子布朗尼一起打NBA比賽，而布朗尼已於二〇二三年從高中畢業。

謝辭

讓我從寫手們開始。

勒布朗的高中時期得到了《阿克倫燈塔報》和《誠懇家日報》一批一流記者的廣泛報導，包括大衛．李．摩根、泰瑞．普魯托（Terry Pluto）、提姆．羅傑斯（Tim Rogers）和布萊恩．溫德霍斯特（Brian Windhorst）。我不知道猶他州發生了什麼，但是當我想了解一九九九年至二〇〇三年阿克倫的情況時，我會去找摩根、普魯托、羅傑斯和溫德霍斯特的報導。

一些業內最好的籃球記者，報導了勒布朗的職業生涯，和他在美國奧運隊的時期。但對我而言，其中幾位脫穎而出。《紐約時報》記者麗茲．羅賓斯（Liz Robbins）、霍華德．貝克（Howard Beck）和史考特．卡喬拉（Scott Cacciola）的報導富有洞見，聰明且令人愉快。

專欄作家艾拉．伯考（Ira Berkow）以其巧妙文字，撰寫了勒布朗的第一篇全國報導，這篇文章令人讚嘆。麥克爾．霍利（Michael Holley），老練的專業人士，寫了勒布朗的第二篇專題報導，但這篇文章在很大程度上被忽視了。我仰賴它寫出了本書的一個重要場景。

麥克．懷斯（Mike Wise）和湯姆．佛蘭德（Tom Friend）都寫了深入的文章，為這本傳記提供了豐富的資訊。賴瑞．普拉特（Larry Platt）在《GQ》雜誌上寫了一篇精彩的專題報導，充滿讓讀者一窺早期勒布朗及其內部圈子的細節。還有克里斯・巴拉德（Chris Ballard）和傑克・麥卡倫（Jack McCallum）——兩位資深的《運動畫刊》記者，他們多年來撰寫許多關於勒布朗的卓越專題報導。

其他對我的工作產生影響，並提供資訊的體育記者包括：喬納森・艾布拉姆斯（Jonathan Abrams）、哈威・阿拉頓（Harvey Araton）、弗蘭克・利茨基（Frank Litsky）、傑爾・朗曼（Jere Longman）、傑基・麥克馬倫（Jackie MacMullan）、克里斯・曼尼克斯（Chris Mannix）、戴夫・麥克南明（Dave McMenamin）、麥克爾・鮑威爾（Michael Powell）、威廉・C・羅登（William C. Rhoden）、S・L・普萊斯（S. L. Price）、比利・威茲（Billy Witz）和艾德里安・沃納洛夫斯基（Adrian Wojnarowski）。

同樣的，來自時尚、商業、音樂、政治和娛樂界的一組專題作家，創作了富有啟發性的文章，堪稱寶貴的資源。其中包括提姆・阿蘭戈（Tim Arango）、艾薩克・喬蒂納（Isaac Chotiner）、喬・德雷普（Joe Drape）、肖恩・貴格里（Sean Gregory）、博阿茲・赫爾佐格（Boaz Herzog）、查理斯・麥克格拉思（Charles McGrath）、傑森・奎克（Jason Quick）、麗莎・羅賓遜（Lisa Robinson）、伊萊・薩斯洛（Eli Saslow）、羅伯特・沙利文（Robert Sullivan）、圖雷（Touré）和派翠克・瓦羅恩（Patrick Varone）。

我最感激的是，一批在多年間創作關於勒布朗重要作品的傑出記者們。這個名單包括了我這代紙本媒體中，最會講故事的人：格蘭特・瓦爾、麗莎・塔迪奧、巴茲・畢辛格、莫林格、李・詹金斯、瑪麗莎・葛斯麗和萊特・湯普森（Wright Thompson）。

撰寫這本傳記期間的亮點之一是認識格蘭特，他的寫作風格反映了他可愛的性格特質——善良、謙遜和同情。難怪他寫了《運動畫刊》封面文章，並向世界介紹勒布朗。麗莎是一位極富娛樂性的作家……同時也是一位了不起的採訪者。巴茲——新聞界最頂尖的人物，從我的角度來看，他和勒布朗合寫的那本書是部傑作！莫林格——如果他決定教授新聞學，我會想重返學校聽課。勒布朗足夠信任李，並選他撰寫宣布重返克里夫蘭的文章。我得向那些有足夠信心藏身幕後的作家致敬。瑪麗莎是職業精神的典範和嚮導。我會鼓勵我的年輕女兒效仿像她這樣的作家。萊特很不會穿搭衣服，但他是勇往直前的記者，也是富有情感的作家。

倘若不感謝《運動畫刊》、ESPN、《浮華世界》和《好萊塢報導》的幾十位高級主管、編輯和員工協助安排採訪、提供背景、檢索檔案、查找資料，回答我各式各樣的書面問題，那就是我的大疏忽了。還要感謝《阿克倫燈塔報》、《誠懇家日報》和《邁阿密先鋒報》（*Miami Herald*）的圖書管理員、檔案館員和編輯，有了他們的協助，我才能用資料塞滿檔案夾。提姆·貝拉（Tim Bella）和約翰·高恩（John Gaughan）則在研究的前線做了出色的工作。

接下來要感謝我的同事們。

創作一本如此宏大的傳記，需要許多人的幫助和許多聰明的腦袋。雖然寫作是場漫長且往往孤獨的馬拉松，但我很幸運能與一支可信賴的團隊同行。

首先是「智囊團」：理查·派恩（Richard Pine）、喬菲·費賴瑞─阿德勒（Jofie Ferrari-Adler）和喬恩·卡普（Jon Karp）。

接下來是「祕密武器」：桃樂西亞·H（Dorothea H）。

還有「心腹知己」：賈斯汀・L、傑夫・K、安迪・D、史蒂夫・Y、比爾・M、艾瑞克・Z，以及最智者。

別忘了「可靠之人」：來自紹斯波特的約翰、AEK、來自查斯特的賈斯汀，以及收留我、並讓我在 The Garde 寫作的吉恩娜和史蒂夫。

最後是那些，讓這本書音韻飛揚的專業人士：喬納森・埃文斯（Jonathan Evans）、大衛・卡斯（David Kass）、卡洛琳・凱利（Carolyn Kelly）、梅雷迪斯・維拉雷洛（Meredith Vilarello）、保羅・奧哈洛倫（Paul O'Halloran）、伊萊莎・羅斯坦（Eliza Rothstein）、吉迪恩・派恩（Gideon Pine）、傑夫・米勒（Jeff Miller）和凱爾文・拜厄斯（Kelvin Bias）。

也不能忘了我的家人。

莉蒂亞（Lydia）是我的終極智囊、祕密武器兼心腹知己。她也是我的愛人。我在一九八八年，第一次帶她去西雅圖的伊瓦爾餐廳（Ivar's）共進晚餐時，就被她迷倒了。我至今還對她心醉神迷。田納西・福特（Tennyson Ford）、克蘭西・諾蘭（Clancy Nolan）、瑪姬・梅（Maggie May）和克拉拉・貝爾（Clara Belle），陪我經歷了撰寫這本傳記的過程。但沒有任何一本書——沒有任何職業成就——能與身為他們的父親的自豪和喜悅相提並論。

國家圖書館出版品預行編目（CIP）資料

LeBron：勒布朗傳 / 傑夫・班尼迪克 (Jeff Benedict) 著 ; 蔡世偉譯 .-- 初版 . -- 臺北市：大是文化有限公司 , 2023.11
640 面；17×23 公分 . --（Style；079）
譯自：LeBron
ISBN 978-626-7328-68-2（平裝）

1. CST：詹姆斯・勒布朗(James, LeBron)　2. CST：運動員
3. CST：職業籃球　4. CST：傳記

785.28　112012757

Style 079

LeBron：勒布朗傳

作　　者／傑夫．班尼迪克（Jeff Benedict）
譯　　者／蔡世偉
責任編輯／楊皓
校對編輯／蕭麗娟、劉宗德
美術編輯／林彥君
副總編輯／顏惠君
總 編 輯／吳依瑋
發 行 人／徐仲秋
會計助理／李秀娟
會　　計／許鳳雪
版權主任／劉宗德
版權經理／郝麗珍
行銷企劃／徐千晴
業務專員／馬絮盈、留婉茹、邱宜婷
業務經理／林裕安
總 經 理／陳絜吾

出 版 者／大是文化有限公司
臺北市 100 衡陽路 7 號 8 樓
編輯部電話：（02）23757911
購書相關諮詢請洽：（02）23757911 分機 122
24 小時讀者服務傳真：（02）23756999
讀者服務 E-mail：dscsms28@gmail.com
郵政劃撥帳號／19983366　戶名／大是文化有限公司

法律顧問／永然聯合法律事務所
香港發行／豐達出版發行有限公司 "Rich Publishing & Distribution Ltd"
地址：香港柴灣永泰道 70 號柴灣工業城帝 2 期 1805 室
Unit 1805, Ph. 2, Chai Wan Ind City, 70 Wing Tai Rd,
Chai Wan, Hong Kong
電話：2172-6513
傳真：2172-4355
E-mail：cary@subseasy.com.hk

封面設計／林雯瑛
內頁排版／吳思融
印　　刷／鴻霖印刷傳媒股份有限公司

出版日期／2023 年 11 月初版
定　　價／700 元（缺頁或裝訂錯誤的書，請寄回更換）
I S B N／978-626-7328-68-2
電子書 ISBN／9786267328668（PDF）
9786267328675（EPUB）